Manfred Blechschmidt/Klaus Walther

Das große Buch vom Vogtland

Reisen zwischen Elster und Saale

Chemnitzer Verlag

1 *Burg Weida: Hier hat die vogtländische Geschichte ihren Anfang*

2 *Weit geht der Blick ins Land: Schönberg mit Kapellenberg*

3 *Die versteckten Winkel: Kirche in Kauschitz*

4 *Sommerwiesen im Sachsengrund*

5 *Noch einmal die Göltzschtalbrücke*

6 *Und die Stimmung des Sonnenaufgangs ...*

Herstellung: Dieter Struckmann
Gestaltung: Gerd Gücker
Gesamtherstellung: Westermann Druck GmbH, Zwickau

ISBN 3-928678-52-3

Inhalt

Vorwort

Nach ihrem Band »Silbernes Erzgebirge« summieren die Autoren nun ihre Erfahrung aus benachbarter Landschaft. Über Jahrzehnte sind sie aus dem heimatlichen Erzgebirge ins Vogtland gefahren. So haben sie auch diese Landschaft erstmals vor fast fünfundzwanzig Jahren in ihren »Vogtlandbildern« beschrieben und als bisher letzte Publikation erschien ihr »Vogtland-Lexikon« 1992 im Chemnitzer Verlag.

Analog dem Erzgebirgsbuch finden sich auch hier im ersten Teil Texte von Volkskundlern und Schriftstellern, die über ihre Erinnerungen und Eindrücke aus dem Vogtländischen geschrieben haben. In einer Reihe von Themenexkursen werden wichtige Bereiche aus Landschaft, Geschichte und Kultur vorgestellt. Und ihnen folgt im dritten Teil wiederum ein Vogtlandlexikon, überarbeitet und erweitert, mit touristischen Hinweisen und Hotelempfehlungen versehen.

Auch dieses Buch dankt seine Entstehung der Hilfe und Förderung durch viele Heimatforscher aus Vergangenheit und Gegenwart. Auf einige verdienstvolle »Vorfahren« wird im Literaturverzeichnis verwiesen.

Die Fotografen dieses Buches waren auf unterschiedliche Weise an den Arbeiten der Verfasser beteiligt: Für die Neuausgabe der »Vogtlandbilder« (Rudolstadt, 1989) schuf Frank Schenke aus Gera den Bildteil. Für Manfred Blechschmidts »Vogtland« (Husum 1995) fotografierte Christoph Georgi, Schneeberg, der auch andere Bücher der Verfasser bebilderte. Für den Band »Vogtland« von Klaus Walther (Würzburg 1994) fotografierte Udo Pellmann, Dresden. Sie sind auch in diesem Buch mit ihren besten Bildern vertreten.

Nun hoffen Autoren und Fotografen, daß dieses Buch so freundlich aufgenommen wird wie der Band »Silbernes Erzgebirge«, aber natürlich ist ein so faktenreiches Unternehmen nicht ohne Fehler. Für kritische Hinweise bedanken wir uns also im voraus.

I

Abstecher: Reichenbach im Vogtland

Es sang sich ein Lied in der Nacht.
Da wurden zwei Bürger in Reichenbach
im Vogtlande wach.
Was wollte ich sonst in dieser Stadt
Als nur meine Fahrt unterbrechen;
Frug: ob sich hier ein Wirtshaus hat,
Wo Leute um die Zeit noch zechen ...

Joachim Ringelnatz

Julius Mosen

Meine Heimat

Mit meinen Landsleuten habe ich immer die Anhänglichkeit an die heimatliche Erde des Vogtlandes gemeinsam gehabt. Wie es Menschen gibt, von welchen man, hat man sie einmal liebgewonnen, nie wieder lassen kann, so geht es uns auch mit Ortschaften und Gegenden. Es sind gewöhnlich solche, in welchen sich eine bestimmte Gemütsstimmung ausdrückt. Zu diesen gehört das vogtländische Hügelland an der Abdachung des sächsischen Erzgebirges mit seinen Waldeinsamkeiten, in welche gar schmale Wiesentäler, oft nur wie grüne Streifen, mit hier und dort weit, gar weit auseinanderliegenden kleinen verirrten Häusern sich hineinverlieren und stundenweit den Blick nach sich ziehen, als müßte dort weit hinten in der Ferne unter den harztropfenden Tannen, dort, wo die Berge terrassenartig in dunkler Bläue emporsteigen, irgend ein Geheimnis verborgen sein, das uns an sich lockt und sich uns gern enthüllen möchte. Und wie klar und hell eilen aus dem dunkeln Grunde die plätschernden Bäche herunter, immer mit sich sprechend, wie Kinder, welche etwas in einem fremden Hause bestellen sollen und den Auftrag unterwegs sich oft laut vorsagen, um ihn nicht zu vergessen, bis sie ihn wirklich vergessen haben und nun zwecklos weinend am Wege stehen.

Obschon den meisten Gegenden des Vogtlands ein melancholisch träumender Charakter ausgeprägt ist, so wird seine Einförmigkeit doch durch den Wechsel in seinen drei Noten von Schwarzwald, Wiese und Ackerfläche überall gemildert, je nachdem wie im untern Vogtland Acker und Wiese, oder wie in den oberen Gegenden Berg und Wald vorherrschend sind, oder je nachdem die Straße den Wanderer quer durch über die Hügel und Täler führt, wobei von selbst jeden Augenblick sich die Szene verwandelt und Auge und Gemüt beschäftigt.

Dort, wo die Hügel nach Osten zu aus dem Elstertale hinaus in Bergterrassen zum Erzgebirge sich erheben wollen, in dem Dorfe Marieney, welches zwischen den vier Städten Schöneck, Markneukirchen, Adorf und Ölsnitz mitten innen liegt, bin ich am 8. Juli 1803 geboren worden. Mein Vater war dort Schullehrer. Ich war das erste Kind, was ihm meine Mutter gebar, und erfreute diese meine Eltern mit meiner Ankunft gar sehr, zumal sie bereits drei Jahre lang verheiratet waren. Die ersten fremden Menschen, welche von der Außenwelt mit in den Schicksalskreis meiner ersten Kindheit hineintraten, waren von selbst meine drei Paten. Obgleich diese schon vor langen Jahren gestorben sind, so stehen sie doch noch mit lebendigen Farben in meiner Erinnerung da, voran der Pfarrer des Orts, Steinmüller, der es mir gewiß selbst in seinem Grabe nicht verzeihen würde, vergäß' ich seinen Titel: »Herr Magister«, der ihm so stattlich ließ und auf dem er, wie auf seinem Postament, stand. Er war ein großer, stattlicher Herr, gut genährt, mit einem doppelten Kinne, welches seinem roten Gesicht unter der großen, weißgepuderten Allongenperücke eine ungemeine Würde verlieh. Trug er diese auch eigentlich nur Sonntags zu dem schwarzen Leibrock und kurzen, schwarzsammetnen Beinkleidern und den schönen Schnallenschuhen, so stand sie doch Werkeltags immer rechts von seinem weichgepolsterten Armstuhl als die Wolke, mit welcher er jeden Augenblick als Jupiter erscheinen konnte, gefiel es ihm so. Ob sein Glaube orthodox-lutherisch war, getraute ich mir nicht bestimmt zu behaupten, nur so viel ist gewiß, daß er die Freuden, welche Küche und Keller spenden, durchaus nicht verschmähte. Er war zur Zeit meiner Geburt zum zweiten Male verheiratet; die gute Frau Magisterin war sein Gegenbild in allen Dingen, er eine imposante Prälatengestalt stolz, jovial und zornig, sie dagegen blaß, schmächtig, fast hager, demütig und ein wenig grämlich für sich in der Stille; vielleicht machte dieser Gegensatz ihre Ehe um so glücklicher, zumal sie eine wahre Meisterschaft im Backen und Kochen besaß. Wer nicht so glücklich gewesen ist, zu jener Zeit ein Kirchweihfest in der Marieneyer Pfarre mitzufeiern, der weiß auch nicht, wie fein eine Hühnerpastete zubereitet sein kann, nicht, wie ein Kapaun gebraten sein soll, und hat vielleicht auch noch keinen Streuselkuchen gegessen, der von selbst auf der Zunge sich zerkrümelt. Ein dankbares Gedächtnis sei meiner guten Frau Magisterin immerdar bewahrt für manche in Zucker eingemachte grüne Pflaume, welche sie mir in dem so wundersam von tausend zungenprickelnden Gerüchen duftenden Speisegewölbe mit dem silbernen Löffel aus der Glasbüchse zum Naschen aus dem zähen Saft herausholte, wenn ich mit ihrem einzigen Töchterchen – dem Pfarrickchen – recht artig gespielt hatte, was freilich selten der Fall war. So gut und gewürzt auch ihre Küche war, doch halte ich nicht dafür, daß darin die Ursache zum Podagra des Herrn Magisters, welches ihn oft zur Verzweiflung brachte, zu finden war, vielmehr ging darüber die Meinung verständiger Leute dahin auseinander, daß die Weintrinker die Wurzel seines Übels in dem häufigen Genusse des Ölsnitzer Doppelbieres suchten, welches die Gläser auf dem Tische anpichte, die Biertrinker aber die Schuld daran auf den starken Burgunder schoben, welchen freilich mein Herr Pate für eine besonders heilsame Arznei hielt. Dieser Streit ist zwischen beiden Parteien, soviel ich weiß, nie entschieden worden.

Paul Apitzsch

Mein Wacholderhübel

Ein moderner österreichischer Schriftsteller, Arman Reis, stellt die Behauptung auf, daß der Gegenwartsmensch in der Länderkunde der reine Gehirnathlet sei und daß er das Ungesehene und Unbegriffene kübelweis seinem Gedächtnisse einverleibe. Und in der Kenntnis der Heimat, füge ich hinzu, krankt er an chronischer Überbescheidenheit, so daß er die Hydrographie und Topographie Afghanistans, die Zoologie und Mineralogie Belutschistans besser kennt als die pflanzlichen und tierischen Lebewesen des Straßengrabens, der an seinem Hause vorüberführt. Es wird höchste Zeit, daß eine starke und allem Anschein nach erfolgreiche und nachhaltige literarische und pädagogische Strömung heranbraust, um die Überschätzung fremder und die Unterschätzung heimischer Natur in gesunde Bahnen zu leiten. Mag das Auge sich weiden am Firnglanze des Hochgebirges. Es soll sich auch freuen können beim Anblicke der bescheidenen Waldkuppen des deutschen Mittelgebirges. Mag das Ohr sich berauschen am Branden der Adria, es soll auch Gefallen finden an murmelnden Bächlein des Heimatwaldes. Mag der Mund preisen die stolzen steinernen Zeugen der vergangenen Kultur Italiens. Er soll auch Worte finden zum Ruhm der Schönheit heimischer Kunstwerke und Kulturwerte. Und sie ist so schön, die Heimatscholle. Nicht nur in ihren Glanzstücken und anerkannten Sehenswürdigkeiten. Auch in ihren abseits gelegenen und unbeachtet gebliebenen Einzelheiten und Kleinigkeiten.

Vom Hohen Kreuz, südwestlich der Teppichstadt Ölsnitz, senkt sich die ins Bayernland führende Staatsstraße hinunter zum Schwarzen Teich. Jenseits desselben steigt sie mählich zum Walde empor. Da, wo der Wald aufhört, steige ich, die Straße hinter mir lassend, den schwach geneigten linken Abhang hinauf. Aus dem gebänderten cambrischen Tonschiefer erheben sich zwei Diabaskuppen, die auf der geologischen Generalstabskarte Sektion Bobenneukirchen-Gattendorf die Höhenbezeichnungen 535,4 und 534,2 tragen. Erstere nenne ich meinen Wacholderhübel, letztere meinen Quarzhübel. Ich pflege Punkte, die ich auf einsamen Wanderungen öfter besuche, zu benennen. Es brauchen dies nicht immer Namen zu sein, die, wie hier, ein charakteristisches Merkmal der betreffenden Erdstelle zum Ausdruck bringen. Sie sind mitunter entstanden in Anlehnung an kleine, völlig unbedeutende, rein persönliche Erlebnisse und Erinnerungen. Und so habe ich denn, außer den allgemein bekannten und von alters her festgelegten geographischen Ortsbezeichnungen, eine Sammlung eigner Benennungen, die keine Karte kündet, kein menschliches Wesen außer mir kennt.

Also Wacholderhübel. Eine einsame Heidekuppe. Kaum merklich gewölbt, trägt Höhe und Hang vereinzelte Kiefern und Birken. Einen geschlossenen Waldbestand zu ernähren, würde der kärgliche Boden wohl schwerlich imstande sein. Das überaus langsame Wachstum der wenigen Holzgewächse ist eine natürliche Folge des Steinreichtums, der dünnen Humuskruste und der Nahrungsarmut des Untergrundes. Kiefern und Birken wachsen mehr in die Breite als in die Höhe. Die ungeschützte Lage und der rauhe Nordwind haben ihnen gelehrt, bescheiden in ihrem Streben nach oben zu sein. In ihren Ansprüchen hingegen läßt die Birke die Bescheidenheit völlig missen. Sie saugt den an und für sich dürren Boden derart aus, daß eine junge Nadelholzpflanzung, die von Birken durchsetzt ist, an Wassermangel leiden und schließlich schonungslos zugrunde gehen muß. Die weiße Birke und die weiße Taube: Symbole der bedrängten und bescheidenen Unschuld. So schön beide Vergleiche klingen, so falsch sind sie; und ihre immer wiederkehrende Anwendung in Poesie und Prosa zeugt von wenig Naturbeobachtung. Es gibt kaum ein unverträglicheres, selbstsüchtigeres, liebloseres Geschöpf als das »unschuldige Täubchen«. Und im Sanftmutskleide der keuschen Birke verbirgt sich der krasseste Egoismus eines rücksichtslosen Räubers und Mörders.

Wacholderhübel. Schwarzes Gestein steht an. Vor Jahren mögen hier Steine gebrochen worden sein. Genau auf dem Gipfel des Hügels ist so ein Bruchloch, beständig mit Wasser gefüllt. Buntbauchige Kamm-Molche beleben an sonnigen Vorfrühlingstagen den Tümpel. Eines der vielen Naturrätsel, wie diese typischen Wassertiere hier herauf gekommen sein mögen. Kätzchen von Sahlweiden treiben auf der unbewegten kleinen Wasserfläche. Keck wippt eine Bachstelze auf dem einzigen, inselartig herausragenden Felsblock. Im Sommer wuchert weißer Hahnenfuß an den Rändern. Das dunkle Gestein ringsum ist mit zierlichen Becherflechten und dünnwebigen Flechtenflecken besät. Und rundherum hochstämmige Wacholderbüsche. Aus dem Gewirr von Heidekraut und Brombeergerank, aus dem Teppich von Preiselbeerlaub und Katzenpfötchengefilz recken zwei bis drei Meter hohe, ernste Wacholderbäumchen kerzengerade empor. Sie schauen weit hinaus ins Waldland.

Ich liebe ihn den kraftvollen, wetterharten Wacholder. Nicht das Ruppige und Struppige, nicht das Stachelige und Widerspenstige, nicht das Düstere und Unheimliche seines Wesens ist es, was ihn mir wert macht, sondern seine Anspruchslosigkeit, seine eiserne Zähigkeit, sein stolzes Selbstbewußtsein im Vertrauen auf ureigene Kraft. Er verschmäht es, Schutz zu suchen unter dem tiefhängenden Kieferngeäst. Verächtlich schaut er auf das niedere Pflanzengewirr, das hilfeheischend dort unterkriecht. Nur vor den beiden gleich wetterfesten Genossen draußen am Feldrande hat er Achtung: vor Schlehdorn und Wildrose. Und noch höher steht der Wacholder als beide. Denn Schlehdorn und Heckenrose wachsen in Gruppen und Sippen beieinander, nicht allein der lieben Geselligkeit willen, sondern, um gemeinsam den Unbilden und Fährnissen entgegentreten zu können, während der Wacholder auch dieses Hilfsmittel von sich weist. Er ist das Sinnbild des starren, zähen, unbeugsamen Selbstbewußtseins. Und auch das Symbol der hastlosen, besonnenen Entwicklung. Während jede andere Pflanze den Zeitraum vom Frühlinge bis zum beginnenden Winter benötigt, um die Früchte zur Reife zu bringen, braucht der Wacholder zwei Jahre dazu. Im ersten grünt, im zweiten bläut er sie. Ebenso bedächtig ist er im Wachstum. Die kaum fingerstarken Stämmchen guckten schon übers Heidekraut, als die jetzt mannshohen Fichten geboren wurden. Diese Wacholderbäumchen kommen mir immer vor wie die Liliputaner, jene kleinen Menschen mit den alten Gesichtern, die mit klugen Augen und feinspöttischer Überlegenheit den Dünkel der größeren Menschen belächeln.

Im Preiselbeergeäst des Waldbodens sind zahllose Spinnenweben ausgespannt. Ich beuge mich nieder und betrachte so ein wagerecht gehängtes Fangnetz. Drinnen liegt ein dicker Tautropfen. Mit unheimlicher Schwere zieht die quecksilberne Kugel nach unten. Jeden Augenblick kann die Katastrophe eintreten. Klopfenden Herzens hockt der kleine Textilarbeiter am Rande und harrt des Zusammenbruchs seines kunstvollen Gewebes. Jetzt schießt ein Sonnenstrahl heran und läßt den gefangenen Tropfen in allen Regenbogenfarben erglühen. Aber das Spinnlein hat keinen Sinn für Romantik und schwärmt nicht für Rückert und Robert Schumann, deren Ritornell

> ... stand im Tau,
> es waren Perlen grau.
> Als Sonne sie beschienen,
> wurden sie zu Rubinen

es völlig kalt lassen würde; denn schließlich ist es gleichgültig, ob der dicke Tautropfen als graue Perle oder als roter Rubin das Netz durchbricht.

Über den schmalen Heidepfad hastet ein prachtvoller Carabus. Der glänzende Leib dieses Goldlaufkäfers will mit seinem egoistischen Gefunkel gar nicht in das Ewiggrau des deutschen Heidebodens passen. In seinem raschen Laufe bemerkt er nicht, wie sein Vetter, der stahlblaue Roßkäfer, sich um eine einförmige Pille Hasenlosung bemüht, die auf dem Heidewege liegt. Die unästhetischen Menschen nennen ihn verächtlich »Mistkäfer« und vergessen ganz und gar, daß er, in Gemeinschaft mit Totengräber und Ameise, die Sanitätskolonne des Waldes verkörpert. Da steht doch der ungebildete Beduine der marokkanischen Wüste kulturell höher als der dünkelhafte Europäer. Der Sohn der Sahara zollt einem nahen Verwandten des Mistkäfers, dem pillendrehenden heiligen Skarabäus, göttliche Verehrung. Trotz der hohen Verwandtschaft und ungeachtet des prächtigen Kleides erfreut sich der Mistkäfer keiner großen Hochachtung. Denn einmal umgibt er sich als Mitglied der Düngerabfuhrgesellschaft mit wunderbarem Parfüm, und zum anderen wird die haarige Unterseite seines Leibes von kleinen, grauen Parasiten bewohnt. Also in jeder Beziehung ein sogenannter »netter Käfer«! –

Ein auffliegender Trauermantel hebt unsern Blick aus der schwülen Atmosphäre der Erdnähe in die unbegrenzte Höhe des Äthers. Das Auge ist geblendet und muß erst, nachdem es die kleine Welt des Waldbodens aus kürzester Entfernung beobachtete, auf das weite Gesichtsfeld eingestellt werden. Es ist eine wundersame Eigenschaft des menschlichen Auges, daß es befähigt ist, urplötzlich den Übergang vom Sehen in die Nähe zum Schauen in die Ferne und umgekehrt herzustellen. Die einzige

Unvollkommenheit des Sehorgans, die Begrenztheit des Gesichtsfeldes, hat menschliche Denkkraft durch Erfindung der vergrößernden Linse zu mindern gesucht. Mikroskop und Teleskop geben die Möglichkeit, die Zwerggestalten der Nähe zu erforschen, die Riesengebilde der Ferne zu bewundern.

Ich starre ins Weite. Waldwelle hebt sich über Waldwelle, Waldkuppe reiht sich an Waldkuppe. Und da packt sie mich doch, die Sehnsucht nach der weiten Welt. Ich sträube mich vergebens. Ich bin nicht wert, ein Verkünder heimischer Schönheit zu sein. Hinter den Waldbergen gegen Süden schaue ich ferne Schneehäupter und sehe Pinien und Zypressen an blauen Seegestaden. War die Betrachtung der nahen Umwelt zufriedenes Genießen, so löst der Blick in die Ferne qualvolles Sehnen aus. Glücklich der Mensch, der wunschlos in die Ferne zu schauen vermag. Beneidenswert nennen ihn die einen, bedauernswert die anderen. Sonnenfrohe, zufriedene Alltagskinder, der lichten leichtblätterigen Birke vergleichbar. Schwerblütige Grübler und Träumer, Wacholdernaturen, tiefwurzelnd im Mutterland und doch behutsam tastend zur Höhe strebend. Eng beieinander wohnen so wesensfremde Menschen. Und so steht auch neben dem düstern Wacholderhübel mit seinem dunklen Gestein und seinen an Friedhofszypressen gemahnenden Wacholderpyramiden ein lichter, freundlicher Gesell: mein Quarzhübel. Blendend weißes Gestein steht an. Hier beginnt im Kambrium ein merkwürdiger Quarzzug, der sich in einer Breite von wenigen Metern und in einer Länge von 2,4 Kilometern bis nach Obertriebel hinzieht. Die Quarzzunge läuft von Punkt 534,2 hinunter nach der neuen Untertriebler Straße, quert sodann ein Seitentälchen des Triebelbaches, schneidet all die zahlreichen von der Süßebacher Staatsstraße nach Untertriebel führenden Waldpfade und endigt kurz vor Obertriebel. Ihre Richtung ist genau nordsüdlich. Der Quarzgang ist nicht leicht zu verfolgen, da dichte Walderde ihn deckt. Nur wo gerodet worden ist, liegen zu Tausenden die hellen Kiesel wie bleichendes Gebein. – Drunten im Tal hebt das Feierabendglöcklein an zu klingen. Über den Waldkämmen des Haselrainer Platzerberges und des Bobenneukirchener Pfaffenberges liegt mattgolden der Schimmer des scheidenden Tages.

Und drüben auf meinem Wacholderhübel schluchzt liebesselig eine Amsel ihr Abendlied.

Gertraud Enderlein

Die berühmten Häuser der Königstraße – Aus dem alten Plauen

Es war unser Abendspaziergang. Wenn der Laden auf der dämmernden Herrengasse geschlossen war, dann gingen die alte Frau und ich über den höckrigen Altmarkt ein wenig nach der Königstraße hinüber. Sie lag an solchen lauen Sommerabenden noch viel stiller als tags. Ja, man hatte das Gefühl, als wiche aus der Königstraße niemals ganz diese feierliche und vornehme Ruhe, die sonst wohl in verschlafenen Schloßgärten, kaum aber zwischen den Giebeln eines Kleinstadtwinkels lagert. Solch eine Luft strömen die beiden Spätrenaissance-Häuser aus, die sich wie Prinzen zwischen dem ärmlichen Volk der niederen Anwesen erheben.

Ich habe diese beiden, das große Doppelhaus mit den Mansardendächern, der hohen vielteiligen Fenstern, und den angrenzenden Bau, in dem sich das Gasthaus »Königsburg« eingerichtet hatte, jedesmal mit ehrfürchtigen Augen betrachtet, weil ich wußte: von allen Kriegsstürmen, die in der ersten Hälfte des neunzehnten Jahrhunderts über Sachsen und das Vogtland flossen, haben auch diese Häuser ein paar Wellen abbekommen; von allen berühmten Gästen Plauens haben die berühmtesten in diesen beiden Gebäuden gewohnt, die reich begüterte Kaufherren in seiner »goldenen Zeit« am Ende des achtzehnten Jahrhunderts aufführten. Was war der Hradschin, das spitztürmige, hochgegründete Schloß der Vögte droben gegen diese Häuser? Es stak voll Aktenstaub schon jahrhundertelang. Was es bedeutend machte, lag zu sehr im Wesenlosen, in einer allzu fernen, unpersönlichen Vergangenheit. Hier auf der Königstraße aber waren in bewegten und festlichen Tagen sächsische Könige aus- und eingegangen. Hier hatte Napoleon gewohnt ...

An solchen Sommerabenden habe ich oft lange durch die breiten Tore gespäht, während die alte Frau gemächlich wartend weiterging. Denn ich wußte von der Pracht der Treppenflur im Goesmannschen Doppelhaus, die doch nur ein schwacher Abglanz des reichen Schmuckes im oberen Prunksaal sein sollte. Und auch, daß hinter der »Königsburg« nebenan ein freundliches Stück Gartenland auf dem Stadtmauerrest hinlief. Aber es blieb bei Spähen und Wünschen ...

Als dieses bunte, seltsam erregte Halbjahrhundert für das »Jüdengässel« von ehemals anbrach, zerstob die vornehme Ruhe des Patriziertums. Sporenstiefel klirrten. Meldereiter jagten auf und ab. Damals schon, im Jahre 1805, als während des dritten Koalitionskrieges fünf sächsische Offiziere im weitläufigen Bau des einstigen »Fürsten von Plauen« – Kaufmann Baumgärtel – einquartiert wurden, hat man wahrscheinlich die Einrichtung getroffen, daß die Herren im großen Doppelhaus mit seinen stattlichen Repräsentationsräumen, die Diener im schlichteren Nachbargebäude untergebracht wurden. Jahr für Jahr sitzen nun fremde vornehme Gäste unter den zarten Stuckkränzen im Prunksaal; deutsche und französische in stetem Wechsel. Denn die napoleonischen Kriege überziehen das Land. Am zehnten Oktober 1806 schmausen Marschall Soult und zwanzig seiner Offiziere die vorgeschriebenen üppigen Gerichte von den kostbaren Teller des Hauses. Als Napoleon den Krieg gegen Österreich trägt, kommt Marschall Bernadotte als anmaßender Besuch. Zum ersten Mal wird nun das Bürgerhaus eine Fürstenherberge. Aber es ist ein geschlagener Fürst, und er sieht »ernst, fast schwermütig« aus, wie ein alter Bericht meldet: Herzog Wilhelm von Braunschweig wohnt auf der Flucht vor der Übermacht König Jeromes im Juli 1809 fünf Tage lang hinter den vielteiligen Fenstern.

Drei Jahre später, am fünfzehnten Mai 1812, hat dann auch das bescheidenere Nachbarhaus seinen ersten großen Gast, sein erstes und wohl einziges wirkliches Erlebnis. Auf der unglücklichen Heerfahrt nach Rußland kehrt Napoleon bei dem würdigen Musselinfabrikanten Christian Friedrich Kanz, der sich dieses Haus 1793 gleichsam als Ausdruck seiner ehrenfesten Gesinnung erbaute, für eine Nacht ein. Marie Louise, die schöne gleichgültige Kaiserin, ist mit ihm. Ein Gefolge von zweihundertzwanzig Personen, mehrere Herzoginnen und Komtessen müssen die beiden Häuser aufnehmen. Und Napoleon geht mit herrischen Schritten durch die geschnitzten Flügeltüren und hängt die »redingote grise« zum Dreispitz an den mächtigen Wandnagel, der noch lange Jahre nachher ehrfürchtig von den Enkeln dieses Hauses betrachtet wird. Am Abend, als die Tafel beendet ist, befiehlt sich der Kaiser seinen Gastgeber ins Zimmer, wo der Kreishauptmann von Watzdorf einige Manualfakturwaren und feineres Baumwollgespinst als Zeugnis heimischen Gewerbefleißes auslegen ließ. In knappen Fragen, die dem Hausherrn vom General Mouton als Dolmetscher übersetzt werden mußten, erkundigt sich Napoleon fachkundig nach dem Stand der vogtländischen Industrie, dem Geldmarkt, der Innehaltung der Kontinentalsperre. Er befühlt auch den Rock des Herrn Kanz, weil dieser ihm sagte, daß er aus französischem Tuch gefertigt wäre, und spricht seine Freude darüber aus, daß man die seidenen Zeuge aus Lyon beziehe. Andern Tags fährt der unruhige Fremdling weiter, seinem Unstern hinterdrein, nach Rußland. Und das Kanzsche Haus zehrt von seinem Erlebnis und ist weiter Herberge all der Gäste, die das große Doppelhaus nicht unterbringen kann.

Hier schreitet nun als nächster ein König durch das runde Tor. Friedrich August von Sachsen, den man den Gerechten nannte, kommt im kritischen Februar 1813, sorgenbehaftet, unentschieden, wem er sich im jäh auflodernden Krieg um Deutschlands Freiheit, gegen den Korsen, anschließen soll. Vier Wochen lang wohnt er mit der Königin und seiner Tochter in dem alten Hause. Auch Graf Marcolini ist in seinem Gefolge, der falsche Freund. Als sie nach Regensburg weitergereist sind, bleibt doch noch königlicher Glanz zurück: die Judengasse heißt von nun an Königstraße. Abglanz stürmischer Tage – Lützow kommt, im Steinweg stadtabwärts haust Theodor

Körner, dichtet im Garten der »Erholung« seine Lieder. Zwei Jahre lang, fast unaufhörlich, fluten nun die Geschlagenen des Befreiungskrieges durch die Stadt. Das Kauderwelsch der Donkosaken klingt rauh und lustig gegen die malachitgrünen Felder des Saales, auf denen weiß die Symbole der zwölf Monate als liebliche Reliefs leuchten.

Dann verebbt der Strom. Aber das breite Doppelhaus bleibt Fürstenquartier noch jahrelang. Königliche Bräute kommen auf ihren Landesreisen: Josepha, die junge Tochter des Prinzen Max von Sachsen, als sie als Landesherrin nach Spanien fährt, Amalie von Bayern, die Braut des späteren Königs Johann, die mit zwanzig Wagen und vielen reitenden Begleitmannschaften einzieht. Damals erhält der Gastfreund – es ist der Kammerkommissionsrat Kretzschmar – zwei goldene Tabatieren im Namen der Könige von Sachsen und Bayern. Dann wieder läßt sich Anton, der später der Gütige hieß, nach seiner Thronbesteigung um die Oktobermitte 1827 unter den kostbaren Kristalleuchtern des Prunksaales huldigen. Diese festliche Straße unterm milden Glanz des Herbsthimmels, festlich wie selten zuvor, als neun Jahre später im gleichen Monat Friedrich August II., bisher Mitregent, nunmehr selbständiger König, mit der Königin und vielem Gefolge das Land durchreist. Von den Fenstern seines Quartiers im Goesmannschen Hause nimmt er den Fackelzug der Schüler entgegen. Hier tafelt er am reich geschmückten Tisch und läßt sich die Forellen, die Julius Mosens Vater aus einem vogtländischen Dörflein in Schubkarren nach Plauen fuhr, vorzüglich schmecken. Im »Napoleonhaus« nebenan aber, wo sich seit wenig Jahren der umfangreiche Geschäftsbetrieb des Baumwollfabrikanten Schmidt befand, besehen sich König und Königin die anschauliche Ausstellung der in diesem Hause hergestellten Waren und die Geschicklichkeit der Stickerinnen, die man ebenfalls vom Dorf hereingeholt hatte, damit sie ihre Künste zeigen können. Diesmal gehen die Gäste beschenkt davon: als Huldigung der Stadt werden der Königin durch den Bürgermeister ein gesticktes Kleid, ein gleicher Oberrock und eine Pelerine überreicht.

Zweimal noch berichten die Annalen des großen Doppelhauses von Kriegseinquartierungen. Bayrische Offiziere kommen, als 1849 die Söhne dieses schlagkräftigen Landes den Schleswig-Holsteinern zu Hilfe rücken. Preußische vom 5. Ulanenregiment in Düsseldorf ziehen 1866 ein.

Ob auch die Weltkriegsläufe ihre Gäste in diese Häuser sandten? Ob Schwerverwundete dort einquartiert wurden? Wir wissen es nicht. Und auch die alte Frau, die sommerabends über den alten Markt nach der Königstraße hinüberging, hat es nie erfahren. Des ersten Kriegsjahres Herbststurm nahm sie weg.

Und nun ist, seit Jahren schon, Vergangenheit wieder wach und lebendig im Doppelhaus mit dem Stucksaal und den hellen reichen Zimmern. Im Juli 1920 hat man das Vogtländermuseum hier untergebracht, das in unzulänglichem Verwahr gehalten wurde, hat die verrosteten Waffen, die Heiligenschreine und Bauernladen hier hineingetragen, hat Bauernstuben und Bürgerzimmer – nach dem Vorbild des Dresdner

Museums – eingerichtet. Ganz stark sprach die Farbe hierbei mit. Es gibt ein »graues« und ein »blaues«, ein »rotes«, ein »grünes« und ein »gelbes« Zimmer, je nachdem man nun Metallenes oder Keramik, Gläser oder Trachten darin zeigte. Ein schönes Barockschloßzimmer ist da, alles Schöne und Seltene aus der Vogtlandheimat ist rings um den Prunksaal her zu schauen.

Droben in der Mansarde aber, hinter dem großen Fenster im Giebel wohnt für Lebenszeit, so wurde es bei der Übernahme des Hauses durch die Stadt bestimmt, der Sohn jener alten Familie, glücklich, daß man die Heimat nicht zerstörte, sondern pietätvoll erhielt. Und wenn er drunten im Kontor der Goesmanns steht, das mit den dicken aufgeschlagenen Geschäftsbüchern ganz unmittelbar wie eben vom fleißigen Kaufmann verlassen erscheint, wird ihm Vergangenes ergreifend nahe.

Joachim Heinrich Campe (1790)

Ankunft in Plauen

Der Weg von hier bis Plauen geht fast ohne alle Unterbrechung über lauter Berge. An Geschwindfahrten ist hier daher nicht zu denken. Jetzt läuft die Straße schroff hinab, und ein Rad muß gehemmt werden, jetzt geht's wieder steil hinan, und man muß aussteigen, um den armen Tieren eine kleine Erleichterung zu verschaffen. Es war also nicht zu verwundern, daß wir erst abends zwischen sechs und sieben Uhr in Plauen ankamen, wo wir schon nachmittags zwischen ein oder zwei Uhr einzutreffen gehofft hatten.

Ungeachtet heute viel und stark gegangen und die Mittagsmahlzeit eingebüßt war, so fühlte doch keiner von uns die geringste Erschöpfung oder Müdigkeit. Sobald wir daher in dem Posthause von dem uns angewiesenen Zimmer Besitz genommen und ein baldiges und gutes Abendbrot bestellt hatten, machten wir alle drei uns wieder auf die Beine, um vorher erst die Stadt zu besehen.

Auch dieser Ort gewährt – wie die meisten kursächsischen Städte – den schönen Anblick der Betriebsamkeit, folglich auch den des Wohlstandes. Man sieht es den freundlichen und wohlunterhaltenen Häusern an, daß sie von rechtlichen Menschen bewohnet werden, und diesen Menschen selbst, daß sie die Frucht ihres Fleißes, einer wohlverdienten Wohlhabenheit, genießen. Besonders zeichnet sich hier das weibliche Geschlecht durch eine gesunde und blühende Gesichtsfarbe aus. Es gibt hier Kaufleute, welche große Geschäfte besonders mit baumwollenen, hier und in der umliegenden Gegend gewirkten Zeugen, ganz besonders aber mit Schleier oder sogenanntem Musselin machen. Da es zu unserm Bedauern schon zu spät war, um die vorzüglichsten hiesigen Werkstätten zu besuchen, so mußten wir uns darauf einschränken nur im Vorbeigehen eine an der Straße liegende Strumpfwirkerei in Augenschein zu nehmen; und es machte uns nicht wenig Vergnügen, die bewunderungswürdige Wirkung der Maschine zu beobachten, durch welche die Strümpfe gewirkt werden. Unterdes daß die Strickerinnen mit ihren Stricknadeln eine einzige Masche zustande bringen, hat diese künstliche Maschine jedesmal eine ganze Reihe von Maschen von einem Ende der Strumpfbreite bis an das andere hinzugefügt. Es ist doch in der Tat erstaunlich, was für Werkzeuge der menschliche Verstand erfunden hat, um das, was wir brauchen, geschwinder, leichter, besser und wohlfeiler zu verfertigen! Der Meister zeigte uns weiße baumwollene Strümpfe, die feinsten, die wir in unserem Leben gesehen hatten, mit überaus schönen und künstlichen Zwickeln vor, Strümpfe, welche die geübteste Strickerin kaum für zwei Taler, das Garn ungerechnet, zu machen imstande sein würde, und er forderte dafür nur 1 Reichsthaler, 4 Groschen.

Als wir endlich wieder nach Hause kamen, fanden wir ein für uns bereitetes köstliches Abendbrot vor. Wie das schmeckt, lieber Konrad, wenn man, so wie wir von früh morgens um vier Uhr an bis abends spät zwischen Himmel und Erde bergauf, bergab immer in Bewegung gewesen und dabei noch obendrein um die Mittagsmahlzeit geprellt worden ist! Es schmeckt uns zwar immer wohl, allein von dieser Art des Wohlschmeckens konnten wir uns vorher doch gar keine Vorstellung machen. Wir sind jetzt hier von Reichenbach an im sächsischen Vogtlande. Nimm doch, lieber Konrad, die Karte zur Hand und suche Dir das hübsche und fleißige Plauen auf, um zu wissen, von woher ich Dir diesen langen Brief geschrieben habe. Der Strich, den Du dabei gezeichnet finden wirst, bedeutet einen kleinen Fluß, und dieser ist die Elster, deren Bekanntschaft wir schon zu Zeitz gemacht haben.

Otto Eduard Schmidt

Erinnerung an meine Kindheitslandschaft

Die innerlichste Freude, die mir auf meiner vogtländischen Wanderung beschieden sein konnte, hatte ich mir bis zuletzt aufgehoben: das Wiedersehen der Stätten meiner Geburt und meiner Kindheit. Sie liegen fast alle im Tal der Göltzsch oder nicht weit davon. Die Weiße Göltzsch entquillt südlich von Falkenstein dem einsamen Düster eines Waldmoores, unweit der tosenden Rißfälle, durch die die junge Mulde der eben geborenen Nachbarin einen stürmischen Gruß goldbraunen Wassers hinuntersendet. Die Rote Göltzsch springt nordöstlich davon aus dunkelm Waldrevier hervor und vereinigt sich mit der weißen Schwester bei Ellefeld. Aber mein Jugendland reichte noch weiter hinauf bis zur vogtländisch-böhmischen Landesgrenze. In Klingenthal war mein Schwager Kummer seit 1868 Pfarrer, und so hatte ich denn, um ihn und die Schwester zu besuchen, schon als 13 jähriger Junge die 9 bis 10 stündige Strecke von meiner Vaterstadt bis Klingenthal an einem Tage wandernd durchmessen. Die Wanderung brachte manche kleine Verängstigung, aber weit mehr herrliche Luft. Vor einem schweren Gewitter, das mich auf offenem Felde überfiel, verkroch ich mich unter die aufgestellten Kornpuppen, aber wunderbar war doch danach das majestätische Rauschen der Wälder, in deren zusammenhängende schwarzgrüne Fluten ich gleich hinter Auerbach bei der »Habhrie« (Hohengrün) untertauchte. In den von Tannenbergsthal an über Steindöbra und Brunndöbra längs der Straße aufgeschütteten Schotterhaufen fand ich in handlichen Stücken, als ob sie für meine Mineraliensammlung zurechtgeschlagen wären, schöne Kristalle von Turmalin, Amethyst, Rauchtopas, Flußspat und roten Granaten. Welche Freude war es dann, die gefundenen Schätze daheim in die selbstgefertigten Pappkästchen zu verstauen und mit Zetteln zu versehen! Auch im Klingenthaler Pfarrhause und seiner Umgebung gab es mancherlei zu beobachten, was mir neu war: die 1653 auf achteckigen Grundriß errichtete Kirche, die steilen, aus den Tälern der Zwota und des Brunndöbrabaches aufsteigenden Rasenhalden, an denen die niedrigen Blockhäuser klebten, die ganze Welt der Musikinstrumente, von der Mundharmonika bis zum großen Brummbaß, die von den fleißigen Einwohnern dieser Blockhäuser gefertigt wurden. Während ich diesen Erinnerungen nachhing, tauchte der Eisenbahnzug, den ich in Ölsnitz bestiegen hatte, aus dem Dunkel der Wälder, denen die Göltzsch entströmt, hervor auf die lichte Hochfläche von Falkenstein. Es ist der Sitz des alten freiherrlichen Geschlechts der Trützschler zum Falkenstein, der Mittelpunkt der vogtländischen Gardinenfabrikation und der Hauptschauplatz der Taten des Räuberhauptmanns Hölz. Nach kurzer Zeit öffnet sich der Blick auf das lieblich in den Kessel des Göltzschtales geschmiegte

Auerbach, das ein immergrüner Kranz von Waldhöhen umringt. Hier war mein Großvater mütterlicherseits, August Breitung, der Abkömmling einer alten Thüringer Bauern- und Schulmeisterfamilie, länger als 50 Jahre Organist. Sein Vater, Dorfschullehrer im nördlichen Thüringen, früh verstorben, hatte seine Witwe und zahlreiche Kinder in bitterster Armut hinterlassen. Als die Mutter eines Sommerabends mit ihren Kindern dürres Holz aus dem Walde holte und die Knaben dabei sehr schön zweistimmig sangen, hielt ein auf der Straße vorüberfahrender Wagen an und die darin sitzende Dame sagte, auf den jungen August Breitung zeigend: »Ich brauche einen solchen Altisten, geben Sie mir ihn mit auf mein Schloß.« Die Mutter war's zufrieden, und so kam August Breitung in den kleinen Singechor, den die Freifrau von Werthern auf Schloß Beichlingen unterhielt und später durch seine Gönnerin auf das neubegründete, von Dinter geleitete Lehrerseminar zu Dresden-Friedrichstadt. Als junger Lehrer kam er in die Lage, sein Schulhaus in Schönfels (1806) gegen französische Marodeure durch einige aus einer alten Jagdflinte abgegebene blinde Schüsse zu verteidigen. In Reichenbach heiratete er eine Tochter des Kaufmanns Winternitz – das Haus in der Kirchgasse ist noch heute durch das W des Türsteins kenntlich –, und wurde als Organist nach Auerbach berufen. Dort wurde aus dieser Ehe meine Mutter Amalie Breitung am 4. Februar 1813 geboren. Eine meiner ältesten Erinnerungen verbindet mich mit dem Großvater. Er feierte im Jahre 1859 sein 50 jähriges Amtsjubiläum in Auerbach; dazu sollte auch der jüngste Enkel wenigstens im Bilde erscheinen. Aber meine Vaterstadt hatte damals noch keinen Lichtbildner. So wurde ich von meiner Mutter mit Hilfe eines Kinderwagens und der Magd nach Lengenfeld gebracht und dort im Schmucke lang herabrollender blonder Locken und einen bunten Blumenstrauß in der Hand »daguerreotypiert«. Das Bildchen ist noch vorhanden, und der Blumenstrauß ist, wie es damals Sitte war, in seinen natürlichen Farben ausgemalt. Auch als größerer Knabe war ich öfters bei den Großeltern. Der Großvater war ein kleiner, untersetzter, jovialer Mann und trefflicher Orgelspieler; wenn Schulamt und Kirchenamt hinter ihm lagen, pfiff er meist leise vor sich hin und drehte die silberne Tabaksdose in den Händen, aus der er dann und wann eine Prise nahm. Die Großmutter – es war seine dritte Frau – betrieb nebenbei einen kleinen Handel mit Stickmustern und den dazugehörigen wollenen und seidenen Garnen. Sie war eine zierliche Erscheinung mit gewelltem Haar und kleinen grauen Löckchen und eine Künstlerin in ihrem Fache. Ihre mit schwarzer Seide auf weißen Seidenstoff gestickten großen Bilder – eine Kunst, die sie aus ihrer Vaterstadt Schneeberg mitgebracht hatte – konnte man kaum von einem guten Kupferstich unterscheiden; einige davon wurden nach London verkauft. Ich besinne mich auf ein schönes Bild von ihr, das in goldenem Rahmen in der großen Wohnstube hing: den Evangelisten Johannes, dem bei der Abfassung seines Werkes der Heilige Geist als Taube erscheint. Außerdem war sie eine Meisterin im Erzählen von Geschichten. In dem steilen Garten, der sich hinter dem etwas düsteren Schulhaus oberhalb der Kirche zu dem alten Bergfried der ehemaligen Burg Auerbach hinaufzog, erzählte sie mir, während sie Bohnen schnitt, bei sinkender Sonne Geschichten, die ich heute noch nicht vergessen habe. Neben dem eben genannten Bergfried lag auf aussichtsreicher Terrasse das Haus der »Harmonie«. Es war damals und auch schon in der Mädchenzeit meiner Mutter der Mittelpunkt eines angeregten gesellschaftlichen und in bescheidenem Sinne auch künstlerischen Lebens, an dem nicht nur die gebildeten Kreise der Stadt, sondern auch die einer weiten Umgebung, insbesondere die »Hammerherren« von Tannenbergsthal, Rautenkranz, Morgenröthe bis hinauf zur »Schiehad« (Schönheide) eifrig teilnahmen. Dem Schulhaus gegenüber liegt die nach dem Brande von 1839 wiederaufgebaute eindrucksvolle Kirche, bemerkenswert durch den wohl in Sachsen nur hier vorkommenden oberen Turmabschluß in Gestalt einer Kuppel, die eine offene Halle überdeckt. Von der Kirche senkt sich der Markt in starker Neigung zu der durch Auerbach führenden Post- und Handelsstraße. Steile Gassen leiten zur Göltzsch hinunter. In einer von ihnen wohnte die ältere Schwester meiner Mutter, die Witwe eines früh verstorbenen Rechtsanwalts und lebte mit ihrer Tochter von dem Ertrage eines bescheidenen Vermögens und feiner Näharbeit. Sie waren beide stille, sanfte Menschen, und ihre schlichte Häuslichkeit war mir ein Gegenstand des Entzückens durch ihre Nettigkeit, zahlreiche Stücke altväterischer Kleinkunst und namentlich durch die hellen, geschweiften polierten Möbel mit Einlagen von Ebenholz und blankgeputzten figürlichen Messingbeschlägen. Noch eindrucksvoller war mir die nie versagende Güte meiner Tante. Noch sehe ich ihre etwas wässernden hellen blaugrauen Augen – auch sie nahm dann und wann eine Prise aus einer kleinen braunen Tabaksdose – freundlich auf mich gerichtet, während sie zur Tochter sagte: »Ei, hol nur fei gleich ä paar Wachsstöckle für den guten Jungen!« Diese »Wachsstöckle« hatten weder mit Wachs, noch mit einem Stock etwas zu tun: es war ein feines, rotbraunes Buttergebäck aus Pfannkuchenteig, aber geformt wie ein vielfach in sich verschlungener Knoten und deshalb in der Gestalt etwas dem Wachsstock vergleichbar, an dessen Flamme unsere Großväter ihre Briefe siegelten und ihre Zigarre entzündeten. Ich war schon längst in Amt und Würden, als mir die gute Tante kurz vor ihrem Tode noch einmal eine Schachtel solcher »Wachsstöckle« nach Dresden schickte. Ehe ich die bedeutsame Schachtel öffnete, wurden Weib und Kind dazu versammelt, und als ich dann das von Butter und Zucker strotzende Gebäck behutsam herausnahm, war es mir, als ob in seinem Duft die ganze schöne Kinderzeit noch einmal auflebte. Aber auch beim Großvater gab es manchmal etwas, was nach meinen Begriffen ins Gebiet der Schlemmerei gehörte. Die Großmutter brachte sonnabends vom Wochenmarkte für den Großvater eine kleine blaue Weintraube mit, die damals noch ohne Eisenbahn aus dem thüringisch-altenburgischen Obstgelände durch den mit seinem Braunen kutschierenden blaukitteligen Händler als »Rarität« bis in die Bergstädte des Vogtlandes gelangte. Der Großvater aber war viel zu mitteilsam, als daß er sich diesen Zungenschmaus allein gegönnt hätte: mit einer feinen Schere schnitt er für jeden Tischgenossen ein Zweiglein mit drei blauen Beeren heraus und legte es ihm neben den Zinnteller, dann erst aß er das übrige.

Als ich konfirmiert war, schenkte mir der Großvater eine seiner beiden Taschenuhren. Es war eine dickleibige Spindeluhr mit der Inschrift auf dem Zifferblatte »John

Mitchell, London 1809«. Ich trug sie in einem abnehmbaren silbernen Gehäuse, das inwendig noch mit rotem Tuch gefüttert war, und wurde später von meinen Dresdner Kameraden manchmal wegen meiner altfränkischen »Kartoffel« gehöhnt, aber ich liebte sie doch, denn sie war vom Großvater und ihr Ticken war mir wie ein Pulsschlag der Heimat.

Johann August Ernst Köhler

Vogtländisches Wirtshausleben

Das Wirtshausleben verdient füglich in den Vordergrund gestellt zu werden, da es in Stadt und Dorf für Viele die einzige Unterhaltung bildet. Deshalb ist die Bierfrage für den Voigtländer kein unwesentlicher Gegenstand, und es scheint, als ob die Nachbarschaft des Bayernlandes die Forderungen von Jahr zu Jahr erhöht habe. An der mangelhaften Einrichtung mancher Bierlokale nimmt auch der Voigtländer nicht Anstoß, wenn er nur gutes Bier vorfindet. In den Städten tritt das Verlangen nach einem Glase einfachen Bieres schon bedeutend in den Hintergrund, und auch in sehr vielen Dorfwirtshäusern, wo zwar der größte Theil der Gäste kein anderes als solches Bier verlangt, ist doch, zum Wenigsten an Sonn- und Feiertagen, für Lagerbier gesorgt. Die Unterhaltung besteht, besonders an den Sonntagen, im Kartenspiele; am Allgemeinsten ist der Skat verbreitet. In den Städten hat auch hie und da das Schachspiel einen kleinen Kreis von Freunden gefunden, und man sieht deshalb in manchen Restaurationen neben der Kartenpresse das Schachbrett stehen. In den Wirtsstuben der Dörfer sucht man in Wirtshausnamen die richtige Deutung aufzufinden, da oftmals eine augenblickliche Laune, irgend eine Zufälligkeit die Veranlassung zu einer uns jetzt sonderbar erscheinenden Benennung gab. Außer »schwarzen Bären«, »grünen Linden«, »goldnen Hirschen, Löwen, Sonnen« usw., denen wir ja überall begegnen, finden wir sogar ein »goldnes Herz« (zwischen Reichenbach und Lengenfeld); von dem Nadelholze mag die »Wachholderschenke« zwischen Gomlau und Wildetaube ihren Namen führen; »die goldne Höhe« (zwischen Herlasgrün und Treuen), das Gasthaus »Rosenthal«, das »zum fröhlichen Thal« in Friesen, und noch andere erhielten ihre Namen von der schönen Lage. – Auf den Dörfern ist es allgemeine Sitte, daß der Wirt jedem Gaste bei seinem Eintreten zum Willkommen die Hand gibt; ebenso begrüßen sich die Gäste, auch in den Städten, wenn sie nicht einander gänzlich fremd sind, auf dieselbe Weise. Sitzen zu viel an einem Tische, so genügt es, den nächsten Nachbarn die Hand zu geben und darauf dreimal auf den Tisch zu klopfen. Mancher Wirt von altem Schrot und Korn klopft auch auf den Tisch, wenn er das Geld einstreicht. Läßt ein Gast seinen Branntwein zum Trinken weitergeben, so wird ebenfalls vom Zutrinkenden mit einem Finger auf den Tisch gepocht...

Wie die eigentlichen Wirtshäuser und Restaurationen besucht man auch sehr zahlreich in den Städten den »Reiheschank«. Auf den ältern Bürgerhäusern ruht nämlich die Berechtigung des Bierbrauens; und wer sein »Loos« nicht verkauft hat, der verwandelt, wenn an ihn die Reihe kommt, die Wohnstube in ein Schanklokal. Das in dem städtischen Brauhause gebraute Bier ist vorher in seinen Keller geschafft worden; er steckt das Zeichen, einen Kranz, Kegel, oder eine Tafel aus und muß in einer bestimmten Zeit sein Bier »verschenkt« haben. Der Zuspruch in diesen Bierhäusern ist oft sehr bedeutend, besonders an den Abenden und vor Tische, da das städtische Bier bei gleicher Güte billiger als das aus fremden Brauereien bezogene ist.

Die Wirthshausschilder und die Benennungen der Bierlocale sind im Allgemeinen die gewöhnlichen; nur dann und wann ist durch dieselben ein gewisser Humor ausgesprochen worden. Wie es in Zwickau unter den Restaurationen eine »Bleibe« mit dem Wahlspruche: »Bleibe und trinke« giebt, so findet man in Plauen eine »Quetsche«. Bei Hermannsgrün im Reußischen liegt an der Chaussee ein Gasthaus: »kühler Morgen«. Der Reisende, welcher von Werdau her nach Greiz geht, liest auf dem Schilde an der Ecke: »Hier ist das erste Greizer Bier zu haben«, während derjenige, welcher den entgegengesetzten Weg eingeschlagen hat und deshalb seinen ersten Blick auf die andere Ecke des Hauses richtet, die Worte lesen kann: »Hier ist das letzte Greizer Bier zu haben«. Ein anderer Gasthof in der Nähe führte früher den Volksnamen: »der kalte Frosch«, im Dialekte: »der kolle Frosch«. Fr. v. Resch versucht zu beiden Namen sehr gewagte ethymologische Deutung zu geben, indem er Frosch von frow, frowe, englisch frown, d. h. finster, düster aussehen, und kalt (toll) vom englischen coal, d. h. dunkel, ableitet. Auch bei dem Worte kühl weist er auf coal und auf das keltische keal (kiel), mit der Bedeutung des Dunkeln, Schwärzlichen, bei Morgen aber auf moor, die Dunkelheit, hin. (20. u. 21. Jahresbericht d. alterth. Ber. zu Hohenleuben.)

Hermann Dunger

Von den vogtländischen Rundas

Aber eben weil das Volkslied aus dem Herzen des Volkes kommt, weil es der naturwüchsige Ausdruck einer inneren Stimmung ist, lässt es sich auch nur hören, wenn eine solche Stimmung wirklich vorhanden ist, es verstummt sofort, wenn diese nothwendige Vorbedingung fehlt. Einen sehr bezeichnenden Beleg dafür kann ich aus meiner eigenen Sammlerpraxis anführen: Ein Dienstknecht in einem Dorfe bei Plauen genoss in der Umgegend den Ruf eines ausgezeichneten Sängers. Ich suchte ihn im Viehstalle auf, nach und nach gelang es mir sein Zutrauen zu gewinnen und nun ging das Singen los, ein Stückchen jagte das andere, in kurzer Zeit hatte ich gegen 80 Rundâs bei dem Scheine eines ärmlichen Öllämpchens auf dem Futterkasten nachstenographirt. Später traf ich meinen Knecht auf dem Tanzboden. Er war in der besten Laune, und unerschöpflich schien sein Liederschatz. Da ich auf dem engen Tanzboden nicht gut nachschreiben konnte, ohne auffällig zu werden, so forderte er mich auf, bald wieder zu ihm zu kommen: er könne mir noch viele Liedchen mittheilen. Nach einiger Zeit kam ich wieder in die Gegend und suchte meinen alten Bekannten auf. Diesmal glaubte ich natürlich gar keine Mühe zu haben, da er mich ja selbst aufgefordert hatte zu ihm zu kommen, – aber nicht ein einziges Liedchen war aus ihm herauszubringen. ›Er habe keine Schneid‹ – ›er wisse wirklich keine Liedchen mehr‹, so lautete seine Antwort; alle die kleinen Kunstmittel, die ich beim Volksliedersammeln allmählich mir zu eigen gemacht hatte, erwiesen sich fruchtlos, ich musste mit leeren Händen abziehen. Bald darauf erhielt ich den Schlüssel zu diesem mir unbegreiflichen Räthsel. Er war mit seinem Dienstherrn uneins geworden, und dieser hatte ihm den Dienst gekündigt. In solcher Stimmung konnte er freilich beim besten Willen nicht singen.

In dieser Eigenthümlichkeit des Volksgesanges liegt die Schwierigkeit, aber auch der Reiz des Volksliedersammelns. Berthold Auerbach entwirft eine treffende Schilderung davon: »Man hat das Volkslied oft mit dem Vogel auf den Zweigen und in den Lüften verglichen. Hierin mag der sonst nur allgemeine, unbestimmte Vergleich zutreffend sein: rein zu eigner Lust, zum innigen Selbstgenügen wie der Vogelsang; wie der Blüthenduft aus still verborgener Pflanze am Bergeshange und im einsamen Thale, so strömt das Volkslied dahin in die Lüfte. Nun kommen die Gelehrten herbei mit Schreibtafeln und Stimmgabeln, und zuletzt noch gar der Polizeibüttel; der Vogel auf den Zweigen und das Lied, sie immer sich beide nicht haschen, sie verstummen eine Weile, aber sie sind beide freibeschwingt, sie fliegen auf, und es singt vom Baume im jenseitigen Walde.« – Das ist durchaus richtig; man darf eben nicht als Gelehrter, nicht als neugieriger Städter kommen, wenn man Volkslieder hören will. Wenn ein Fremder kommt, so halten die Singenden oft sofort ein, wie wir ein vertrauliches Gespräch abbrechen, wenn ein unberufener Horcher naht. Denn das Volk denkt so gering von seinen ›Schlumperliedlen‹, dass es nicht begreift, wie ein Gebildeter sich ›für solches Zeug‹ interessiren kann; und es fürchtet leicht, bei seinem angeborenen Argwohn gegen die Städter, dass man nur seinen Spott mit ihm treiben wolle. Der Volksgesang ist ja, wie der Ästhetiker Vischer sagt, ›eine Kunst ohne Kunst, deren Grundzug die Schönheit der Unschuld ist, die nicht sich selbst und ihren helligen Werth erkennt.‹ Wie oft wurde mir, wenn ich Volkslieder aus dem Munde der Singenden aufschreiben wollte, von diesen die verwunderte Frage entgegengehalten, wozu ich denn ›die alten Dinger‹ aufschreiben wollte; die taugten nichts –; aber sie könnten mir ein gedrucktes Liederbuch geben, darin ständen schöne Lieder. Ja ein Wirth, auf dessen Tanzboden, wie ich gehört hatte, viel gesungen wurde, versicherte mir sogar, als ich ihn darnach fragte, mit grossem Eifer, das sei nicht der Fall, ich solle das ja nicht Glauben in seinem Wirthshause ginge es ›sehr moralisch‹ zu.

Allerdings lässt sich diese übergrosse Ängstlichkeit zum Theil erklären durch das im Interesse des Volksgesanges nicht genug zu beklagende Verfahren der Polizei oder wenigstens der niederen Organe derselben. Auf manchen Dörfern hat ›der Gendarm‹ geradezu alles Singen auf dem Tanzsaale verboten; sogar das Singen im Freien, selbst ausserhalb des Dorfes ist von einigen solcher überstrenger Herren mit dem Banne belegt worden! Kein Wunder darum, wenn das Volk sich scheu zurückzieht, sobald ein Städter nach seinen Liedern fragt.

Hat man aber einmal den Leuten Zutrauen eingeflösst und das Eis gebrochen, so ist man kein Fremder mehr für sie, man ist ihnen Freund und Vertrauter. Dann ist man oft überrascht, mit welch' wahrer Herzensfreude, mit welch' unermüdlichem Eifer sie ihre Lieder mittheilen, dann kann man sich überzeugen, dass jenes ›alte Zeug von Schlumperliedlen‹, auf welches das Volk scheinbar so gar keinen Werth legt, ihm doch tief im Herzen sitzt. Zugleich aber hat man Gelegenheit Leistungen von Gedächtniskraft kennen zu lernen, welche uns Vielschreibenden staunenswerth erscheinen müssen. Es ist mir selten vorgekommen, dass ein einmal begonnenes Lied nicht zu Ende geführt worden wäre; die längsten Lieder werden mit der grössten Sicherheit im Texte gesungen. Bei einzelnen Sängern, namentlich aber Sängerinnen schrieb ich oft stundenlang dem Gesange nach, ohne dass das Gedächtniss in einem einzelnen Liede auch nur einmal versagt hätte. Und welche Fülle von Liedern hat oft eine einzelne Person gegenwärtig! Ich entsinne mich eines Falles, dass ich aus dem Munde einer liederkundigen Frau auf dem Lande ziemlich 100 Rundâs auf einmal aufgeschrieben habe. Diese Zuverlässigkeit des Gedächtnisses habe ich übrigens nicht nur bei jungen Leuten, sondern häufig auch bei älteren Personen gefunden. Freilich muss man sie zum Singen bringen; bei dem blossen Sagen ohne die Stütze der Melodie will es meist nicht gehen.

Friedrich Barthel

Flurfleck

Ein alter Erntebrauch

Mach när ball Flurfleck!« hört man des öfteren bei uns im Vogtland sagen, wenn einer seinen Teller nicht ausessen will; und der Handwerker, der eine Arbeit abzuschließen gedenkt, meint: »Heit machen mer Flurfleck.« Der Ausdruck »Flurfleck machen« stammt aus dem bäuerlichen Bereich, wo er soviel wie die letzten Feldfrüchte einbringen oder den letzten Fleck der Flur räumen heißt. Der »Flurfleck« war für den Bauer ein freudiges Ereignis. Er feierte ihn am Nachmittag mit einer »Pfann Hiefmkließ« und am Abend mit einer »Kann Bier«. Fürwahr ein bescheidenes häusliches Erntefest, wenn man das so bezeichnen darf. Schließlich trat – zumindest wie im folgenden Fall – das Wort Flurfleck für das Erntefest schlechthin auf. So in einem Artikel, der am 14. 1. 1879 im »Falkensteiner Anzeiger« erschien. Unter der Überschrift »Altvoigtländisches aus unseren Tagen« heißt es eingangs, daß am 3. 1. auf Rittergut Schilbach bei Schöneck der sogenannte Flurfleck, das auf die Zeit zwischen Weihnachten und Hohneujahr verschobene Erntefest, begangen wurde und daß es nur dort in der folgenden ausführlich geschilderten patriarchalischen Weise gefeiert werde. Daß es auf dem Feste, das von 15 bis 24 Uhr währte, nicht an Gesängen, Gebeten, Ansprachen und Auszeichnungen fehlte, soll nicht unerwähnt bleiben.

Von volkskundlicher Sicht aus interessieren besonders das Festessen und der Festtanz. Wie es wörtlich heißt, ist »das Menü laut vorhandenen Unterlagen durch jahrhundertelangen Gebrauch bis in alle Zukunft festgesetzt«. Es war ein typisch vogtländisches Essen, das mit einer »Flaaschbrüh« eröffnet wurde. Hernach trugen die »Hofleute« »Zwiefelbrüh mit Flaasch« auf, ein Pfund und vier Loth (1 Loth = $^1/_{30}$ Pfund = 17 g) pro Kopf. Dann folgte »Hierschbrei« (Hirsebrei), der damals im Vogtland sehr beliebt gewesen sein muß. So sang man z. B. im Kirmeslied: »Wenn dr Dorfteich Hierschbrei wär' und dr Pfarrbarg Butter ...«, und zum anderen war der Hirsebrei aus dem »Neinerlaa« (Neunerlei), dem Heiligabendessen, nicht wegzudenken. Nach dem Hirsebrei wurden »saure Fleck oder Fleckspalken« (Kaldaunen-Eintopf) aufgetischt, die bis auf den heutigen Tag von den alten Vogtländern mit Vorliebe verzehrt werden. Sie waren einst das billige Festessen der armen Leute. »Hutzele«, das sind getrocknete Birnen, beschlossen als Kompott die Speisenfolge des Schilbacher Flurflecks.

Draußen aber wartete die Dorfjugend mit Töpfen, Krügen und Tüchern auf das Ende der Mahlzeit und machte auf ihre Weise Flurfleck, indem sie alle Speisereste barg, und heimschaffte, den dicken Hirsebrei nur in Tücher verpackt.

Ein aufschlußreiches Bild der bitteren sozialen und wirtschaftlichen Verhältnisse des einfachen Volkes in einem vogtländischen Dorf im letzten Viertel des 19. Jahrhunderts!

Der fröhliche Teil des Flurflecks begann, wenn am Abend die Dorfmusikanten zum Tanz aufspielten und sich das »Contingent der Dorfschönen« einstellte. Da wurden noch alte Tänze getanzt wie »Maadel, putz dich ...« oder der »Vogelsteller«; und viele Tschumperliedle (Rundas) erklangen in fröhlicher Runde bei Freibier. Der Abend wurde mit einem Tanz, dem »Großvater«, beschlossen, und wie jedes Jahr trennte man sich in der Meinung, »daß es so schön noch bei keinem Flurfleck gewesen sei«.

Dieser alte Bauernbrauch ist heute Geschichte, obwohl es, wie bereits gesagt, vom Festessen hieß, daß seine Zusammenstellung durch jahrhundertelangen Gebrauch bis in alle Zukunft festgesetzt sei. Die Zukunft der Rittergutsbesitzer hat allerdings nicht mehr lange gedauert, denn im Herrenhaus zu Schilbach verbringen jetzt verdiente Veteranen der Arbeiterbewegung ihren Lebensabend.

Roland Röhn

Feste um Geburt und Taufe

Die Feste im Lebenslauf eines Menschen begannen im Vogtland eigentlich bereits vor der Geburt. Sobald nämlich eine Frau sicher war, schwanger zu sein, lud sie Nachbarinnen und die »Freundschaft«, also Verwandtschaft, zum »Hiemuezet« ein. Bei dem Wort handelt es sich um eine Sprachverstümmelung aus »hieb'n« = heben und »Muezet« = Mahlzeit. Es bedeutet demnach so viel wie Hebeschmaus. Der Begriff kommt natürlich aus dem Hausbau, aber im Vogtland sagte man gewöhnlich, die Frau hat »abgehueb'n«, wenn die Schwangerschaft gewiß war.

Zum Hiemuezet wurde frischer Hefekloß gereicht, dazu getrunken wurde meist Trinkschokolade. In kochende Milch wurde die geriebene Blockschokolade gerührt. Erst später, wahrscheinlich seit um 1840, wurde gelegentlich auch Kaffee getrunken. Wie weit der Hiemuezet zurückgeht, ist nicht mehr feststellbar. Erwähnt ist der Hiemuezet noch 1934 in der »Volkskundlichen Landesaufnahme Sachsens, Brauchtum um Geburt und Taufe, Kreise Auerbach und Oelsnitz«. Kam die Schwangere der Geburt näher, war sie kurz vor dem »Eifall'n«, achtete sie darauf, oder sie wurde entsprechend ermahnt, nicht durch Zäune zu kriechen oder sich unter gezogenen Wäscheleinen zu bewegen, weil sich sonst die Nabelschnur des Kindes verwirren würde. Solche Ermahnungen hört man von alten Leuten noch heute hie und da.

Unmittelbar vor der Geburt ließen sich die Eltern oft noch das Abendmahl reichen, damit Segen auf dem Kinde von Anfang an ruhe. War das Kind geboren, hatte man acht, daß das Wochenbett nicht verrückt wurde, sonst wäre die Ruhe des Kindes in Gefahr geraten. Die Geburt des Kindes sprach sich natürlich schnell in der Nachbarschaft herum. Die Nachbarinnen nahmen Anteil an dem »freudigen Ereignis« und schickten die Wochensuppe. Es handelte sich dabei um eine besonders kräftigende Suppe, später schickte man auch ein Stück Kuchen, eine Wurst oder eine kleine Speckseite. Endgültig verschwand dieser Brauch mit dem Ende der Hausgeburten in den frühen fünfziger Jahren.

Schon kurz nach der glücklich verlaufenen Geburt wurde der »Gevatterbitter« zu den als Paten vorgesehenen Personen geschickt. Um 1812 ist in Markneukirchen die Rede davon, daß der Gevatterbitter eine Mahlzeit erhielt, die fast schon so gut wie eine Kindtaufsmahlzeit war. Im bayrischen Vogtland um Münchberg und Naila war die Hebamme der Gevatterbitter.

Das Patenamt war eine Ehre. Vielleicht schickten die Paten deshalb auch »Bescheid«, das waren Nahrungsmittel ähnlich der Wochensuppe. Zu Beginn des 19. Jahrhunderts klagten die Pfarrer besonders in den Städten, daß zu viele Paten gebeten wurden, so daß sich die Taufe zu einem einträglichen Geschäft entwickelte. Auch waren sie unzufrieden, daß die Tauffrist von längstens sechs Wochen nicht eingehalten wurde, während der normale Tauftermin zwischen dem dritten und dem fünften Tag nach der Geburt lag. Die Haustaufen, ein Privileg der oberen Stände, sollten wieder eingeschränkt werden. Es deutet also darauf, daß sich immer mehr Leute diese Privilegien aneigneten, nur um ihren gesellschaftlichen Aufstieg zu zeigen.

Um der religiös-sittlichen Bindung wieder mehr Nachdruck zu verleihen, forderten Pfarrer besonders in den Städten des sächsischen Vogtlandes vor der ersten Patenschaft ein sogenanntes Taufexamen, in Reichenbach sollten Paten wenigstens zwanzig Jahre alt und verheiratet sein. In Plauen und Limbach war es Sitte, daß Jungfrauen als Patin einen Myrthenkranz trugen.

Wie hoch das Patenamt geschätzt wurde, beweist der Brauch des »Fraadenwaachele«. Wurde eine weibliche Person zum erstenmal als Pate gebeten, lud sie die Freundinnen, mitunter auch die Mitpaten, zum »Fraadenwaachele« ein. Es wurde Kaffee eingeschenkt, zu dem Sahne mit eingequirltem Eidotter und gestoßenem Zimt gereicht wurde. Aller Wahrscheinlichkeit nach wurden Semmelbrocken darin aufgeweicht, denn »Waachele« bedeutet in der vogtländischen Mundart einen aufgeweichten Semmelbrocken. Das Patenamt war eine »Fraad«, somit ist die sprachliche Bedeutung dieses Festes erklärt, das es bereits vor 1661 gab, denn in einer kurfürstlichen Polizeianordnung wurde dieser Brauch verboten; 1767 wurden die Bürger der Stadt Lengenfeld sogar mit zwanzig Groschen Strafe bedroht, weil es »wohl manchmal sehr spät in die Nacht hinein gedauert, und damit mancher Bürger in großen Schaden gesetzt worden.« Neben dem Kaffee dürfte also auch noch »anders« gereicht worden sein. Der Begriff »Fraadenwaachele« stand aber auch ganz allgemein für »kleines Geschenk«. So ist aus Falkenstein bekannt, daß es vor der Jahrhundertwende noch vorkam, daß der zum erstenmal Pate Stehende während des »Gutenmuts«, dem Kindtaufsschmaus, am Stuhlbein festgebunden wurde und sich mit einer kleinen Gabe, eben dem »Fraadenwaachele«, freikaufen mußte.

Bevor die Paten mit dem Täufling das Haus verließen, betete man gewöhnlich ein Vaterunser. Zu Beginn des 19. Jahrhunderts beschwerten sich vor allem Plauener Geistliche, daß die Teilnahme der Eltern an der Taufhandlung immer mehr abnahm. Recht auffallend im ganzen Vogtland war, daß ziemlich viele Erstgeborene »zu früh auf die Welt kamen«. Als Ausrede sagte man, die Mutter sei von der »Kuh gestoßen worden«. Es konnte sicher kaum Schlimmeres geben, als ein unehelich geborenes Kind. Eine uneheliche Geburt wurde in der Kirche nicht vermeldet, und Taufgottesdienste für ehelich und unehelich Geborene durften nicht gleichzeitig stattfinden, der unehelich geborene Täufling durfte nur einen Paten haben.

Zum Taufgottesdienst, der an bestimmten Wochentagen nachmittags unter Orgelspiel und Gesang stattfand, vor allem in Plauen und den Parochien des mittleren Vogtlandes, zog man in einer festen Ordnung zur Kirche, gewöhnlich im »Gänsemarsch«. Voran gingen die Paten meist nach dem Alter. Bei verheirateten Männern mußte die Frau mitgehen, bei verheirateten Frauen konnte der Mann im Hause des Täuflings bei Bier und Kartenspiel auf die Rückkehr warten. Den Schluß bildete die Hebamme mit dem Täufling, auch während der Taufhandlung. Der Verlauf der Taufe ist in der Taufagende von 1812 festgelegt. Demnach hält der Pfarrer erst eine kurze Ansprache. Nach der Signation an Stirn und Brust folgte Gebet und Vaterunser und die Ansprache an die Paten, die in der Abrenunzation »Entsagest du allem ungöttlichen Wesen, allen unseligen Gedanken, Worten und Werken« oder »Entsagest du dem Teufel und all seinem Werk und Wesen?« endet. Letztere Formel ist bereits in »Luthers Taufbüchlein« von 1552 enthalten, bedeutet aber keinerlei Exorzismus. Dem Glaubensbekenntnis folgte die Frage: »Willst du getauft sein?« Die Antwort gaben die Paten. Während der Taufhandlung faßten die Paten die Enden des Tauftuches, das häufig, besonders in den Dörfern um Oelsnitz, eine Art Heiligtum in der Familie war. Handauflegen und Votum (Gelübde) beschlossen die eigentliche Taufhandlung. Vor dem abschließenden Segen spricht der Pfarrer noch ein Gebet. Auf dem Rückweg ging man wiederum im Gänsemarsch, in der Gegend um Adorf und im oberen Vogtland trug dann manchmal auch die jüngste Patin den Täufling, wenn es ein Mädchen war, einen Jungen trug der jüngste männliche Pate. Er gab ihn der Mutter zurück, oft mit einem Spruch »Ich breng mein'n klan Pot'n as d'r, Taaf. D'r liebe Gott mog halfen, aß'r gesund blabbt und ihr echal Fraad dra d'rlebt«. In der Oelsnitzer Gegend legte die Mutter das Kind auf ihr Bett und kugelte es dreimal vom Kopfende zum Fußende, damit das Kind nicht behext würde. Im bayrischen Vogtland besorgte das die Hebamme, während die Mutter auf einer Lade am Fußende ihres Bettes saß.

Der Patenbrief mit den guten Wünschen wurde ins Steckkissen oder unter das Kopfkissen geschoben. Für einen Jungen war er mit einem grünen Band, für ein Mädchen mit einem roten Band geschmückt. Mit dem Patenbrief in der Tasche sollte der Pate niemals austreten gehen, weil sonst das Kind zum Bettnässen gebracht wurde. Besondere Bedeutung hatte der Patenbrief im bayrischen Vogtland um Kirchenlamnitz. Dort war er oft mit Sprüchen versehen und wurde wenigstens bis zur Hochzeit aufbewahrt, denn auch die Paten wurden zur Hochzeit eingeladen und bekamen einen Ehrenplatz an der Hochzeitstafel, ein Dank an die Paten durfte auf keinen Fall vergessen werden.

Zum Taufschmaus, dem »Gutenmut«, wurden der Pfarrer und der Kantor eingeladen. Eröffnet wurde der Schmaus durch ein Gebet des Pfarrers, beendet wurde es vom Kantor, der ein Lied anzustimmen hatte. Die Speisefolge lag fest, zumindest in der Falkensteiner Gegend. Es gab braune oder weiße Biersuppe, Reis mit Rindfleisch, Schweinsbraten mit Klößen, zweierlei Wurst, Hering und Brot, Bier und Branntwein. Wein war sicher nur bei »Höhergestellten« dabei, denn in den vogtländischen Städten hatten über lange Zeit nur die Ratskeller das Recht, Wein zu vergastieren. Aus der Oelsnitzer Gegend ist bekannt, daß dort auch der Spieß eingereckt wurde, allerdings mit einem Sack für Eßbares und einer Flasche.

Neben dem Patenbrief brachte der Pate auch ein »Eingebinde«. Es bestand in der Regel aus Geldstücken, möglichst von allen Sorten etwas, also Gold-, Silber- und Kupfermünzen. Das galt als gutes Omen. War der Täufling ein Mädchen, zerriß man den Taufkuchen mit dem Wunsch, später mögen sich die Tänzer auch so um es reißen. Die Windeln von Jungen wurden möglichst hoch gehängt, damit sein künftiges

Ansehen steige. Nach dem Essen wurde »alles ein bißchen getrieben; ein bißchen gemalt, gepflanzt, gerechnet, genäht, getrunken, auch getanzt und gespielt«, damit der Täufling gleich alles ein bißchen lernt.

Am Sonntag nach der Taufe nahmen zumindest in Plauen und Limbach die Paten am Kirchgang teil, nach Möglichkeit auch die Eltern, wenigstens aber der Vater. Ein halbes Jahr nach der Taufe machten sich die Paten wieder bemerkbar, sie schickten die »Schlottermillich«. Mag es ursprünglich wirklich eine besondere Milch gewesen sein, wurde es später, anfangs des vorigen Jahrhunderts, möglicherweise zur »Schlotterware«, meist einem Sachgeschenk, einem silbernen Löffel, einem Kleidungsstück oder ähnlichem. Nach einem Jahr schickte der Pate die »Potensemm'l«, einen Kuchen oder sonst etwas Nahrhaftes, damit es dem Kind nie an Brot mangeln möge.

Fastnacht

Sieben Wochen vor Ostern wird die Fastnacht, die Fosnet oder Fos'nt gefeiert. Mit der katholischen Fastenzeit vor Ostern, dem Fasching oder dem rheinischen Karneval hat die vogtländische Fos'nt nichts zu tun. Schon das Wort Fastnacht bezieht sich nicht auf »fasten«. Es geht zurück auf das althochdeutsche »vasen« in der Bedeutung von gedeihen. Der Sinn des Festes liegt kaum im Religiösen. Es galt die Natur zu neuem Leben zu erwecken und die bösen Geister der Finsternis zu vertreiben.

Gefeiert wurde in der Regel am Dienstag und am Aschermittwoch, wobei der Aschermittwoch eigentlich ein Tag der Buße sein sollte, denn Asche ist das Symbol der Reue. Meist wurden am Dienstag Nachbarn und befreundete Familien eingeladen. Gegessen wurden zu Mittag oder auch am Abend quellende Gerichte wie Hirse oder Erbsen und Bohnen. Das Quellende war ein Besinnen auf den alten Fruchtbarkeitszauber und der Wunsch auf ein Jahr mit reichem Erntesegen. Am Nachmittag gab es Pfannkuchen oder Krabbele, eine Art Krapfen, also wieder das Quellende oder auch Brezeln als Symbol der Unendlichkeit im doppelten Kreis. Wurden die Pfannkuchen und die Krabbele zu Hause gebacken – eigentlich in Fett gekocht – kaufte man die Brezeln beim Brezeljungen, der im östlichen Vogtland mitunter kostümiert, »verschammeriert«, an die Häuser kam, denn nicht jeder Bäcker hatte das Privileg, Brezeln zu backen.

Die Bauern auf den Dörfern und die Ackerbürger in den Städten des Vogtlandes versammelten sich am Abend im Wirtshaus, in früheren Zeiten beim Reihenschank. Am Fos'nt-Abend wurde wohl nur Bier getrunken, kaum Branntwein, schließlich saß man zusammen, um »die Gerste anzusetzen«. Die Handwerksgesellen in den vogtländischen Städten trafen sich zur Gesellenlade, der Quartalsversammlung. Verbunden war dieses Treffen häufig mit Mummenschanz und lärmenden Umzug.

Überhaupt spielte der Lärm zur Fos'nt eine große Rolle. Den veranstalteten vor allem die Kinder mit ihrem »Auszug der Fos'ntsnarr'n«. Je größer der Lärm, um so besser konnten die Geister der Finsternis vertrieben werden. Das »Schlaraffengesicht«, die Larve, durfte dabei nicht vergessen werden. Sie sollte möglichst furchterregend, »förschtich«, dreinschauen. Angetan mit alten abgelegten Kleidern zogen die

Fos'ntsnarr'n von Haus zu Haus. Mit überlieferten Sprüchen, etwa »Iech bie a klaaner Dicker, iech kah net nauf'n Drücker. Gebt'r m'r an Pfeng sue gieh iech meiner Gäng«, oder »Iech kumm eich net besung, mog ner a Stückel Kung. Ober a Stück'l weißen, schwarzen kah iech net derbeißen«. Alles mögliche an Eßbarem, seltener Geldstücke, wurden in einem Beutel gesammelt. Diese Heischegänge sind noch heute vor allem in den Dörfern lebendig.

Die Jugend versammelte sich zum Fos'nttanz. In manchen Dörfern war zur Fos'nt »Aufziehtanz«, das heißt, die Mädchen hatten das Recht, die Jungen »aufzuziehen«, sie zum Tanz auszuwählen. Sie mußten dafür allerdings auch das Eintrittsgeld bezahlen, oft sogar die Burschen freihalten. Zum Fos'ntstanz ging es besonders ausgelassen zu. Die Mädchen mußten möglichst hoch springen, oder sie wurden hochgeworfen, damit das Getreide recht hoch wachsen möge. Um dem Fruchtbarkeitszauber noch mehr Gewicht zu verleihen, sollten vor allem die jungen verheirateten Frauen nackt vom heimischen Tisch springen.

Hinzu kam noch mancher Aberglaube. Es wurden den Hühnern die Schwanzfedern gestutzt oder die Flügel beschnitten, so wollte man das Weglegen der Eier in fremde Nester verhindern. Die abgeschnittenen Federn wurden ins eigene Nest gesteckt, dadurch glaubte man die Hühner an den Hof zu fesseln. Brachte es die Hausfrau fertig, völlig nackt das Haus auszukehren, konnte man das Kehrricht vor die Tür eines unliebsamen Nachbarn schütten und damit Ungeziefer vom eigenen Haus fernhalten. Den meisten Kindern machte es besonders Spaß, wenn sie einen anderen »verolberten«, ihn zum besten hielten. Dabei wurde auch vor dem Lehrer nicht halt gemacht, im Gegenteil. Insgesamt gehörte die Fos'nt mit zu den beliebtesten Festen der Vogtländer, insbesondere eben bei den Kindern.

Feste in der Schulzeit

Der Schulbesuch an sich läßt sich in den Städten, insbesondere in Plauen, bis vor die Reformation zurückverfolgen. Es handelte sich hier um sogenannte Lateinschulen, zu denen sich später die Vorstadt- oder Torschulen gesellten, die meist nicht unter der Aufsicht der Kirche standen. Bei diesen städtischen Schulen war nichts von einer »Einschulung«, einem »Schulanfang«, wie er heute geläufig ist, bekannt. Die Schülerzahl in den Klassen war sehr hoch, in Auerbach beispielsweise besuchten 1809 die erste, die obere Klasse, 62 Knaben, die vom Rektor unterrichtet wurde, in die zweite, die untere Klasse, gingen 113 Knaben in den Unterricht des Kantors, und ein Mädchenlehrer hatte allein 184 Mädchen in einer Klasse zu unterrichten. Die Unregelmäßigkeit des Schulbesuchs lag einmal am geringen Eifer der Schullehrer, so in Auerbach, aber auch »bittere Not zwang die Kinder in der schon damals teuren Gegend zur häuslichen und gewerblichen Mitarbeit«. Hinzu kam das Schulgeld von wöchentlich drei Pfennigen für einen Knaben. Die Schulaufsichtsbehörde, die Superintendentur in Plauen, forderte deshalb, daß kein Lehrmeister oder Dienstherr einen Knaben ohne ordentliches Entlassungszeugnis einstellen solle.

Hansgeorg Stengel

Jugendzeit auf hohem Niveau

Jeder Krämer, heißt es, lobt seine Ware. Da es sich um ein Sprichwort handelt, wollen wir außer acht lassen, daß das Objekt meiner Beschreibung selbstverständlich alles andere als eine Ware ist, und ich folge dem Sprichwort auf dem Fuße. Wie auch sollte ich die Stadt nicht lieben und loben, die Tatort meiner beelzebübischen Umtriebe gewesen ist! Ich sehe beim Blick in ferne kindliche Vergangenheit den Sohn vom Konditor Argus mit einem zylindrischen Behälter (einer Hutschachtel nicht unähnlich) schloßbergauf hasten, denn wir hatten mit Professorengattin-Stimme eine Quarktorte für die erfundene Feier der Familie Schneider bestellt. Auch erinnere ich mich gut an zahlreiche abendliche Klingeltouren und ans panische Reißaus nach kriminellem Vollzug. Greiz: Anker eines Vierteljahrhunderts Stengellebens (von 1922 bis 1941 und 1946 bis 1951), der mich gebieterisch und dennoch liebevoll festhielt: Schloßberg 10 (Brauhausgasse 5) und Gommlaerberg 1 a.

Mein Geburtshaus ist mit »Schloßberg 10« nicht ganz korrekt bezeichnet, denn es hat – auch heute noch – einen zweiten, stadtwirtschaftlich und postalisch ebenbürtigen Zugang als Brauhausgasse Nummer 5. Ich vermute, mein Geburtshaus ist in Greiz das einzige dieser Art, und ich wußte als Kind den Vorzug einer Straßen- und Hausnummer-Alternative durchaus zu schätzen. Öfter als einmal ist es mir gelungen, bei behördlicher Erkundigung Verwirrung zu stiften: »Wo wohnst du?« Schloßberg zehn!« »Wie bitte?« »Brauhausgasse fünf!« Irgendwelche Aufschneider oder Wichtigtuer haben behauptet, ich hätte, um Rechercheure, Lehrer und Polizisten zu leimen, seinerzeit nach Belieben geantwortet: »Bergbraugasse fünfzehn« oder »Brauberg einsnullfünf« oder »Schloßgassenbrauhausberg fünf bis zehn«. Nichts als üble Nachrede! Hier wird verleumderisch das Gerücht in Umlauf gesetzt, ich sei als Kind kein besonders intelligenter Wortspieler gewesen.

Wer aus einem an der Brauhausgassen-Front gelegenen Fenster des vierstöckigen Hauses blickte, hatte den Marienplatz vor sich. Dort fanden häufig bäuerliche Wochenmärkte mit hausschlachtenen Würsten, Geflügel (überwiegend lebendigem), Eiern, Kohlrüben, Spinat sowie Astern, Gladiolen und Stiefmütterchen statt, seltener Jahrmärkte mit Quirlen, Kartoffelpressen und scheinbar kilometerlangen Spitzen vom billigen Jakob. Täglich aber gab es Rostbratwürste vom, wie es sich schon vom Wort her gehört, Holzkohlenrost. Anders war das gar nicht vorstellbar. Neben grünen Klößen sind Rostbratwürste immerhin die kulinarischen Favoriten Thüringens und des Vogtlands. In einer sehr feinsinnigen Rostbratwurst-Hymne heißt es am Schluß:

Wie lieblich schmiegt der Senf sich ihrem Rücken,
fast wie der Schleier einer holden Braut.

Ein jeder Biß bringt Schmunzeln und Entzücken.
Kein Zipfel bleibt von der verbrannten Haut.
Viel hab' ich schon in dieser Welt genossen,
doch nichts hat mir das Herz so froh bewegt
wie jene Wurst, von Duft und Saft umflossen,
die mir die Heimat in den Magen legt.

Auch ein schmuddliger Kiosk mit gewissen Pferdefleischprodukten war alle Tage verkaufsbereit und zog mich magnetisch an. Frau Oheim bot die Köstlichkeiten des Fleischermeisters Georgi feil: vor allem herrliche warme Wurst (der Meter eine Mark) und Buletten (zwanzig Pfennig). Kommst du, Wanderer, in diesen Tagen auf den beschriebenen Platz, wirst du dort wohl parken können, Verkaufsbuden findest du indessen nur dann und wann am Rande, Rostbratwürste allenfalls bei festlichen Anlässen und ein Stück vom Roß höchstens in Gestalt eines fallengelassenen Apfels, der auf ein zufällig des Weges gekommenes Kutsch- oder seltenes Reitpferd schließen läßt. Die Übermacht des Automobils hat ihren Tribut gefordert. Zu keiner Zeit waren die viel zu schmal gewordenen Greizer Straßen und Gassen (wenn ich die heute betrachte, fühle ich mich nach Liliput versetzt) solchen Attacken motorisierter Dämonen ausgesetzt wie in unseren achtziger Jahren. Es wird nicht mehr lange dauern, und zehntausend Greizer LKw, PKw, Motorräder und andere Flitzer, ganz zu schweigen vom touristischen Transit, werden sich durch die Verkehrsadern der Stadt quälen.

Des Hauses Schloßbergseite war natürlich die schönere. Wenn ich dort, wo die Nummer 10 über der Haustüre steht, ins Freie trat, wußte ich mich ganz in der Nähe des Oberen Schlosses (es gibt in Greiz noch ein Unteres Schloß, von dem später die Rede sein wird), jener mächtigen Reußenburg auf hohem Bergkegel, die dem Gemeinwesen Greiz seit Menschengedenken (spätestens aber, seit sie existiert) ein unnachahmbares Profil verleiht. Die Silhouette der Stadt reduziert sich auf ein ärmliches Nichts, sobald sich einer das Obere Schloß wegdenkt. Die Burg ist achthundert oder gar neunhundert Jahre alt. Urkundlich erwähnt wurde sie 1209 zum ersten Mal. Es ist ein wahrhaft landschaftlich-geologisches Glück für Greiz, daß da dieser Kegel steht und daß derselbe mit einem so anmutigen Kastell geschmückt wurde. Da die Burg im Stadtzentrum thront, kann man von der dem Schloß auf der Südseite vorgelagerten Schanze viel Stadt sehen: die ganze Neustadt, die Altstadt, Greiz-Aubachthal, den Hainberg, den Reißberg die Pohlitzer Höhen und so weiter.

Der von Zeulenroda oder Elsterberg her in Greiz eintreffende Wanderer müßte abgestumpft sein, falls ihn die Stadt mit ihrer Lieblichkeit und Grazie nicht entzückte. Der Greizer genießt diesen Anblick mit heimatliebender Inbrunst, aber auch der Fremde wird nicht umhinkönnen, sich ganz dem köstlichen Augenschmaus hinzugeben. Greiz, fast allseitig von Wäldern oder wenig besiedelten Tälern umgeben, nimmt, was Charme und Schönheit betrifft, einen achtbaren Platz in einem Bezirk ein, der weiß Gott nicht arm ist an Attraktionen: Lobenstein, die Dornburger Schlösser, Jena,

Kahla mit seiner Leuchtenburg, Ziegenrück und Saalburg mit ihren Talsperren, das Land der tausend Teiche bei Plothen.

Das Obere Schloß und der Schloßberg waren für mich – ich schreibe das nur zögernd hin, denn es klingt nach Klischee – die ganze Welt. Vorm Haus auf der Schloßbergseite und immer bergan bis zum oberen Schloßhof des Oberen Schlosses war mein Spiel- und Raufterrain. Bei Kindern sind die Grenzen zwischen Spielen und Raufen fließend, und ich behaupte noch heute: Die fortwährenden Prügeleien zwischen Schloßkindern auf der einen und Schloßbergkindern auf der anderen Seite waren frei von ernsthafter Aggressivität und gaben keine Veranlassung zu pädagogischer Besorgnis. Wir gingen fast täglich aufeinander los, gerieten mitunter auch mal in Tuchfühlung, um zu rempeln und zu runksen, überbrüllten uns bei lautstarken Siegesbekundungen, brachen aber weitergehende Scharmützel jedesmal brav ab, wenn es dämmerte und die Abendbrotzeit heranrückte.

Noch ein paar Worte zum Oberen Schloß und seiner Umgebung. Der Tourist wird sich besonders den Schloßturm gut merken. Ich wüßte nirgends ein ähnliches Gebilde mit einer so hübschen Kopfbedeckung. Keine Zinnen, keine Spitzen, keine Kugeln geben dem Turm oberhäuptlichen Pfiff. Was da dem senkrechten Griffel oben aufgesetzt wurde, ist eine Haube, ähnlich der Haube des Liotard-Schokoladenmädchens, aber doch eine ganz andere Haube, eine Greizer Schloßturmhaube eben, wie sie ausschließlich in meiner Heimatstadt existiert (eine ganz unwissenschaftliche Behauptung, die nur ein befangener Liebhaber in Umlauf setzen kann). Wenn man Glück hat (damit meine ich: wenn gerade geöffnet ist), kann man im »Schloßkeller« rasten, essen und trinken. Diese Gaststätte, die dort errichtet worden ist, wo fündige Maulwürfe auf bisher unbekannte Katakomben stießen, gibt es erst seit Mitte der siebziger Jahre. Damit ist ein Jahrhunderte anhaltender Übelstand, nämlich das gastronomische Vakuum in der Oberen-Schloß-Zone, korrigiert, und sogar ein Café – unterhalb der Schanze – soll in absehbarer Zeit den Schloßpilgern gastlich zur Verfügung stehen.

Ich habe schon angedeutet, daß die Reußenburg in den Tagen meiner Kindheit und Jugend bewohnt war. Das hat sich bis heute nicht geändert. Nach meiner Schätzung wohnen ungefähr fünfzig Familien (darunter war die 1984 neunzigjährig verstorbene feinsinnige Puppenmacherin Brunhilde Einenkel) in höheren Schloßsphären. Sie sind den Wolken jedenfalls ein Stück näher als etwa zwanzigtausend Talkessel-Greizer und haben täglich je eine Freude und ein Leid mehr als jene: Der morgendliche Gang zur Arbeit geschieht bei den Schloßgeistern geschwinden, nahezu schwebenden Schritts bis in die Niederungen der Alt- und Neustadt. Der Aufstieg zur Bergeshöh am Abend jedoch ist jedesmal eine rechte Plackerei. Ich beneidete diesen »alten Mann«, nämlich den Professor Dr. Friedrich Schneider, seinerzeit prominentester Schloßbewohner, Historiker und Leiter des Thüringischen Landesarchivs, nie um den täglichen mühsamen Aufstieg. Der Professor (er war damals vielleicht vierzig) marschierte zwar behende, scheinbar spielerisch und den Spazierstock in Rotationsbewegungen versetzend, nach oben, doch ich deutete das professorale Pfeifkonzert, das dem Aufstieg den nötigen Schwung verleihen sollte, eher als Kompensation des Unmuts denn als Glückssignal.

II

Die Eberesche

Ich seh dich: ein krummer Baum
mit lauter knorrigen Geäst.
Du fühlst dich wohl auf engem Raum,
dein Wurzgeflecht ist gut und fest.
Und es umfaßt mit Zähigkeit
das samtengrüne Bruchgefels;
du prahlst in Herbstes bunter Zeit
mit der Korallenbeeren Schmelz …

Martha Weber

Das Vogtland –

eine feuilletonistische Einleitung

Das Vogtland, eine Grenzlandschaft über Jahrhunderte, war auch in vierzig Jahren bis 1989 ein Grenzland zwischen der DDR und der Bundesrepublik Deutschland, die undurchlässigste Grenze, die es je hier gab. Kein Weg, keine Straße, kein Blickfeld aus dem Sächsischen hinüber ins Bayerische, hier war die Welt zu Ende. Oder doch: Manchmal ein Blick, wie aus jenem Ferienheim oberhalb der Stadt Schöneck, da konnte man aus dem Panoramafenster der Hotelhalle die fernen Berge des Fichtelgebirges sehen. Ansonsten Mauern und Türme, Stacheldraht und Todesstreifen.

Es ist immer das scheinbar Unerreichbare, das lockt, die nahe Ferne wurde zum gelobten Land. Wer mit der Grenze leben muß, träumt von ihrer Überschreitung. So war es kein Zufall, daß gerade im sächsischen Vogtland, in Plauen und anderen Städten, im Oktober 1989 die Menschen auf die Straße gingen, sie überschritten Grenzen, ehe sie sich wirklich öffneten. Unvergessen jene Tage: Die Vogtländer aus Sachsen und Thüringen fuhren ins Regnitzland, auch diese Landschaft historisches Vogtland. Wer heute die Grenze sucht, wird sie kaum mehr finden: Birken begrünen die Mauerreste, die Wachtürme verlassen und verfallen, die Stacheldrahtzäune abgerissen. Das Vogtland nun ein Stück einig Vaterland?

Ihren Namen hat die Landschaft aus der Herrschaft der Vögte von Weida über das Elstergebiet. In der Weiheurkunde der St.-Johannis-Kirche zu Plauen wird 1122 ein Erkenbert von Weida als Zeuge benannt; 1199 wird sein Sohn Heinrich von Kaiser Barbarossa mit dem Blut- und Landesherrenbann über das Elsterland belegt.

Verwehte Geschichte, verwirrende Geschichte: die im Verlauf der Jahrhunderte wechselnden Herrschaften, die vergangenen, vergessenen Geschlechter. Immer wieder veränderten sich die Grenzen in den Flußtälern von Elster und Saale. Ein Stück Land an die Markgrafen von Nürnberg, ein anderes Gebiet für den König von Böhmen, später Besitztümer der wettinischen Markgrafen und der Herren von Gera. 1602 entstand mit Plauen der Vogtländische Kreis in Sachsen. 1810 kam das Regnitzland um Hof zu Bayern, 1920 das Reußenland zu Thüringen. Nur ein winziger Zipfel, das Ascher Ländchen, gehört auch heute noch zu Böhmen.

Hoch oben in den Wäldern, Morgenröthe-Rautenkranz. Ein wenig Tourismus, eine kleine Eisenhütte mit Glockenguß; Häuser verstreut wie aus einer Spielzeugschachtel über eine weite Hochfläche, ein Dorf wie viele. 1978 kam sein Name in die Schlagzeilen der DDR-Presse: Hier war Sigmund Jähn geboren, der gerade als Kosmonaut die Erde umrundete. Betriebsamkeit setzte ein, ein Museum wurde gegründet, es bekam auch gleich einen gewaltigen Namen: Ausstellung »Erster gemeinsamer Kosmosflug UdSSR/DDR«, als hätten die beiden Ländereien sich selbst in die Lüfte erhoben. Die

Monumentalschau fand ihr Domizil in den winzigen Zimmerchen des ehemaligen Bahnhofs: einmal Kosmos, zweiter Klasse, hin und zurück. Nein, so nun doch nicht, aber Fahnen, Sterne, Transparente, Bilder, die Attribute schwirrten: groß, erfolgreich, sieghaft.

Und nach der Wende: Zunächst ein ungeliebtes Erbe, die Bilderstürmer zückten schon die Äxte. Doch mittlerweile war der Chemiker Konrad Stahl erster frei gewählter Bürgermeister der Gemeinde geworden. Er machte seinem Namen alle Ehre, er blieb eisern: Geschichte sollte nicht, wie vorher oft genug geschehen, spurlos verschwinden. So rief er den Verein »Deutsche Raumfahrtausstellung Morgenröthe-Rautenkranz« ins Leben. Die Bahnhofszimmer wurden von ideologischem Ballast entrümpelt. Bilder und Exponate zeigen nun, wie Deutsche und Deutschland an der Entwicklung der Raumfahrt beteiligt waren. Der vernünftige Umgang mit historischer Hinterlassenschaft hat sich gelohnt. Nun, da es keine Pflicht mehr ist, das Museum zu besuchen, kommen die Besucher, in jedem Jahr mehr.

Vogtländische Verständigung: Neben mir hält plötzlich ein betagter Ford. Eine ebenso betagte Dame kurbelt die Fensterscheibe herunter. Sie kritisiert, daß ich an der linken Straßenseite gehalten habe und nun damit, zu rechnen sei, daß der Polizist sie bestrafen werde, weil sie rechts überholen müsse. Auf der schmalen Nebenstraße bei Adorf ist nirgendwo ein anderes Fahrzeug zu sehen und auch kein Polizist.

Ich lächle noch, während sie schon längst wieder davongefahren ist. Mein Lächeln gilt nicht allein ihrer merkwürdigen Philippika, sondern ihrem Dialekt. Die unfreundliche Rede zwitscherte zu mir herüber wie ein Lied. Die Vogtländer singen, wenn sie reden, sagt man. Hier lebt man noch immer in und mit der Mundart, die Querelen des Alltags werden erträglich durch die heitere Melodie der Sprache. Eine andere Begegnung mit dem Dialekt sei nicht verschwiegen: Bei einem Gespräch mit dem Leiter des germanistischen Departments der Universität Philadelphia erstaunte mich die Färbung seines Englisch. Als er dann in die deutsche Sprache wechselte, war es ganz unverfälschtes, konserviertes Vogtländisch. Der Professor, der seit Jahrzehnten in Amerika lebte, war in Pausa geboren, das sich selbst »Stadt am Mittelpunkt der Erde« nennt, weil mitten durch den Ort der 12. Längengrad östlich von Greenwich verläuft. Ob dies tatsächlich der Mittelpunkt der Erde ist, mögen die Geodäten entscheiden, ein Mittelpunkt des Vogtlandes ist sicherlich die Stadt Plauen.

Geboren wurde Erich Ohser am 18. März 1903 im benachbarten Örtchen Untergettengrün, aber schon als Vierjähriger kam er mit der Familie nach Plauen. Man wohnte in der Pestalozzistraße 20, der Vater war Zollinspektor. Auch der Junge sollte einen »ordentlichen« Beruf erlernen, so kam er zu einem Schlosser in die Lehre.

Doch er konnte und wollte zeichnen, und als er eines Tages die Wasserhähne bei dem Plauener Theater- und Literaturkritiker Walter Appelt reparierte, zeigte er ihm seine Mappen. Appelt erkannte das Talent, er überzeugte Zollinspektor Ohser, dem begabten Jungen ein künstlerisches Studium zu ermöglichen. Auch sein späterer Freund, der Redakteur Erich Knauf von der »Plauener Volkszeitung«, unterstützte ihn. So begann Erich Ohser 1920 an der Akademie für graphische Künste und Buchgewerbe in Leipzig ein Studium. Dort lernte er einen anderen »Erich« kennen, den jungen Schriftsteller Erich Kästner; rasch wurden die beiden Freunde. Kästner schreibt über Ohser: »Er war noch ein paar Jahre jünger als ich, groß, dunkelhaarig, tapsig und voller Übermut ...« Ohser und Kästner wurden nun ständige Mitarbeiter bei Erich Knauf an der »Plauener Volkszeitung«.

Als Knauf am 16. März 1927, dem hundertsten Todestag Beethovens, Erich Kästners leicht frivoles »Abendlied des Kammervirtuosen« mit einer Zeichnung Ohsers abdruckte, protestierten brave Bürger gegen den Spaß: Kästner und Ohser durften fortan nicht mehr für das Blättchen schreiben. Es wurde der Weg zu literarischem und künstlerischem Ruhm. Knauf, Kästner und Ohser gingen nach Berlin. Und hier begann Ohser, für die »Berliner Ilustrierte« seine wöchentlichen Bildergeschichten von »Vater und Sohn« zu zeichnen. Kinder und Erwachsene liebten gleichermaßen diese freundlichen Vorläufer der heutigen Comics: den Vater mit blitzblanker Kopfkugel, Propellerkrawatte und Seehundbart, den Sohn mit zerzaustem Haarschopf. Und geboren wurde auch der Künstlername Ohsers: e. o. plauen.

Das Schicksal e. o. plauens ist vielleicht bekannt: Trotz Anpassung und Mitläufertum im Dritten Reich wurde er mit Erich Knauf wegen angeblicher defätistischer Äußerungen verhaftet. Am Morgen der Hauptverhandlung vor Freislers Volksgerichtshof, am 6. April 1944, wählte er den Freitod. Familienszene: Im südlichen Teil des Vogtlandes liegt der »Musikwinkel«: Markneukirchen und Klingenthal, ein paar Dörfer dazu. Hier leben seit Jahrhunderten die Instrumentenbauer. Böhmische Exulanten brachten das Gewerbe in diese Gegend. Die Probleme hier wie anderswo: Zusammenbruch von Betrieben, Verlust traditioneller Märkte – und auch Neuanfänge. Die alten Handwerkerfamilien haben noch keine bis ins nächste Jahrzehnt gefüllten Auftragsbücher. Gemütliche Kollegialität gibt es, aber auch viel Konkurrenz. In Erlbach bei Markneukirchen arbeiten rund ein Dutzend Gitarrenbauer. Frank-Peter Dietrich ist Innungsobermeister. Seit vier Generationen werden in der Familie Gitarren gebaut: Konzertgitarren, Kopien historischer Instrumente, Ricky King oder Katja Ebstein haben hier gekauft wie auch der Lautenist Jacob Lindbergh aus London. Die Werkstatt eine Heimstatt des Handwerks und der Kunst. Mit dem Großvater begann die Gitarrentradition der Familie, bis vor ein paar Jahren stand der Vater noch an der Werkbank, nun hat er sich aufs Altenteil zurückgezogen. Dafür hat nun auch der Sohn seinen Meisterbrief erworben. Dabei wollte Markus nach dem Schulabschluß eigentlich Mineraloge werden, die Gesteinssammlungen auf den Fensterbrettern zeugen von dieser Liebe. Aber als er damals mit dem Vater zu einem Gitarrenfestival nach Ungarn fuhr, packte es ihn, er wurde Gitarrenbauer.

Für die Dietrichs hat sich in den Jahren seit der Wende manches verändert: Materialsorgen gibt es nicht mehr, aber auch das Meisterinstrument verkauft sich nicht von selbst. Oft sind die Dietrichs unterwegs, stellen ihre Instrumente vor, es folgen Aufträge und Verkäufe. »Es geht uns nicht schlecht«, sagt Sohn Markus, und das heißt, wenn man es aus der Handwerkersprache übersetzt: Es geht uns gut. Als ich vor ein paar Wochen in der Werkstatt mit dem gemütlichen grünen Kachelofen vorbeischaute, traf ich nur den Sohn, der Vater war auf Reisen, irgendwo in Österreich. Das lange Undenkbare, die freie Grenzüberschreitung, ist inzwischen Alltag. Damit ist vieles andere zu ertragen.

Aus dieser Landschaft geht manch einer weg und kehrt zurück, aus unterschiedlichen Gründen, seit langem und auch erst gestern: Von Joachim Ringelnatz, dem kauzigen Poeten, gibt es ein Gedicht: »Abstecher: Reichenbach im Vogtland ... Es sang sich ein Lied in der Nacht. / Da wurden zwei Bürger in Reichenbach / Im Vogtlande wach.« Eine alte Handwerkerstadt, ein Industriestandort, aber auch Spießermentalität, Zipfelmützenmilieu. Eine junge Dame, die im heute noch existierenden alten Gerichtshaus geboren wurde, bekam es zu spüren. Der Vater schlug Caroline Weißenborn, weil sie das Theaterspielen liebte, da flüchtete sie mit dem Studenten Johann Neuber nach Weißenfels, 1718 heirateten sie in Braunschweig, und knapp ein Jahrzehnt später gründete die Neuberin ihre eigene Theatertruppe, sie wurde die »Mutter des deutschen Schauspiels«, weil sie Rollenstudium, Sprechkunst und die Aufführung bedeutender deutscher und französischer Dramen praktizierte und das bis dahin existierende Hanswursttheater beendete. Nun, da die Welt sie kannte und ehrte, erinnerte sich ihrer auch die Geburtsstadt, die sich seither mit dem Zusatz »Neuberinstadt« schmückt.

Geschichte wiederholt sich, die toten Künstler schmücken, die lebenden sind lästig: Utz Rachowski sollte es erfahren, 1954 in Plauen geboren, in Reichenbach aufgewachsen. Er schreibt: »Ich kam auf das Gymnasium der Stadt, die ›Erweiterte Oberschule‹, die den Namen Goethes trug, und wollte das Abitur machen. Der Direktor, ehemaliger Fähnleinführer der Hitlerjugend, ehemaliger Absolvent der Kadettenschule der DDR, Major und Reservist, unterrichtete Biologie und hieß Übel.« Der schmiß den renitenten Jungen von der Schule, auch deshalb, weil er einem Mädchen ein Buch mit dem Titel »Abschied von den Eltern« geliehen hatte. Das wurde eine Lebensproblematik, Thema seiner späteren Texte. Zuvor fiel er einem anderen Major auf, Major Kummer von der Staatssicherheit interessierte sich für den jungen Poeten, übrigens auch Hans-Joachim Schädlich und Jürgen Fuchs haben ähnliche Erfahrungen gemacht.

Manchmal ist die Wirklichkeit merkwürdig genau. Rachowski wurde später in Leipzig verhaftet, abgeschoben. Heute wohnt er wieder in Reichenbach, mitten im quirligen Zentrum mit Blick auf die Gassen, die Giebel, die Erinnerungen. Sein ehemaliger Lehrer wirkt nun in Bayreuth, der ehemalige Major ist Hausverwalter in Franken, und Utz Rachowski lebt als Poet in seinem städtischen Vogelnest.

Immer wieder wird es freundlichen Streit geben, wo denn das Vogtland beginne oder ende. Und die einen werden geographisch argumentieren, die anderen geologisch, Besiedlungsgeschichte und Mundart werden ihr Wort mitreden, je nach Engagement und Temperament. Doch ganz sicher reicht das Vogtland ins Bayerische, und die Stadt Hof nannte sich im neunzehnten Jahrhundert noch »Hof im Vogtland«. Aus der Stadt an der Grenze ist nun wieder ein Ort mitten in Deutschland geworden. Das Verwaltungszentrum im oberfränkischen Raum, ein wichtiger Standort der Textilindustrie, ist ein Umschlagplatz zwischen Bayern, Thüringen und Sachsen. Man muß es im Rückblick auf die Jahre 1989 und 1990 noch mal festhalten: Die Bewohner ertrugen mit Freundlichkeit und Geduld den Ansturm von Zehntausenden aus dem sächsischen und thüringischen Vogtland, die verstopften Straßen, die überfüllten Supermärkte. Verwandte sahen sich hier nach Jahrzehnten zum ersten Mal wieder, Freundschaften wurden geschlossen, hier wuchs ein Stück einig Vaterland.

Auch im Umkreis dieser Stadt ein Poetenleben. Hier wuchs er auf, der meistgelesene Schriftsteller des neunzehnten Jahrhunderts, geboren in Wunsiedel als Sohn eines Lehrers und späteren Pfarrers. Kindheitstage in Joditz, Schwarzenbach und Hof, wo er seit 1799 das Gymnasium besuchte: Jean Paul. Das kleine Joditz wurde für ihn zum »eigentlichen«, nämlich zum geistigen Geburtsort. »Die Saale«, schreibt er, »gleich mir am Fichtelgebirge entsprungen, war mir bis dahin nachgelaufen. Sie war das Schönste, wenigstens das Längste von Joditz und läuft um dasselbe an einer Berghöhe vorüber, das Örtchen selber durchschneidet ein kleiner Bach mit seinen Stegen kreuzweise.«

Jean Pauls Kinderjahre werden zu einem Lebensstoff seiner Literatur. »Kaum eines seiner erzählenden Werke kommt ohne die in der Kindheit gesammelte Stoffülle aus. Immer blieb er sich bewußt, daß dort alles seinen Anfang genommen hatte: die Liebe zu den kleinen Leuten, die Verachtung der Großen, die Naturschwärmerei, der Einblick in Not und Elend, der Drang nach Veränderung auf der einen, der Lichtseite seines Könnens, und auf der anderen, der Kehrseite im notwendig zum Licht gehörenden Schatten: sein Provinzialismus, seine Sentimentalität, sein naiver Glaube an Tugend und Seelenunsterblichkeit, sein Behagen an der Enge, seine Skurrilität. So hoch er auch stieg, so viel er auch las, so weit er auch dachte: Die Enge der Kindheit blieb um ihn.« Schreibt Günter de Bruyn.

Ist dies nur ein Psychogramm Jean Pauls oder vielleicht doch eine Charakteristik vogtländischer Mentalität? Der fast vergessene Dichter lebt unbewußt in den Menschen dieser Landschaft, die noch immer auch die Bilder seiner Lebenswelt zeigt: Da steht das alte Pfarrhaus mit den hell getünchten Wänden in Joditz. Wälder und Wiesen steigen zu den Dorfhäusern herab, ein Bach murmelt in der Mittagsstunde. Hier vielleicht hat er ihn gedacht, den »Garten der Begeisterung«, den es nie gegeben hat und doch immer geben wird als einen Traum, als eine Dichtung.

Weida –

der Beginn einer Geschichte

Hier, in der kleinen alten Stadt mit ihrer mächtigen Burg hat alles begonnen. Sie ist ein Ursprung dieser Landschaft. Schon aus der Ferne sieht man das helle Gemäuer der Osterburg, in strahlendem Weiß die hohen Wände, die Zinnen des Turmes in Hellgrau. Hier saßen vor Jahrhunderten die Vögte, nach denen das Land seinen Namen erhielt.

Um 1180 wurde Heinrich von Weida, ein Ministeriale, mit der Vogtei über das Elsterland belehnt. Man holte Siedler aus Franken und Thüringen ins Land. Heinrich von Weida wird 1199 als »advokatus imperiale« bezeichnet. Kaiser Barbarossa (Friedrich I.) übertrug ihm den Blutbann und den Landesherrenbann innerhalb des übernommenen Lehens. Er wurde der erste Reichsvogt in diesem Gebiet. Die Vögte von Weida und die ihnen nachfolgenden Linien von Plauen und Gera beherrschten einen Hoheitsraum, der die Gebiete des heutigen thüringischen und sächsischen Vogtlandes umfaßte. Seit der Mitte des 13. Jahrhunderts gehörte zu ihrem Herrschaftsraum auch das Regnitzland um Hof (bis ca. 1373) und das sogenannte böhmische Vogtland um Asch.

Aber begonnen hat alles mit Weida. Die Osterburg ist ein Zeichen dieser Macht. Heute streckt sich die Burg über die ganze Bergkuppe, und sie ist nun ein Schloß, dessen Gestalt die Bautätigkeit vom 15. bis zum 19. Jahrhundert widerspiegelt. Es dominiert der Bergfried, der älteste und imposanteste Teil der Anlage und das schönste Bauwerk dieser Art im ganzen Vogtland. Der untere Teil besteht aus einem mächtigen Rundturm mit Zinne und ein schlanker Spitzhelm mit Zinnenkranz das Bauwerk, das zwischen 1130 und dem 15. Jh. entstand. Wer heute den siebzig Meter hohen Turm über schmale Treppen im Inneren erstiegen hat, den belohnt eine weite Aussicht über das ursprüngliche Vogts-Land: Zu Füßen das kleine Städtchen mit den Ruinen der gotischen Wiedenkirche und der romanischen Peterskirche. Die Häuser geduckt und in Reihen am Berghang. In der Ferne dann Wiesen und Wälder, die neue Umgehungsstraße, die ins Tal von Auma und Weida herunterführt. Veränderte Landschaft, und doch unübersehbar ist das Historische dieser Gefilde.

Vogtländische Geschichte vergangener Zeiten: Machtkämpfe zwischen den Vögten und den Rittern des deutschen Ordens, der im Vogtland mehrere Komtureien besaß. Nach der größten Ausdehnung der Vogtsherrschaft im 14. Jahrhundert langsamer, aber unaufhaltsamer Niedergang: Schon 1373 Verkauf des Regnitzlandes an die Burggrafen von Nürnberg, 1791 kam das bayerische Vogtland für kurze Zeit zu Preußen, 1810 wurde es ein Teil des Königreiches Bayern. In Sachsen und Thüringen übernahmen die Wettiner vogtländische Ländereien. Am längsten hielt sich die Vogtsherrschaft im oberen Land der Saale, wo die reußische Linie der Plauener Vögte bis ins beginnende 20. Jahrhundert existierte. Aber trotz wechselnder Besitzverhältnisse und territorialer Veränderungen, die alte Regionalbezeichnung »Vogtland« blieb erhalten. Die Gründe dafür liegen in ethnischen, kulturellen und wirtschaftlichen Verknüpfungen, die gerade nach der deutschen Wiedervereinigung eine neue Blüte erfahren.

Auf Goethes Spuren

Natürlich schmückt sich jede Gegend gern mit dem Hinweis, daß hier auch einmal der Geheime Rat von Goethe gewesen sei. Aber die Goethe-Freunde wissen, daß er eine besonders enge Beziehung zu den böhmischen Bädern hatte: Siebzehnmal war er in Böhmen, zählt man die Tage zusammen, so kommt man auf nahezu drei Lebensjahre, die ihn mit dieser dem Vogtland benachbarten Landschaft verbinden. Und mehrere Reisewege führten ihn durch das Elsterland. Daß er hierher kam, hat aber nicht nur Gründe, die verkehrsmäßig motiviert waren, sondern es war auch die Leidenschaft zur Mineralogie, die seine Stationen mitbestimmte.

Anfang Juli 1795 kommt er nach Plauen und Adorf, Vergnügen hat er am Dialekt der Vogtländer, und er notiert: »Jede Provinz liebt ihren Dialekt; denn er ist eigentlich das Element, in dem die Seele ihren Atem schöpft.« Als er am 4. Juli von Adorf aus weiter reist, macht er einen Halt an der »Wiesenquelle« in der Elsteraue, die Jahre später dann als »Moritzquelle« das Bad Elster mitbegründen sollte. Ob er tatsächlich an vogtländische Landschaft gedacht hat, als er »Hermann und Dorothea« schrieb, wie es der Goethe-Forscher Eduard Trauer nachzuweisen versuchte, darf man bezweifeln, aber zweifellos hat ihn die vogtländische Geologie interessiert.

1822 kommt er mit Polizeidirektor Grüner aus Eger, der ebenfalls wissenschaftliche Neigungen hatte, diesmal aus Franzensbad ins Vogtland. Sie besteigen den Kapellenberg, und Goethe findet die »Bestandteile des Granits im großen nebeneinander«. Und auch seine Sammlungen erhalten Zuwachs: Pastor Martius in Schönberg schenkt ihm verschiedene Rauchtopase, Amethyste und Egerane. »Egeran« ist für Goethe von besonderem Interesse, denn das Mineral ist nach der Stadt Eger benannt.

Im Tagebuch wird der Besuch ganz sachlich festgehalten: »Um 1 Uhr nach Schönberg. Zum Pfarrer des Ortes. Dessen Mineralien besehen, besonders die vom Capellenberg beachtet, zum Geschenk erhalten.« Martius aber weiß in einem Brief noch von einem anderen Erlebnis mit Goethe zu berichten: »Gegen Mittag kam ein Gewitter. Bei dem ersten Donnerschlag rief er ganz entzückt aus: Wie freue ich mich, den Donner über dem vogtländischen Granit zu hören. Es war, als hätte der Himmel seine Wünsche berücksichtigt; denn schnell darauf folgte ein zweiter, viel mächtiger

Schlag, der sein angeschlagenes Echo in majestätischer Betonung über den Granit hinüber detonierte.

Goethe kam später nicht wieder ins Vogtland, aber einer seiner berühmtesten naturwissenschaftlichen Essays, »Über den Granit«, bereits 1784 geschrieben, hat wohl durch solche Erlebnisse eine erneute Bestätigung erfahren.

Es quillet ein schönes Wasser

»Der Brunnen an sich selbsten quillet ein schönes und durchscheinendes Wasser / mit lieblichen Zischen geht über / und läuffet durch ein Canal über die Weise in die Elster. Es ist ein gut Räscher / und wegen der subtilen mineralien / so er bey sich führet / ein lieblicher Säuerling ...«.

Dies ist zu lesen in einer der ältesten Schriften über die Elsterer Quellen, im Aufsatz des Mediziners Georg Leisner aus Plauen, der 1669 erschien. Freilich, die Mineralquellen des Vogtlandes waren schon viel früher bekannt, so wurden mehrfach Versuche unternommen, beispielsweise aus den salzhaltigen Quellen von Altensalz Salz zu gewinnen.

Die Mineralquellen des Vogtlandes sind nicht, wie noch Goethe annahm, von unterirdischen Feuern gespeist, sie haben vielmehr ihren Ursprung in den vulkanischen Aktivitäten des Devons. Das Grundgestein in dieser Gegend besteht aus Phylliten, in die Quarzstreifen eingelagert sind. Diese Quarzgänge setzen sich auch in der Tiefe fort und schaffen vermutlich die Verbindung zum Granit, der unter dem Phyllit angenommen wird. Eher reichern sich die Wässer mit Kohlensäure an und dringen durch Spaltengänge, in denen sich Mineralien lösen, an die Oberfläche.

Zu den vogtländischen Mineralquellen gehören die Säuerlinge von Sohl, die für Tafelwässer und Limonaden abgefüllt werden, aber auch der von Schönberg, der unmittelbar im Grenzbereich zur Tschechischen Republik liegt und als Trinkquelle genutzt werden kann. Die ehemalige Salzquelle von Altensalz ist heute vom Wasser der Talsperre Pöhl überstaut, die Salzquelle in Erlbach und die Eisenquellen von Pausa sind verfallen. Von Bedeutung für Bade- und Trinkkuren sind im Vogtland vor allem die Eisensäuerlinge von Bad Elster und die radioaktiven Quellen von Bad Brambach.

Bad Elster ist der bekannteste Kurort des Vogtlandes. Schon seit 1538 sind seine Quellen bekannt, und seit 1818 wird das Wasser des Elstersäuerlings zu Trink- und Badekuren genannt. Bad Elster liegt in einer landschaftlich reizvollen Talmulde der Weißen Elster, durch seine Waldumgebungen und die Kessellage hat es günstige klimatische Bedingungen. Bereits 1849 wurde Elster zum sächsischen Staatsbad ernannt, der Elstersäuerling heißt seit 1851 Moritzquelle. Mittlerweile sind weitere

Quellen erschlossen worden, und in seinen besten Zeiten kamen jährlich mehr als 25 000 Kurgäste nach Bad Elster.

Der Kurbetrieb in Bad Brambach ist jüngeren Datums. Obwohl die Mineralquellen seit langem bekannt sind, begann erst 1912 der Kurbetrieb. Dabei zählen die Brambacher Quellen zu den stärksten Radonquellen der Welt. Behandelt werden Krankheiten des Muskel-Skelett-Systems und des Kreislaufs. Ein Teil des Mineralwassers wird auch auf Flaschen abgezogen und als Brambacher Sprudel vertrieben. Brambach, im Tal des Röthenbaches gelegen, ist immer die kleinere Schwester von Bad Elster geblieben. Aber auch darin liegt eine Anziehungskraft des Kurortes, klein, aber fein zu sein. Darum bemüht man sich gerade in unseren Tagen. Hält man sich nach den Kurregeln von Paul Kohl, die dieser 1856 für die Elsterer Gäste formulierte, so ist der psychologische Erfolg einer Kur wohl nicht zu verfehlen: »... der mäßige Genuß erlaubter Vergnügungen sind daher notwendige Bedingungen, um die Gesundheit durch die Cur wiederzuerlangen; sowie der gesellige Umgang und angenehme Unterhaltung mit geistreichen Personen (besonders mit Damen), ferner eine unterhaltende und humoristische Lektüre, bei welcher letzteren jedoch gleichfalls ein gewisses Maß zu beobachten ist, dem Curgast sehr zu empfehlen sind.« Vielleicht versuchen es die Kurgäste einmal mit Jean Pauls »Dr. Katzenbergers Badereise«, da verzaubert sich die Welt in ein heiter-ironisches Lebensstück.

Vogtländische Brücken

Zu den Wahrzeichen des Vogtlandes gehört unzweifelhaft die größte aus Ziegeln errichtete Brücke der Welt im Göltzschtal. Ihre Schönheit zeigt der Umschlag unseres Buches.

Mit einer Länge von 547 m, einer Höhe von 78 m überspringt sie in 81 Einzelbögen in vier Etagen das tief eingeschnittene Tal der Göltzsch. Sie entstand im Zusammenhang mit dem Bau der Eisenbahnlinie Leipzig-Plauen-Hof-Bamberg. Der geistige Vater des Bauwerkes ist Prof. Johann Andreas Schubert, ein Fuhrmannssohn aus Wernesgrün, der auch die erste sächsische Lokomotive konstruierte. Schubert entwickelte an diesem Projekt auch eine allgemeingültige Statik für den Bau von Steinbrücken, die es bis dahin nicht gegeben hatte. Das Bauwerk entstand zwischen 1846 und 1851, eine technische und logistische Meisterleistung im 19. Jahrhundert: In 32 Steinbrüchen arbeitete man für die Brücke, rund 26 Millionen Ziegel wurden vermauert, 23000 Baumstämme als Rüstzeug verwendet. Zeitweise waren mehr als 1500 Arbeiter beschäftigt, 31 Menschen kamen dabei ums Leben.

Ein weiterer, bedeutender Brückenbau ist die Elstertalbrücke. Auch sie wurde für den Bau der Eisenbahnlinie Leipzig-Plauen-Hof gebraucht, und im gleichen Zeitraum, 1846/1851, gebaut. Sie ist 69 Meter hoch und 281 Meter lang. Am Ende des 2. Weltkrieges wurde das Mittelteil von deutschen Soldaten gesprengt, doch schon im Februar 1946 konnte über eine Stahlkonstruktion der Eisenbahnverkehr wieder aufgenommen werden.

Die beiden Brücken, von Schubert einst nach dem Vorbild römischer Aquädukte konzipiert, haben nun schon anderthalb Jahrhunderte die Eisenbahnzüge über die Täler von Göltzsch und Elster getragen, und nur wenige Reisende, die in Minutenschnelle das Bauwerk überqueren, werden etwas von ihrer Geschichte wissen, und die Schönheit dieser technischen Bauwerke ist von oben nicht zu sehen.

Aber wer unten im Tal die schmale Straße nahe der Göltzsch befährt, der sieht plötzlich, wenn sich Bäume und Büsche öffnen, die mächtigen Pfeiler aufwachsen, die Leichtigkeit und Kraft der schwingenden Rundbogen.

Gaumenfreuden und Bierquellen

Heute gehen die Vogtländer auch chinesisch essen oder zum Italiener, aber vergessen haben sie deswegen ihre traditionsreiche Regionalküche nicht. Ob die Vogtländer die Erfinder der grünen Kartoffelklöße sind oder ob sie dieses Privileg mit den Erzgebirgern oder Thüringern teilen müssen, es ist nicht genau auszumachen, aber ganz sicher gehören Kartoffelgerichte zum Kern der vogtländischen Regionalküche. Schon seit dem 17. Jahrhundert kennt man im Vogtland Kartoffelklöße, 1731 schreibt Pastor Marbach aus Schöneck: »Die weissen Erdäpfel sind nebst den Klößen in allen Häusern die ordinaire Zukost ...« Wie nun die vogtländischen Klöße bereitet werden, dafür gibt es verschiedene Rezepturen, aber immer bilden geriebene, rohe Kartoffeln den Hauptbestandteil dieses Gerichts. Im vogtländischen Dialekt heißen diese Klöße noch heute »Grügeniffte«, das kommt aus »niffen« – reiben und der Farbe grün, die die Klöße haben sollen. Ob man dazu nun »Schweinsknöchel mit Krenbrüh« (Eisbein mit Meerrettichsoße) ißt oder Rouladen und andere Fleischgerichte, das ist jeder Hausfrau oder jedem Koch selbst überlassen.

Zwei andere alte Kartoffelgerichte sind auch heute noch im Vogtland lebendig, vielleicht nicht so sehr in den Restaurants, die ihre Weltläufigkeit mit »Steak Hawai« beweisen wollen als dort, wo die Hausmannskost des Vogtländers bereitet und gegessen wird, am Küchentisch der vogtländischen, dörflichen Familie. »Mahlzeit, Spalken«, heißt es noch oft, wenn man sich zum Mittagessen in der Familie zusammensetzt, denn »Spalken« waren einst die Hauptkost in der vogtländischen Küche. »Spalken«, das ist ein Eintopfessen mit Kartoffelstückchen, die übrigen Zutaten bestehen aus Gemüsen und Fleisch, auch hier ist der Küchenphantasie keine Grenze gesetzt.

Schließlich gehören »Bambes« zu den vogtländischen Spezialitäten, ein Brei aus rohen, geriebenen Kartoffeln, der in der Pfanne gebacken wird. Einst ließen die Hausfrauen diesen Teig beim Bäcker ausbacken, aber das ist längst vorbei.

Natürlich gibt es im Vogtland noch manch anderes Kartoffelgericht, aber die Vogtländer leben nicht nur von den geliebten Erdknollen. Und vor allem: Man ißt nicht nur, man trinkt auch. Daß man in einer sächsischen Landschaft Kaffee genießt, hat schon Johann Sebastian Bach in Musik gesetzt. Aber das Vogtland ist auch bekannt für seine traditionsreichen Biere: Im Bierdorf Wernesgrün braut man seit mehr als 560 Jahren, und die Produkte der Wernesgrüner Brauereien reisen auch in andere Weltgegenden. Nach der Wende im Vogtland konnten auch andere Brauereien ihre fast vergessene Biertradition wieder aufleben lassen: Plauen, Greiz, Rodewisch und mancher kleine Ort können mit ihren Bieren konkurrieren. Nicht zu vergessen Hof und das Brauwesen dieser Stadt und des Umlandes. Auch die bayrischen Biere haben im Vogtland ihre Liebhaber. Und für die Vogtländer bleibt es dabei: Eisbein, grüne Klöße und ein kühles Pilsner, das ist ein Stück vom Paradies.

Herr Mosen und Marieney

Dort, wo die Hügel nach Osten zu aus dem Elstertale hinaus in Bergterrassen zum Erzgebirge sich erheben wollen, welches zwischen den vier Städten Schöneck, Markneukirchen, Adorf und Ölsnitz mitten innen liegt, bin ich am achten Juli 1803 geboren«, schreibt er. Die Geburtslandschaft Julius Mosens, heute fast so vergessen wie damals, ein kleines Dorf abseits der Fernverkehrsstraßen, ein Wegweiser, der übersehen wird, alte Bauernhäuser und neue Stallgebäude. Neben der Kirche, die ihr schlankes Türmchen in den Himmel reckt, auf dem die Wetterfahne, der Hahn mit dem Knaben auf dem Schwanz, sich dreht, eine Tafel: Hier stand das Geburtshaus Julius Mosens.

Manches hat sich verändert, aber geblieben ist die ruhige Schönheit der Landschaft, die er beschrieben hat: »Mit meinen Landsleuten habe ich die Anhänglichkeit an die heimatliche Erde des Vogtlandes gemein gehabt. Wie es Menschen gibt, von denen man, hat man sie einmal liebgewonnen, nie wieder lassen kann, so geht es uns auch mit Ortschaften oder Gegenden. Es sind gewöhnlich solche, in denen sich eine bestimmte Gemütsstimmung ausdrückt. Zu diesen gehört das vogtländische Hügelland an der Abdachung des sächsischen Erzgebirges mit seinen Waldeinsamkeiten, in welche gar schmale Wiesentäler, oft nur wie grüne Streifen, mit hier und dort weit, gar weit auseinanderliegenden kleinen verirrten Häusern sich hineinverlieren und stundenweit den Blick nach sich ziehen, als müßte dort weit hinten in der Ferne unter den harztropfenden Tannen, dort, wo die Berge terrassenartig in dunkler Bläue emporsteigen, irgendein Geheimnis verborgen sein, das uns an sich lockt und sich uns gern enthüllen möchte. Und wie klar und hell eilen aus dem dunklen Grunde die plätschernden Bäche herunter, immer mit sich sprechend wie Kinder, die etwas in einem fremden Haus bestellen wollen und den Auftrag unterwegs sich oft laut vorsagen, um ihn nicht zu vergessen, bis sie ihn wirklich vergessen haben und nun weinend am Berge stehen …«

Romantische Verklärung, sentimentale Erinnerung? Mosen war sicherlich ein Autor mit romantischer Gefühlslage, ein Kind seiner Zeit, aber auch ein Schreiber, der ein Stückchen Welterfahrung hatte. Kindheit im Haus des Dorfschulmeisters und Kantors, der ein kluger Pädagoge war. So schrieb er: »Herr Gevatter, ich kann meine Dorfjungen nicht nach einer Schablone dressieren, sondern muß jeden einzelnen nach seinen Anlagen und seiner Gemütsart behandeln …« Der junge Mosen war ein Dichter, obwohl er ein Studium der Rechte begann, aber als er vom Geheimrat von Goethe 35 Taler für ein Festgedicht als Preis erhielt und dazu ein kleines Honorar für eine Herausgeberarbeit, entschwand er gen Italien, wo er zwei Jahre blieb. Dort übrigens entstand eines seiner schönsten Gedichte über heimatliche Natur und Landschaft: »Wo auf hohen Tannenspitzen, / die so dunkel und so grün, / Drosseln gern verstohlen sitzen, / Weiß und rot die Moose blühn: / Zu der Heimat in der Ferne / Zög ich heute noch so gerne.«

Unvergessen sind auch seine Lieder vom »Trompeter an der Katzbach« und »Zu Mantua in Banden der treue Hofer war«. Mehr ist von diesem Leben nicht geblieben, das 1867 endete. Aber ist das nicht doch für ein Dichterleben viel, ein paar Lieder unvergessen, einhundertfünfzig Jahre nach ihrer Entstehung? Und die Lebensgeschichte eines Mannes, in der sich Heimattreue und Weltgefühl verknüpften.

Übrigens, das kleine Marieney ist Geburtsort auch eines weiteren berühmten Mannes: Am 15. 8. 1679 wurde hier Adam Friedrich Zürner, der Vater der sächsischen Postmeilensäulen, geboren. Eine Gedenktafel am Gemeindeamt erinnert an den kurfürstlich-sächsischen Land- und Grenzkommissar.

Burgenreise ins Vogtland

Nicht nur an der Saale hellem Strande, stehen Burgen stolz und kühn, auch die Besiedlung des Vogtlandes ist mit seiner Burgenlandschaft eng verbunden. Mit der Osterburg in Weida hat es begonnen. Auch das noch heute existierende Schloß Voigtsberg bei Oelsnitz war seit 1327 ein Sitz der Vögte. Vom Schloß der Vögte in Plauen, das später in eine herzögliche Residenz umgebaut wurde, sind nur noch geringe Teile der ursprünglichen Anlage erhalten. Die Schlösser von Geilsdorf und Reusa sind längst verschwunden. Die einst im Vogtland häufigen Wasserburgen, die zu den frühdeutschen Wehranlagen gehörten, sind oftmals nur noch in Fragmenten erhalten, wie die Teichinsel in Kürbitz oder der »Wol« von Kauschwitz. Die Wasserschlösser von Mechelgrün und Mühltroff sind verfallen.

Umso erfreulicher ist es in Rodewisch mit dem Schlößchen Göltzsch ein Stück dieser Burgengeschichte erleben zu können. Ursprünglich existierte hier im 13. Jahrhundert eine Wasserburg, an ihre Stelle trat zwei Jahrhunderte später ein kleines Wasserschloß mit Turm und Wohngebäuden, das »feste Hus«, gesichert durch Wasserläufe und Zugbrücke, Erdwall und Pallisade. Aber auch dieses Schloß versank in den Zeitläufen, bis Ausgrabungen in unserem Jahrhundert die Fundamente wieder freilegten und so einen Blick in die mittelalterliche Welt ermöglichten.

Das heutige Schlößchen Göltzsch entstand später als Wohnsitz eines Herrn Edlen von Planitz und wurde vor einigen Jahrzehnten aus dem Verfall gerettet und restauriert.

Geschichte der vogtländischen Burganlagen erlebt man auf besondere Weise in Mylau. Hier entstand zu Beginn des 13. Jahrhunderts eine Burg, die von Kaiser Friedrich II. dem böhmischen König Ottokar als Lehen übertragen wurde. In den folgenden Jahrhunderten wechselten nicht nur die Besitzer häufig, auch die äußere Gestalt der Anlage veränderte sich. Als 1892 die verfallene Burg in den Besitz der Stadt Mylau kam, ließ man den Palas umbauen und nutzte das Gebäude als Rathaus. Aber die Bürger Mylaus liebten ihre Burg: Schon 1882 hatte sich ein Schloßverein mit mehr als 500 Mitgliedern gegründet, der sich für den Erhalt der Burg einsetzte. Heute gehört sie zu den schönsten Burganlagen des Vogtlandes. Der Bergfried mit 27 Meter Höhe steht auf der Spitze des Felsens oberhalb des Marktplatzes, der ursprünglich einstökkige Palas wurde aufgestockt und hat heute einen Treppengiebel, übrigens wurde die Burg niemals zerstört und war auch in den Zeiten ihres Verfalls in einzelnen Teilen bewohnt. Heute befindet sich in der Burg ein Museum, das uns Geschichte und Entwicklung des Mylauer Territoriums in interessanten Exponaten darstellt.

Burgenreise vor allem zwischen Elster und Göltzsch. Aber zumindest mit einem Zipfel reicht die Burgenlandschaft des Vogtlandes auch an die Saale. Schloß Burgk an der Saale wurde einst von den Vögten von Gera begründet, aber erst ab 1403 entstand die spätgotische Anlage mit Palas, Kapelle, Bergfried und Wallgräben. Später wurde es mit barocken Bauelementen verändert, 1742/43 baut Gottfried Silbermann in die Schloßkapelle eine Orgel ein, und 1918 wird Schloß Burgk Privatbesitz des Fürsten von Reuß älterer Linie. Hermine von Reuß, seit 1922 mit Kaiser Wilhelm II. verheiratet, besuchte das Schloß bis 1944 jährlich und wohnte dann in den »Weißen Zimmern«.

Seit 1945 ist Schloß Burgk Museum, hier findet sich heute eine große Exlibris-Sammlung sowie bedeutende Buchbestände zur Regionalgeschichte. Das Schönste an Burgk, es ist der Blick hinunter ins Tal, wo an einem Stauwehr in weitem Bogen die Saale vorüberzieht. Es ist diese Stunde Stille unter blauem Sommerhimmel, die den Aufstieg und die Reise lohnt.

Das bayerische Vogtland

Immer wieder wird es freundlichen Streit geben, wo denn das Vogtland beginne oder ende. Und die einen werden geographisch argumentieren, die anderen geologisch, Besiedlungsgeschichte und Mundart werden ihr Wörtlein mitreden, je nach Engagement und Temperament. Doch wir wissen, daß die Übergänge fließend sind, ins Fränkische ebenso wie ins Erzgebirgische. Aber ganz sicher gehört das Regnitzland zum Vogtland und die Stadt Hof auch, die sich noch bis ins 19. Jahrhundert »Hof im Vogtland« nannte und seither »Hof an der Saale«. Das Regnitzland, vermutlich seit 939 Reichs- oder Königsgut, dann ab 1149 Lehen des bayerischen Herrschergeschlechts der Markgrafen von Giengen-Vohburg und schließlich nach deren Aussterben ein Reichslehen der Grafen von Andechs. Wahrscheinlich ist der früheste Siedlungskern von Hof jenes »Regnitzi« im Bereich der 1080 erbauten St. Lorenzkirche. Mit der Übernahme des Landes durch die Grafen von Andechs, die seit 1187 auch Herzöge von Meranien waren, schlägt die Geburtsstunde der Hofer Neustadt, die als Grenzfeste begründet wurde. Mit der Übernahme durch die Vögte von Weida ca. 1248 wird das Regnitzland zum Vogtland. Trotz wechselnder Besitzverhältnisse in den kommenden Jahrhunderten sind Hof und Regnitzland vogtländische Landschaften geblieben.

Wir haben schon darüber geschrieben, in jenen Monaten vom historischen November 1989 bis in die Sommertage des darauffolgenden Jahres war Hof eine einzige Stätte der Begegnung zwischen Ost und West. Seine Lage nicht weit von der innerdeutschen Grenze entfernt, brachte die Menschen aus Sachsen und Thüringen nach Hof. Das alles ist nicht vergessen.

Die schon benannte Lorenzkirche liegt auf einem Felssporn oberhalb der Saale. Hier findet sich der schöne Hertnid-von-Stein-Altar, ein spätgotisches Werk, das in leuchtenden Farben Kaiser Heinrich und Katharina Kunigunde mit dem Modell des Bamberger Doms zeigt.

Wer nach soviel Geschichte Lust auf Gegenwart hat, der darf durch die Fußgängerzone mit ihren Geschäften und Cafés spazieren. Er wird sich im Botanischen Garten vergnügen oder im Erholungszentrum der Hofer am »Untreusee«, wo man baden, surfen und segeln kann. Hof hat zudem manche kulturelle Aktivitäten zu bieten, neben dem Theater den »Hofer Herbst« mit verschiedenen künstlerischen Angeboten und die »Hofer Filmfestspiele«, eines der originellsten europäischen Filmfestivals. Schließlich wird die Geschichte im Fest neu belebt: Jährlich am Montag nach Trinitatis begeht man den »Schlappentag«. Er erinnert auf heitere Weise an jene mittelalterlichen Vorfahren, die bei Schießübungen mit den heimischen »Schlappen« an den Füßen in letzter Minute erschienen. Heute ist der Schlappentag eine gute Gelegenheit, heimisches Bier zu trinken, ein Produktionszweig, der in Hof eine lange Tradition hat.

Hof in Franken, in Bayern, an der Saale, im Vogtland – welchen Beinamen man der Stadt auch geben will, ihr alter Grenzlandcharakter versperrt und trennt heute die Region nicht von den umliegenden Landschaften, sondern vermittelt Erfahrungen aus Geschichte und Gegenwart.

Eine Stunde in Böhmen

Schon im bayerischen Waldsassen, dem alten Klosterstädtchen, wo wir den schönen barockenen Bibliothekssaal besichtigt haben, da spürt man die Nähe zu Böhmen: An den Gasthäusern die Schilder »Original böhmische Küche«, und obwohl die Serviererin ein perfektes Deutsch spricht, redet sie plötzlich mit ihrer Kollegin Tschechisch. Sie kommt aus dem Ascher Ländchen hinter der Grenze. Über Eger, der alten Kaiserstadt, erreicht man das böhmische Vogtland in einer halben Autostunde, und bei Haslau beginnt der Zipfel tschechischen Territoriums, der sich hier zwischen Bayern und Sachsen wie eine schmale Zunge hineinschnürt, Dreiländereck sagen die Einheimischen.

Hier sehen wir auch den Kapellenberg, schon auf der anderen Seite aus der Hochebene aufsteigen, das Quellgebiet der Weißen Elster. Und dann geht unsere Autofahrt weiter über Asch bis hinauf nach Roßbach, wo nun die Zungenspitze, das Ende des Ländchens erreicht ist. Es ist die alte böhmische Herrschaft Neuberg, die wir durchfahren haben, ursprünglich einmal Land der Vögte von Weida, seit dem 15. Jahrhundert aber in böhmischem Besitz.

Aš auf tschechisch oder Asch ist der Hauptort des Gebietes, eine Stadt, die sich zwischen Tal und Berg buckelt, die Ockerfarben der Häuser dominieren, aber mehr noch wird der Verfall sichtbar, der die Grenzorte in Böhmen so traurig erscheinen läßt. Die Deutschen, die hier bis zum Ende des Zweiten Weltkrieges lebten, wurden vertrieben, obwohl man das Wort »Vertreibung« nicht gerne hört. Und die neuen Bewohner haben die alten Häuser übernommen und dem Verfall überlassen. Vielleicht nicht immer freiwillig, denn es gab kaum Materialien zur Renovierung.

Und heute, und jetzt: Die Marktwirtschaft zieht ein, zunächst in alter böhmischer Handelstradition: Überall Stände und Lädchen, die zu günstigen Umtauschkursen Gläser und Getränke feilbieten, den »Becherbitter« aus Karlsbad und das Bier aus Pilsen. Und der Zollbeamte am Grenzübergang bei Lauterbach ist erstaunt, als wir ihm bedeuten, daß wir nichts gekauft haben. Er verläßt sich auf unsere Antwort, er kennt wohl seine Pappenheimer, denn natürlich verlockt der Währungsunterschied zwischen der armen tschechischen Krone und der harten deutschen Mark zu manch spekulativem Geschäft.

Wir haben am Rande der Stadt gehalten, um Hainberg (737 m) und Lerchenberg (734 m) zu sehen. Dabei belassen wir es, unsere Stunde im böhmischen Vogtland ist vorüber.

Flüsse und Talsperre

Nicht zufällig trägt das Vogtland den Namen Elsterland. Die Weiße Elster, die am Rande eines Granitmassivs am Rande von Fichtelgebirge und Elstergebirge entspringt, sie ist der Hauptfluß dieser Landschaft. Über 257 km fließt die Elster, bis sie bei Halle in die Saale mündet, und gut 100 km sind ihre vogtländische Wegstrecke. Aber schon seit langem ist die Weiße Elster ein schwarzes, schmutziges Gewässer, allzu viele Industrieabwässer mußte sie aufnehmen, und die Perlenfischer, die einst an Trieb und Elster die einzige deutsche Flußperlmuschel fischten, sie sind längst verschwunden, und von der berühmten Muschel gibt es nur einige kleine Reservate in anderen Bächen des Vogtlandes. 1959 entstand bei Pirk die erste Talsperre im Vogtland, als Hochwasserschutz und zur Brauchwasserversorgung staute man die Fluten der Elster. Der Stausee umfaßt rund 10 Millionen Kubikmeter und die Wasserfläche ist 152 ha groß. Die Talsperre ist ein Paradies für Badelustige, aber auch ein Rastplatz durchziehender Vögel.

Noch beliebter und bekannter ist im Vogtland die Talsperre Pöhl. Sie wurde im Bereich des Pöhler Diabasgebietes in einem engen Tal der Trieb, die nach der Stauung in die Elster einmündet gebaut. Zwischen 1958 und 1964 entstand die Talsperre, deren Stauraum 62,4 Millionen Kubikmeter umfaßt. Damals wurde das Dorf Pöhl überflutet, nachdem seit 1961 die Bewohner umsiedeln mußten. Pöhl ist mittlerweile ein großes

Heimatmuseum

ARIENQUE

69 *Adorf: Das Freiberger Tor*

70 *Die Museumslandschaft Landwüst*

71 *Umgebindehäuser in Raun, Egerländer Stil*

72 *Marienquelle in Elster*

73 *Kurhaus in Bad Brambach*

74 *Am großen Teich: Schönberg mit Kapellenberg*

75 *Geburtsort von Julius Mosen: Marieney*

76 *Böhmisches Vogtland: Städtisches Museum in Asch*

Freizeitzentrum der Vogtländer. Hier reihen sich die Sommerhäuser am Wasserstrand, hier wachsen im Sommer Zeltlandschaften. Eine kleine Motorbootflotte tukkert über den künstlichen See, auf dem ansonsten nur gerudert und gesegelt werden darf, selbstverständlich haben sich auch die Surfer hier eingefunden.

Schon im 19. Jahrhundert war das Gebiet um Jocketa, die sogenannte »Vogtländische Schweiz«, ein beliebtes Ausflugsziel vor allem der Bewohner Plauens. Zu DDR-Zeiten kamen jährlich rund 850 000 Besucher nach Pöhl. Diese Zahl hat sich beträchtlich verringert, denn das größere Deutschland bietet eben auch größere Ferienmöglichkeiten. Aber bei vielen Wasserratten des Erzgebirges und Vogtlandes ist die Anhänglichkeit an den künstlichen Stausee geblieben.

Umgebindehäuser im Vogtland

Vielleicht schon früher, aber wesentlich im 18. Jahrhundert, entwickelte sich im mitteldeutschen Raum ein besonderer Haustyp, das Umgebindehaus. Um teures Bauholz einzusparen, war es der Übergang vom holzintensiven Blockbau zum Fachwerkhaus. Denn in der »Curfürstlichen Forst- und Holzordnung von 1560« war bestimmt, daß Bauholz aus den »Curfürstlichen Forsten« nur beschränkt abgegeben werden durfte.

Dieser ungewöhnliche Haustyp, das Umgebindehaus, war vor allem in den Weberdörfern der Lausitz verbreitet, aber auch im Vogtland üblich. Die noch heute anzutreffenden Häuser kommen verstreut vor, vor allem zwischen Plauen und dem Rand des westlichen Erzgebirges.

Bei einem Umgebindehaus sind ein oder zwei Holzstuben in Blockbauweise eingebunden in ein System von Holzständern, Streben, Winkelbändern, Rahmen- und Riegelhölzern. Oft haben die Rahmen oder Bänder eine Bogenform. Dadurch entstehen die sogenannten »Umgebinde«, die dem Haustyp den Namen geben. Sie werden durch ihre Bauweise auch Umschrot oder Bohlenstuhl genannt. Denn die Fenster im Erdgeschoß des Blockhauses sind von Säulen, Bogen, Kopfbändern und Zwickelhölzern umgeben, die man als Umschrot bezeichnet.

Neben diesen Holzstuben ist ein massiver Bauteil aus Feldsteinen aufgeführt. Gewöhnlich ist in ihm der Stall untergebracht. Eine Luke gestattet, vom Stall aus, den Mist ins Freie, auf den anschließenden Dunghaufen zu stoßen. Das Ober- und Dachgeschoß besteht aus Fachwerk, das nicht immer sichtbar ist. Meist ist es als Wetterschutz mit Holz oder mit zu schönen Ornamenten geordneten Schiefern verschlagen.

Umgebindehäuser haben durchweg ein Satteldach, das oft über den angegliederten Grundriß heruntergezogen ist. Hier spricht man vom »einhüfigen« Dach. Die Sparren der heruntergezogenen Dachseite sind aus einem Stück oder sind durch Ansetzen eines »Aufschieblings« nachträglich verlängert worden.

Der Bau eines solchen Hauses begann damit, daß man als Unterlage für die aufliegenden Bohlen auf ebener Fläche einen Hof mit Bruchsteinen pflasterte. Darauf kam, zum Viereck gelegt, eine erste Balkenlage, die gegenseitig und mit dem Untergrund durch Holzstifte gefestigt wurde. Den offenen Raum stampfte man mit Lehm aus. Darauf kam eine Balkenlage nach der anderen. Die Spalten wurden mit Lehm und Moos abgedichtet. Dort, wo sie zusammenstießen, verplattete sie der Zimmermann.

Auf die Holzstube kamen die Deckenbalken. Um die Stube nach oben hin abzuschließen, wurden zwischen die Balken Bretter eingeschoben. Danach setzte der Zimmermann vor diesen Wohnstubenkasten »Stelzen« auf den vorstehenden Steinsockel. Bei eingeschossigen Häusern trugen sie den Dachstuhl, bei den anderen den Aufbau des Obergeschosses. Kopfbänder oder Bügen im Dreiecksverband sicherten mit starken Holzstiften die senkrechten Säulenköpfe. Oft gingen die Säulen in den Wandschmuck ein und machen das Haus durch seine Zierformen, z. B. im Kerbschnitt, volkskünstlerisch interessant. Leider wurden im Zeitverlauf viele Umgebinde überputzt, die Häuser durch Fenster oder Anbauten verändert und so umgestaltet, daß ihr Ursprung nicht mehr zu erkennen ist.

Abseits der B 92, einer vielbefahrenen Transitstraße, die dem Grenzübergang Schönberg zustrebt, liegt zwischen Bad Elster und Bad Brambach in Hügel eingebettet das 600 Jahre alte Waldhufendörfchen Raun. Der erhaltenen Umgebindehäuser wegen steht das ganze Dorf unter Denkmalschutz, ohne ausdrücklich zum »Freilichtmuseum« erklärt worden zu sein.

Die Häuser haben markante Merkmale: An der Längsseite der dreigeteilten Wohn-Stall-Häuser führt die Tür ins Innere. Vom Flur aus, den man zuerst betritt, gelangt man geradeaus in den meist ältesten Teil des Hauses, in die Küche. Oft blieb sie die einzige Feuerstelle im Haus. Auf der einen Seite des Flurs liegt die aus Balkenwerk gefügte Wohnstube, auf der anderen der aus Feldsteinen errichtete Stall. Fachwerk und Giebel weisen Egerländer Stil auf. Sie deuten auf die vom Süden her erfolgte Besiedlung hin. Das Gefach ist mit Wellern gefüllt oder mit Lehm ausgesetzt, vielfach unterteilt in stehende und liegende Kreuze, Gitterungen und unterschiedlich große Rechtecke. Durch hohe Handwerkskunst erhielten die eigentlichen Bauteile eine zweite Funktion und wurden Schmuckelemente. Nicht immer ist das Gebälk sichtbar. Als Wetterschutz kann es auch mit Holz oder Schiefer beschlagen sein. Auf dem Haus sitzt ein nicht zu großes Satteldach.

Sagenhafter Wald

Grün ist eine Farbe des Vogtlandes, und grün sind die Wälder, die an den Hängen der Flußtäler wachsen. Noch vor zweihundert Jahren bedeckten vor allem Mischwälder die vogtländischen Fluren. Aber der wachsende Holzverbrauch führte zur Entwicklung von Monokulturen, in denen die Fichte dominiert. Und im Zeitalter der Umweltverschmutzungen, des sauren Regens erkrankten in den vergangenen Jahrzehnten rund $^1/_3$ der vogtländischen Waldbestände. So grün ist also die Welt des Waldes nicht mehr, denn was mehrere Generationen versäumten, kann nicht in wenigen Jahren wieder verändert werden.

Der Wald war über Jahrhunderte hinweg die Lebensquelle der Vogtländer. Hier fanden sie Bauholz und Wild, Pilze und Beeren als Nahrung. Später kamen die Köhler, die ihre Meiler für die Hammerwerke und Schmelzhütten aufsetzten, oft war es ein bäuerlicher Nebenerwerb. Manche Flurbenennungen, wie Brand, Kohlweg oder Kohlbau, erinnern an ihre Arbeit. Heute gibt es im Vogtland nur noch wenige Meiler, deren Holzkohle für pharmazeutische Zwecke, vor allem aber als Grillkohle verwendet wird.

Und so alt die Beziehungen des Menschen zum Wald sind, so alt ist auch die Sagenwelt, mit der die Wälder besiedelt sind. Moosmännlein und Holzweiber spuken in vielen Sagen. Und sie erzählen allesamt von den Mühen des Menschen, in die geheimnisvolle Waldwelt einzudringen. Auch wenn sich die Waldlandschaft verändert hat, die alten Sagen haben ihren Reiz nicht verloren. Eine Sage sei dafür als Beispiel erzählt.

Vor langer Zeit lebte bei Schöneck ein armer Holzhauer. Jeden Tag zog er mit der Axt in den Wald. Erst wenn es dunkelte, kam er todmüde nach Hause. Aber wie er sich auch mühte und plagte, der Lohn, den ihm der Forstmeister zahlen konnte, reichte kaum für das Nötigste. Denn er mußte ja seine jüngeren Geschwister und seine kranke Mutter ernähren. Nur manchmal legte er einen Groschen beiseite, dafür kaufte er dann auf dem Jahrmarkt ein buntes Band oder eine Kette, die er dem Mädchen schenkte, das er gern hatte. Aber ans Heiraten konnten die jungen Leute nicht denken. Da entschloß sich schweren Herzens der Holzhauer, hinaus in die Welt zu gehen, um vielleicht dort sein Glück zu machen. Er nahm Abschied von seinem Mädchen, der Mutter und den Geschwistern und machte sich auf den Weg.

Er war noch keine Stunde gewandert, da sprang aus dem Dickicht des Waldes plötzlich ein kleines graues Weiblein hervor. Es trug einen Reisigkorb und lief auf den Burschen zu. »Schneide dort in die Fichte drei Kreuze, der wilde Jäger ist hinter mir her«, rief sie. Und der Holzhauer erstaunt, aber flink, nahm sein Messer, schnitt die Kreuze in den Baum und versteckte sich mit dem Weiblein hinter einem Gebüsch.

Schon hörten sie das Schnauben eines Pferdes, daß der Wald dröhnte. Hoch zu Roß sprengte der wilde Reiter heran. Doch vor der Fichte scheute das wilde Pferd. Der

Reiter brachte es nicht dazu, an dem Stamm vorüberzulaufen. So wendete er wütend und schimpfend sein Tier und verschwand bald in der Ferne.

Sogleich kamen das Weib und der Bursche aus ihrem Versteck hervor, und das Weiblein brach einen kleinen Zweig von der gezeichneten Fichte und gab ihn dem Jungen. Dann war es verschwunden, als hätte es sich in Luft aufgelöst. Der Bursche schüttelte den Kopf über diesen seltsamen Vorgang, steckte das Fichtenzweiglein an den Hut und ging weiter. Aber nach einer Strecke war ihm plötzlich der Kopf so schwer, da nahm er den Hut ab und sah erstaunt, daß sich die grünen Fichtennadeln in goldene Blätter verwandelt hatten.

Er steckte den Goldzweig in seinen Reisesack und kehrte um, der Goldschmied, dem er die Blätter brachte, zahlte viele blitzende Taler. Die Armut hatte ein Ende, er heiratete sein Mädchen und baute nahe am Wald ein kleines Haus.

Was diese Volkssage erzählt, ist nur ein Widerschein tatsächlicher Erfahrungen, die Bilder sind Bilder des Waldes: Im Frühling glitzern die Fichtenstämme golden, wenn das Harz aus ihrer Rinde läuft. Und der Sturm, der oft in den Nächten durch die Wälder heult und braust, er ist der wilde Jäger.

Martin Pumphut im Vogtland

Wo es Flüsse und Bäche gibt, da klapperten einst die Wasserräder der Mühlen, der Sägemühlen und der Kornmühlen. Das Vogtland war einst eine Mühlenlandschaft. Heute sind sie zumeist verschwunden, aber geblieben sind die Sagen, die sich mit ihnen verbanden. Dazu gehören auch die Geschichten um Martin Pumphut, eine Lausitzer Sagengestalt, von der man sich manches vogtländische Abenteuer erzählt.

Martin Pumphut soll in dem kleinen Dorf Spuhla bei Hoyerswerda geboren sein. Gleich bei seiner Geburt zeigte er, daß er ein rechter Narrgeist war. An seiner Stelle lag nämlich im Kinderbett einmal eine riesige Ringelnatter, so daß die Eltern arg erschrocken waren. Und als sie nach ihm suchten, kam er gesund und munter hinter dem Küchenschrank hervor. Schon der Knabe trieb allenthalben seinen Schabernack. Als er bei einem Müller die Lehre beendet hatte, führte ihn das Wanderleben durch ganz Sachsen. Er trug einen spitzen, grauen Hut, und die Leute nannten ihn deshalb Martin Pumphut. Überall und nirgends war er zu sehen. Bald segelte er zum Erstaunen der Menschen in einem papiernen Schiff auf der Elbe, bald ritt er auf einer großen Heuschrecke durch die Dörfer, blies gelegentlich so mächtig aus dem Nasenloch, daß er die Flügel einer Windmühle drehen konnte, und seine Streiche waren bald überall bekannt. Wo man ihn gut aufnahm, da ging er mit zufriedener Miene fort, ließ man ihn aber hungrig am Tisch sitzen, da spielte er den Leuten arg mit.

So kam er eines Tages an der Burkhardtsmühle im Vogtland vorüber. Schon von draußen hörte er, wie man drinnen zechte und sang. Die Fiedel und der Dudelsack erklangen. Alle Müller aus der Umgebung mit ihren Frauen und Töchtern und Müllerburschen waren versammelt, denn in der Burkhardtsmühle sollte Radhub gefeiert werden. Ein neues, großes Mühlrad wurde an diesem Tag eingesetzt. Da alles schon richtig abgemessen und gezirkelt war, setzte man sich erst einmal an den gedeckten Tisch, und das Bier und der Wein liefen in Strömen. »Halt«, dachte Pumphut, der das Spektakel hörte, »da gibt es einen Schmaus, das ist etwas für mich.« Er trat mit freundlichem Gruß in die große Mühlenstube und setzte sich auf einen Platz in einen Winkel. Aber der alte Müller, der den Mundschenk machte, erkannte ihn nicht, er dachte, es sei ein armer, schnorrender Müllergeselle. So gab er ihm nichts vom duftenden Schweinebraten und vom guten Wein, legte ihm ein paar Fleischknochen und ein Stück Brot auf ein Holzbrett und stellte ein Glas Wasser dazu. »Da, Alter, tut Euch daran etwas zugute«, sagte er. Dieser ungastliche Empfang ärgerte Pumphut. Er nahm sein Hütchen vom Kopf und eins, zwei, drei war die kärgliche Mahlzeit verschwunden. Dann murmelte er ein paar Worte, verließ die Stube und ging zum Rad, das eingesetzt werden sollte. Mit dem Hut strich er einmal über die neue Welle und trollte sich von dannen.

Nun hatten auch die Müller genug gezecht. Sie strichen über die gefüllten Bäuche, erhoben sich ächzend und stöhnend, es mußte ja noch das Rad gehoben werden. Sie gingen hinaus, hoben die Welle an, aber was für ein Schreck? Es zeigte sich, daß die Welle plötzlich eine halbe Elle zu kurz war. Man probierte nochmals, aber es änderte sich nichts, die Welle blieb zu kurz. Dabei hatte man noch eine Stunde zuvor alles richtig befunden, wie konnte das geschehen? Da schlug sich einer der Müller an die Stirn, denn er erinnerte sich an den alten Gesellen und ahnte, daß es der Pumphut gewesen war. »Das hat uns der Martin Pumphut angetan«, rief er. Jetzt fiel es allen wie Schuppen von den Augen, und man schimpfte den alten Müller aus, der Pumphut so unfreundlich aufgenommen hatte. »Lauft ihm nach, lauft ihm nach«, riefen die Frauen, und die Müller rannten zu ihren Pferden, sattelten sie und ritten den Weg hinunter, den der Pumphut gegangen war. Bald hatten sie ihn erreicht, denn Pumphut spazierte ganz gemächlich, tat erstaunt, als er die Reiter sah, zog artig sein Hütchen und nahm auch die Einladung zu einem Schmaus in der Mühle an. Er bekam nun einen Ehrenplatz an der Tafel, und alle saßen stumm und steif um ihn herum, aber Pumphut störte es nicht. Er probierte vom Braten und Kuchen, trank ein Gläschen weißen und ein Gläschen roten Wein, schickte noch ein paar Schluck Bier hinterher und lehnte sich dann behaglich zurück. Nun sagte der Müller, daß dies eigentlich ein Radhubfest sein sollte, aber man habe gemerkt, daß die Welle zu kurz sei, ob da Pumphut vielleicht helfen könne? »Vielleicht sitzt der Kuckuck drin und hat euch die Welle zu kurz gemacht«, sagte Pumphut, nahm noch einen Schluck Bier und ging mit dem Müller und seinen Gästen vor die Tür. Er beklopfte das Rad und die Welle und sagte: »Ihr müßt wohl zuviel vom Wein und Bier getrunken haben, alles ist richtig gemessen und gezirkelt.« Die Burschen hoben die Welle mit dem Rad an, und das Wunder war geschehen, alles paßte prächtig. Bald rauschte das Wasser ins Rad, und die Müller ließen Pumphut hochleben. Wenn er später einmal an der Burkhardtsmühle vorüberkam, dann lachte er verschmitzt, sobald er das Klappern des Mühlrades vernahm und sah, wie die Müllerin eifrig herbeigelaufen kam, um ihn zum Festschmaus, den man nur für ihn richtete, einzuladen.

So mußten sich die Leute vorsehen, wenn er irgendwo auftauchte. In Wallengrün, in einem Bauernhaus, ein wenig abseits vom Dorf, klopfte es eines Mittags an der Tür. Die Familie saß am Mittagstisch, aber der Appetit war ihnen vergangen, denn an dem heißen Sommertag schwärmten die großen Schmeißfliegen aus dem Kuhstall über dem gedeckten Tisch. Pumphut wurde zum Essen gebeten, und man legte ihm einen Kloß auf den Teller, einen schönen vogtländischen Kartoffelkloß. Doch als ihn Pumphut zerteilen wollte, schwirrte er in die Luft, flog wie eine Kanonenkugel davon, brach durch die Mauer und spießte sich auf das Gehörn des Ochsen im benachbarten Stall. Alle sperrten vor Schrecken und Verwunderung den Mund auf, nur Pumphut blieb seelenruhig sitzen, nahm sich noch einen Kloß, tunkte ihn in die Brühe und aß ihn mit gutem Appetit. Nur die Fliegen ärgerten ihn. Sie schwirrten und summten, ließen sich auf seinem Teller nieder, daß er ganz gesprenkelt wurde, und Pumphut brummte ärgerlich, man solle doch das Ungeziefer zur Tür hinausjagen. »Ja, wenn das Geschmeiß nur gehen wollte«, sagte die Bäuerin. Und der Hausherr fügte ein wenig spöttisch lächelnd hinzu: »Vielleicht kann er es, Pumphut, er ist doch ein Zaubermeister«, als traue er den Fähigkeiten des Gastes nicht. Das ärgerte Pumphut, er rollte die Augen, stand vom Tisch auf, nahm sein Hütchen, wischte mit der Hand durch die Luft, und die Fliegen zogen wie ein gebändigter Bienenschwarm in den Hut, nur ein einziger dicker Fliegenbrummer drehte mit großem Schwung zum Hausherrn hinüber und surrte in dessen weitgeöffneten Mund, so daß er spucken und husten mußte. Pumphut lachte, verbeugte sich, nahm seinen gefüllten Fliegenhut und verschwand aus der Stube. Da hörte er, wie der Hausherr sagte: »Der soll mir nicht wiederkommen, den will ich samt Fliegen vom Tische vertreiben.« Pumphut blieb einen Moment stehen, er horchte, ob ihm jemand folgte, aber er hörte nur, wie sie alle über ihn spöttelten. Da warf er den Fliegenschwarm aus dem Hut in die großen Steintöpfe im kühlen Flur, die mit Milch gefüllt waren. Dann lachte er laut auf, daß es plötzlich in der Stube still wurde, rannte den Weg hinunter und war bald in den Büschen verschwunden. Aber er hörte noch, wie im Bauernhaus ein großes Geschrei anhub, als man die schwarzgesprenkelte Milch entdeckte.

So trieb Pumphut manchen Scherz im Vogtland. Auch heute gibt es dort noch Mühlen und Mühlräder, es gibt die köstlichen Klöße und leider auch Fliegen. Ob Pumphut dabei noch immer seinen Schabernack treibt, wer weiß es? Denn wer Pumphut gesehen hat und es verrät, der ist schon das nächste Opfer seiner Späße.

Die Mundarten

Wer ins Vogtland kommt, der erlebt bald, daß hier vor allem im ländlichen Bereich noch immer Mundart gesprochen wird, und er spürt auch die eigenartige Melodie dieses Dialekts. Wir haben schon davon erzählt. Neben der Lausitz sind es eben vor allem die Landschaften von Erzgebirge und Vogtland, die heute noch relativ eigenständige Mundartbereiche ausweisen. Dabei gibt es eine enge verwandtschaftliche Beziehung zwischen den erzgebirgischen und vogtländischen Mundarten, die aus der Besiedlungsgeschichte kommen. Drei Siedlerströme im 12. und 13. Jahrhundert erschlossen das von Sorben bewohnte Territorium. Aus der Oberpfalz kam eine erste Siedlungswelle bis ins südliche Vogtland, ein zweiter Siedlerzug kam aus dem Mainfränkischen, eine weitere Siedlungswelle resultiert aus dem mitteldeutschen Raum. Mit der Entstehung von politischen Verwaltungsbezirken, wie dem Vogtland, entwickelte sich auch ein sprachlich geschlossenes Gebiet. Im Verlauf der Jahrhunderte haben sich dabei im Vogtland drei größere Mundartbereiche herausgebildet. Im Süden des sächsischen Vogtlandes spricht man eine oberpfälzisch orientierte Mundart, das Südvogtländisch. Dabei ist das gerollte Zungen-R, eben jenes musikalisch anmutende Element, für diese Mundart ebenso charakteristisch wie die Doppellaute, »Kload« für Kleid oder »Spöigel« für Spiegel. Eine zweite Mundart, das Südostvogtländische, ist verwandt mit dem Westerzgebirgischen und Nordbayerischen, hier heißt es dann »Klaad« oder »Spiegel«. Schließlich gibt es die Sprachlandschaft des Vogtländischen, die ihr Zentrum in Plauen hat. Es gibt daneben noch kleinere Mundartgebiete, im thüringischen, bayerischen wie im sächsischen Vogtland. Vor allem die politischen Veränderungen in den vergangenen fünfzig Jahren, Umsiedlungen von Menschen ins Vogtland, Abgrenzung von sächsischem und bayerischem Vogtland, aber auch die modernen Kommunikationsmittel haben zur Auflösung der geschlossenen Mundartstrukturen beigetragen. Trotzdem ist die Mundart noch immer lebendig, vor allem in der Pflege der Mundartdichtung wird sie zu einem Element der heimatlichen Traditionsbeziehung.

Weihnachten

Führt auch das Vogtland nicht die Beifügung »Weihnachtsland«, wie das Erzgebirge, so wird hier das Fest mit ebenso vielfältigen Bräuchen begangen. Es ist neben der Kirmes das größte Fest im Jahresverlauf.

Die Vorbereitungen beginnen lange vorher, oftmals schon kurz nach dem »Flurfleck«, dem Ernteabschluß im Vogtland, und dauern über die Wochen. Früher stand dabei im Mittelpunkt das Ausbacken der Zuckermännel, des Weihnachtsstollens beim Bäcker, der Besuch des Weihnachtsmarktes, das Aufstellen der weihnachtlichen Figuren, die Besorgung des Christbaums, das Bekleben des Moosmannes mit neuem Material.

Zu den weihnachtlichen Gestalten gehört der »Rupperich« (Knecht Ruprecht). Im östlichen Vogtland heißt er seines furchterregenden Aussehens wegen »Kettenrupperich« oder »der Biese vun dr Winselburg«. In seiner Begleitung befindet sich das freundliche »Bornkinnel«. Beide werfen Geschenke für die Kinder durch das Fenster. Erstmals geschieht dies am Nikolaustag.

Seit dem 1. Advent steht der lichttragende Moosmann im Fenster, die eigenwillige vogtländische Weihnachtsfigur. Sie hat vor allem in der Gegend zwischen Falkenstein und Schöneck ihre Heimat. Vermutlich wurde sie von der Sagengestalt des Moosmännleins abgeleitet.

Das Kernstück des Moosmanns ist der »Bankert«, ein einfaches Holzgestell. Der Rumpf hat eingesteckte Beine und angenagelte Arme. Füße, Hände und Kopf sind meist aus Holz geschnitzt. Auch Puppenköpfe aus Porzellan werden verwendet. Der Anzug ist mit Steinmoos beklebt, das man vor dem ersten Schnee aus dem Wald holt. Es gibt auch Moosmänner völlig aus Holz geschnitzt und mit Moos beklebt. Die Moosmänner haben gewöhnlich in der einen Hand einen Stock, in der anderen tragen sie eine Kerze.

Die ältesten Moosmänner gab es in Falkenstein, sie stammen aus dem Jahre 1840. 1867 konnte man Moosmänner auf dem Markt in Reichenbach kaufen, und 1900 sind sie auch in Elsterberg bekannt. Der Platz des Moosmanns ist die Fensterbank. Er muß hinausschauen können, dann kommen keine bösen Geister ins Haus. Ihm zur Seite stehen Lichterpuppe, Lichterengel, Bergmann, Nußknacker und Räuchermann. Ihnen haben sich neuerdings Schwibbogen zugesellt, die aus dem benachbarten Erzgebirge kommen.

In den meisten Stuben steht inmitten des Paradiesgärtchens oder auf einem separaten Tischlein der Drehturm, die vogtländische Variante der Weihnachtspyramide. In der Falkensteiner Gegend baut man turmartige Häuser, versieht sie mit einem Flügelrad, das durch die aufsteigende Wärme untergestellter Kerzen die an einer drehbaren Welle befestigten Etagenteller betreibt. Auf ihnen befinden sich Figuren aus der unmittelbaren Umwelt der Schöpfer, wie Handelsleute, Förster,

Pilzsammler, Postboten. Die Figuren sind aus Pappmasse, gedrechseltem oder beschnitztem Holz.

Höhepunkt des Festes ist der Heiligabend. Am Vormittag putzt die Familie den Christbaum an, schmückt ihn mit Lametta und Zuckermännel. Ihr Backen ist im oberen Vogtland eine alte Volkskunst in der Weihnachtszeit. Sie ist vor allem aus Gunzen, Werda und Theuma bekannt und geht auf den Bäcker Salomi Günnel zurück, der um 1800 die Dorfbäckerei in Werda übernahm und »Zuckermännel« im Angebot hatte. Deshalb singen die Kinder auch

Wue kumme de schänn Männle her?
Vun Wer daun aus dr Uefenrähr ...

Andere Stadt- und Dorfbäcker folgten. Nach und nach wurden auch in den Familien Zuckermännel gebacken, die damit eine Kinderfreude bereiteten oder sich im Hausierhandel, auf Messen und Märkten, einen Nebenverdienst sicherten.

Zuckermännel sind ein kleines Bildgebäck. Der Teig besteht aus Mehl, Eiern, Wasser, Milch. Als Treibmittel dient Hirschhornsalz. Aus den Zutaten wird ein rollfähiger Teig bereitet, dünn ausgewalzt, und daraus sticht man mit dem »Firmer« Figuren aus. Das sind vom Flaschner aus Weißblech hergestellte Formen, die z. B. der Bäcker von Gunzen an die Dorfbewohner verlieh. Der Formenreichtum entstammt dem Arbeits- und Lebensbereich. Oft sind überlieferte Sinnbilder darunter, wie Vögel, Hasen, Hähne, Männel und Weibel, Schlüssel, Trompeten. Ausgebacken werden die Figuren in mehrstöckigen Öfen. Die Figuren müssen danach durchgebacken, jedoch noch von weißer Farbe sein. Die Bemalung erfolgt mit roten, grünen, seltener mit gelben Farben. Jede Familie hat dabei ihre Eigenart, mit Punkten, Strichen, Kringel, Wellenlinien das Gebäck zu verzieren. Auf manches Stück ist ein Sprüchlein geschrieben. Die Zuckermännel werden mit einem Faden versehen und als Baumbehang gemeinsam mit Äpfeln und vergoldeten Nüssen genutzt.

Für den Tag, vor allem für die am nächsten Abend beginnenden zwölf Inter- oder Unternächte, herrschen viele Gebote und Verbote, die örtlich recht verschieden sind. Einheitlich ist: Schlag 18.00 Uhr brennen alle Kerzen, und die Familie setzt sich zum gemeinsamen Essen an den Tisch. Es gibt »Neunerlei«, d. h. neun verschiedene Speisen. Sie sind in den Orten unterschiedlich: Bratwurst, Gänse-, Kaninchen-, Rinder- oder Schweinebraten. Dazu ißt man grüne Klöße, »Grügeniffte«, wie sie im Vogtland heißen. Als Zubrot gelten: Linsen, Hirsbrei, Semmelmilch, Sellerie, rote Rüben, Sauerkraut. Jede Speise hat eine symbolische Bedeutung: z. B. Klöße bringen Taler, Linsen Groschen, Hirse Kleingeld, Sauerkraut langes Stroh auf dem Acker.

Nach dem Essen kommt Knecht Ruprecht, um die Kinder zu bescheren. Er gibt seine Gaben erst frei, lösen sie die Kinder durch ein Verslein ein, wie:

A Pfaerl zon Reiten
und a Boibel zon Kleiden
und a Klingel zon Klingen
wird's Bornkinnel bringen.

Ist er gegangen, beschert sich die übrige Familie gegenseitig. In manchen Familien erfolgt das erst am anderen Morgen vor dem Mettengang. Den selbstgebackenen Weihnachtsstollen schneidet man nach der Bescherung an. Am zeitigen Morgen des Weihnachtstages besucht die Familie die Metten.

Früher hing der Christbaum wie ein Leuchter an der Decke. Man streute Stroh in die Stube in Erinnerung an den Stall von Bethlehem. Neu zu den überlieferten Bräuchen ist das Beleuchten der Fenster und der im Garten stehenden Nadelbäume gekommen, das Aufstellen von Ortspyramiden vor Rathäusern und auf Marktplätzen sowie das Weihnachtssingen.

Das liebe Vogtland – ein Bekenntnis

Grün und rot sind die Farben des Vogtlandes. Und der Herbst ist die schönste Jahreszeit in dieser Landschaft. Sicherlich, hier sprechen subjektives Empfinden, die Erfahrungen und Erlebnisse von vielen Jahren, in denen wir über den Erzgebirgskamm hinunter ins Vogtland fuhren. Und unsere Jahreszeit ist eben der Herbst. Dann wölbt sich der blaue Himmel weit über die Berge, die Sicht ist klar, und zwischen den grünen Wiesen, auf denen noch einmal Löwenzahn und Margeriten blühen, tragen die Ebereschen ihre roten Früchte. Vogtländische Vogelbeeren, überall sind sie im Frühherbst zu finden. In den Dörfern wird zur Kirmes gerüstet. Manches von den Bräuchen dieses ländlichen Erntefestes ist verlorengegangen, aber die besonderen Kirmesspeisen, die existieren noch immer, und dazu gehört der frische Pflaumenkuchen. Man freut sich, daß die Ernte reich war und gut eingebracht wurde. Auf den großen Tischen in den Bauernstuben stehen die Kannen mit dampfendem Kaffee, und der Kuchen türmt sich auf den Tellern zu Bergen, daß man fast nicht darüber hinwegschauen kann. Aber die Vogtländer haben immer Appetit. Bald sind die Kuchenberge verschwunden. Und weil es so viel gewesen ist und so gut geschmeckt hat, trinkt man zum guten Schluß einen »Vugelbeerschnaps«, damit die Verdauung funktioniert. Vielleicht geht man dann ein paar Schritte über die Felder, und man pflückt eine Dolde der roten Beeren, und wenn sie in dunklem, kräftigem Rot glänzen, so weiß eine alte Bauernregel zu berichten, wird es einen kalten Winter geben.

Grün, ja grün ist diese Landschaft. Viele Dörfer haben das Grün auch im Namen: Gopplasgrün und Helmsgrün, Irfersgrün und Remptengrün. Wenn die Statistiker richtig gezählt haben, so gibt es genau 61 Orte im Vogtland mit der Endung »grün«, und sie deuten auf fränkische Siedlungsbereiche hin. Für uns hat dieses Wort »Grün« nicht nur seine ethymologische Bedeutung, sondern es ist eine ganz sinnliche Erfahrung der Landschaft, in der das Grün der Wiesen und Wälder in vielen Variationen dominiert. Da fließen die dunklen Farbtöne der Fichtenwälder in die hellen, flirrenden Farben der Birken und Lärchen, und die Wälder gehen über in die Wiesen im kräftigen Grün des Sommers, durchwachsen von den gelben Ringen des Löwenzahn und den blauen Glockenblumen.

Hier halten wir ein, poetische Schwärmerei ist das eine, die Realität das andere. Das Vogtland ist ja keine unberührte Natur, sondern auch geschädigte Natur, das Waldsterben ist nicht zu übersehen, die einst klaren Bäche und Flüsse treiben oft schmutzig und träge dahin. Wie die Natur, so zeigen auch Städte und Dörfer noch manche Zeichen von Verfall im sächsisch-thüringischen Bereich des Vogtlandes.

Nun verändert sich dies: Neue Häuser wachsen, die Autobahn, sechsspurig, ist zur Lebensader der Landschaft geworden, an ihr nisten Gewerbe und Handel. Es zeigen sich die Probleme des Alltags. Freilich, mit ihnen läßt es sich leben, jetzt und auch künftig in den vier vogtländischen Landschaften.

III

Landwüst

Natur, wie zieht mich, mit grüner Schlinge
Das Blühen an, das Lodern
Des Winds auf den kahlen Kuppen
Und die Harten halten mich, die verbohrten
Kirschbäume, auf den Schiefern!
Aber ich geh
In die Wälder, wo sie am dichtesten sind
Auf die gelassene Erde
Und seh sie gedreht und gewendet
Von Hand, und der Hang menschlich
Bestanden mit grüner Erfahrung …

Volker Braun

Das Vogtlandlexikon

Ein Lexikon der Städte, Gemeinden, Landschaften, Persönlichkeiten, des Brauchtums und der Volkskunde.

Adorf mit den Ortsteilen Arnsgrün, Freiberg, Jugelsburg und Remtengrün. Die Industriestadt (Teppiche, Textilwaren, Musikinstrumentenbau) liegt am Nordrand des Elstergebirges, direkt am Zusammenfluß von Schwarzbach und Weißer Elster. – Der untere Teil der Stadt mit dem Bahnhof breitet sich in der Talaue der beiden Flußläufe aus, der obere, etwa 30 m höher, auf einer Talterrasse. Die Höhenlage des Ortes ist um 450 m ü. NN. – Die Siedlung wurde gegen 1200 von Bauern aus der Oberpfalz gegründet. Der vermutlich älteste Siedlungsteil auf der Adorfer Flur ist »Die Mehlthau« an der Weißen Elster. In einer Urkunde von 1318 heißt es »Heinrich der Ältere, Vogt von Plauen, und sein Sohn ... geben die Güter zu Mehltheuer bei ihrer Stadt Adorf ... der Kirche zu Adorf ...« Über den Ursprung des Namens gibt es keine schriftlichen Zeugnisse. – Adorf wird erstmals 1290 genannt als »opitum«, 1328 heißt es »Ahdorf« und 1388 wird von »Czeideler de Ardorffe« berichtet. Der Name ist wahrscheinlich von »ahe« abgeleitet, was soviel heißt wie »Fluß, Wasser«, damit »Ansiedlung am Fluß, Wasser«. – Nach Überlieferungen soll Adorf ursprünglich »Haag-« oder »Haindorf« geheißen haben, woraus nach erzgeb.-vogtl. Sprachgebrauch »Ha-dorf«, »Adorf« geworden sein soll. Tatsächlich entwickelte sich die Siedlung aus Hadorf, das ursprünglich aus zwei, den Familien von Thoß und von Gößnitz gehörenden Rittergütern bestand. 1357 wird die Siedlung Veste genannt und geht aus der Hand der Vögte von Plauen in die der Markgrafen von Meißen über, um dann ab 1569 endgültig dem sächsischen Herrscherhaus zuzugehören. Das Stadtwappen bekundet die frühe Zugehörigkeit zum Bereich der Plauener Vögte: Im schwarzen Schild der goldene Löwe mit herausragender roter Zunge und roten Wehren. Die Stadt war für die Vögte wichtig, weil sie an der von Süden her über das Elstergebirge führenden Handelsstraße lag. 1477 erteilt der Landesherr den Befehl zum Bau einer Stadtummauerung. Nach 65 Jahren Bauzeit wurde sie 1542 fertiggestellt (Modell mit Stadtmauer im Heimatmuseum). – Adorf blieb über die Jahrhunderte hinweg ein Ackerbürgerstädtchen. Neben der gewerblichen Tätigkeit bildete die Landwirtschaft die Lebensgrundlage. Seit dem 19. Jh. hat sich der Musikinstrumentenbau entwickelt. Die Orgelherstellung ist seit 1625 nachweisbar. Ab 1734 wird sie vom »kunsterfahrenen Orgelbaumeister und musikalischen Instrumentenmacher« Johann Paulus Trampel in der Werkstatt am unteren Markt betrieben. Über drei Generationen hinweg, bis 1832, wird die barocke Orgelbaukunst durch die Familie *Trampeli* gepflegt. Die Stadtkirche Sankt Michaelis war zur Reformationszeit die nördlichste Pfarre vom Bistum Regensburg. An der Stelle des heutigen Kirchenbaus stand die 1263 vom Vogt Heinrich von Plauen, dem »Oberhofrichter«, gegründete Kirche. Sie wurde beim Stadtbrand von 1768 vernichtet, die neue, hier 1788 erbaute Kirche fiel 1904 einem Essenbrand zum Opfer. Die jetzige Kirche entstand unter Verwendung erhaltener Reste nach Plänen von Alfred Müller, Leipzig, im Barockstil. Sie wurde 1906 eingeweiht.

Blick auf Adorf

– Das Freiburger Tor, ein breitgelagerter Bau mit Fachwerkobergeschoß, hat einen mittelalterlichen Kern und wurde nach dem Stadtbrand von 1768 erneuert. Es war einer der Zugänge der alten Stadtmauer. Weitere Reste der Stadtbefestigung befinden sich an der Nordseite der alten Stadt. Hinter der Apotheke gibt es die Reste eines Rundturms. – In den Räumen des Freiberger Tors ist das Heimatmuseum untergebracht. In der Tordurchfahrt befindet sich eine gußeiserne Grabplatte aus dem Jahre 1663 für den Herrn von Tettau. – Am Marktplatz stehen Bürgerhäuser aus dem 17. und 18. Jh. – Eine Goethetafel erinnert daran, daß Johann Wolfgang von Goethe auf seiner Reise von Weimar in die böhmischen Bäder vom 3. zum 4. Juni 1795 im alten Posthaus übernachtete. Ins Tagebuch schreibt er unter dem 3. Juni 1795:

»Abends in Adorf im Posthaus. Bei verschiedenen Mädchen bemerkte ich eine wunderliche Bildung der Nase, sie ist spitz unterwärts gezogen und vor den Läppchen eingedrückt ...« – Im Norden der Stadt liegt die Begräbniskapelle Sankt Johannis aus dem 12. oder 13. Jh. 1858 wurde sie erneuert unter Beibehaltung der mittelalterlichen Grundmauern, 1984 innen renoviert. Die Westpforte mit dem Stabwerk stammt aus dem Jahre 1498. Im Innenraum befinden sich Reste eines barocken Altars. – Südlich der Stadt liegt der Ortsteil Jugelsburg, ein ehemaliger Gutsweiler. 1483 heißt es »vff der Gugelsperg«, 1491 »auf der Gugelsburg«. Der Name ist abgeleitet von »Gugel«, was in der Ortsnamensgebung heißt »Hügel, Berg, Erhebung«, somit »Burganlage auf einer Erhebung«. – Seit 1582 ist die Ansiedlung nach Adorf eingepfarrt. – Der Ortsteil Arnsgrün liegt südwestlich der Stadt, Freiberg nordwestlich, Remtengrün an der Schönlinder Straße in Richtung Norden. – Das ehemalige Stadttor ist das einzige Bauwerk der mittelalterlichen Stadtbefestigung und vollständig erhalten.
Auskunft: Fremdenverkehrsamt Adorf, Freiberger Tor, 08626 Adorf, Tel./Fax 03 74 23/22 47
Hotels u. a. *Landhaus Adorf,* Elserstr. 142, Tel. 03 74 23/25 60
Hotel *»Zur Staffel«*, Hohe Str. 2, Tel. 03 74 23/31 46

Altmannsgrün, siehe Treuen

Apitzsch, Paul Vogtländischer Heimatforscher und -schriftsteller. Geboren am 12. November 1873 in Pegau. Nach Schulentlassung Besuch des Lehrerseminars in Auerbach. 1894 Junglehrer in Oelsnitz. Er fand im Südvogtland seine Wahlheimat. Beschäftigung mit vogtländischer Geschichte. Hielt Vorträge, publizierte in Zeitungen, Zeitschriften und Kalendern. 1919 wurde er Oberwegemeister des Verbandes vogtländischer Gebirgsvereine. Fünf Jahre später, 1924, schrieb er das bedeutendste Heimat- und Wanderbuch »Wo auf hohen Tannenspitzen«, das bereits nach einem Jahr erneut aufgelegt werden konnte und 1932 sowie 1941 zu einem gesamtvogtländischen Wanderbuch erweitert wurde. Apitzsch starb am 13. Dezember 1949 in Oelsnitz. – Im Röhrholz bei Oelsnitz wurde ihm zu Ehren ein Aussichtspunkt »Paul-Apitzsch-Blick« genannt.

Arnoldsgrün Die kleine von der Landwirtschaft geprägte Gemeinde liegt südwestlich von Schöneck in einer verkehrsarmen, ruhigen Gegend. Zu ihr gehört der Ortsteil Korna. Insgesamt zählt sie 320 Einwohner. – Erstmals taucht die Siedlung in den Urkunden im Jahre 1301 als »Arnsgrun« auf. 1533 heißt sie »Arnatzgrun« und seit 1791 ist außer »Arnsgrun« vor allem und endgültig »Arnoldsgrün« üblich. Das ist die Bezeichnung für eine »Rodesiedlung eines Arnold«. – Um den Ort gibt es verschiedene Erhebungen. Es sind im Westen der Steinpöhl 554 m, im Norden die Spitzleithe 552 m, im Osten der Plattenstein 665 m und im Süden der Harzberg 556 m ü. NN. Sie geben der Landschaft einen abwechslungsreichen Charakter. Das Dorf wird von landwirtschaftlich genutzten Flächen umgeben, die Waldbestände einrahmen. – In der Dorfkirche von 1833 befinden sich Reste eines um 1500 entstandenen Schnitzaltars aus einer Hofer Werkstatt. Dargestellt wird Maria mit dem Kind und Anna Selbdritt. – Der Ortsteil Korna liegt nordostwärts der Hauptgemeinde, eingebettet in das Tal des Görnitzbachs. Bis zu seiner Mündung in die Weiße Elster südostwärts von Oelsnitz durchfließt er das Neunmühlental. An ihm befinden sich u. a. die Spitzmühle, Kornmühle und die Zahnmühle. Korna ist urkundlich seit 1224 bekannt, da wird ein »(Cunrado) de Cornowe« genannt. – Im Ort gibt es ein kleines Freibad mit Umkleidekabinen, Grillplatz und Freitanzdiele. – In Arnoldsgrün wird jedes Jahr die erste Kirmes im Vogtland gefeiert, sieben Wochen nach Ostern. – Es stehen einzelne Privatquartiere zur Verfügung. – Auskunft über den Ort erteilt die Gemeindeverwaltung.

Auerbach, Stadt mit den Ortsteilen Brunn, Hinterhain, Rempesgrün, Mühlgrün, Sorga, ostwärts von Plauen gelegen, breitet sich im Göltzschtal aus und an dessen Hängen in 462–554 m ü. NN. Vor allem ost- und südostwärts ist sie von Wald umgeben. – Urkundlich wird Auerbach erstmals 1274/1282 als »Urbach« erwähnt. 1311 wird ein Vasall seiner Vögte, ein Ullrico von Auerbach genannt, der seinen Namen dem Ort entlehnte. Seit 1402 ist »Auerbach« gebräuchlich. Abgeleitet wird der Ortsname vom mittelhochdeutschen »ur«, »Auerochse«. Der Ort ist älter, als seine erste urkundliche Erwähnung vermuten läßt. – Zu Füßen einer wohl im 13. Jh. erbauten Burg entwickelte sich im Sorbium eine die Wohnsiedlung. 1282 wird ein Conradus de Urbach als Burgherr nachgewiesen. Die Talspornburg lag am Rande des Dobnagaues mit rundem Bergfried. Später ist die Rede vom »castrum Urbach«. Mitte des 13. Jh. wurde die Stadt gitterförmig angelegt. Lediglich die Hanglage beeinträchtigte die Planmäßigkeit. Dabei entstand ein großer rechteckiger Marktplatz. Unter den ersten Herren von Auerbach wird die Eversteinsche Herrschaft Dobenau genannt. 1357 vertauschte Heinrich der Lange einige in den Herrschaften Plauen und Voigtsberg gelegene Ortschaften an den Markgrafen von Meißen, jedoch behielt er sich die Anwartschaft auf Auerbach vor. Nach Ewald Rannacher wird der Ort 1338 erstmals als Stadt erwähnt (nach anderen Quellen 1402). Denn Heinrich der Biedere verkaufte sie in diesem Jahr an den Markgrafen Wilhelm. So kam Auerbach in markgräflich-meißnische Hände. 1548–1569 wird es nochmals reußisch, danach bleibt es meißnisch. Die Burggrafen von Dohna, von Wolffersdorf, Kunz von Hermannsgrün auf Treuen, Hans von der Planitz, seit 1522 mit dem Prädikat »Edler« versehen, wechseln einander ab. Nachkommen von ihm waren dann bis 1864 in teilweisem Besitz der Rittergüter Auerbach, Göltzsch sowie Hohengrün, Rützengrün und Sorga. 1579–1581 verkaufte ein Edler von der Planitz »der Schulden halber« die ausgedehnten Waldungen an den Kurfürsten August. – Jahrhundertelang hatte Auerbach als einzige Stadt des Ostvogtlandes Stadtmauer und Stadttorhäuser. Davon ist heute nichts mehr erhalten. Im Verlauf der Geschichte verwüsteten acht große Brände nahezu alle historischen Zeugen. Im 14. Jh. setzte um die Stadt ein reger Bergbau ein. Seit dem Jahre 1505 war Auerbach Bergstadt, 1543 sogar Sitz eines Bergamtes. Obwohl der Bergbau über 200 Jahre währte, kam es zu keinen bedeutsamen Erträgen. Hammerwerke und Hüttenbetriebe arbeiteten als bergbauliche Nachfolge. Auch die in der Stadtnähe betriebene Goldwäscherei (Goldbächel) blieb bei bescheidener Ausbeute. Durch die ausgedehnten Vogtlandswälder war Auerbach bis zum 19. Jh. ein wichtiger Umschlagplatz des aus dem Harz gewonnenen Pechs *(Picher)*. Deshalb hatte Auerbach auch den Beinamen »Pechstadt«. – Ab Mitte des 16. Jh. kam die Handweberei in die Stadt, gegen Ende des 18. Jh. das Stickereiwesen und im 18. Jh. die Maschinenstickerei.

An der Ostseite des Altmarktes entstand 1834 an Stelle eines älteren Baus die Stadtkirche St. Laurentius. Die neugotische Saalkirche wurde 1876 und 1953 erneuert. Sie hat zweigeschossige umlaufende Emporen. Der barocke, aus Freiberg stammende Altar wurde 1953 zu einem freistehenden Kanzelaltar umgebaut. – An der Rodewischer Straße befindet sich die Nikolaikirche. Die Spitalkirche von 1530 wurde 1608, 1791, 1867 und 1892 erneuert. Nach der gegenwärtigen Restaurierung ist ihre Nutzung als Kunsthalle vorgesehen. Der Altar (nicht mehr vorhanden) stammte von dem Zwönitzer Meister Gottfried Ullrich. – Ostwärts der Stadt gibt es Reste der ehemaligen Burg. Erhalten ist der untere Teil des mittelalterlichen runden Turms auf dem freiliegenden gewachsenen Felsen. Die ursprüngliche Anlage

Winterlicher Aschberg

wurde mehrere Male zerstört, dadurch ist der Turm mit vernichtet worden. 1909 setzte man auf den Rest des unteren Teils bei einer Mauerstärke von 3,75 m den über 47 m hohen Rundturm auf. Mit seinem typisch roten Dach ist er zusammen mit der Laurentiuskirche und der katholischen Kirche das Wahrzeichen der Stadt. – Im Gebäude der Stadt- und Kreisbibliothek ist eine Heimatstube eingerichtet (Modell der Burg, Bilder aus der Stadtgeschichte, Beiträge zur industriellen Entwicklung). – Im südlichen Teil des Stadtparkes, nahe einer Wegekreuzung, stehen vier seit 1963 denkmalgeschützte *Steinkreuze* aus Granit. Sie wurden von einem anderen Ort nach hier versetzt. – Westwärts der Stadt, an der Plauenschen Straße, befindet sich der 571 m hohe Bendelstein, eine Diabasbrücke. Von ihm aus hat man einen schönen Überblick über Stadt und Umgebung. – Im südwärts der Stadt liegenden Ortsteil Rempesgrün gibt es mehrere *Umgebindehäuser*. Die Siedlung besteht seit 1437, da hieß sie »Rentswissgrune«, 1450 wird sie »Rempelßgrune« und 1460 »Villa Rempesgrün« genannt. Das heißt soviel wie »Rodesiedlung eines Renzwig«. – Im Ortsteil Brunn, ostwärts der Stadt, befindet sich ein vielbesuchtes Waldbad. An den Hängen des Göltzschtales gibt es gute Wintersportmöglichkeiten.

Auskunft: Fremdenverkehrsamt, Schloßstr. 10,
08209 Auerbach, Tel. 0 37 44/8 14 50, Fax 0 37 44/8 14 37
Hotel u. a. *Hotel Auerbach*, F.-Ebert-Str. 38,
08209 Auerbach, T. 0 37 44/8 09 01

Bad Brambach *Staatlich anerkannter Kurort* südlich von Adorf. Zu ihm gehören die Ortsteile Oberbrambach, Rohrbach, Feldpöhl, Hammer, Röthenbach und Hohendorf. Der Badeort selbst liegt ca. 560 m hoch im flach eingesenkten muldenartigen Talzug des Röthenbaches. Er entspringt im nahen Elstergebirge und entwässert in die Ohre (Tschechien). Bis zur Staatsgrenze des Nachbarlandes sind es wenige Kilometer. Urkundlich wird Brambach erstmals genannt 1154 als »Brantbuch« und 1373 als »Brantpach«. Seit 1791 ist »Brambach, Unter Brambach« im Gebrauch. Das heißt soviel wie »Ort bei der Brandbuche«. Dabei wird bei der Deutung eher an Waldbrand gedacht als an eine durch Brand geschaffene Rodefläche. Geologisch befindet sich der Ort in der Zwischenzone zwischen Phylliten und Glimmerschiefern. Die Nähe von Basalt und Granit schafft die Voraussetzung für die Mineralquelle mit ihren Mineralsalzen und der gelösten Kohlensäure. Das für die Trink- und Badekuren verwendete Wasser ist stark radioaktiv. – Hervorgegangen ist der Ort aus einem kleinen Feudalsitz. In der Urkunde von 1154 wird ein »Egilwart von Brantbuch« erwähnt mit dem Hinweis auf eine »Siedlung im ausgebrannten Buchenholz«.

Der damaligen Herrschaft gehörten einige der umliegenden Dörfer an. Zur Landwirtschaft, die von den Bewohnern betrieben wurde, kam im 17. Jh. Handweberei, Handstrumpfweberei und Musikinstrumentenherstellung. Im Ort gab es besonders viele Bogenmacher. 1930, als Brambach längst Bad war, arbeiteten davon noch 70. – Obwohl die Mineralquellen seit langer Zeit bekannt waren und von den Einheimischen genutzt wurden, kam es erst 1812 zu einer chemischen Untersuchung. Jedoch wurde daraus keine Nachnutzung abgeleitet. Bei einer erneuten Analyse im Jahre 1912 begann der Kurbetrieb. Oberhalb des Ortes entstanden erste Häuser zum späteren Kurviertel. Heute werden für Trinkkuren die »Wettinquelle«, »Schillerquelle« und »Eisenquelle« verwendet. Das Wasser der Oberen Grenzquelle, Unteren Grenzquelle und Wiesenquelle wird zu Badezwekken genutzt. Bad Brambachs Quellen zählen zu den stärksten Radonquellen der Welt. Exakt bezeichnet heißen sie »Radioaktive eisenhaltige Natrium-Calcium-Hydrogen-Carbonat-Sulfat-Säuerlinge«. In Bad Brambach werden Erkrankungen des Muskel- und Skelettsystems, der Haut und des Bindegewebes behandelt. Für Trinkkuren wird das Mineralwasser auf Flaschen abgefüllt und von Bad Brambach und Oberbrambach aus verschickt. – Die Pfarrkirche von 1844/46 verfügt über einen schönen barocken Altar mit der Darstellung der Kreuzigung im Mittelteil. Sehenswert sind die Grabplatten für einen von Schierding aus dem Jahre 1629 und für den Pfarrer J. Schwarze aus der Zeit um 1700, auf der das Relief des Verstorbenen zu sehen ist.

Nordwestlich des Ortes, auf der Höhe von Oberbrambach, steht ein seit 1963 denkmalgeschütztes *Steinkreuz.* Von ihm heißt es u. a., hier sei 1542 ein fremder Kaufmann mit seiner Tochter ermordet worden. Erst nach Jahren sei die Untat gesühnt worden. Das Steinkreuz erinnere daran. Gleich daneben steht ein ebenfalls denkmalgeschützter *Griebenherd.* – Der Ortsteil Oberbrambach liegt nördlich der Hauptgemeinde. Die nahen Erhebungen sind der Hengstberg mit 632 m ü. NN und der Galgenberg, 638 m hoch. – Erstmals in den Urkunden taucht die Siedlung auf im Jahre 1468 mit »(Dörffer) Öbern (vnd Nidern) Prambach«. 1545 wird von »Brambach das obere« gesprochen und seit 1820 durchweg von »Ober Brambach«.

Bad Brambach verfügt über zahlreiche Kureinrichtungen, gepflegte Parkanlagen, markierte Wanderwege, ein Freibad, eine Festhalle, eine Heimatstube und ein Kurorchester. In der Umgebung gibt es gute Wintersportmöglichkeiten.
Hotels, Pensionen, Ferienhäuser u. a.:
Hotel u. Gasthof *»Stadt Dresden«*, Tel. 03 74 38/2 02 61
Pension *»Bergfrieden«*, Tel. 03 74 38/2 02 48
Pension und Gaststätte *»Kurschänke«*,
Tel. 03 74 38/2 28 89, Fax 03 74 38/2 83 89
Ferienhaus *»Edelweiß«*, Tel. 03 74 38/2 05 65
Jugendherberge Röthenbach, Tel. 03 74 38/2 05 41
Informationen:
Kurverwaltung Sächs. Staatsbäder GmbH, Zimmernachweis, Tel. 03 74 38/8 82 60, Fax 03 74 38/8 83 17
Gästeinformation, Zimmernachweis,
Tel. 03 74 38/2 24 22

Elster, Bad Kreis Oelsnitz (Vogtl.), bekanntestes und größtes Heilbad des sächsischen Vogtlandes mit ca. 3000 Einwohnern. Im gesamten Kurbadbereich ist der Kraftfahrzeugverkehr verboten (Parkplätze am Ortseingang). Mit der Eisenbahn ist Bad Elster Station an der 1864/65 erbauten Strecke Oelsnitz-Eger (Cheb). Der Bahnhof liegt ca. 2 km außerhalb des Zentrums.

Bad Elster liegt in einer Talmulde der Weißen Elster und erstreckt sich in die Täler von Kessel- und Bärenlohbach, es gehört zum Vorland des Elstergebirges. Höhenlage von 470 Meter bis 530 Meter ü. NN. Günstige klimatische Bedingungen durch Waldreichtum und Kessellage.

Erstmals wird die Ansiedlung unter dem Namen Elstere und Elstir 1378 urkundlich erwähnt. Elster hatte ursprünglich die Gestalt eines Waldhufendorfes. Ein Rittergut, gelegen wohl im Bereich des heutigen Rosengartens, gehörte der Herrschaft von Asch-Neuberg. Es wird eine Anlage mit frühdeutschem Erdturm und wassergefülltem Ringgraben vermutet. Der Ausdehnung des Dorfes waren Grenzen gesetzt durch die umliegenden Moor- und Sumpfflächen. Erst im 19. Jahrhundert gewinnt die Ansiedlung durch die Nutzung der Mineralquellen an Bedeutung. Schon 1538 erfolgte eine erste Untersuchung der Quellen, 1669 gibt der Plauener Stadt-Medicus Georg Leisner ausführlich Auskunft über die Elsterer Quellen: »Der Brunnen an sich selbsten quellet ein schönes helles und durchscheinendes Wasser / mit lieblichen Zischen geht über / und läuffet durch ein Canal über die Wiese in die Elster. Es ist ein gut Räscher / und wegen der subtilen mineralien / so er bey sich führet / ein lieblicher Säuerling ...« Leisner ließ auch den Brunnen unterhalb des Dorfes erstmals fassen. Seit 1851 trägt der Elstersäuerling den Namen Mortizquelle – nach dem wettinischen Herzog Moritz von Sachsen-Zeitz. Seit 1818 wird das Wasser zu Badekuren genutzt. 1849 wird Bad Elster zum sächsischen Staatsbad erklärt. Nunmehr beginnt auch der Bau von Trinkhallen, Straßen und Promenaden, die das Dorf in einen Kurort verwandeln. 1888/90 entsteht das Kurhaus, 1913/14 das Kurtheater. Das Quellenhaus der Marienquelle, 1954/56 erneuert, faßt weitere Quellen mit starkem Kohlensäuregehalt. Entdeckung des sogenannten Neubrunnens 1923. Waren es 1848 nur 129 Kurgäste, so stieg die Zahl drei Jahrzehnte später, 1880, schon auf über 5000. In besten Zeiten kamen jährlich mehr als 25 000 Kurpatienten nach Bad Elster. Bei den für Trink- und Badekuren genutzten Quellen handelt es sich um sogenannte Natrium-Chlorid-Hydrogenkarbonat-Säuerlinge, sie sind auf den im Oberen Vogtland auftretenden Basaltvulkanismus zurückzuführen.

Zentrum von Bad Elster, das seit 1935 Stadtrecht hat, ist der Badeplatz mit seinen Bauten, dem Brunnentempel der Marienquelle. Sehenswert auch die neugotische Pfarrkirche St. Trinitatis mit spätgotischen Schnitzfiguren. Eine Heimatstube im Südflügel des Kurhauses informiert über die Geschichte des Bades. An der Kirchstraße findet sich eine Halbmeilensäule. Östlich des Bades liegt der 610 m hohe Brunnenberg mit der Schwedenschanze, die 1632 Wallenstein den Zugang zu Elster

Elsterquelle in Bad Elster

versperren sollte. Eine Blockhütte erinnert auf der Cotta-Terrasse an das Wirken des sächsischen Oberforstmeisters Heinrich August von Cotta (1829–1892), der von 1879–1891 die Oberforstmeisterei Auerbach leitete, zu der das 1872 geschaffene Staatsforstrevier Kister gehörte.

Zu Bad Elster gehören die Ortsteile *Reuth* und Obersohl, es sind Gründungen böhmischer Exulanten, die hier nach dem Dreißigjährigen Krieg Zuflucht fanden. Auskunft: Kurverwaltung.

Barthel, Friedrich ein Vogtländischer Volkskundler, Sprachforscher und Mundartschriftsteller. Geboren am 30. August 1903 in Falkenstein. Sohn eines Dachdeckermeisters. Er wuchs in einer kinderreichen Familie heran. Nach Besuch des Lehrerseminars Auerbach war er Hilfslehrer in Rebesgrün und Poppengrün. Von 1927 bis 1932 Studium der Germanistik an der Universität Leipzig. Promovierte 1932. Von 1934 bis 1939 war er Lehrer in Poppengrün, danach an der Oberschule in Auerbach. Nach Kriegsende Dachdecker, Berufsschullehrer, danach, bis zum Ruhestand, Lehrer an der Erweiterten Oberschule Auerbach. Von ihm gibt es über 300 wissenschaftliche oder mundartliche Veröffentlichungen. Nach 1960 gab er vier vogtländische Anthologien heraus und arbeitete an der Anthologie »Stimmen der Heimat« mit. Von ihm stammen die Erzählbände »Erdepfelblumme« (1967) und »Bunte Fischle« (1972). Er verfaßte 1949 das »Zuckermännlelied«.

Becker, Karl Reinhold Geigenvirtuose, Komponist, Chorleiter. Geboren am 11. Aug. 1842 in Adorf als fünftes von acht Kindern. Nach dem Tode des Vaters 1848 erzog ein Dresdener Onkel den Jungen. In dieser Zeit erlernte er das Geigenspiel, gab zehnjährig sein erstes Konzert. Die weitere musikalische Ausbildung ab 1860 in Pau (Südfrankreich). Dort übernahm er von 1862–1870 die Leitung eines mit Erfolg auftretenden Streichquartetts. Vertonte erste Lieder. Als 1871 an der linken Hand ein schweres Leiden auftrat, war er gezwungen, seine Laufbahn als Virtuose zu beenden. Er ging nach Dresden zurück, verdiente ab 1872 seinen Lebensunterhalt als Korrepititor. Vertonung von Liedern. Schrieb Kompositionen, die in der Fachwelt Anerkennung fanden. Becker wurde Liedermeister der Dresdener »Liedertafel«. Hier wirkten schon Richard Wagner und Robert Schumann. Er übte dieses Amt von 1884–1894 aus. Zahlreiche Auftritte in Deutschland, der Schweiz, in Italien. 1890 Verheiratung. Die nächsten Jahre waren die schaffensreichsten seines Lebens. Vertonte weitere Lieder, schrieb Instrumentalmusiken, zwei Opern. Er starb im Alter von 82 Jahren am 4. Dez. 1924 in Dresden. – Von ihm gibt es etwa 300 Vertonungen von Liedern, darunter Mosens »Trompeter an der Katzbach«, mehrere Sinfonien, sinfonische Dichtungen, Geigen- und Klavierkonzerte. Er wurde in vielen musikalischen Vereinigungen Ehrenmitglied und für seine Verdienste mit dem Professorentitel geehrt (Gedenktafel am Geburtshaus in *Adorf*).

Beerheide mit den Ortsteilen Hauptbrunn und Hohengrün. Gehört zur Stadt Auerbach, 600–680 m Höhenlage. 5 km südostwärts von Auerbach inmitten von Fichtenwäldern. 800 Einwohner. – Erstmals wurde die Ansiedlung erwähnt in einem Kaufbrief des Hanns George Edler von der Planitz auf Auerbach, in dem von »Innwohnern zu Bayreuth« die Rede ist, 1602 heißt sie »Pehrreutt«, 1641 »zur Beerheid«. Das bedeutet soviel wie »Waldblöße, ein Streifen gerodeter Wald« oder »Ort in einem an Beeren reichen Waldgebiet«. Der Ortsteil Hohengrün wurde 1411 erstmals urkundlich erwähnt, Hauptbrunn 1542. Das Gebiet liegt auf dem vogtl.-westerzgebirgischen Grenzkamm, das bis 1764 zum Besitz des Rittergutes Hohengrün gehörte. Erste Bewohner des in der 2. Hälfte des 16. Jh. gerodeten Waldlandes waren

Altes Sühne-Steinkreuz

in einer Streusiedlung wohnende Picher, Köhler und Flößer. Da die Bodenerträge gering blieben, verdienten die Frauen dazu durch Klöppeln. Das geschlagene Holz wurde bis 1870 in dem eigens dafür angelegten Floßgraben zu Tale gebracht, das gewonnene Harz nach Auerbach zum Umschlag geliefert. Am Röthelstein, der bis ins 16. Jh. auch »Eisenstein« hieß, Bergbau auf Eisenstein. Ausbringung im Tal der Roten Göltzsch verhüttet. Zeugnisse ehemaligen Bergbaus in Ortsnähe, wenig erkennbar. Im 19. Jh. Broterwerb durch Schiffchenstickerei. – Naturdenkmal Röthelstein südwestlich vom Ort, Eisenschieferton. Von ihm aus schöner Blick, vor allem in das Göltzschtal. – 3 km südostwärts in Wald eingebettet »Vogtlandsee«, auch »Moorteich«. Zu erreichen auf Waldwegen. – Naturbühne am Röthelstein. – Skihang mit Skilift. – Ausleihe von Sportgeräten.
Pensionen, Ferienhäuser, Ferienwohnungen u. a.:
»Waldhaus«, Pension/Appartements,
Tel. u. Fax 0 37 44/21 32 08
Pension *»Kapp«*, Tel. 0 37 44/21 21 37
Ferienhaus *Wolfgang Seidel*, Tel. 0 37 44/21 32 36
Ferienwohnung *Christiane Schneider*,
Tel. u. Fax 0 37 44/21 67 12

Information:
Gemeindeverwaltung, Fremdenverkehr,
08209 Beerheide, Tel. 0 37 44/21 30 86,
Fax 0 37 44/21 36 77

Berg Kreis Hof. Seit 1978 Großgemeinde aus 13 Dörfern und 34 Ortsteilen. Knapp 3000 Einwohner. Flächenmäßig größte, jedoch dünnbesiedelte Wohngemeinde des Landkreises mit den Dörfern: Bruck, Bug, Eisenbühl, Gottmannsgrün, Hadermannsgrün, Rothleithen, Rudolphstein, Schnarchenreuth und Tiefengrün. Etwa 10 km nordwestlich von Hof. Als zentrale Ortschaft seit Jahrhunderten Mittelpunkt des »Berger Winkels«. Früher kulturelles Zentrum des bayrischen Vogtlandes. – Älteste bekannte Urkunde über Berg aus dem Jahre 1322, ein Schreiben an das Spital Berg über die Aussetzung eines Kirchenverbotes. Durch häufigen Wechsel unterschiedlicher Einflußgebiete vogtl. Adels gab es mehrfach veränderte Herrschaftsverhältnisse. Haupterwerbszweig der Bevölkerung bis ins Spätmittelalter war die Landwirtschaft. Vom 15. bis Mitte 19. Jh. Bergbau auf Magneteisenstein, Kupfererz, Braun- und Spateisenstein, Uralit, Zinnstein und Dachschiefer. – Heute Textilindustrie, Steinbruchbetriebe, Mikroelektronik. – Sehenswert Pfarrkirche St. Jakobus d. Ä. aus dem Jahre 1320. Ehemalige Wehrkirche. Kulturhistorisches Bauwerk. In die Befestigungsmauer eingeschlossen: Pfarrhof, Kaplanwohnung, Jakobusspital zur Aufnahme durchreisender Pilger. Nach Norden gerichteter Torturm mit rundbogiger Durchfahrt, dreigeschossig, mit Walmdach. Eingeschlossen Bauelemente des 14. Jh., Erweiterungsbau 1908/09. – Innenraum 1965 restauriert. Altar von Johann Nikolaus Knoll aus dem Jahre 1715. Die Kanzel schuf sein Sohn Wolfgang 1742. Prospekt des Orgelwerkes von den Hoforgelbauern Graichen und Ritter aus dem Jahre 1744. – Durch das Gemeindegebiet, unmittelbar entlang der Saale, führt ein großer Abschnitt der Panoramastraße. – Schöne Wanderwege in die Umgebung.
Hotels, Pensionen, u. a.: *Gutshof Rudolphstein,* Hotel garni, Tel. 0 92 93/2 63, Fax 0 92 93/70 35
Gasthaus, Pension, Metzgerei *»Zur Traube«*,
Tel. 0 92 93/2 36, Fax 0 92 93/13 94
Ferienhof Erzengel, Ferien auf dem Bauernhof,
Tel. 0 92 93/364
Jugend- und Wanderheim Berg/Rothleiten,
Tel. 0 92 93/13 50, Fax 0 92 93/4 95 13
Information und Zimmernachweis:
Gemeindeverwaltung 95180 Berg, Tel. 0 92 93/94 30,
Fax 0 92 93/9 43 22

Bergen westlich von Falkenstein. Eine durch Kleinindustrie geprägte Wohngemeinde im Bergener-Schreiersgrüner Granitbecken, etwa 460 m ü. NN. – Bei Metzner (1898): »(Bergen) zeichnet sich durch seine malerische Lage aus ...«. – 1267 wird der Ort erstmals erwähnt als »Villa Bergen«, 1418 heißt er »Pergen« und 1438 erstmals »Bergen«. Das bedeutet soviel wie »Ort in den Bergen«. – Im Norden liegt der Harzberg mit 541 m ü. NN, im Süden befindet sich Hoher Reuth mit 630 m ü. NN. Der Ort selbst eingebettet in der Niederung an der Trieb. – Die Kirche in der Ortsmitte hat eine beherrschende Lage. Mit einem stattlichen Turm versehen. Sie ist im Kern spätgotisch, wurde 1870 umfassend erneuert. Der Altar in der jetzigen Form stammt aus dem Jahre 1923. Im Altaraufsatz drei spätgotische Schnitzereien. – Im Ort einzelne *Umgebindehäuser* (Nr. 15, 43, 58, 80). – Als Bergener Granit wird ein großes Granitgebiet benannt, das sich über Bergen, Trieb, Oberlauterbach bis nach Schreiersgrün hinzieht. Der Granit wird als Baustein gebrochen. Die lehmfreien Verwitterungssande ergeben Zuschlagstoffe für Beton.
Hotels, Privatvermieter u. a.:
Hotel Marienstein, Tel. 03 74 63/81 12,
Fax 03 74 63/81 13
Privatvermieter *Wolfgang Fischer*
Tel. u. Fax 03 74 63/8 83 65
Information:
Gemeindeverwaltung 08308 Bergen,
Tel. 03 74 63/8 82 01, Fax 03 74 63/81 20

Bickel, Theodor Industrieller. Geboren am 30. Jan. 1837 in Erlangen. Sohn eines Kaufmanns. Erlernte den Kaufmannsberuf. Kam 1860 als Handlungsgehilfe nach Plauen und wurde 1871 nach Einheirat Teilhaber der renommierten Firma Franz August Mammen. Absatzschwierigkeiten zwangen nach neuen technischen Methoden und modischen Erzeugnissen zu suchen. Durch eine unter Bickel stehende Arbeitsgemeinschaft gelang es 1880 erstmals, glatten Tüll ohne Unterlage zu besticken. Das neue Erzeugnis gelangte zunächst unter der Bezeichnung »Dentelles de Saxe« auf den Markt. Später kam es als »Plauener Spitze« zu Weltgeltung. Bickel starb am 5. April 1903 in Meran (Tirol).

Bobenneukirchen Zur Landgemeinde gehören die Ortsteile Pfaffenberg, Engelhardtsgrün, Zettlarsgrün und Burkhardtsgrün. Sie liegt südwestlich der Kreisstadt. In den Urkunden wird der Ort erstmals genannt 1296 mit »zu Baben Nuenkirchen«. 1572 heißt er in den Unterlagen »zcu Nuwenkirchen in dem Dorfe«. Seit

1640 ist u. a. auch »Bobenneukirchen« im Gebrauch. – Bobenneukirchen hat eine verkehrsruhige Lage. Es wird vom Schafbach durchflossen und ist westlich dem Waldgebiet Untertriebeler Forst vorgelagert mit dem 573 m hohen Pfaffenberg. Der Ort liegt am Gemeindeberg 524 m ü. NN. Der Kieselberg ist 534 m hoch. Nahe dem Ort befindet sich die Feilebachtalsperre. – Die Dorfkirche mit dem Turm im Südwesten liegt schön, in erhöhter Lage in der Ortsmitte. Sie ist ein Barockbau von 1706/07. Der reich gestaltete Kanzelaltar stammt von dem Hofer Meister Johann Nikolaus Knoll. Außen, an der Südseite der Kirche, befindet sich eine Grabplatte für den Herrn von Reitzenstein von 1546. Im Garten des ehemaligen Rittergutes gibt es Reste einer Wasserburg.
Information:
Gemeindeverwaltung, 08606 Bobenneukirchen

Breitenfeld Zur Dorfgemeinde gehört der Ortsteil Bernitzgrün. Lage ostwärts von Adorf. Bis nach Markneukirchen sind es 3 km. Das ursprüngliche Bauerndorf wurde im Verlauf der Zeit zur Arbeiterwohnsiedlung für Einpendler nach Markneukirchen. Sie liegt am Fuße der Schönecker Stufe in etwa 500 m Höhe und ist eingebettet in die flache Quellmulde des Hauleithenbachs. – Urkundlich erwähnt wird er erstmals 1378 als »Breytenvelt«. 1542 heißt er »Brayttenfeldt«. Und seit 1791 ist »Breitenfeld« die amtliche Bezeichnung. Die Bezeichnung heißt soviel wie »Ort am breiten, weiten Feld«. – Der Ortsteil Bernitzgrün schließt sich südwärts an die Hauptgemeinde an, in einem Seitentälchen liegend. Gegründet wurde Bernitzgrün als Waldhufendorf. Seine erste urkundliche Erwähnung erfolgte 1378 als »Bernhartsgrune«, was auf die »Rodesiedlung eines Bernhard« hinweist. Zwischen 1378 und 1466 war sie wüst und entstand neu im 16. Jh., nun allerdings als Streulage, begründet von Frönern der Schäferei des Rittergutes Breitenfeld. – Breitenfeld hat sich zu einer Feriengemeinde entwickelt. Hervorzuheben ist seine ruhige, verkehrsarme Lage. Seit 1971 steht ein 1800 qm großes Waldbad zur Verfügung. – Auskunft Gemeindeverwaltung.

Brunn Kleine ländliche Gemeinde und Wohnsiedlung nordostwärts, 280 Einwohner. – Erstmals wird der Ort urkundlich erwähnt 1367 als »Brunne«. 1533 wird er »Brun« genannt, 1791 »Brunn bey Reichenbach«. – Ging aus einer Art Gutsweiler hervor. Dem kleinen Rittergut um 1500 wurden während des Dreißigjährigen Krieges drei Güter zugeschlagen. Um das ehemalige Rittergut herum Tagelöhnerhäuser. Drei davon in fast ursprünglicher Form erhalten an der Flurstraße. Sonst ist die ursprüngliche Anlage durch Zubauten verwischt. – Auskunft: Gemeindeverwaltung.

Brockau mit dem Ortsteil Dungersgrün. Brockau liegt 1,5 km westlich von Netzschkau. Der Ort befindet sich am Fuße des Kuhberges, an der Nordabgrenzung des *Landschaftsschutzgebietes Kuhberg-Steinicht,* in hochflächenartiger Landschaft. – Brockau ist eine slawische Gründung. Die erste urkundliche Erwähnung erfolgte 1366 als »Broca«. 1460 heißt die Siedlung »Prockaw« und seit 1791 »Brockau«. Der Ortsname könnte abgeleitet sein vom urslawischen »brokt«, was soviel wie »purpurrot« oder »Färberröte« bedeutet. – Der Ortsteil Dungersgrün wird in älteren Unterlagen »Thungergrün« genannt. Die Ortsbezeichnung stammt vom Besitzer des größten Flurstücks, lediglich mit -grün versehen. Dungersgrün ist das jüngste Siedlungsgebilde des Kreises Reichenbach am nordwestlichen Stadtrand von Netzschkau gelegen. Es entstand um 1890. Aus früherer Zeit sind lediglich zwei Höfe bekannt mit hofanschließenden Waldhufen, am Oberlauf des Stoppbachs. Der Wasserlauf entspringt etwa 1,5 km oberhalb am sog. Stänker, an der Verwerfungslinie von Oberdevon, Kambrium und Kulm.
Übernachtungs- und Ferienunterkünfte u. a.:
Siehe Netzschkau
Information: Gemeindeverwaltung, 08491 Brockau

Burgk, Schloß Kreis Schleiz. Bedeutende Schloßanlage an der Saale, am Rande des thüringischen Vogtlandes. Mit dem Fahrzeug erreichbar über die Autobahn 9, Abfahrt Schleiz oder über die Fernverkehrsstraße 2 Hof-Schleiz. Weiterfahrt auf schmaler, kurvenreicher Nebenstraße durch einen Teil des 1200 ha umfassenden Burgker Forstes über Möschlitz. Der Ortsbereich Burgk ist für Fahrzeugverkehr gesperrt (Parkplatz am Ortseingang und am Saalestauwehr im Tal). Bahnstation ist Möschlitz an der Strecke Schleiz-Saalburg.

Burgk liegt auf einem steil abfallenden Felsen, der an einem Stauwehr von der Saale in weit ausgreifendem Bogen umflossen wird. Erste urkundliche Erwähnung

1356 als »hus dy Borg«. Die Vögte von Gera, die aus dem Geschlecht der Vögte von Weida hervorgegangen sind, haben vermutlich die erste Burg errichtet, die aber schon 1403 wieder abgebrochen wurde. Noch im gleichen Jahr Beginn des Neubaus einer spätgotischen Anlage mit Palas, Kapelle, Bergfried und Wallgräben. In den kommenden Jahrhunderten vielfach wechselnde Besitzer. Unter Heinrich II., dem Gründer des ersten Hauses Burgk, erhält das Schloß bis 1630 im wesentlichen seine heutige Gestalt mit Nord- und Ostflügel, Schloßkirche an der Wehrmauer, der rote Turm bekommt seine barocke Haube, ebenfalls barocke Ausgestaltung der Schloßkapelle und der Prunkzimmer. 1742/43 wird von Gottfried Silbermann in die Kapelle eine Orgel eingebaut. 1751 entstehen die Rokokostuckdecken des Kleinen Saals und in den sogenannten »Weißen Zimmern«. 1918 wird Schloß Burgk Privatbesitz der Fürsten von Reuß, ältere Linie. Hermine, die nach dem Tode Heinrich XXIV. Mitbesitzer des Schlosses wird, seit 1922 mit dem deutschen Exkaiser Wilhelm II. verheiratet, besuchte Schloß Burgk bis 1944 jährlich, sie wohnte dann in den »Weißen Zimmern«.

Seit 1945 ist Schloß Burgk Museum. Vor allem seit 1980 umfassende Restaurierungsarbeiten im Inneren und Äußeren. In Schloß Burgk befindet sich heute eine große Exlibris-Sammlung mit ca. 30000 Exemplaren. Museumsbibliothek mit bedeutenden Beständen zur Regionalgeschichte. 1982 wurde die Silbermann-Orgel grundlegend restauriert, seither öffentliche Orgelkonzerte und Sommer-Serenaden.

Burgstein Kernstück des *Landschaftsschutzgebietes Burgsteinlandschaft.* Auf felsiger Anhöhe zwischen Krebes und Ruderitz. Zwei gotische unter Denkmalschutz stehende Kirchenruinen. Nahe vorbei verlief 1122 die Grenze zwischen dem Dobnagau und dem Regnitzland. Die alte Straße von Bamberg und Kulmbach durch die Münchberger Senke und Hof zog vorüber nach Plauen. An der Grenze der Bistümer Bamberg und Naumburg, zu regem Wallfahrtsort geworden bis zur Reformation. Seit der 1. Hälfte des 16. Jh. dem Verfall preisgegeben. 1479 urkundliche Erwähnung »zcum Bruckstein«, 1506 »Purkstein«. Das ist die Umdeutung des Gemäuers einer ehemaligen Wallfahrtskirche zu einer Burg, also »Mauerwerk von einer Burg herrührend«. Heute Überreste zweier Kapellen. Die westliche unmittelbar auf Felsboden erbaut. Ältester Teil, das unregelmäßige, turmähnliche Schiff. Könnte ursprünglich ein Wartturm gewesen sein. Die südliche Zugangspforte 3 m hoch über dem Boden. Dreiseitig geschlossenen Chor mit Strebepfeilern ohne Verzahnung mit dem Schiff. Spitzbogiger Triumphbogen wohl aus dem 14. Jh. – Ostwärtige Kapelle etwas tiefer liegend. Umfassungsmauern erhalten. Rechteckiges Schiff mit eingezogenem dreiseitig geschlossenen Chor. Eckpfeiler wie bei der westlichen Kapelle, lassen Wölbung erkennen. Das Bauwerk vermutlich im 14. Jh. entstanden. – In diesem Gebiet holte sich der Spätromantiker Hermann Vogel die Anregungen zu seinen Illustrationen.

Burgsteinlandschaft (Landschaftsschutzgebiet). Landschaftsschutzgebiet seit 1968. Erholungslandschaft in 355–611 m ü. NN, ohne Industrie, land- und forstwirtschaftlich genutzt, 2808 ha groß. Mit den Gemeinden und Fluren von Steins, Schwand, Geilsdorf, Gutenfürst, Krebes, Ruderitz und Schwarzenreuth. – Nur der ostwärtige Teil zugängig mit dem Ortsteil Pirk der Gemeinde Großzöbern und der Gemeinde Geilsdorf, ostwärts der Straße Neumühle – Geilsdorf – Weischlitz. Die Südgrenze des Gebietes bildet die Autobahn Hof-Dresden. – Typische mittelvogtländische Kuppenlandschaft mit bewegtem Relief, Bergrücken und »Pöhle«. Innerhalb des Gebietes ansehnliche Felsklippen und Steilwände. Größere Blockfelder und tiefe Taleinschnitte mit ebenen Talböden. Anzutreffen eine Paläozoische Gesteinsserie, die von Ost nach West Diabase, unterkarbonische Schiefer und Grauwacken hervorbringt. Durchflossen wird die Landschaft vom Kemnitzbach mit seinen verschiedenen Quellbächen. Der Westrand des Gebietes gilt als Wasserscheide zwischen Saale und Elster. Innerhalb der Landschaft »Pöhle« mit naturnahem Laubmischwald. Reh-, Rot- und Schwarzwild, einige Arten von Greifvögeln. – Im Landschaftsschutzgebiet Naturschutzgebiet »Brauhauspöhl« eine typische Diabaskuppe. – Naturschutzgebiet »Unteres Kemnitztal« mit Restbeständen natürlichen Laubmischwaldes am linken klippenreichen Diabassteilhang. – Naturdenkmal »Mineralquelle« bei der Neumühle im Kemnitztal. – Burgstein, zwei Kirchenruinen, die dem Landschaftsschutzgebiet den Namen gaben.

Christgrün, siehe Ruppertsgrün

Coschütz, siehe Elsterberg

Dittes, Friedrich Pädagoge und Fachschriftsteller des 19. Jahrhunderts. Geboren am 23. September 1829 in Irfersgrün. Wirkte als Lehrer in Thalheim (Erzgeb.), Reichenbach, Plauen, Leipzig, Cheinnitz, als Leiter der Lehrerausbildungsstätte in Gotha und von 1868–1881 als

Chiquita

A
Plauen
1726

Direktor des Pädagogiums in Wien. Von 1873–1879 war er Mitglied des Abgeordnetenhauses des österreichischen Reichsrates. Bedeutender Vertreter von Pestalozzis Pädagogik. Veröffentlichte wissenschaftliche Standardwerke, wie »Grundriß der Erziehung und des Unterrichts« (Leipzig, 1871). Er erwarb sich Verdienste um die Förderung des Landschulwesens und des kooperativen Zusammenschlusses der deutschen und österreichischen Lehrerschaft. Gestorben am 15. Mai 1896 in Wien. In Irfersgrün Denkmal, Gedenktafel an seinem Geburtshaus.

Dix, Otto Geboren 2. 12. 1891 in Gera-Untermhaus, gestorben 24. 7. 1969 in Singen. Dix, dessen Vater Eisengußformer war, machte zunächst eine Lehre als Dekorationsmaler, ehe er 1909 an die Kunstgewerbeschule in Dresden kam. Sein Werk, beeinflußt durch die Kunst der alten Meister und den deutschen Expressionismus, ist thematisch gekennzeichnet durch eine lebenslange Auseinandersetzung mit einer seiner Grunderfahrungen, dem Erlebnis des ersten Weltkrieges. Sein umfangreiches, eigenwilliges graphisches und malerisches Werk gehört heute zu den bedeutenden deutschen Kunstleistungen unseres Jahrhunderts. Sein Geburtshaus am Mohrenplatz in Gera-Untermhaus wurde 1991 als Museum und Galerie nach originalgetreuer Rekonstruktion eröffnet. Die Kunstgalerie Gera besitzt Gemälde und ca. 190 Grafiken des Künstlers.

Dorfform Siedlungsgeschichte, Geländeausformung, geographische Lage und Bodenbeschaffenheit sind Ursachen der Herausbildung bestimmter Dorfformen. Im Verlauf der Geschichte ergaben sich oft Übergänge, reine Dorfformen sind selten. Im Vogtland: Rundling, Reihendorf und Streusiedlung mit Abwandlungen. – Rundling: Gehöfte liegen dicht nebeneinander um einen runden oder hufeisenförmigen Platz mit ursprünglich schmalem Zugang. In der Dorfmitte häufig Teich, Dorfbrunnen, Kirche. Hinter den Höfen Gras- und Baumgärten. Sie verbreitern sich keilförmig, aus der Vogelperspektive wirken sie wie ein aufgeschlagener Fächer. Dem Ursprung nach in reinster Form im Zentrum des slawischen Siedlungsgebietes um Plauen, auch im mittelvogtländischen Hügelland, sobald der Boden von devonischen Tonschiefern gebildet wird. Rundlinge kommen vor bis zum westvogtländischen Höhenrücken. – Abwandlung: Gutsweiler. Typisch für den slawischen Siedlungsbereich. Kern ist ein mehr oder weniger großes Gut (Rittergut), um das sich regellos Häuser gruppieren, meist von Gutsarbeitern. – Reihendorf im Vogtland meist als Zweireihendorf ausgebildet. Das Waldhufendorf herrscht vor. Eng aneinandergedrängte Gehöfte liegen zu beiden Seiten von Dorfbach, der Straße. Ähnelt einem langen schmalen Platz, der jedoch breit genug ist, daß auf beiden Seiten vor den Gehöften Wege entlangführen können, die sich am Dorfende vereinigen. Meist in der Mitte durch Brücke oder Querweg verbunden. Hinter den tiefen, schmalen Höfen liegen die Gärten. Vor allem im Nordostvogtland. – Davon abgewandelt das Angerdorf. Es steht in Verbindung mit den Feldbreitfluren der Nordwestausläufer des Vogtlandes. Zwei lockere Häuserreihen bestehen aus uneinheitlich voneinander entfernten Anwesen. Gewöhnlich in der Dorfmitte Teich, Platz, Kirche. Diese Fläche auflassend, rücken die Häuser zum Dorfende zu wieder eng aneinander. – Als Streusiedlung vor allem jüngere Dörfer im südostwärtigen Walddistrikt ausgebildet. Häuser planlos über die Fläche verteilt. Meist kleine Hofstellen, die sich den Geländegegebenheiten anpassen. – Das Haufendorf am Südausläufer des Vogtlandes: Wohnstätten liegen formlos beieinander, jedoch auf bestimmten Platz zusammengedrängt und nicht über eine weite Fläche verstreut.

Döhlau Kreis Hof. Mit den Ortsteilen Kautendorf und der Hofer Stadtrandgemeinde Tauperlitz. Südlich der Kreisstadt. Vom Nonnenbach in westlicher Richtung durchflossen, der ortsnahe in die Saale mündet. Wahrzeichen der Wohngemeinde: Kirche und altes Schloß. Ostwärts von Döhlau der 546 m hohe Schloßberg, in Richtung Oberkotzau, der Kotzauer Berg, 573 m ü. NN. – Sehenswert das in der Ortsmitte liegende Schloß. Urkundlich erstmals erwähnt 1390, damals eine Wasserburg mit zwei Vorwerken. – Pfarrkirche zu Döhlau mit einem Kanzelaltar von Nikolaus Knoll (1667–1735), einem Hofer Meister, außerdem Ortskirche von Kautendorf. – Ortsteil Kautendorf in ostwärtiger Richtung, Tauperlitz nordostwärts. – Naherholungsgebiet »Quellitzsee«, ca. 220 000 qm groß, davon 50 000 qm Wasserfläche. – Vielseitige Erholungs- und Sportmöglichkeiten.
Information:
Gemeindeverwaltung, 95182 Döhlau, Tel. 0 92 86/94 40, Fax 0 92 86/76 46

Dörffel, Georg Samuel Bedeutender vogtländischer Astronom, geboren am 11. Oktober 1643 in Plauen, gestorben am 6. August 1688 in Weida. Der Sohn des Rektors der Plauener Stadtschule, der Vater wurde ein Jahr nach der Geburt von Georg Samuel Dörffel zum Landdiakon berufen, begann schon als Fünfzehnjähriger ein Theologiestudium in Leipzig, 1662 kam er nach Jena, wo er durch den Mathematiker Erhard Weigel und wohl auch durch eine nicht ganz exakt belegte Freundschaft mit Leibniz, der ebenfalls dort studierte, in seinen naturwissenschaftlichen Neigungen bestärkt wurde. Dörffel wählte für seine Magisterarbeit ein physikalisch-mathematisches Thema, nach Abschluß des Theologiestudiums kehrte er nach Plauen zurück und wurde 1672 der Nachfolger seines Vaters als Landdiakon. 1684 Berufung als Superintendent nach Weida.

Dörffel leistete seine naturwissenschaftlichen Forschungen unter außerordentlich schwierigen Bedingungen: Jährlich waren ihm mehr als hundert Predigten in zwei Dorfkirchen aufgetragen, er mußte Acker bestellen, hatte er doch neun Kinder aus zwei Ehen zu ernähren. Dazu kam die unzureichende Ausrüstung für seine astronomischen Forschungen, ein »gar unrein und übel gemachtes« Fernrohr, die Beobachtungen aus einer Dachluke wurden durch den Turm der Stadtkirche behindert. Er besaß kaum Meßgeräte, all das muß man berücksichtigen, wenn man die Ergebnisse seiner Arbeit bewertet.

Wichtigste Entdeckung Dörffels aus seinen neun veröffentlichten astronomischen Publikationen ist die Erkenntnis, neun Jahre vor Newtons Publikation, daß sich Kometen in einer Parabelbahn bewegen. Dörffel gelang auch die Erstbeschreibung des später berühmt gewordenen Halleyschen Kometen. Nach Dörffel wurde schon 1791 ein Mondgebirge benannt. Heute tragen seinen Namen eine Straße in seiner Geburtsstadt Plauen wie auch die dortige Schulsternwarte.

Dreher Der schnelle Tanz wird gewöhnlich den Vogtländern zugeschrieben. Man macht zwei oder vier Schrittbewegungen in einem Takt, im ersten Viertel eine links mit halber Rechtsdrehung, im zweiten Viertel eine rechts mit einer halben Rechtsdrehung. Die Tänzerin führt dabei gegengleiche Schritte aus. Während des Tanzes wiederholen sich die Tanzfiguren in gleicher Weise. Man singt dazu:

Hans bleib do!
Mer waß net wie is Watter werd!
Hans bleib do!
Mer waß net wie dos werd!

Alle Schritte des Volldrehers übt man auf dem Fußballen mit geringer, weicher Federung in den Knien aus. Eine Abart ist der Halbdreher, bei dem halb gedreht und halb gerutscht wird, und der mehr hüpfende »Schreiter«.

Drehturm Auch Drehhaus, Drehperemett. Weihnachtsvolkskunst des oberen Vogtlandes. In der Falkensteiner Gegend baut man turmartige Häuser, versieht sie mit einem Flügelrad, das durch die aufsteigende Wärme untergestellter Kerzen die an einer drehbaren Welle befestigten Etagenteller betreibt. Auf ihnen befinden sich Figuren aus der unmittelbaren Umwelt der Schöpfer, wie Handelsleute, Förster, Pilzsammler, Postboten. Figuren sind aus Pappmasse, gedrechseltem oder beschnitztem Holz. Vorbilder zum Drehturm sind Rathäuser, Kirchen, Türme. Daher der Name. Roßner (1860): »Alle Weihnachtssachen wurden hergesucht, und neu vorgerichtet, so der Drehturm, oder die Pyramide ... Der Drehturm, Kirche mit Turm, stand in einem Paradiesgarten ... Durch den Kirchturm ging eine Welle mit Scheiben und Figuren darauf. Über der Turmspitze war oben auf der Welle ein Flügelrad angebracht.« Typische vogtländische Ausprägung der im Erzgebirge üblichen Weihnachtspyramide. Später wurde der Name allerdings auf alle Vierstabpyramiden übertragen.

Dreiländereck 4 Kilometer ostwärts von *Regnitzlosau* im schwach geneigten Wiesental vereinigen sich der aus Böhmen herzufließende Zinnbach mit dem aus Sachsen kommenden Wolfs- oder Schwammbach. Von da an bilden sie den Regnitzbach, nach Bayern fließend, der bei Hof in die Saale mündet. Beim Zusammenfluß der Bäche, nahe von »Kaiserhammer«, hinter der Unteren Mühle das Dreiländereck. Aufeinandertreffen der Grenzen der ehemaligen Königreiche Sachsen, Böhmen und Bayern. Von diesem Punkt erzählt die Sage: Vor Zeiten kamen hier die Könige von Böhmen, Bayern und Sachsen zusammen. Jeder saß auf königlichem Gestühl im eigenen Land. Nachdem sie beraten hatten, ließ sich jeder Herrscher mit den Spezialitäten seines Landes bewirten. Dem Sachsenkönig wurde Sauerbraten mit grünen Klößen gebracht und Blümchenkaffee gereicht. Der Böhmenkönig aß »Backhändln« mit Hefewickel und genoß dazu Moldauwein. Und Bayerns Landeshaupt tat sich an Geselchtem mit Leberknödel und Kraut zum Maß mit Bier ergötzen.

Droßdorf mit den Ortsteilen Altmannsgrün, Obermarxgrün, Juchhöh, Schloditz. Dörfliche Siedlungen mit ausgeprägter Landwirtschaft. Nordostwärts von Oelsnitz. In 470–500 m Höhenlage am Oberlauf eines kleinen Baches, der zum Hainbach entwässert.

Droßdorf wird erstmals erwähnt im Jahre 1267, da heißt die Ansiedlung »Drosansdorf«, 1378 ist von »Drosinsdorff« die Rede und 1441 von »Drossendorf«. Die

Ortsbezeichnung wurde wahrscheinlich abgeleitet von dem slawisch-deutschen Mischnamen »Drozan«. –

Vom Ortsteil Altmannsgrün heißt es 1228 »zue Altmannsgrune«, 1378 »Altmangrune«, 1457 »Oltmanßgrune«. Der Ortsname bedeutet soviel wie »Rodesiedlung eines Altmanns«. – Beide Siedlungen hatten früher Gelängefluren. Ihrem Ursprung nach sind sie Platzdörfer. – Westlich der Ortslage der Steinpöhl mit 516 m ü. NN. Dahinter in Richtung Autobahnausfahrt Plauen-Süd Alter Berg mit 524 m ü. NN. – 500 m nordwestlich Steinbruch mit geologisch interessantem Gesteinsprofil: Vorkommen von Grapholithe-Schiefer, Wavellit, Variscit, Quarz, Rauchquarz. – Bahndamm der stillgelegten Eisenbahnlinie Oelsnitz – Lottengrün mit botanischen Seltenheiten.
Übernachtungs- und Ferienquartiere u. a.:
siehe Oelsnitz
Information:
Gemeindeverwaltung, 08606 Droßdorf

Dröda Bäuerliche Gemeinde 395–415 m ü. NN, im Tal des Feilebachs. Urkundlich wird der Ort erstmals erwähnt 1328 mit »zur der Ode«, ca. 1420/40 heißt er »zu Drode« und ab 1590 »Dröda«. Abgeleitet wird der Name vom mittelhochdeutschen »oede«, was soviel heißt wie »Ort in einem unbebauten, unbewohnten Grund«. – Ursprünglich Platzdorf mit einer den Waldhufen ähnlichen Block- und Streifenflur. Etwa 3 km oberhalb der Mündung des Feilebaches in die Weiße Elster, nahe dem Hohen Kulm mit 515 m ü. NN. Der Ort angelegt beiderseits des Feilebachs und gegenüber dem ehemaligen Rittergut entlang der Straße nach Pirk und Bösenbrunn. – Im Garten des ehemaligen Rittergutes Überreste einer mittelalterlichen Wasserburg. Im ummauerten Turmhügel ist ein mittelalterliches Tonnengewölbe erhalten. Der einstige Graben verfüllt, nur noch an der Südseite erkennbar, jedoch durch die Anlage eines Teiches stark verändert. – Die ursprüngliche Dorfkirche von 1456 brannte 1885 ab. Die danach errichtete ist ein neugotischer Bau mit einem Schiff, ausgeführt nach Plänen von Christian Gottfried Schramm, Dresden. – Südlich des Ortes Talsperre Dröda-Feilebach. Trinkwassertalsperre für die Bevölkerung des Raumes Plauen. Erbaut von 1966–1971. Sperrmauer, eine Gewichtsstaumauer aus Beton, 400 m lang, 40 m hoch, gegründet auf vogtl. Urtonschiefer. Mit 17 Mill. m^3 Stauinhalt größte Trinkwassertalsperre des Vogtlandes.
Übernachtungs- und Ferienunterkünfte u. a.:
siehe Oelsnitz oder Plauen
Information: Gemeindeverwaltung, 08606 Dröda

Duden, Konrad Geboren am 3. 1. 1829 in Bossigt bei Wesen, gestorben am 1. 8. 1911 in Sonnenberg bei Wiesbaden. Von 1869 bis 1876 war er Direktor des Gymnasiums Rutheneum in Schleiz. Hier entstand auch sein Werk »Die deutsche Rechtschreibung«, das 1872 als der sogenannte »Schleizer Duden« erschien. Mit ihm und mit seinem Werk »Orthographisches Wörterbuch« (1880) schuf er wesentliche Grundlagen für die 1901 eingeführte deutsche Einheitsrechtschreibung. Seit 1915 wird das Werk »Duden« genannt. Am alten Gymnasium in Schleiz findet sich eine Tafel, die an das Wirken dieses bedeutenden deutschen Philologen erinnert: »Hier lehrte 1869–1876 Dr. Konrad Duden. 1872 vollendete er in diesem Haus sein Werk ›Die deutsche Rechtschreibung‹«.

Ebmath Die kleine, 130 Einwohner zählende Dorfgemeinde liegt in etwa 550 m Höhenlage nordwestlich von Adorf im grenznahen Gebiet zu Tschechien. Wiesen und Felder, die das Dorf umgeben, werden von Wald umrahmt. Nördlich des Dorfes liegt der 628 m hohe Bubenstock, ca. 350 m darunter ist die Quelle des Triebelbaches. Urkundlich wird der Ort erstmals erwähnt im Jahre 1378 mit »Ebnote«, 1467 heißt er »Villa Emendt«. Ab 1543 taucht neben anderen Begriffen auch »Ebmath« auf. Die Ortsbezeichnung ist abgeleitet vom althochdeutschen »ebenoti«, das bedeutet soviel wie »Ebene«, damit »Ort in einem ebenen Gelände«. – Der Wolfsbach, gleichzeitig Grenzbach zu Tschechien, beherbergt ein Vorkommen *Flußperlmuscheln* von ca. 2000–2500 Stück. Deshalb ist das Gebiet zum Flächennaturschutzdenkmal erklärt worden. Es wurden umfangreiche Maßnahmen eingeleitet, um die vom Aussterben bedrohten Tiere zu erhalten. – Ebmath liegt in ruhiger Verkehrslage und dicht am Waldgebiet Untertriebeler Forst mit schönen Wanderwegen.
Übernachtungs- und Ferienquartiere u. a.:
siehe Adorf
Information: Gemeindeverwaltung, 08626 Ebmath

Eich Gehört heute zu Treuen. 2 km nordostwärts von Treuen, ca. 450 m ü. NN. 700 Einwohner. – Der Ort wird urkundlich erstmals erwähnt im Jahre 1460 als »Villa Eich«, 1533 »eych« und ab 1793 wird er allgemein »Eich« genannt. Das heißt soviel wie »Ort an einer großen, auffälligen Eiche«. – Im Ort befindet sich seit 1795 die einzige industriemäßige Pechsiederei Sachsens. Sie löste die Pechgewinnung im Griebenherd ab. Ostwärts des Ortes, in Richtung Rodewisch, am Weg zwei Griebenherde. – Von Buch (Ortsteil der Stadt Treuen) schöner Blick in Richtung Treuen.

Pechherstellung in Eich

Übernachtungs- und Ferienunterkünfte u. a.:
siehe Treuen
Information: Gemeindeverwaltung, 08233 Eich

Eichigt mit den Ortsteilen Untereichigt und Bergen. Der kleine dörfliche Ort liegt südlich von Oelsnitz am Oberlauf des Locherbaches, in ca. 500 m Höhe. Urkundlich wird Obereichigt erstmals erwähnt 1378 mit »Eychich«. 1758 heißt der Ort »Meichlig«, ab 1793 »Ober Eichigt«. Abgeleitet wird die Bezeichnung vom mittelhochdeutschen »eichach«, was soviel wie »Eichenwald« heißt, also »Ort am oder im Eichenwald«. – Der Hauptteil der Anwesen liegt auf der linken Talseite. Neben kleinen Häuslerwohnhäusern gibt es mehrere eingeschossig gemauerte Blockhäuser mit *Umgebinde* an der Stirnseite. Im unteren Ortsteil liegt der ummauerte Friedhof am Berghang. Zugängig ist er durch einen schindelbedeckten Rundbogen. – Hier befindet sich die wahrscheinlich aus einer Wehrkirche hervorgegangene Kirche St. Katharina. Sie gehörte einst zu den sog. *»Streitpfarreien«*. Im Kern ist die Kirche spätromanisch. Der Chor stammt aus dem 14. Jh., das Langhaus von 1545. – An der Decke im Chor befinden sich bäuerliche Darstellungen der Sonntagsevangelien. Sie stammen vermutlich aus dem 18. Jh. Der Säulenaltar von 1514 hat ein Kreuzigungsbild. Die Kanzel ist mit den gemalten Evangelisten von 1693 geschmückt. – Die Körnerlinde erinnert an den Aufenthalt des Dichters Theodor Körner im Juni 1813 im benachbarten Pfarrhaus. – Der Ortsteil Untereichigt liegt 1 km ostwärts. 1304 wurde er bekannt unter »villam dictam Loch«. 1542 ist von »Die Wuestunge im Loch« die Rede und ab 1804 von »Unter Eichigt« (heißt auch die »Lochgüter«). Dem Ort ging eine als wüst bezeichnete Siedlung voran, gelegen an einer verborgenen Stelle. Ihre Flur wurde 1542 an die umliegenden Dörfer aufgeteilt. Gegen Ende des 16. Jh. erfolgte die Neusiedlung in Streulage. – Der Ortsteil Bergen in südostwärtiger Richtung ist urkundlich seit 1328 bekannt. Gedeutet wird der Name mit »Ort in den Bergen«. Er liegt an der Quellmulde des Tetterweinbachs, nordwestlich des 606 m hohen Pöhls. Gegründet wurde Bergen als Waldhufendorf. Im Ort gibt es Vierseithöfe. Das Anwesen Nr. 1 hat ein klassizistisches Portal und Oberlichtfenster aus dem Jahre 1825. Das Wohnhaus Gehöft Nr. 15 ist mit eingeschossigem *Umgebinde* versehen, vor holzverschalter Blockstube. – Pensionen und Ferienwohnungen u. a.:
Pension *Huster,* Tel. 03 74 30/52 41, Fax 03 74 30/52 41
Ferienwohnung, *Paier,* Tel. 03 74 30/2 07 81
Urlaub auf dem Bauernhof, Tel. 03 74 30/56 60,
Fax 03 74 30/56 61
Information: Gemeindeverwaltung 07338 Eichicht

Ellefeld – Der Ort wurde erstmals urkundlich erwähnt 1459 mit »Ellefelt«, 1460 »Eylsfelt«, seit 1579 mit »Elefeld«. Das könnte die Ableitung sein vom althochdeutschen »erita«, »elira«, was soviel heißt wie »unfruchtbarer Wiesenanger« oder die Umdeutung von »Ort oder Feld bei den Erlen«, auch »Ellenbogenfeld«. Als Waldhufendorf angelegt. Im 15. Jh. im Herrschaftsbereich der von Trützschler. An der Mündung der Roten Göltzsch entsteht 1460 mit einem Vorwerk ein Hammerwerk und 1469 das Ellefelder Rittergut zwischen Mühlberg und Juchhöh. Durch Erbschaft wird es später geteilt. Es entsteht 1710 als Herrenhaus des Rittergutes das »obere Schloß« und 1734 als Herrenhaus des Hammergutes das »untere Schloß«. Seit 1582 Bergbau auf Roteisenstein (deshalb Rote Göltzsch). Von 1753–1828 gibt es eine Messinghütte, eine zweite von 1793–1831, von 1785–1811 eine Drahthütte und eine andere von 1754–1855, allesamt an der Roten oder Weißen Göltzsch. Das Hammergut ist von 1625–1750 nachweisbar. – Der wesentlich durch das Stickereiwesen geprägte Ort (auch Textil-, Nahrungsmittel- und Maschinenbaubetriebe) stellt die übergangslose Verbindung von Auerbach und Falkenstein her und ist ein Teil einer 20 km langen Siedlungs-

kette, die von Rodewisch bis Grünbach reicht. Im Ort mündet die von Süden kommende Rote Göltzsch, nachdem sie vorher den Lochbach aufnahm, in die Weiße Göltzsch. – Südostwärts vom Ort der Stallmeisterberg mit 651 m ü. NN. – Ortsteil Hohofen weist auf die alte Hochofenanlage des Messingwerkes hin. – Freibad, Indoor Kart-Center (Hallen-Rennbahn) Sehenswert unseres Schloßes. – Auskunft: Gemeindeverwaltung
Hotels, Pensionen u. a.:
Hotel *»Ellefelder Hof«*, Tel. 0 37 45/7 81 50,
Fax 0 37 45/52 40
Pension *»Bahnschlöß'l«*, Tel. 0 37 45/54 329,
Fax 0 37 45/7 39 40
Informationen: Gemeindeverwaltung Ellefeld,
Tel. 0 37 45/53 56, Fax 0 37 45/53 78

Elsterberg von Greiz. Kleinstadt, 5 km südwestlich, mit den Stadtteilen Noßwitz, Görschnitz, Coschütz, Kleingera und Cunsdorf. Mit dem durch die Industrie geprägten Ort beginnt das Landschaftsschutzgebiet »Steinicht«. Überragt wird die Stadt von der Ruine einer im 13. Jahrhundert begründeten Befestigungsanlage. Sie wird von der von Plauen herkommenden Weißen Elster haarnadelförmig umflossen. Leupold schreibt 1869: »Elsterberg liegt überraschend schön; wie wirksam ist seine Burgruine, eine der größten Sachsens!«

Erwähnt wird Elsterberg erstmals 1198 mit »(Rayero) de Elsterberg«. 1216 wird ein »(Albertus) von Elsterberg« genannt und 1451 ein »(Gunter von Bunaw) zcu Elsterberg«. Gedeutet wird der Ortsname mit »an einem an der Elster liegenden Berg«. Der Name bezog sich anfänglich auf die Elsterburg der Lobdeburger. Um die unterhalb des Schlosses gegründete Kirche des »Heiligen Laurentius« entwickelte sich ein Suburbium, anfangs als Markt, das vor 1354 eine regelmäßig angelegte Stadt wurde.

Vermutlicher Ursprung im Fränkischen Wachturm, später im Besitz des Grafen Arnshang-Lobdaburg (1225). Später nannte sich dieses Geschlecht »Herren auf Elsterberg«. Nach 1290 gelangte die Anlage in meißnischen Besitz. Der Bau, dessen Reste erhalten sind, wurde unter Verwendung alten Mauerwerkes nach 1355 wieder hergerichtet. Zu dieser Zeit war es ein Raubnest und wurde durch ein kaiserliches Aufgebot unter Heinrich von Hohenstein erstürmt. Unklar bleibt, ab wann dieser Notbau leer stand. 1773 könnte er behelfsmäßig bewohnt gewesen sein.

Erhalten von der Burgruine sind Teile des Palas mit Kellergewölben, die Wehrmauer mit drei von den fünf ursprünglichen Wehrtürmen sowie vom langgestreckten Zwinger zwischen innerer und äußerer Mauer. Die Rui-

Burgruine in Elsterberg

ne bietet den Hintergrund stattfindender Heimatfeste. Der Stadtteil Noßwitz war ursprünglich ein sorbisches Dorf, 1366 zur Herrschaft Elsterberg in sächsischen Landen gehörend. 1972 nach Elsterberg eingemeindet. – Das ursprünglich aus zwei Rittergütern bestehende Coschütz wurde erstmals 1495 erwähnt. Im Geschichtsverlauf wurde daraus mit Scholas, Losa, Rückisch und Wipplas ein moderner Ort. – Görschnitz, 3 km von der Stadt entfernt, ans Naturschutzgebiet »Steinigt« angrenzend, wurde 1993 Elsterberg zugeschlagen. Kleingera, 1994 eingemeindet. Hier befindet sich die unter Naturschutz stehende Streuobstwiese, und Cunsdorf kam 1995 zu Elsterberg.
Hotels, Gasthöfe, Pensionen u. a.:
Hotel *»Grüner Baum«*, Tel. 03 66 21/3 04 90
Gasthof und Pension *Noßwitz,* Tel. 03 66 21/2 03 95
Pension und Gasthof *»Waldfrieden«*, Kleingera,
Tel. 03 66 21/2 02 36
Information: Stadtverwaltung, 07985 Elsterberg,
Tel. 03 66 21/88 10

Elster, Weiße Hauptfluß des Vogtlandes. Die Weiße Elster entspringt im *Elstergebirge.* Sie nimmt auf ihrem Lauf bis in die Einmündung in die Saale die Weida und Pleiße auf. In der Nähe von Leipzig spaltet sich der Fluß in die eigentliche Elster und die Luppe, die dann, etwa vier Kilometer voneinander entfernt, in die Saale bei Halle-Beesen münden. Der Fluß hat eine Länge von 257 km. Seine Quelle liegt nordwestlich des 759 m hohen Kapellenberges auf dem Gebiet von Tschechien. Die Weiße Elster entspringt am Rande des Granitmassivs, das zum Fichtelgebirge gehört. Das Elstergebirge verbindet das Fichtelgebirge mit dem Westerzgebirge. Die Weiße Elster und ihr Tal bestimmen den Landschaftsraum des Vogtlandes. Der vogtländische Teil der Weißen Elster hat eine Flußlänge von ca. 100 km, von der Quelle bis ins Thüringische Schiefergebirge bei Wünschendorf. Sie durchfließt dabei das Obere Vogtland (mit Elstergebirge), das Mittelvogtländische Kuppelland und schließlich das Untere Vogtland. Im Elsterbereich gibt es mehrere Naturschutzgebiete, so das Untere Kemnitztal, den Elsterhang bei Pirk, den Elsterhang bei Röttis und das Triebtal. Auf einem Hauptwanderweg kann man einen großen Teil des Elsterlaufs kennenlernen (Markierung: weiß-blau-weiß). Er führt vom Kapellenberg über Bad Elster, Plauen, Elsterberg bis nach Greiz. Die weitere Strecke bis nach Wünschendorf führt über Berga auf dem »Mühlburschensteig« und ab Berga auf einem Weg rechts der Elster. Mit der Eisenbahn durchreist man das Elstertal von Bad Elster, mit Umsteigen in Weischlitz, nach Wünschendorf auf einer Strecke von ca. 80 km.

Elstergebirge Das Elstergebirge ist eine talreiche Hochfläche zwischen dem Fichtelgebirge und dem Erzgebirge. Es wird von der Weißen Elster durchflossen und hat eine durchschnittliche Höhenlage von 600 bis 700 Meter. Es ist weder in seiner Lage noch in den Gipfelhöhen so markant wie die benachbarten Gebirge. Nach Nordwesten fällt es weniger steil ab als nach Süden in Richtung Eger. Als wichtige Gipfel sind der Hainberg bei Asch (757 m), Kapellenberg (759 m), Hoher Stein bei Erlbach (774 m) zu nennen. Seine geologische Entstehung resultiert im wesentlichen aus der varistischen Gebirgsbildung. Es schließt im Süden an den Fichtelgebirgsgranit an, im Norden an das Eibenstöcker Granitmassiv. Im Elstergebirge dominieren verschiedene Schiefer (Glimmerschiefer und Muskovitschiefer) mit Quarzitstrecken (Hoher Stein). Das Elstergebirge hat keine nennenswerten Bodenschätze, bedeutsam sind nur die Mineralquellen. Das Elstergebirge wird auch als Oberes Vogtland bezeichnet. Es umfaßt dabei vor allem die Landschaftsräume um Klingenthal, Markneukirchen, Schöneck, Adorf, Bad Elster und Bad Brambach.

Elstertalbrücke Zweiter bedeutender vogtländischer Brückenbau des 19. Jahrhunderts neben der Göltzschtalbrücke. Sie wurde notwendig durch die Anlage der Eisenbahnstrecke Leipzig–Plauen–Hof. Die technische Projektierung lag in den Händen von *Johann Andreas Schubert.* Die Brücke entstand in den Jahren zwischen 1846 und 1851 unter Leitung von Robert Wilke und Karl Hermann Kell in Ziegelbauweise. Sie ist 69 Meter hoch und 281 Meter lang. Sie hat drei Etagen mit entsprechenden Rundbögen. An Material wurden ca. 22 000 m^2 Sandstein- und Granitmauerwerk, 7300 m^2 Bruchsteine und 31 000 m^2 Ziegelmauer verarbeitet. Am 16. April 1945 sprengten deutsche Soldaten das Mittelteil der Brücke, doch schon am 4. Februar 1946 konnte der Zugverkehr über eine Stahlkonstruktion wieder aufgenommen werden. 1950 wurde der Wiederaufbau abgeschlossen (Gedenktafeln an der Brücke).

Erdbeben im Vogtland In der Tageszeitung vom 22. 1. 1986 konnte man lesen: »Im Vogtland traten in der Nacht zu gestern erneut Erderschütterungen mit Werten um 4,2 auf der Richterskala auf. Wie schon bei den Erdstößen im Dezember 1985, über die bereits berichtet wurde, lag der Herd diesmal südlich von Klingenthal im Grenzgebiet zu Tschechien. Schäden entstanden nicht. Die Erschütterungen wurden aber bis in das Erzgebirge und nach Dresden von vielen Menschen durch Vibrationen, Klirren von Fensterscheiben und Geschirr in Schränken wahrgenommen.«

Die Geologen bezeichnen einen solchen Vorgang als Schwarmbeben oder Erdbebenschwarm. Charakteristisch ist, daß dabei in einem Zeitraum von mehreren Wochen eine Vielzahl kleiner Erdstöße auftreten. Solche Beben im Vogtland sind auch aus den Jahren 1903, 1908, 1962 und 1973 bekannt. Diese Schwarmbeben hängen zusammen mit der Gebirgsbildung im Erdzeitelter des Tertiär, wo die Faltung und Hebung der Alpen zur Bruchschollenbildung der heutigen Mittelgebirge, auch des Vogtlandes führte. Es wirken auch heute Kräfte, Hebungen und Pressungen, die zu Spannungen führen. Da aber im Elstergebiet die Erdkruste in viele Schollen bereits gebrochen ist, erwachsen daraus keine gefährlichen tektonischen Spannungen. Die Erdstöße verteilen sich in viele kleine Erschütterungen. Vier seismographische Stationen im sächsischen Vogtland registrieren diese Beben.

Die Angst mancher Menschen vor größeren Erdbeben ist völlig unbegründet, auch die Zusammenhänge, die zwischen dem Erscheinen des Halleyschen Kometen 1986 mit den Schwarmbeben im Vogtland erfunden wurden, gehören ins Reich der Fabel.

Erlbach Zum *staatlich anerkannten Erholungsort* gehören die Ortsteile Landesgemeinde, Eubabrunn, Gopplasgrün, Wohlhausen und Hetzschen. Er liegt ostwärts von Adorf. Bis Markneukirchen sind es 2 km in 510–550 m Höhenlage, nahe der Staatsgrenze zu Tschechien. Eingebettet ist der Ort in einen weiten Talkessel am Fuße einer reichgegliederten Bergkette des Elstergebirges. Überragt wird sie vom imposanten, bizarren Felsgebilde des »Hohen Steins«. In den Talkessel münden drei Seitentäler, von Osten her das Tal der Landesgemeinde mit dem Schwarzbach, vom Norden her das Gopplasgrüner Tal mit dem Oderabächlein oder Gopplasgrüner Bach. Das Eubabrunner Tal entwässert der Hennebach, auch »Krebsbächel« genannt. Die Bewohner von Erlbach sind vor allem im Musikinstrumentenbau beschäftigt (Streich-, Zupf-, Holzblas- und Blechblasinstrumente). Durch restriktive Maßnahmen ist vom einst blühenden Musikinstrumentenbau nur noch ein Rest vorhanden. Zur Ausbildung des Nachwuchses in der Musikinstrumentenherstellung entstand 1909 die Musikfachschule. Sie ist heute eine Außenstelle der »Zentralen Musikfachschule Markneukirchen«. – Die Siedlung ist urkundlich seit 1302 bekannt, da wird ein »Cunradus de Erlbach« genannt. 1460 heißt sie »Ereibach« und seit 1506 ist »Erlbach« im Gebrauch. Gedeutet wird der Ortsname als »Ort am Bach, an dem Erlen stehen«. Von 1452–1800 bestand in Obererlbach der Rittersitz der Thosse und ab 1625–1852 zusätzlich in Untererlbach derer von Beulwitz. Durch eine Erbteilung im Jahre 1542 entstand ein zweites Schloß im Oberdorf. Dadurch kam es zur Gutsherrschaft Untererlbach und Obererlbach. Das untere Rittergut ist nicht mehr vorhanden. Aus dem Gasthof »Zum alten Schloß« wurde ein Schulgebäude. Es verdeckt vermutlich den Erdturmhügel, der den ältesten Rittersitz des Ortes bildete. Aus dem Gutspark wurde eine öffentliche Parkanlage. Das nach 1542 erbaute Herrenhaus des oberen Rittergutes ist erhalten und steht unter Denkmalschutz. Die Seiten- und Nebengebäude brannten 1817 und 1820 durch Brandstiftung ab. Beim heutigen Gasthof in Erlbach, Marktstraße 2, gab es den Salzbrunnen. 1464 belehnte Kurfürst Friedrich der Sanftmütige einen Engelhardt Thoss zu Adorf mit dem »Salzbrunnen zu Erlbach«. Bis 1701 gab es mehrmals Versuche, der Mineralquelle durch Schachtbau Salz abzugewinnen. Die Unternehmungen scheiterten am geringen Salzgehalt der Sole. Der 36 m tiefe und 6 x 6 m im doppelten Schrot ausgezimmerte Schacht wurde 1868 verfüllt und das Gelände 1911 bebaut. Die beiden Floßteiche bildeten das Wasserreservoir für die Holzflößerei in der Landesgemeinde. Man brachte auf dem Wasserwege Holz aus dem waldreichen Obervogtland in das waldärmere Tiefland. Durch den Bau der Eisenbahnlinie Leipzig-Plauen-Adorf im Jahre 1862 wurde die Flöße unrentabel und eingestellt. – Der nördlich liegende Berg »Spornreuth«, »im Wald hinterm Berg«, war die Richtstätte des Rittergutes Obererlbach. Dort wurde 1823 als letzter der Gutsfröner Sporn wegen Brandstiftung an Gutsgebäuden hingerichtet. Zur Erinnerung daran heißt der Ort »Spornreuth«. – Die 1863 erbaute klassizistische Kirche steht unter Denkmalschutz. Der Friedhof hat eine alte Umfassungsmauer mit Schindelüberdachung. Hier ist auch das Denkmal des Erbbegräbnisses der Familie von Beulwitz und von Schwarzenfels aus dem Jahre 1771. – Im Wirtsgrundtal am Landgraben gibt es einen interessanten Grenzstein aus dem Jahre 1544 mit den Initialien des Böhmischen Löwen und den Sächsischen Kurschwertern. – Erlbach ist ein gern besuchter Erholungsort. Es gibt schöne Wanderwege. Im abwechslungsreichen Gelände bestehen ideale Wintersportbedingungen. In Gopplasgrün gibt es eine Sprungschanze. Eine ausgezeichnete Rodelbahn besteht am Wohlhausener Berg. Der Ortsteil Eubabrunn liegt ca. 1 km südostwärts der Hauptgemeinde. Urkundlich seit 1378 als »Ywenbrun« bekannt, »Ort am eibenreichen Quellbach«. Die Streusiedlung wurde 1378 Wüstung, vor 1602 erfolgte Wiederbesetzung durch Häusler, Untertanen des Rittergutes Untererlbach. Im Wald zwischen Eubabrunn und Wernitzgrün befindet sich eine Landwehranlage von 1547. – Wohlhausen, dem Ursprung nach ein Waldhufendorf, wird 1378 »Walhusin« erstmals genannt. Im Ort einmalige Privatsammlung von mechanischen Musikinstrumenten. Nördlich des Ortes die Bergsiedlung Friebus.

Obervogtländisches Dorfmuseum Erlbach,
Tel. 03 74 22/61 25 oder 62 25
Denkmal vogtländischer Volksarchitektur, Arbeits- und Lebensweise eines Musikinstrumentenbauers um 1910, Darstellung verschiedener Musikinstrumentengewerke, Entwicklung der Feuerstätten und Beleuchtungsarten. – Ortsgeschichtliche Ausstellung.

Hotels, Pensionen, Ferienwohnungen u. a.:
Hotel Haus Schwarzbachtal, Tel. 03 74 22/4 30,
Fax 03 74 22/4 31 74
Landgasthof *»Waldperle«* Gopplasgrün,
Tel. und Fax 03 74 22/61 69
Pension *»Waldschänke«* Eubabrunn,
Tel. 03 74 22/62 07
Ferienwohnung *»Sonnenhof«*, Tel. 03 74 22/62 69
Information: Fremdenverkehrsamt, 08265 Erlbach,
Tel. 03 74 22/61 25 und 62 25

Eschenbach Stadtteil von Schöneck seit 1950. 2,5 km südlich. Südwestlich vom Wachthübel, 579 m ü. NN. Ehemaliges Waldhufendorf. 1482 erstmals erwähnt mit »Thomas Tosse zu Eschenbach«. Der Ortsname weist auf eine Ansiedlung hin »am Eschenholzbach«. – »Dungerhof«, Typ eines obervogtländischen Bauernhauses aus dem 18. Jh. *Wohn-Stallhaus* mit der Giebelseite zur Straße. Die mit Balkon versehene Blockstube auf drei Seiten von ornamentiertem Umgebinde umgeben. Im Haus fensterlose Rußküche mit Steigesse. Gebäude unter Denkmalschutz.

Essen und Trinken Jede Landschaft hat ihre traditionelle Küche. Sie ist historisch bedingt, hat soziale Gründe und hängt zusammen mit den jeweils angebauten Feld- und Gartenfrüchten. Im Vogtland dominieren Kartoffelgerichte. Chronist Marbach aus Schöneck schreibt 1731: »Die weissen Erdäpffel sind nebst den Klößen in allen Häusern ordinaire Zukost ...« Unangefochten stehen grüne Klöße an erster Stelle, die »Vogtländischen Klöße«. Da bei ihrer Zubereitung das Reiben der rohen Kartoffeln zu Kloßteig die Hauptarbeit ist, heißen sie im Vogtland »Grügeniffté«. Dazu ißt man Sauerbraten, Pilztunke, Gänsebraten, Rouladen, Kaninchen, Forelle, Karpfen oder Eisbein mit Meerrettichtunke und Sauerkraut. Nicht weniger beliebt ist »Bambes«, abgeleitet von »Pampf«, einem dicken Brei. Anderenorts werden die in der Pfanne zubereiteten Klöße »Kartoffelpuffer« genannt oder »Pfannenkloß«. Ein typisch vogtländisches Kartoffelgericht sind die »Schneeballen« oder »Handwerksburschle«. Sie sind aus rohen, geriebenen Kartoffeln hergestellt, vermischt mit gerösteten Kartoffelstückchen, die mit Butter in der Pfanne gebacken werden. Der »Bröckelkloß« besteht aus geriebenen, gekochten Kartoffeln, mit Salz gewürzt und in einer mit Fett ausgestrichenen Form in der Ofenröhre gebacken. Raritäten auf vogtländischen Mittagstischen sind die »Halbseidenen«, denn sie sind ohne Kartoffeln hergestellte unterschiedliche Mehlklöße und Dampfnudeln. Der Übergang zwischen Klößen und Spalken ist der »Erdäpfelpelz«. Das ist ein dicker, steifer Kartoffelbrei. Zu ihm wird unterschiedliche Zukost gereicht. In der Regel ist Sauerkraut dabei. Eines der wichtigen vogtländischen Alltagsessen sind »Spalken«, ein Eintopfessen aus Möhren, Pilzen, Spinat, jedoch mit einem hohen Anteil an Kartoffeln, deshalb dann Möhren-, Pilz- oder Spinatspalken. Das ist nicht zu verwechseln mit »Spalkle«, denn hierunter versteht der Vogtländer »Bratkartoffeln«. Unter den Spalken haben die »Fleckspalken« hohes Ansehen. Es sind sauere Flecke, zubereitet aus eßbaren Eingeweiden von Schlachttieren. Gewöhnlich wird das Essen mit einer Mehleinbrenne angedickt. Köhler weiß 1867 zu berichten: »Von den Speisewirthen in den Städten des sächsischen Voigtlandes werden als Lieblingsspeisen ›saure Flecke‹ und Schweineknöchel mit Klösen und Meerrettig angezeigt.« Geschätzt sind auf dem häuslichen Speisezettel »Runde«, »Ganze« oder »Schälerkartoffeln«, also mit der Schale gekochte Erdäpfel. Sie kommen heiß auf den Tisch. Dazu ißt man mit Gewürzen zubereiteten Quark, häppchenweise Butter, Blut- oder Leberwurst, Hering, Lein- oder Rapsöl. Die Kinder singen: »Sauerkraut, Erdäpfel, Worscht un derzu e Bier fer'n Dorscht!« – Berühmt sind im Vogtland die zur Weihnachtszeit hergestellten Butterstollen und, noch mehr, die zur Kirmes gebackenen unterschiedlichen trockenen und nassen Kuchen, so ihres Belages wegen genannt. – Das Alltagsgetränk ist im Vogtland der Kaffee. Aber auch das Bier gehört zu den vogtländischen Getränken.

Eubabrunn, siehe Erlbach

Fachwerk löste die ursprüngliche holzaufwendige Blockbauweise ab. Es kommt für den Hausbau in verschiedenen Ausführungen vor. Beim sächsischen Haus hat die Schmuckfunktion untergeordnete Bedeutung und wird sparsam berücksichtigt. Im Vordergrund der Formgebung stehen die praktischen Erfordernisse. Für den Fachverbund sind waagrecht liegende Schwellen erforderlich, stehende Pfosten, dazu Rahmen und Riegel. Sie bilden in ihrer Gesamtheit das Gefach. Die schräg liegenden Hölzer, Streben und Kopfbänder machen es stabil und unverschiebbar. Die Gestaltung der Giebelfläche ist von der Dachkonstruktion abhängig. Dabei können die Giebelflächen verbrettert, verschindelt oder verschiefert sein, vor allem dann, wenn sie an der Wetterseite liegen.

Falkenstein Mit Stadtteil Dorfstadt. Ca. 13 500 Einwohner. 550 m ü. NN, auf dem Wendelsteinrücken zwischen Göltzsch und Treba und im Göltzschtal gelegen. Im Weichbild der Stadt Grauwackenquarzit-Felsen (Lochsteine, Falkenstein und Schulfelsen), teilweise bis zu 30 m hohe Riffe. Gardinen- und Stickereiindustrie. – Falkenstein 1260 erstmals als »Suburium Valkenstein« erwähnt, 1227 wird von einer Vogtei berichtet. Der Ort ging 1382 in den Besitz der Herren von Elsterberg über. Seit 1400 gehörten Schloß und Waldungen den Herren von Trützschler. Sie verliehen 1448 der Siedlung »Zum Falkenstein« städtische Rechte. Aus dem Geschlecht geht später *Wilhelm Adolf von Trützschler* hervor. Falkenstein wird Bergstadt und hat für eine Zeit lang ein Bergamt. Bergbauinsignien im Falkensteiner Stadtwappen. In der Nachfolge entwickelte sich Hausweberei. Falkensteiner erfanden 1764 eine »Webmaschine«, mit ihr konnten sie sich gegen die ausländische Konkurrenz behaupten. 1826 und 1831 erste Jacquardwebstühle des Vogtlandes. Damit Grundlage geschaffen für die Gardinenherstellung. Stadtbrand von 1859 vernichtete den Stadtkern. Danach erfolgte regelmäßige, schachbrettartige Anlage der Stadt. Ihr Aufblühen um die Jahrhundertwende durch Gardinen- und Stickereierzeugnisse. In der Stadt entwickelte sich eine der größten Gardinenfabriken Europas, 1883 durch Georg Thorey gegründet. – Ehemaliges Schloß inmitten der Stadt nüchterner Zweckbau, der Wohnsitz der Familie von Trützschler. Im April 1920 Quartier der »Roten Garde«, die Max Hoelz im Vogtland aufgestellt hatte. Heute im Gebäude Sparkasse. In den oberen Räumen *Heimatmuseum Falkenstein.* Neben dem Schloß der Falkenstein. Auf ihm ursprünglich ein Berg- oder Wartturm, Sitz der Herren von Falkenstein. Geringe Reste des vermutlichen Bergfrieds noch vorhanden. Aussichtspunkt mit guter Übersicht über den Stadtaufbau. – An der Aufstiegstreppe zum Felsen Griebenherd (nicht der ursprüngliche Standort). – In unmittelbarer Nähe liegt der Falkensteiner Tiergarten mit einem Aquarien- und Tropenhaus. – Gegenüber dem Falkenstein Stadtkirche, erbaut im neugotischen Stil nach Plänen des Semper-Schülers Christian Friedrich Arnold, 1869 eingeweiht. Der Turm 72 m hoch. – *Umgebindehäuser* im Grund, im Oberen und Hinteren Anger. – Altes Spital »Totenhäusel« unterhalb des Schloßfelsens aus dem Jahre 1763, restauriert 1990. – Nordostwärts der Stadt, im Tal der Weißen Göltzsch, inmitten des *Landschaftsschutzgebietes »Oberes Gölztschtal«* die Talsperre Falkenstein. In 540 m ü. NN, gleicht einem Bergsee. Erbaut 1971/74 zur Stauung von Brauchwasser. 13,5 ha groß. Steinschüttdamm (240 m lang, 24 m hoch, am Fuß 75 m, auf der Krone 3 m breit). Staumenge 1,2 Millionen Kubikmeter Wasser (Der Damm ist begehbar. – Stadtteil Dorfstadt seit 1950 bei Falkenstein. Nördlich der Stadt. Erstmals urkundlich erwähnt 1460 als »Dorffstad«, 1616 »zur Niederdorffstadt«, seit 1627 »Dorfstadt«. Weist auf eine Neugründung der Herren von Trützschler auf Falkenstein hin, »Dorfstätte« im Gegensatz zu »Burg- oder Schloßstätte«.

Schloßfelsen in Falkenstein

Falkenstein, Heimatmuseum Schloß, Telefon 0 37 45/60 76.

Ständige Ausstellung: Einblick in die Stadtgeschichte, Weberei- und Stickereitradition. Falkensteiner Bauernstube. Kabinettausstellung über das Leben des Falkensteiner Schloßherrn Wilhelm Adolph von Trützschler. Schnitzzimmer. Falkensteiner Kunstuhr. Werkzeuge aus Waldgewerbe und Bergbau. Großer mechanischer Heimatberg. Größte Sammlung vogtländischer *Moosmänner.*

Hotels u. a.:
AMON Hotel »Glückauf«, Tel. 0 37 45/53 97, 7 02 72, Fax 0 37 45/51 37
Hotel Falkenstein, Tel. 0 37 45/74 20, Fax 0 37 45/74 24 44
Hotel Restaurant Jägerhalle, Tel. 0 37 45/7 12 83, Fax 0 37 45/7 13 24
Informationen: Stadtverwaltung, 08223 Falkenstein, Tel. 0 37 45/74 10, Fax 0 37 45/61 49

Feilitzsch Mit dem Ortsteil Zedtwitz u. a. In welligem Gelände. Nördlich von Hof. Landwirtschaftlich geprägte Gemeinde, Gewerbe, Handwerk. Ca. 3200 Einwohner. Siedlung in altem Bauernland mit Fluren bis an Mün-

chenreuth, etwa 5 km nördlich, 30 qkm umfassend. Von der Autobahn Hof-Dresden durchschnitten. – Ehemaliges Schloß Feilitzsch. Kastenförmiges Gebäude mit Mansardendach und dazugehörige Wirtschaftsbauten. – Ehemaliger Rittersitz »Schlößle« aus dem 17./18. Jh. (heute Gasthof). – Südlich von Feilitzsch der Hofberg mit Steinbruch. – Ortsteil Zedtwitz ca. 1,5 km westlich mit Schloß und Kirche. – Reitsportanlage.
Information: Gemeindeverwaltung, 95183 Feilitzsch, Tel. 0 92 81/7 35 10

Flurfleck Für die Bauern galt es als ein freudiges Ereignis, waren die letzten Früchte heil und trocken von den Feldern geborgen, das Getreide, die Kartoffeln und zuletzt die Rüben. Hatten sich damit Scheuer und Keller gefüllt, geboten sie ihrem Gesinde und den übrigen Erntehelfern »Flurflack« und luden sie zu einem kleinen Erntefest ins Bauernhaus. Auf den Tisch kamen zu Mittag »Grügeniffte«, am Nachmittag »Hiefmkließ« und am Abend eine Kanne Bier. Bei größeren Bauern und auf Gütern bestellte man für den Abend einen Ziehharmonikaspieler oder eine kleine Kapelle und bereitete ein Tänzchen vor. – »Flurfleck« wird häufig in der Umgangssprache gebraucht, um den Abschluß einer Arbeit zu kennzeichnen, etwa mit: »Mach endlich Flurflack!« Hat ein Kind seinen Teller abgesessen, ruft es der Mutter »Flurfleck!« zu.

Taubenhaus, Schloß Feilitzsch

Flurtyp Bei der Landnahme, der Rodung und Besiedlung wurden unterschiedlich die Fluren aufgeteilt, abhängig u.a. von der Bodenbedeckung, Bodenbeschaffenheit und Geländeausformung. Dadurch Flurtypen. – Ursprünglichste und häufigste Aufteilung der deutschen Kolonialisten nach Waldhufen, es entstand die Waldhufenflur. Eine Hufe war ein gleich großer oder gleichwertiger Anteil am Ackerland und an der Nutzung des nichtaufgeteilten Gemeindelandes. Größe der Hufen (abgeleitet von »Behufs«, »was jedem zukommt«) richtete sich ursprünglich nach dem Unterhaltsbedarf eines bäuerlichen Hauswesens und danach, wieviel ihm Arbeitskräfte zur Hand waren. Von durchgehender Straße aus, an der in fortlaufender Reihe die Gehöfte lagen, führte die dazugehörige Hufe geschlossen in einem einzigen Streifen bis möglichst zur Grenze der Gemarkung. Dem am Haus liegenden Baum- und Grasgarten folgten Wiesen, Felder, Weiden und schlossen mit dem Wald ab. Da Hufe an Hufe lag, gab es kein zerstückeltes Land. Die zwischen den Hufen hinführenden Fahrwege machten jeweils zwei Hufen zugängig. Später hinzukommende Siedler mußten sich an den Enden anreihen. – Viele dieser Hufen wurden später parzelliert, dadurch Wiesenstreifenflur. Zwischen den einzelnen kleinen Feldstücken zogen sich 3–5 m breite Wiesenstreifen hin, der Grasnutzung dienend. Oft liefen diese Wiesenstreifen auch zwischen den einzelnen Hufen hin (Rebersgrün). – War die Flur in ganzer Ausdehnung in regelmäßige, oft schnurgerade und gleichbreite Bänder zerlegt, entstand Feldbreitenflur. Hier gingen die Feldstreifen, wie bei den Waldhufen, rechtwinkelig vom Zweireihendorf ab. Nur ein kleiner Teil konnte sich dem Gehöft anschließen, der überwiegende Teil lag frei da. – In den südostvogtländischen Walddistrikten wurde das Land in kleinsten Flächen vergeben. Dadurch Parzellenflur. Vor allem dort, wo sich Heim- und Fabrikarbeiter niederließen (Beerheide, Vogelsgrün, Unter- und Oberzwota). – Durch die Großraumwirtschaft in der Landbestellung alte Strukturen zerstört. Wenige der ursprünglichen Typen als Reste erhalten.

Flußperlmuschel Margaritana margaritifera L., einzige deutsche Flußperlmuschel. Eiförmig längliche Schalen, die innen perlmuttartig glänzen. Die Weichtiere leben in klaren, kalkfreien, kühlen, ständig fließenden Bächen.

Anfällig gegen jede Wasserverunreinigung. Tiere graben sich mit dem Vorderteil in den Untergrund. Leben in Kolonien. Ursprünglich kamen sie im oberen Vogtland in etwa 60 Bächen vor, bei Adorf vereinzelt, bei Oelsnitz in Kolonien. Ausbeute und Umwelteinflüsse reduzierten die Bestände, vielerorts starben sie aus. Gab es 1964 im oberen Vogtland noch etwa 28 000–30 000 Exemplare, so waren es zehn Jahre später nur noch 2000–4000 Exemplare. Um die Tiere vor dem Aussterben zu bewahren, wurden 1100 Muscheln in den Rauner Bach umgesetzt. Die unter Naturschutz stehenden Tiere werden vom Institut für Landesforschung und Naturschutz beobachtet und betreut. Die heute nicht mehr betriebene Perlenausbeute war gering. Unter 2000–3000 Muscheln findet sich eine Perle. Ihre Entnahme folgte durch das Spreizen der beiden Schalen. Das Tier erlitt dadurch keinen Schaden, wurde ins Wasser zurückgebracht. Im sächs. Vogtland wurde seit dem 16. Jh. Perlenfischerei betrieben. Die sächs. Krone hatte darauf das Regal. Alle gefischten Perlen waren an das Herrscherhaus abzuführen. Die Muschelkolonien wurden gehegt und ausgebeutet durch besoldete Perlfischer. Unter ihnen am bekanntesten die Angehörigen der in Oelsnitz ansässigen Familie Schm(i)erler. Sie versorgten dieses Amt von 1621–1918. Von 1719–1804 erhielt die sächs. Krone aus den vogtländ. Gewässern ca. 11 286 Perlen. Im Grünen Gewölbe zu Dresden befindet sich eine Kette mit 177 vogtl. Perlen, der Schmuck der damaligen Kurfürstin Maria Amalia Augusta. Moritz Schm(i)erler begann um 1845 mit dem Schleifen von Muschelschalen. Das veranlaßte den Adorfer Buchbinder Fr. A. Schmidt, die erste »Muschlerei« mit mehreren Gehilfen und Heimarbeitern zu betreiben. Weitere Unternehmen folgten. Innere, glänzende Perlmutterschicht wurde freigelegt. Herstellung von Zier- und Geschenkartikeln. – Beispiele im *Heimatmuseum Adorf.* Die Ausbeutung der Bäche des Vogtlandes, Frankens, Bayerns artete in Raubbau aus. Zunehmend Verarbeitung ausländ., vor allem tropischer Seeperlmuscheln. Schwierigkeiten der Rohstoffbeschaffung und beim Absatz der Erzeugnisse ließen das Gewerbe allmählich versiegen.

Ein weiteres Vorkommen von Flußperlmuscheln in den Bächen nahe der Stadt *Rehau* im bayrischen Vogtland. Der Erhalt der im Aussterben begriffenen Tiere von der Stadt Rehau im Zusammenwirken mit dem Land Bayern und dem Bundesumweltininisterium durch das Naturschutzobjekt »Zinnbachsammler« eingeleitet, ein europäisches Pilotprojekt. Darstellung der Flußperlmuscheln in den Gewässern des bayrischen Vogtlandes in den Rehauer *Heimatstuben.*

Freiberg Ortsteil von Adorf. Die kleine bäuerliche Siedlung liegt am Talhang des Tetterweinbaches in 460–520 m Höhenlage, nordwestlich der Stadt. Zu erreichen ist sie auf der B 92 von Oelsnitz, Richtung Grenzübergang Schönberg. Bei Unterhammer (ca. 1 km vor Ortseingang von Adorf muß man rechts abbiegen). – Die Siedlung wird 1328 urkundlich erstmals als »Vreiburch« genannt, 1333 »Vriebourg« und 1335 »Friberg«. Der Ortsname ist abgeleitet von »Burg, Schloß«, auch von »Berg«. Entweder bezieht er sich tatsächlich auf einen »Herren-« oder »freien Rittersitz« und wurde danach auf die ganze Siedlung übertragen, oder es handelt sich darum, daß sie von Abgaben frei war, also ein »Freier Berg«. Sie ging aus einem Waldhufendorf hervor. 1606 bestand Freiberg nur aus einem Rittergut. Eine Trennung erfolgte 1660 zwischen einem oberen und einem unteren Teil. Vom oberen blieb lediglich der Park erhalten, vom unteren das ansehnliche Herrenhaus aus dem 18. Jh. Es ist ein zweigeschossiger, durch ein Walmdach abgedeckter Bau. Die Räume des Obergeschosses erreicht man über eine breite Steintreppe mit barockem Geländer. Unweit an der Straße steht das Haus Nr. 20, ein früheres Gutsarbeiteranwesen mit einem Giebelumgebinde vor der Blockstube im Erdgeschoß. Das Obergeschoß ist aus reinem Lehmfachwerk hergestellt. Die südostwärts verlaufende Straße führt zum Freiberger Tor der Stadt Adorf. Auf dieser Straße soll *Goethe* entlanggefahren sein. In sein Tagebuch schreibt er darüber: »Der Tonschiefer fährt in allen seinen Veränderungen fort, und verwittert meist zu kleinen Teilen; sowohl die Frucht als wie die Fichtenwälder gedeihen sehr gut; ich sollte denken, wenn mans mit Mist zwingen könnte, so müßte der Fruchtbau auf einen hohen Grad zu betreiben sein. In diesen Gegenden sieht man keine Futterkräuter, aber auch keine Lehde. Alles ist bebaut oder Wald ...« – Auskunft s. Fremdenverkehrsamt Adorf.

Fröbersgrün Plauen. Die kleine Dorfgemeinde liegt in 400 m Höhe nordwestlich der Kreisstadt. Urkundlich wurde der Ort erstmals erwähnt 1366 mit »in Fröbersgrun«. Zu dieser Zeit war hier der Sitz eines Kaplans. 1449 heißt der zum Besitz der Reußen zu Greiz gehörende Ort »Fröbrisgrün«. Ab 1816 ist »Frobersgrun/Froebersgrun« im Gebrauch. Diese Ortsbezeichnung ist vermutlich abgeleitet von »Rodesiedlung eines Frowin«. Entstanden ist sie als Reihendorf mit Waldhufenflur an beiden Seiten des (inzwischen verrohrten) Dorfbachs. In der Quellmulde bis ins Tribitzbachtal gibt es mehrere Teiche. – Am linken Talhang der Ortsmitte stehen die Gebäude des ehemaligen Rittergutes und des Pfarrgutes.

– Die Dorfkirche ist ein Rechteckbau. Der schlichte klassizistische Kanzelaltar stammt aus der Zeit um 1800. Unter der Kanzel befindet sich das Gemälde »Christus mit Kindern in der Fröbersgrüner Landschaft« des ortsansässigen Malers Paul Söller (1877–1947). – Die Grabstätte des bekannten vogtländischen Malers, ein einfaches Holzkreuz, befindet sich auf dem Friedhof. – Auf der Flur von Fröbersgrün wurde ein Walzenbeil aus der jüngeren Steinzeit gefunden. – Im Ort gibt es eine Jugendherberge mit einer Bungalowsiedlung.
Übernachtungen und Ferienunterkünfte u. a.:
siehe Plauen
Information:
Tourist-Information Plauen, Tel. 0 37 41/2 91 10 27,
Fax 0 37 41/29 11 10

Gattendorf Mit den Ortsteilen Neugattendorf, Kirchgattendorf, Schloßgattendorf. Ländliche Siedlung, 5 km ostwärts von Hof. Zwischen Wald und Feldern. Ca. 1000 Einwohner. – Der Ort einstmals bedeutender Rittersitz. 1234 wird Konrad von Kotzau genannt, um 1560 die von Sparneck. Häufiger Wechsel. – Pfarrkirche Kirchgattendorf ehemalige Wehrkirche. Ältester Teil das nach Westen zeigende Kirchenschiff aus dem Jahre 1250. Im 14. Jh. kam der ostwärtige Teil hinzu, Chor mit Sterngewölbe und Turmunterbau. Kirchenerweiterungen zwischen 1708–1732. Barockaltar und freistehende Barockkanzel, Arbeiten des Hofer Meisters Wolfgang Adam Knoll. – Wandfresken aus der Mitte des 15. Jh., 1938 freigelegt, u. a. überlebensgroßer Christophorus und Weisen aus dem Morgenlande. – Lebensgroßes Kruzifix, 1460 entstanden, mit echtem Haupthaar. (Flügelaltar aus der Zeit um 1510, heute im Bamberger Dom). – Eine der schönsten nordostoberfränkischen Dorfkirchen. – Auf der Anhöhe rechts der Straße nach Regnitzlosau das vor einigen Jahren renovierte Schloß. Dahinter die Ruine der Burg, 1895 niedergebrannt. Barockschloß um 1700 von Wolf Christoph Schmidt aus Hof erbaut. Er ließ Burgruine als Kornkammer und Brauerei wieder errichten. Reste der Ruine und des Grabens, unter Buschwerk versteckt, noch erkennbar. – In Gumpertsreuth, 2,5 km nordwestlich von Gattendorf, kulturhistorisch bedeutsamer Vierseitenhof der Familie von Waldenfels. – Burgruine beliebtes Ausflugsziel. –
Information: Gemeindeverwaltung, 95185 Gattendorf

Geilsdorf landwirtschaftlich geprägte Siedlung in 360–524 m ü. NN. Südwestlich von Plauen. Bei Metzner (1898): »Es gehört nach Lage und Beschaffenheit zu den schönsten Dörfern des Vogtlandes.« – Erstmals erwähnt 1328 als »Geilsdorf«, 1415 »Geilsstorff« und 1502 als »Gaylsdorf«, das heißt soviel wie »Dorf des Erstsiedlers Geil«. – Die Block- bzw. Gutsblockflur liegt am Fliegenbachtal und an dessen Hängen. Um das Dorf erheben sich Eichelberg mit 525 m, Hahnenpöhl mit 432 m und der Hungerberg mit 511 m ü. NN. Das Dorf gehörte zu den Besitzungen des Deutschen Ordens in Plauen. Herrensitz und Dorf hatte 1382 ein Ulrich Sack inne, ein Angehöriger des hervorragenden Geschlechts des niederen vogtländischen Adels. 1515 verlieh z. B. der sächs. Kurfürst einem Nickel Sack die Obergerichts- und Bergwerksgerechtigkeiten der Güter und Ämter von Plauen und Voigtsberg, die er ihm zum Lehnen gegeben hatte. – Der älteste Sitz war in der Ortsmitte, nordwärts des früheren Rittergutes. – Das Wasserschloß entstand auf den Überresten einer alten Wasserburg, aufgebaut auf Eichenpfählen. Gilt heute als Beispiel einer sog. Teichinsel. Das Schloß wurde 1670 stattlich ausgebaut und 1719 erneuert. Saal und treffliches Gewölbe ähnelten dem Palais im Großen Garten zu Dresden. Ursprünglich Gebäude mit vier kräftigen Ecktürmen, deren gewölbte Hauben Feueressen krönten. Von ihnen blieb als Ruine ein Turm im Norden erhalten. Im Nordteil ist der Graben noch vorhanden und mit Wasser gefüllt. – Im ehemaligen Herrenhaus heute ein Alters- und Pflegeheim. – Die ursprüngliche Kirche wurde um 1464 vom Deutschen Orden errichtet. Sie wurde nach 1540 die Nachfolgerin der Wallfahrtskirche von Burgstein. Deren Kirchenruine führt sie im Siegel. An ihre Stelle Kirchenneubau von 1834. Der Saal hat ein dreiseitiges Obergeschoß, nachträglich wurde auf der Westseite ein Turm mit welscher Haube errichtet. Die große Orgel baute der Erlbacher Meister Christian Friedrich Poster. – Vom Westrand des Dorfes aus, am heutigen Gemeindeamt, schöne Aussicht auf weite Teile des Vogtlandes. – Im Kemnitztal geschützte Himmelschlüsselwiesen. Die Schafsbrücke, aus dem Jahre 1652, überspannt mit einem 4,50 m-Rundbogen das Kemnitztal. Diente ehemals der Schaftrift zwischen Geilsdorf und Großzöbern. Entlang der Himmelschlüsselwiesen führt ein Wanderweg zu einer ca. 250 Jahre alten Eiche mit einem Granitkreuz. – Auf der Ortsflur zwei Hügelgräber und mehrere frühdeutsche Wehranlagen. – In der Nähe der Ausflugsgaststätte Neumühle im Kemnitzbachtal Naturdenkmal »Arthesischer Thermalbrunnen«. 1960/61 bei bergbaulichen Erkundungsbohrungen bis 1137 m Tiefe freigelegt. Gegenwärtige Wassertemperatur 20,6 °C. Je Minute dringen 250 Liter an die Oberfläche. Bei einer Tiefe von 771 m wurde im Diabas eine wasserführende Spalte aufgebohrt. Das Wasser ist arthesisch gespannt und gilt wegen seiner Temperatur und des Salzgehaltes (Calcium-Natriumchlorit) als Mineralwasser. Die Schüttung ist zu gering und die Wassertemperatur zu tief, um ein Warmbad zu errichten. Quelle mit Mauerwerk eingefaßt. – Der Geschmack des Wassers ist leicht salzig und dumpfig, aber nicht unangenehm. Geilsdorf liegt im *Landschaftsschutzgebiet »Burgsteinlandschaft«.*

Hotels, Ferienwohnungen u. a.:
Hotel *»Zum goldenen Löwen«*, Tel. 03 74 36/22 11,
Fax 03 74 36/22 11
Ferienwohnung *Grimm*, Tel. 03 74 36/25 21
Privatvermieter *Anders*, Tel. 03 74 36/8 42 07
Information: Gemeindeverwaltung, 08538 Geilsdorf

Goethe im Vogtland Einen neuen Reiseweg von Weimar nach Karlsbad erprobend, reist Goethe im Jahre 1795 über Plauen-Adorf zum Bad. Von Nordosten kommend, erreicht er am 2. Juli 1795 in den Mittagsstunden die Stadt Plauen. Er hält den Ort für »nahrhaft« und ist von den »schönen Musselinfabriken« beeindruckt. Die Nacht verbringt er bei Posthalter Ermisch in der Plauener Posthalterei. Am nächsten Morgen fährt er in Richtung Oelsnitz-Adorf weiter. Von der Landschaft sagt er, daß die Orte »gut stehen«. Auf seiner Fahrt berührt Goethe Marxgrün, Oelsnitz und gelangt über Freiberg nach Adorf. Die Nacht vom 3. zum 4. Juli 1795 verbringt er im Gasthof zum »Goldenen Löwen« in *Adorf.* »Nach überstandenen leidlichen und bösen Wegen« kommt er am 4. Juli 1795 in seinem Karlsbader Quartier an. Ungeachtet des schlechten Weges wählt Goethe für die Heimreise die gleiche Strecke. Auch diesmal bezieht er in Plauen Nachtquartier. – Mineralogisch-geologische Interessen führen Goethe 27 Jahre später erneut ins Vogtland. Er fährt am 7. August 1822, begleitet von Sebastian Grüner von Franzensbad, wo er sich zur Kur aufhält, zum *Kapellenberg* bei Schönberg. Dort findet er, wonach er sucht: »Bestandteile des Granits im großen nebeneinander.« Ein zweites Mal kommt er nach Schönberg, wahrscheinlich am 9. August 1822, um den hier wirkenden Pastor Martius zu besuchen, der wegen seiner naturwissenschaftlichen Studien bekannt war. Goethe schreibt von diesem Besuch in sein Tagebuch: »Um 1 Uhr nach Schönberg. Zum Pfarrer des Ortes. Dessen Mineralien besehen, besonders die vom Capellenberge beachtet, zum Geschenk erhalten.«

Gopplasgrün, siehe Erlbach

Gottesberg, siehe Tannenbergsthal

Göltzschtal, Oberes Landschaftsschutzgebiet seit 1962 mit 683 ha. Erholungslandschaft, besonders für die Bevölkerung der ostvogtländischen Industrieorte Falkenstein, Ellefeld, Auerbach und Rodewisch, 540–735 m ü. NN. Oberhalb von Falkenstein in der Form eines Dreiecks. Im Norden wird es von Falkenstein begrenzt, in den westlichen Teil reicht ein Zipfel von Grünbach hinein. Durchschnitten von der Eisenbahnlinie Falkenstein-Muldenberg und der Landstraße Falkenstein-Grünbach. Durchweg mit Wald bewachsen, Fichtenbestände überwiegen. Eingeschlossen ist die Talsperre Falkenstein mit 13,5 ha – wichtigster Zugang von der Stadtmitte Falkenstein oder der Ortslage Grünbach aus (Parkplatz unterhalb des Staudammes der Talsperre). – In wenig bewegter Fläche des abgetragenen varistischen Rumpfgebirges hat sich die Weiße Göltzsch ein tiefes Tal geschnitten, steile Hänge und Felsgebilde freigelegt. Herausmodellierte Grauwackenquarzitfelsen. Die Landschaft ist geprägt von vogtländischen Phylliten des älteren Ordovizismus. Westlich der Weißen Göltzsch liegen annähernd parallel zwei langgestreckte Züge mit eingelagertem dunkelfarbenen Grauwackenquarzit, stellenweise als Felsriffe. Die Weiße Göltzsch durchfließt das Landschaftsschutzgebiet von Süd nach Nord und speist die Talsperre unterhalb der Göltzschmühle. Sie wurde errichtet als Schneidemühle von dem Zimmerermeister Wenzel nach dem großen Stadtbrand Falkensteins im Jahre 1859. Sie lieferte Bauholz für den Wiederaufbau der Stadt. 1901 Holzschleiferei, wurde 1929 stillgelegt. Zufluß zur Weißen Göltzsch aus der Zwickauer Mulde über die 1604 künstlich angelegten »Rißfälle«. – In den Waldungen Rot-, Rehwild, Baummarder, verschiedene Vogelarten, Schwarzspecht, Hohltaube. – Innerhalb des Gebietes das Naturdenkmal »Wendelstein« bei Grünbach, eine 732 m ü. NN. befindliche Felsklippe. – »Lochsteine« bei Falkenstein, etwa 25 m hohes Felsgebilde. – Am linken Talhang der Weißen Göltzsch, südostwärts von Grünbach »Bastei«, zwei kleine Felsklippen. – Im Waldgebiet der Juchhöh ehemaliges Jagdhaus der von Trützschler auf Falkenstein.

Göltzschtal, Unteres Landschaftsschutzgebiet seit 1968, 390 ha groß. Erholungslandschaft, besonders für die Bevölkerung von Netzschkau, Mylau, Reichenbach und Greiz. Höhe 258–403 m ü. NN. Das Gebiet hat die Form eines Dreiecks, grenzt im Süden an Netzschkau, im Nordwesten an Greiz und zieht sich an Rheinsdorf und Waltersdorf vorüber bis zum Friesenberg bei Obermylau. Es wird von der Göltzsch durchflossen. Eng am Wasserlauf zieht sich eine Fahrstraße hin. Wenige Industriebetriebe, darunter Schwarzhammermühle. Die durch das Tal führende Landstraße ist von der B 92 und B 173 aus erreichbar. Das Landschaftsschutzgebiet wird berührt vom Hauptwanderweg Görlitz-Pirna-Schwarzenberg-Greiz. Im Ostteil Ausläufer des Thüringer Schiefergebirges, sonst mittelvogtländische Kuppenlandschaft. Das eigentliche Göltzschtal ist tief eingeschnitten, mit steilen, oft felsigen Hängen. Die umliegende Landschaft ist hügelig und verebnet sich nach Norden zu, von eingeschnittenen Tälern abgesehen. Geologisch umfaßt das Gebiet im wesentlichen den »Netzschkauer Halbhorst«, der sich in die Mehltheuer Kulmlandschaft hineinschiebt. Gebildet von paläozoischen Schichten. Die Göltzsch hat sich schluchtenartig in das quarzreiche Gestein eingegraben. Das Gebiet ist meist mit Fichtenwald bedeckt. Auf den Auewiesen gibt es Niederwild, kein Rotwild. – Der Reiz des Landschaftsschutzgebietes liegt im bewaldeten tief eingeschnittenen Tal der Göltzsch mit den Steilhängen und ständigem Wechsel von Wald und Wiesenland in der Talsenke. – Nahe am Schafshübel, südlich von Greiz, Naturdenkmal »Schäferei Pfannenstiel«, eine alte, in die Erde gebaute Schäferei mit großen Bäumen darüber. – Kulturdenkmal *Göltzschtalbrücke* zwischen Mylau und Netzschkau am Südrand des Gebietes.

Göltzschtalbrücke Das Bauwerk in der Nähe von Netzschkau ist die größte, aus Ziegel errichtete Brücke der Welt. Sie überspringt mit einer Länge von 574 m, einer Höhe von 78 m, in 81 in vier Etagen angelegten Einzelbogen das hier tief eingeschnittene Tal der Göltzsch. Ihr Bau wurde notwendig, als mit dem Staatsvertrag von 1841 der Bau der Eisenbahnstrecke Leipzig–Plauen–Hof–Bamberg–Nürnberg beschlossen wurde. 4,5 Millionen Taler wurden für den Bau als Aktien gezeichnet. Hauptproblem in der Bauvorbereitung war die Planung der Brückenbauten über Göltzsch und Elster.

Es gab bisher keine vergleichbaren Bauwerke, deshalb wurde eine sechsköpfige Kommission in Dresden gebildet, der u. a. Prof. Gottfried Semper angehörte, *Prof. Johann Andreas Schubert* wurde Vorsitzender der Brükkenbaukommission. Die Einsendungen zum Wettbewerb für den Brückenbau waren im wesentlichen unbrauchbar. Deshalb entwarf die Kommission selbst das Projekt einer vierstöckigen Steinbrücke mit Rundbögen. Geistiger Vater dieser Lösung war Schubert, der sich dabei an den römischen Aquädukten orientierte, denn nur in Caserta bei Neapel und Spoleto gab es vergleichbare Bauwerke mit Höhen von 59 und 77 Metern. Schubert entwickelte an diesem Projekt auch eine allgemeingültige Statik für den Bau von Steinbrücken, die es bis dahin nicht gegeben hatte. Am 31. Mai 1846 wurde der Grundstein gelegt. 1851 wurde der Bau beendet, der unter Leitung von Robert Wilke und Ferdinand Dost entstand. Trotz aller technischen Vorbereitungen war die Realisierung kompliziert: In mehr als 32 Steinbrüchen des Vogtlandes arbeitete man für die Brücke, 26 Millionen Stück Ziegel wurden vermauert, 23 000 Baumstämme brauchte man als Rüstholz. Täglich wurden rund 150 000 Ziegel vermauert, zeitweise waren mehr als 1500 Arbeitskräfte unter schwierigen Bedingungen beschäftigt: Tägliche Arbeitszeit 12 bis 14 Stunden mit geringen Löhnen (Maurer, Steinmetze 12 Neugroschen am Tag. Zum Vergleich: acht Pfund Schwarzbrot kosteten 1846 10 Neugroschen). Es gab mehr als 1300 Unfälle, 31 Menschen kamen ums Leben. Brückenbauer zogen 1848 nach Dresden, wo die Revolution aufgeflammt war, Semper und Schubert standen auf den Barrikaden der Aufständischen. An der kunststeineren Brüstung Tafeln für Ober-Ingenieur R. Wilke (Baumeister), Ingenieur F. Dost (Bauführer). Gegründet 1846. Vollendet 1851. Am 19. März 1958 Einweihung einer von Prof. Fritz Cremer geschaffenen Gedenktafel für Johann Andreas Schubert am Brückenpfeiler an der Straße Greiz-Mylau.

Greiz Kreisstadt im thüringischen Vogtland mit ca. 29 000 Einwohnern.

Greiz liegt in einem tief eingeschnittenen Talkessel der Weißen Elster. Der Name ist slawischen Ursprungs und bedeutet »grad (u)« (umhegter befestigter Platz). Erstmals urkundlich 1209 erwähnt, 1225 wird das heutige Obere Schloß »Castrum Groiz« genannt. Durch Landesteilungen ging Greiz in den Besitz der Vögte von Plauen, die wiederum von den Weidaer Vögten abstammten, über. Heinrich der Jüngere, genannt der Reuße, begründete eine weitere Linie des Herrschergeschlechtes. Den Beinamen »Reuß« bekam er nach seiner Gemahlin, die mütterlicherseits aus einem russischen Adelsgeschlecht stammte. 1359 wird Greiz als Stadt bezeichnet. Durch Erbteilungen entstanden mehrere reußische Linien, so daß sich in der Stadt zeitweilig zwei Herrschaftsbereiche entwickelten, deshalb auch Oberes und Unteres Schloß. Die Stadtmauer, 1394 urkundlich erwähnt, war Ende des 17. Jhd. wahrscheinlich schon sehr verfallen, an vielen Stellen von Häusern überbaut oder weggerissen. 1802 vernichtete ein Großbrand das Untere Schloß, die Stadtkirche, das Rathaus; insgesamt zwei Drittel der Stadt.

Die wirtschaftliche Bedeutung resultiert aus der Lage an einer wichtigen Elsterfurt, dem Zuzug von Handwerkern aus Böhmen und der Lausitz. Weber, Färber und Tuchmacher schlossen sich im 16. Jhd. zu Zünften zusammen. Im Greizer Stadtwappen befand sich eine Zeit lang ein goldenes Weberschiffchen. Seit 1900 ein Zentrum der ostthüringischen Textilindustrie mit dem Sitz mehrerer Unternehmerverbände, 1904 Verband Sächsisch-Thüringer Webereien, 1906 Konvention Sächsisch-Thüringer Färbereien.

1918 beendet die Revolution die Herrschaft der reußischen Fürsten. 1920 kommt Greiz zu Thüringen und ist seit dieser Zeit Kreisstadt.

Wichtigste Sehenswürdigkeiten: Oberes Schloß, in beherrschender Lage über dem Elstertal. Seine heutige Gestalt resultiert im wesentlichen aus dem 16. Jhd., in die ältere und neue Bauteile eingegangen sind. An der Ostseite sechs Renaissancegiebel, wahrscheinlich von Hieronymus Lotter (dem Erbauer des Alten Rathauses in Leipzig) stammend. Stelzentor und zwei enge Umgänge mit Schloßturm als ältestem erhaltenen Teil. Der Turm wurde 1625/29 erneuert, 1660 erhielt er eine Uhr und eine Glocke. Sechseckiger Bau mit Barockhaube. Viele Legenden und Sagen ranken sich um das Schloß. So soll eine weiße Spukfrau ihr Unwesen getrieben haben, ein Geist habe eine Braupfanne Gold bewacht, den ein mutiger Soldat vertrieb, und schließlich wird von einem Mönch in weißer Kutte erzählt, der Überschwemmungen prophezeite. Diese Sage hat ihren Ursprung in den vielen Hochwasserkatastrophen, die erst im 19. Jhd. durch verschiedene Flußbegradigungen und Dämme, im 20. Jhd. durch Talsperren gebannt wurden.

Heute dient das Schloß Verwaltungs- und Wohnzwecken. Hier befindet sich auch das Thüringische Staatsarchiv Greiz.

Unteres Schloß, 1564 als »geräumiges Haus« entstanden, durch Erbteilungen des reußischen Gebietes in die Herrschaften Gera, Obergreiz und Untergreiz wurde es Residenz des Grafen von Untergreiz. 1621 erstmalig als Unteres Schloß urkundlich erwähnt. 1802 durch Brand vernichtet, danach im klassizistischen Stil wieder aufgebaut. Bis 1927 Wohnsitz der Fürsten von Reuß (älterer Linie). Heute im Schloß Kreisheimatmuseum mit Ausstellungen zur Heimat- und Kulturgeschichte und wechselnde Sonderausstellungen.

Ebenfalls nach dem Brand 1802 neu errichtet wurde die *Stadtkirche St. Marien* (erwähnt erstmals 1225, große Silbermann-Orgel, die auch vernichtet wurde), heute mit einer modernen Kreutzbach-Orgel ausgestattet. In der Kirche ein vergoldeter Sarkophag Heinrich VI., der in der Schlacht bei Zenta 1697 getötet wurde.

Das Rathaus am Markt wurde 1842 im neugotischen Stil wieder aufgebaut. Der *Marktbrunnen* konnte 1993 nach alten Überlieferungen in moderner Form wieder eingeweiht werden.

Eine weitere Sehenswürdigkeit der Stadt ist der *Greizer Park* mit dem *Sommerpalais.* Der Park entstand als fürstlicher Lustgarten um 1650. Ursprünglich auch Küchengarten der Obergreizer Herrschaft. Am Ende des 18. Jhd. Ausdehnung des Parks in der Talebene des Elsterflusses nach Norden hin. Neugestaltung und Erweiterung der bisherigen barocken Gartenanlage nach dem Elsterhochwasser 1799. Ab 1873 entsteht nach den Plänen des Gartengestalters Eduard Petzold aus Muskau ein Landschaftspark im englischen Stil. Heute von kulturhistorischer Bedeutung und hohem künstlerischen Wert mit vielen dendrologischen Besonderheiten.

Im vorderen Teil des Parks befindet sich das Sommerpalais, das im klassizistischen Stil erbaut wurde. Das Haus beherbergt seit 1922 die Staatliche Bücher- und Kupferstichsammlung, Stiftung der älteren Linie des Hauses Reuß, mit wertvollen Beständen von mehr als 2000 Schabkunstblättern des 18. Jhd. sowie eine reiche Sammlung von Karikaturen des 18. und 19. Jhd. Der wertvollste Teil der Sammlung stammt aus dem Nachlaß der Prinzessin Elisabeth, der dritten Tochter des englischen Königs Georg III., Landgräfin Elisabeth von Hessen-Homburg. Die Bibliothek umfaßt eine umfangreiche Sammlung von Werken verschiedenster Wissensgebiete. Im SATIRICUM befinden sich annähernd 10 000 Blätter Karikaturen, Cartoons und Komische Zeichenkunst, eine umfassende Spezialsammlung ; seit 1994 bundesweit ausgerichtete Triennalen.

Auskünfte: Greiz-Information / Fremdenverkehrsamt,
Burgplatz, Unteres Schloß, Tel. 0 36 61/70 32 91, 1 94 33,
68 98 15, Fax 0 36 61/70 32 91
Hotel u. a.: *»Ambiente«*, Bahnhofstr. 7,
Tel. 0 36 61/67 20 54
»Am Wald« (garni), Untergrochlitz, Tel. 0 36 61/67 08 03

Griebenherd auch Pechstein, Pechpfanne. Vorrichtung zur Gewinnung von Griebenpech, im Gegensatz zu dem in der Pechhütte gewonnenen Kesselpech. Griebenherd, ein quadratisch zugehauener Stein aus Granit oder Schiefer. Auf der Oberseite schüsselartige Vertiefung. An tiefster Stelle Bodenloch als Abfluß. Stand vor jeder Pechhütte. In die Schüssel gab der *Picher* den bei der Kesselpechgewinnung anfallenden Abfall aus Pech, Rinden- und Holzresten, »Griefen« oder »Grieben« geheißen, deshalb Griebenherd, um es anzuzünden. Das erhitzte Pech floß durch das Bodenloch in ein daruntergestelltes Gefäß. Beigemengte Holzkohleteilchen färbten es schwarz. Das Griebenpech ist weniger gut als helles Kesselpech. – Verbreitete Methode: In die Schüssel baute der Picher harzhaltiges Kiefernholz oder Harzgallen zum meilerförmigen Stapel mit einem Quendelholz in der Mitte. Das Holz wurde mit Rasenerde abgedeckt, nach Ziehen des Quendels das Holz des Innenraumes entzündet und zum Schwelen gebracht. Je nach Farbe und Geruch des Rauches regelt der Picher den Ablauf des Schwelvorganges. Nach gewisser Zeit fließt goldgelbes Pech durch das Bodenloch und wird im darunterstehenden Gefäß gesammelt. – Griebenherde sind Zeugnisse eines alten Waldgewerbes, deshalb denkmalgeschützt. Etwa 70 davon sind im oberen Vogtland erhalten, meist nahe von Bauernhäusern, an Waldrändern. Pechsieden war ein Nebengewerbe kleiner Bauern in waldreicher Gegend. – Griebenpech für Schiffs- und Bootsbau, in Brauhäusern, bei Schuhmachern und Sattlern. Mit Leinöl vermengt Wagenschmiere. Für Apotheken zur Herstellung von Salben und Pflastern. Wichtigster Umschlagplatz von vogtländischem Pech: Auerbach, häufig mit der Beifügung »Pechstadt« gebraucht.

Großfriesen Gemeinde mit Landwirtschaft und Handwerksbetrieben. Wohngemeinde für Einpendler der ca. 3 km westwärts liegenden Stadt Plauen. Ca. 700 Einwohner. Am Gehänge des »Kalten Baches« gelegen, einem rechtsseitigen Nebengewässer des Friesenbaches, der etwa 300 m südwestlich des Ortes vorüberfließt. Unmittelbar südostwärts der Autobahn Hof-Dresden. In 420–450 m ü. NN. Erstmals wird der Ort erwähnt 1267 mit »Magno Vrizen«, das erfolgt in einer Schenkungsurkunde, die Kirche Theuma betreffend. 1438 heißt der Ort »Villa Friesen«. 1545 »Grossenfriesen«. Der Name ist wahrscheinlich von der altsorbischen Bezeichnung »brezza« »Birke« abgeleitet. Ehemalige Blockflur, der Ort selbst ging aus einem erweiterten Platzdorf hervor. – Zwischen Friesenbach und Großfriesen »Kalter Frosch«, eine Abbausiedlung. – In der Umgebung des Ortes Reste des Erzbergbaus der SDAG Wismut.
Übernachtungsmöglichkeiten, Ferienquartiere u. a.: siehe Plauen
Information: Tourist-Information Plauen,
Tel. 0 37 41/2 91 10 27, Fax 0 37 41/29 11 10

Großzöbern Seit 1939 mit dem Ortsteil Kleinzöbern, seit 1956 Pirk und Türbel. Siedlung mit landwirtschaftlichem Charakter westlich von Oelsnitz (Vogtl.) an der B 173. Die Ortsteile Pirk und Türbel am oder im *Landschaftsschutzgebiet »Talsperre Pirk«*. Der Ort liegt im mittelvogtländischen Kuppenland. Großzöbern wird urkundlich erstmals nachgewiesen 1222 mit der Bezeichnung »inter villam Zobri«, 1328 wird »obern Zcobern« genannt, 1502 »Zobern« und seit 1791 »Groß Zöbern«. Vermutlich ist der Ortsname abgeleitet vom altsorbischen Personennamen »Sober«. Im Südosten durch Erhebungen vom Feilebachtal und der Feilebachtalsperre getrennt. – Kleinzöbern nördlich im unmittelbaren Anschluß. Ebenfalls an der B 173. – 1328 erstmals genannt als »nydern Zoobern«, 1640 als »Villa Czebern Cleine« und seit 1791 »Klein Zöbern« geheißen. – In der Umgebung Zeugnisse früheren Erzbergbaus. – Ortsteil Pirk nördlich, Türbel nordostwärts des Ortes. 1301 wird urkundlich ein »Eberhardus de Tirbel« genannt. 1384 heißt die Ansiedlung »Tirbel«, 1824 erstmals »Türbel«. Der dem Ursprung nach slawische Ortsname ist schwer erklärbar. – Hervorgegangen aus einer Gutssiedlung auf dem Sporn zwischen Triebelbach und Weißer Elster. Vorangegangen ist eine mittelalterliche Wehranlage aus der Zeit vor 1300, die, zur Burg ausgebaut, den Elsterübergang der Straße Hof-Plauen sichert. – An der Spornspitze Turmhügel erkennbar, den ein verflachter Graben vom Hinterland abtrennt. 1327 ist die »munitio dicta Turbil« im Besitz der Vögte von Plauen. 1541 erfolgt der Ausbau von Trübel zum Herrensitz, wird 1632 durch Kriegseinwirkungen zerstört – Reste der früheren Burganlage. Ruine des früheren Schafstalls mit erhaltenem Tonnengewölbe, darunter Fluchtgang. – Am Abhang des Triebelbaches die ehemalige Kupfererzgrube »Grüne Tanne«, wurde bis Ende des 19. Jh. befahren. In der Umgebung kleine Halden. Nahe der Straße nach Bösenbrunn das Huthaus. Am Unterhang Reste der im 18. Jh. betriebenen Eisenerzzeche »St. Michael«. – Auf der Brücke über den Kemnitzbach der ehemaligen Verbindungsstraße Dröda-Geilsdorf, *Steinkreuz* aus Granit in das Brückengemäuer eingefügt. Gefunden im Sommer 1915 im Wasser unmittelbar unter der Brücke. – Erholungsgebiet. Auf dem nahen Stausee Talsperre Pirk Wassersport: Segeln, Rudern, Schwimmen.
Ferienunterkünfte u. a.:
Ferienwohnung *Grimm*, Tel. 03 74 36/25 21
Information: *Naherholungszentrum Talsperre Pirk*,
Tel. 03 74 21/2 35 47, Fax 03 74 21/2 35 47

Grünbach Seit 1948 mit dem Ortsteil Siehdichfür. 2,5 km südlich von Falkenstein. *Staatlich anerkannter Erholungsort* seit 1975. 2000 Einwohner. Ländliche Gemeinde mit Stickereien, kleinen Industriebetrieben. Inmitten des *Landschaftsschutzgebietes »Oberes Gölztschtal«*. Von Wald umschlossen. In ca. 700 m Hö-

henlage. – Die Siedlung erstmals erwähnt 1532 als »Grunbach«, 1602 als »Dorff Grunbach«. 1792 heißt es in einer Urkunde »Hinter Grünbach« und »Vorder Grünbach«. Die Ortsbezeichnung weist auf eine Spätsiedlung hin, »am grünen Bach« gelegen. Inmitten dichter Waldung mag der Ort um 1530 als Waldweiler entstanden sein. 1535 besteht er aus »acht Feuerstellen«, am grünen Bach gelegen. Er gehört zu den Besitzungen des Rittergutes Dürfstadt. Die Bewohner üben Waldberufe aus, sind *Picher*, Köhler, Flößer, Holzfäller. Um 1772 kommt die Handweberei auf, die in der 2. Hälfte des 19. Jh. von der mechanischen abgelöst wird. Ab 1880 gehen die Bewohner zu der in Blüte stehenden Stickerei über, benutzen zunächst Stickmaschinen, später Stickautomaten. Heute werden im Ort Gardinen und Dekostoffe hergestellt. – Ostwärts des Ortes, oberhalb der Bahnlinie, der »Luisenfelsen«, der »Lohberg« mit 687 m ü. NN. – Dem Wendelstein gegenüber gelegen der »Schwarze Stein«, ein hervorspringender, weit überhängender Felsen an der steilen Talwand der Weißen Göltzsch, der die Waldbäume überragt. – Unmittelbar am Ort, oberhalb der Kirche, der Wendelstein. Mit 732 m ü. NN höchste ortsnahe Erhebung mit schönem Rundblick. – Im südlich des Ortes gelegenen Waldgebiet der Rehhübel, 788 m ü. NN, die höchste Erhebung des Gebietes. Die Felsklippen aus Grauwackenquarzit mit umgekippter Falte. Auf der dort angebrachten Tafel: »Rehhübel – geologisches Naturdenkmal – überkippte Falte« (Deutlich ist an der Falte das Scharnier zu erkennen). – Westlich des Bahnhofs der Ortsteil Siehdichfür, ein kleines, von Wald umgebenes Dorf. Am Teich, dem Mittelpunkt der Siedlung, lag bis 1905 die 1555 erbaute Schwarzmühle. Der Name der Siedlung geht auf die Bezeichnung eines alten Flurstücks zurück. 1532 heißt es in einer Urkunde »uffm Sihe dich fur«, 1576 dann »Die zwey dörffer Sie dich vnnd Grumbach«. Die Warnung »Sieh dich für!« bezog sich offenbar auf die Bodenbeschaffenheit. – Ausgedehntes beschildertes Wegenetz, Skihang mit Lift.
Hotels, Ferienhäuser, Ferienwohnungen u. a.:
Der Bayerische Hof, Hotel, Tel. 0 37 45/7 26 35,
Fax 0 37 45/7 26 38
Ferienhaus *Dressel,* Tel. 0 37 45/60 80
Ferienwohnung *Renz*, Tel. 0 37 45/7 16 89
Information: Fremdenverkehrsamt Grünbach,
Tel. u. Fax 03 74 65/67 61

Gunzen mit dem Ortsteil Zwotenthal. Die kleine Dorfgemeinde ist südlich von Schöneck gelegen. Sie befindet sich am Oberlauf des Eisenbachs in 580–600 m Höhenlage und bildet den Nordrand des *Landschaftsschutzgebietes »Oberes Vogtland«*. Landwirtschaft ist die wichtigste Beschäftigung der Einwohner, aber auch Musikinstrumentenbau. – Erstmals wird die Siedlung urkundlich erwähnt um 1420/40 mit »(der gemein) zu Gunzen«. 1506 heißt sie »Guntzenn«. Seit 1791 ist »Gunzen« im Gebrauch. Vermutlich heißt das soviel wie die »Rodesiedlung eines Gunzo«. Gegründet wurde sie als Waldhufendorf von der Schönecker Herrschaft. Das frühere Herrengut bildete dabei den Kern einer noch heute vorhandenen Gehöftgruppe im Unterdorf. Im oberen Ortsteil stehen meist Dreiseithöfe. Ein verflachter Lehmstock am Wegeabzweig nach Eschenbach ist vermutlich der Überrest eines Erdturmhügels, der eine befestigte Anlage war. Das *Wohnstallhaus*, Hakendorf Nr. 30, (am Weg zum Bahnhof) steht als Kulturzeugnis unter Denkmalschutz. – Innerhalb des Ortsbereiches gibt es mehrere *Griebenherde.* Der schönste steht am Feldweg nach Eschenbach. Er gilt als die größte vogtländische Pechpfanne (weitere am Dorfrand, an einer Hohlwegböschung, am Feldweg nach Zwotenthal). – Der Ortsteil Zwotenthal liegt etwa 2 km nordostwärts der Hauptgemeinde am Wolfsbach. Urkundlich wird die Ansiedlung erstmals erwähnt 1804 als »Hammerwerk Zwotenthal«. Das läßt auf seine Gründung schließen. Nordostwärts der Siedlung liegt der 770 m hohe Wolfsberg, eine der höchsten Erhebungen der Umgebung.
Information: Gemeindeverwaltung 08261 Gunzen

Gutenfürst Die kleine Gemeinde liegt südwestlich der Kreisstadt. Ehemals war sie eine wichtige Zollstation im innerdeutschen Grenzverkehr an der Zaunlinie Plauen-Hof. – Urkundlich wird er erstmals genannt 1438 als »Guten Frist« und 1494 als »Gutenforst«. Seit 1640 ist »Gutenfürst« im Gebrauch. Der Ortsname wird abgeleitet vom mittelhochdeutschen »virst«, das ist die Bezeichnung für »Bergrücken, Gebirgskamm«, also ein »Ort auf einem gut bestellbaren Bergrücken«. Hier ist gemeint speziell eine Hochfläche. Der Ort liegt im *Landschaftsschutzgebiet »Burgsteinlandschaft«*. Im Westen wird er flankiert vom Zapfenberg mit 592 m ü. NN, im Osten vom Ameisenpöhl mit 568 m ü. NN. – Im Ort befindet sich das Herrenhaus des ehemaligen Rittergutes Gutenfürst. Ein verstümmeltes *Steinkreuz* steht ostwärts des Ortes bei der Straße nach Kemnitz. Man vermutet in ihm die Bezeichnung einer kirchlichen Sprengelgrenze. – Seit 1979 gibt es im Ort ein Naherholungszentrum mit Gondelbetrieb.
Information: Gemeindeverwaltung 08538 Gutenfürst

Hackbrett Zu einem der eigenwilligsten, unverwechselbarsten Volksmusikinstrument zählt das Hackbrett. Im 15./16. Jh. war es über ganz Deutschland verbreitet. Heute ist es hoch in der Volksmusik der Alpenländer anzutreffen und im Vogtland. Karl August Windisch schreibt 1895, daß es in der 1. Hälfte des 19. Jh. »bei keiner vogtländischen Musik fehlen durfte«. Das Hackbrett ist eine griffbrettlose Zither, eng verwandt mit dem Psalterium. Es besteht aus einem hölzernen trapezförmigen Korpus mit ein oder zwei Schallöchern. Über den Schallkasten sind quer zum Spieler Metallsaiten gezogen. Sie sind unterschiedlich lang. In chromatischer Folge von reichlich zwei Oktaven Tonumfang sind insgesamt 112 Saiten über die Stege gespannt. Jeweils vier dicht beieinanderliegende Saiten haben die gleiche Stimmung. Das erhöht die Klangfülle, sobald sie gemeinsam mit den beiden Klöppeln angeschlagen werden.

Hammerbrücke mit den Wohngebieten Friedrichsgrün, Rißbrücke, 5 km südostwärts von Falkenstein. Ferienort mit ca. 1600 Einwohnern. Am Oberlauf der Zwickauer Mulde in 660–740 m Höhenlage gelegen. Von Wald umgeben in einer flachen moorigen Talsenke. – Um 1580 erfolgte des Holztransportes wegen die Anlage des oberen Floßgrabens. In diesem Zusammenhang entstand 1578 die Siedlung Mulde. Als 1598 der untere Floßgraben entstand, war Peter Fischers 1595 angelegte Frischhütte »Muldenhammer« ein Jahr zuvor abgebrannt. Ab 1606 betrieb er dann eine neue Schneide- und Mahlmühle, das »Hammergut an der Brücke«, gab dem späteren Ort den Namen. – Versuche, in der Gegend Bergbau zu betreiben, blieben wenig erfolgreich. Aufgabe des Bergbaus 1787; in dieser Zeit entstehen erste Häuser von Friedrichsgrün. Zwischen 1786 und 1796 wird aus einem Dutzend Häuser eine Streusiedlung. 1792 erstmals urkundlich als »Hammerbrücke« erwähnt. Hammerbrücke und Friedrichsgrün werden 1839 selbständige Gemeinden. Bis dahin gehörten sie zu den Rittergütern derer von Trützschler auf Oberlauterbach und Falkenstein. 1936 erfolgte der Zusammenschluß beider zur Gemeinde Hammerbrücke. – Ostwärts des Ortes, in Richtung Tannenbergsthal, der 786 m hohe Thierberg. Auf seinem Südabhang in 750 m Höhenlage die »Thierbergquelle« mit einer kleinen Anlage. Das Wasser ist leicht radioaktiv. – Rechts von der Klingenthaler Straße in einem alten Steinbruch »Karlsbader Zwillinge«, eine geologische Verwachsung und Durchdringung von zwei Kristallen beim Kalifeldspat. – An der Westseite des Ortes das Wohngebiet Rißbrücke. 1833 gibt es »Häuser der Rißbrücke«, 1876 heißt die kleine Ansiedlung dann »Rißbrücke«, also »Häuser an der Brücke über den Riß«. – Die dicht dabei liegenden Rißfälle sind die einzigen Wasserfälle des Vogtlandes. Der »Riß« ist das tief in den Felsen eingesprengte Bett des oberen Floßgrabens. Er wurde angelegt in den Jahren 1578/79, der »Riß« selbst entstand 1579 als Verbindung zwischen der Zwickauer Mulde und der Göltzsch. Im Göltzschgraben wurde wahrscheinlich ab 1584 Holz geflößt bis zum Salzwerk Poserna im Amte Weißenfels, später auch nach Halle und Leipzig. Der »Riß« steht als technisches Denkmal unter Schutz. – Um Hammerbrücke ideales Skiwandergebiet.

Pensionen, Ferienunterkünfte u. a.:
Landgasthof und Pension *»Berglandstübel«*,
Tel. u. Fax 03 74 65/61 80
Ferienhaus *Hilde Meyer*, Tel. 03 74 65/28 22
Ferienwohnung *Heidemarie Kühn*, Tel. 03 74 65/22 86
Information: Fremdenverkehrsbüro,
08269 Hammerbrücke, Tel. 03 74 65/61 00,
Fax 03 74 65/62 83

Hauptmannsgrün Die dörfliche Siedlung liegt ostwärts von Reichenbach am Raumbach. Die Erhebungen um das Dorf liegen um 470 m ü. NN. – Der Ort wurde erstmals erwähnt 1140 als »Hertmansgrun«. 1367 wird »das Dorff Hartmansgrün« genannt. 1791 taucht erstmals die Abwandlung »Hauptmannsgrün« auf. Der Name wird hergeleitet von einer Rodesiedlung eines »Hartwig« oder »Hartman«. Die Verbindung zu Oberreichenbach bestand früher durch eine alte Poststraße (heute Waldweg). Am Jägerhaus »Isolde«, einer ehemaligen Jagdunterkunft »uffm Sihe dich fur«. – Ausgedehntes beschildertes Wegenetz.

Ferienwohnungen u. a.:
Ferienhof Tröger, Tel. 03 76 00/35 59
Information: Fremdenverkehrsverein Nördliches
Vogtland 08449 Mylau, Tel. 01 72/2 71 61 52,
Fax 01 72/38 51 24

Heinersgrün, Kapelle Die dorfnahe Kapelle liegt südlich der Autobahn Dresden-Hof, 7 km hinter Pirk, weithin sichtbar auf der kahlen Kuppe eines Berges. Sie ist der heiligen Clara gewidmet. Ehemals war sie eine Wallfahrtskirche. Der weiße einschiffige Steinbau hat ein flaches Satteldach und ist mit einem quadratisch gedrungenen Westturm versehen. Die Fenster sind spitzbogig, der Chor ist dreiseitig geschlossen. Am Kanzelaltar gibt es geschnitzte schöne barocke Figuren. An der rechten Seite des Altarplatzes befindet sich die Begräbnisstätte der Herren von Feilitzsch und Pölnitz. Sie sind Angehörige eines alten sächs.-bayr. Adelsgeschlechtes. – Der nahe Ort ist als »Henrichsgrune« seit 1296 bekannt, »die Rodesiedlung eines Heinrich«. Das dort befindliche Schloß stammt aus dem Mittelalter, wurde häufig verändert und nach einem Brand 1920/21 wiederaufgebaut.

Helmsgrün Zum Dorf gehören die Ortsteile Rodlera und Schloßhalbinsel. Es liegt nordostwärts von Plauen, an der ostwärtigen Begrenzung des Landschaftsschutzgebietes Talsperre Pöhl. Die kleine, von der Landwirtschaft geprägte Siedlung dient heute auch als Arbeiterwohngemeinde. Urkundlich wird Helmsgrün erstmals genannt 1418/19 als »Helmbrechtsgrune«. 1428 wird ein »(Nikkel Schuler) zu Helmbrechtsgrün« erwähnt. 1590 ist von »Helmannsgrun« die Rede und seit 1828 von »Helmsgrun«. Die Ortsbezeichnung weist auf die »Rodesiedlung eines Helmbrecht« hin. Gegründet wurde die Siedlung als Waldhufendorf im Tal und an den leicht ansteigenden Hängen des Bellwitzbachs. Ehemals gab es einen Herrensitz in Helmsgrün. Das frühere Rittergut befand sich an der Straße in etwa Ortsmitte. Anfang des 19. Jh. wurden die wesentlichsten Teile abgetragen und der Grundbesitz zum Rittergut Pöhl geschlagen. – Auf dem Geländesporn westlich der Straße nach Neudorf ist das Kernwerk einer unvollständig erhaltenen Verteidigungsanlage zu sehen. Noch erkennbar ist der Abschnittgraben des Westteils. – Der Ortsteil Rodlera liegt 1,5 km nordwestlich der Hauptgemeinde, bestehend aus wenigen Häusern. Diese Ansiedlung ist seit 1578 unter »Rodla« bekannt. 1752 wird sie »Rödler« genannt und seit 1791 »Rodlera«. Hergeleitet wird die Ortsbezeichnung entweder von »Rodlein/Rödlein«, also »kleine Rodung« oder von »Rodler« einem »Grundstück eines Rod(l)er«. – Durch einen Seitenarm der Talsperre reicht die Wasserfläche bis an die Häuser heran. – Im Wald ostwärts der Häuser gibt es eine Gruppe von Hügelgräbern vermutlich aus der jüngeren Bronzezeit. – Auf der Flur des Ortes fand man Scherben der sogen. Kalenderbergkeramik aus dem niederösterreichischen Raum. – Helmsgrün verfügt über einen Campingplatz und eine Bungalowsiedlung. Durch den nahen Stausee ist Wassersport möglich wie Schwimmen, Rudern, Segeln. – Surfschnee, der einzige FKK-Strand des Vogtlandes.
Herbergen und Ferienparks:
Herberge der Jugend *»Kirche unterwegs«*,
Tel. 03 74 39/62 04
Ferienpark *Schloßhalbinsel*, Tel. 03 74 39/64 94
Information: Fremdenverkehrsamt Vogtländische Schweiz, Tel. 03 74 39/45 00, Fax 03 74 39/4 50 13

Hermsgrün-Wohlbach nordostwärts von Adorf. Bäuerliche Siedlung im Tal des Eisenbachs in 480–540 m Höhenlage. – Hermsgrün urkundlich erwähnt erstmals 1323 als »Hermansgrune«. Seit 1791 heißt die Siedlung »Hermsgrün«, das heißt soviel wie »Rodesiedlung eines Herman«. – Der Ortsteil liegt direkt am Eisenbach, wird flankiert vom 514 m hohen Enusberg im Nordwesten, vom 566 m hohen Galgenberg im Nordosten und dem Härtelberg mit 582 m ü. NN im Südosten. Die früheren Waldhufenstreifen zogen sich an beiden Hängen bis zum Waldrand. Ursprünglich gehörte das Dorf zum castrum und späteren Amt Voigtsberg. Noch 1542 hatte das Amt, neben anderen Grundherrn, Besitzanteile. – Auf der nordwestlichen Talseite noch relativ erhaltene Dreiseithöfe dicht beieinander, gegenüberliegend vereinzelt. *Wohn-Stallhäuser* mit erhaltenem *Umgebinde,* einige mit verzierten Giebeln. – Wohlbach wird 1405 mit »Walpach« aufgeführt, 1466 mit »Waltpach«, und seit 1791 heißt die Siedlung »Wohlbach«. Das heißt soviel wie »Ort am Bach«, an dem Bach, an dem sich ein Wal/Wol, eine Ringmauer, befindet. – 1583 waren die Grundherren die Rittergutsbesitzer von Erlbach, 1764 von Wohlhausen. Die Dreiseithöfe des ehemaligen Waldhufendorfes, *Wohn-Stallhäuser* im Blockbau mit *Umgebinde* und Fachwerkkonstruktion im Obergeschoß, entlang des Baches. – Typischer Dreiseithof Nr. 22, zweigeschossiges *Wohn-Stallhaus* mit Blockstube, *Umgebinde* im Erdgeschoß und vorragendem Obergeschoß. Scheune als Blockbau mit Hochlaubengang von 1728. – Auf dem Hof überdachter Brunnentrog. – Dorfkirche »Zu unseren lieben Frauen« mit Altarraum, vermutlich von einer Wallfahrtskapelle aus dem 12. Jh. Aufgebaut auf dem Erdturmhügel einer ehemaligen Wasserburg. Doppelgraben der alten Anlage hinter dem Gebäude erkennbar. Nach der Reformation zur Hallenkirche erweitert, bis heute erhalten. Außenansicht besonders durch den spitzen Turm geprägt. Altar aus dem 17. Jh. mit Merkmalen des böhmischen Barock. Flache Felderdecke mit bäuerlicher Malerei. – Pfarrhaus, *Umgebindehaus* von 1747. Das *Fachwerk*-Obergeschoß mit Schiefer verkleidet. – Richtung Hermsgrün Hammerbühl, Halde mit Eisenschlakken, stammen von einem Schmelzofen und Pochwerk. Mit ihm zerpochte man die Schlacken für erneute Hochofenbeschickung. – Der Verlauf des Eisenbachs ist die nördliche Begrenzung des *Landschaftsschutzgebietes »Oberes Vogtland«.*
Gasthöfe, Ferienhäuser, Ferienwohnungen u. a.:
Landgasthaus Rudert, Tel. 03 74 23/27 35
Ferienhaus Hermsgrün 08626 Mühlental,
Information: Gemeindeverwaltung 08626 Mühlental

Heubner, Otto Leonhard Bürgerlicher Revolutionär, Mitbegründer der deutschen Turnerbewegung. Er wurde am 17. Jan. 1812 in Plauen geboren, Sohn eines Advokaten und Gerichtsdirektors. Nach dem Besuch der Fürstenschule in Grimma ab 1829 Studium der Rechtswissenschaften an der Universität Leipzig. Hier kam er in Berührung mit der revolutionären bürgerlichen Vormärzbewegung und den Ideen Friedrich Ludwig Jahns. Aus der Freundschaft mit *Julius Mosen* entstanden 1830 die ersten eigenen Gedichte. Nach dem Studium, 1832, Rückkehr in die Vaterstadt Plauen, 1837 in Mühltroff Vice- und 1838 Gerichtsdirektor. Ab 1843 Kreisamtmann von Freiberg. Von Heubner und seinen Brüdern wurde 1833 auf dem Plauener Amtsberg ein öffentlicher Turngarten eingerichtet, aus dem 1840 die städtische Turnanstalt entstand. Sie war bald das Beispiel für Turnen und Körperertüchtigung in ganz Sachsen. Der von Heubner gebrauchte Turnergruß »Gut Heil« und die rotweißen Farben setzten sich für die gesamte Turnerschaft durch und sind bis heute gültig. – Heubner war Revolutionsteilnehmer von 1848/49. Als Abgeordneter des sächs. Landtages wurde er zum Führer der provisorischen revolutionären Regierung. Nach der Niederschlagung des Aufstandes verhaftete man Heubner, er wurde 1850 zum Tode verurteilt. Umwandlung der Strafe in lebenslanges Zuchthaus. Einen Teil davon verbrachte er auf der Festung Königsstein und im Zuchthaus Waldheim. 1859 wurde er begnadigt. Von da an wirkte er als Anwalt in Dresden und als Rechtsvertreter einer Hypothekenversicherungsbank. Ab 1869 gehörte er als Abgeordneter dem sächs. Landtag an. Im Jahre 1871 übertrug man ihm das Amt eines Stadtrates für Schulwesen in Dresden. 1887 trat er in den Ruhestand. Sein Leben lang war er schriftstellerisch tätig. Er starb am 1. April 1893 in seinem Haus in Dresden-Blasewitz.

Rathaus in Hof

Hof *Kreisstadt* an der Saale mit ca. 55 000 Einwohnern. Mittelpunkt des bayerischen Vogtlandes. Eingebettet zwischen Frankenwald und Fichtelgebirge. 495 m ü. NN. »Brücke zwischen Bayern und Sachsen«. Industriestadt mit Schwerpunkt in der Textilherstellung, Metallverarbeitung, im internationalen Speditionswesen. Traditionen im Brauereiwesen. Stadt mit Regionalflugplatz. Flugverbindung täglich mehrmals nach Frankfurt am Main. – Die frühe Siedlungsgeschichte des Regnitzlandes bislang unerforscht. Im Zusammenhang mit der vermutlichen Errichtung der Lorenzkirche 1080 könnte die Gründung der Siedlung »Regnizi« stehen, der heutigen Hofer Altstadt. Unweit davon gründete um 1230 Otto Graf von Andecks und Herzog von Meranien die Neustadt des heutigen Hof. Nach 1248 erhalten die Vögte von Weida den heutigen Ort und das Territorium zum Lehen und erbauen Schloß und Stadtbefestigungen. 1292 gründen die Franziskaner ihr Kloster, wenige Jahre später, 1299, der große Brand der Alt- und Neustadt. 1319 erhält der Ort verbrieftes Stadtrecht. Die Vögte von Weida verkaufen 1373 Hof und das Regnitzland an Friedrich V. Das Gebiet gehört zunächst zur Burggrafschaft Nürnberg, später zum Fürstentum Brandenburg-Bayreuth und schließlich zum Königreich Preußen. So herrschen von 1373–1806 die Hohenzollern über Hof und das Regnitzland. Durch den Friedensschluß von Tilsit im Jahre 1806 fällt das Fürstentum Bayreuth-Hof an Frankreich und 1810 dann an das Königreich Bayern. Wichtige Ereignisse in diesem Zeitabschnitt: 1430 brandschatzen die Hussiten die Stadt. Die Reformation hält 1529 ihren Einzug. 1626 und 1690 gibt es große Stadtbrände und 1743 wird das Schloß ein Opfer der Flammen. Mit dem Bau der Eisenbahn im Jahre 1848 setzt die Industrialisierung der Stadt ein. – Hofs Stadtwappen zeigt zwei silberne Zinnentürme mit Spitzdächern und einem unten aufgelegten angelehnten

Museum Bayerisches Vogtland, Hof

schwarzen Schild mit einem rotgekrönten Löwen darin. Die Türme symbolisieren befestigte Stadt, Löwenschild ist das Wappen der Vögte von Weida, den Hofer Stadtherren vor 1373. Die Farben der Stadt sind gelb-schwarz. – Sehenswert ist das Rathaus aus dem Jahre 1563–1566. Sein Erbauer ist Nikolaus Hofmann aus Halle. Das repräsentative Gebäude bildet mit der Kirche St. Michaelis eine Einheit. Schöne zweifarbige Fassade mit Erkern, Ornamenten, Wappen. Achteckiger schlanker Turm mit Umgang und Glockenhaus. Von hier schöner Rundblick auf Stadt und Umgebung (während der Dienstzeit der Städtischen Ämter für Interessenten geöffnet.) – Kirche Sankt Michaelis erbaut um 1230. Ging aus einer dem Erzengel Michael geweihten Kapelle hervor, einer Filialkirche von Sankt Lorenz. Nach ihrer Zerstörung 1299 entstand zwischen 1380–1386 eine dreischiffige Hallenkirche. Sie erhielt 1480 ihre endgültige Form. Im Verlauf der Reformation wurde aus ihr 1536 die evangelische Hauptkirche. Beim Stadtbrand 1823 ausgebrannt. Später vergrößert, neugotisch geprägt, wieder aufgebaut. Vor allem das Mittelschiff wurde verbreitert. Die Türme erhielten achteckige Helme. Ursprünglicher Hochaltar von 1465, bekannt als »Hofer Altar«, heute in der Alten Pinakothek München. Mit acht Bildern von Hans Pleydenwurff gilt er als einer der schönsten fränkischen Tafelaltäre. Der jetzige Altar von Anselm Sickinger, München, aus dem Jahre 1884. Im Mittelteil Einsetzung des Altarsakraments, auf den Seitenflügeln die vier Evangelisten. Kanzel nach einem Entwurf von Prof. Georg von Hauberisser, München. Holzkruzifix gegenüber der Kanzel aus dem 15. Jh. Orgel, ein Werk der Gebrüder Heidenreich aus dem Jahre 1834. Wird als die klangschönste Orgel Bayerns bezeichnet. (Kirche ist wochentags von 7 bis 16 Uhr geöffnet). – Die Hospitalkirche am Unteren Tor wurde im gotischen Stil errichtet und barock ausgestattet. Entstehungszeit nicht genau bekannt. Bei der Errichtung des Hospitals 1264 geplant. Sehenswert ist eine schöne Kassettendecke von 1561, 1688/89 mit über hundert Bildern. Szenen aus dem Alten und Neuen Testament des Hofer Malers Heinrich Andreas Lohe. Neugotischer Marienalter aus dem Jahre 1511 eines unbekannten Meisters. Hatte zuerst einen Platz in der Kirche Sankt Michaelis. Wurde um 1560 in die Hospitalkirche übertragen. Im Hauptschrein Maria mit dem Kinde, die heilige Katharina und wahrscheinlich die heilige Barbara. Kanzel von 1561. Schalldecke vom Hofer Tischlermeister Nikel Herold aus dem Jahre 1693. Von den Hofern »Siemakerchn« geheißen, da sonntäglicher Hauptgottesdienst 7 Uhr beginnt. – Lorenzkirche, erbaut auf einem Felssporn oberhalb der Saale. Gilt als Keimzelle von Hof. Denn 1214 wird die Kirche mit dem Dorf »Reckenze« genannt, aus dem Hof hervorging. Soll vermutlich schon 1080 bestanden haben. Vor dem Kirchenbau Kapelle. Lag schutzlos außerhalb der Stadtmauer. Romantisch in kleinem Park eingebettet, bildet mit dem historischen Pfarrhaus Ensemble. Im Innenraum 7 m hoher Retabelkanzelaltar. Wertvoller, nach seinem Stifter benannter Hertnid-von-Stein-Altar von 1480. Der spätgotische Flügelaltar in leuchtenden Farben. Zeigt in der Mitte Kaiser Heinrich und Katharina Kunigunde, die beide das Modell des Bamberger Doms halten. Kruzifix aus der Zeit um 1500. – Kirche Sankt Marian, neugotischer jüngster Kirchenbau der Stadt. Grundsteinlegung 1864. Die kath. Hauptkirche am südlichen Abschluß der Altstadt überragt mit zwei 57 m hohen quadratischen Türmen das Stadtbild und ist weithin sichtbar. Innenraum ist ein Mischtyp von Sakralbau und Hallenkirche. Wertvoll die Statue »Maria Immukulata« auf der rechten Seite des Mittelschiffes. Chorfenster von 1902. Kanzel 1901 montiert. – Kleine Teilstücke der ehemaligen Stadtbefestigungsringe am Schloßplatz. Der Ring diente bis zur Belagerung der Stadt im Jahre 1553 als Befestigung. Man ließ ihn nach der damaligen Kapitulation schleifen. – Schloß, eigentlich Stadtburg, überdauerte die Belagerung von 1553. War nochmals während des Dreißigjährigen Krieges als Verteidigungsanlage von Bedeutung. Wurde 1743 bei einem Brand vernichtet. Die von der Stadt gekaufte Ruine ließ man 1762 beseitigen. Das vorhandene Teilstück gehörte zur nördlichen Grabenausmauerung. – Unmittelbar an der Stadtmauer im Westen der Neustadt lag das Kloster der Franziskaner und der Klarissinen aus dem 13. Jh. Vom Nonnenkloster Ost- und Südflügel sowie am Kreuzgang vom Franziskanerkloster Ost- und Teil des Nordflügels und Sommerhaus. – Der alte Bahnhof, 13 Jahre nach Eröffnung der ersten deutschen Eisenbahnstrecke am Oberen Tor in Betrieb genommen. Am Hallplatz renovierte Reste der früheren Einsteighalle. Westgiebel mit vier Einfahrtstoren, wie sie 1848 waren. Erhalten auch frühere bayrische Lokalgüterhalle an der Poststraße. 1880 wurde nach dem Bau des neuen Durchgangsbahnhofes der alte Kopfbahnhof stillgelegt. Die Ludwigstraße zwischen Oberem und Unterem Tor, am Rathaus vorüber, gilt als Hofer »Vorzeigestraße« wegen ihrer einmaligen geschlossenen Häuserfront im klassizistischen Stil. – Schloß Hofeck liegt auf felsiger Anhöhe an der Straße nach Unterkotzau. Der Hofer Fabrikant Hans Viessmann rettete das verfallene Schloßgut, ließ es renovieren und zu einem Gästehaus seiner Firma herrichten (Anlage für die Öffentlichkeit nicht zugängig). – Stadtpark Theresienstein im Nordosten der Stadt, jenseits der Saale, mit 55 ha Größe beliebtes Naherholungsgebiet der Bewohner der Stadt. Die bestehende Parkanlage »Fröhlichstein« wurde anläßlich eines Besuchs von Theresa Charlotte, der Gemahlin von König Ludwig I. von Bayern im Jahre 1836 in »Theresienstein« umbenannt. Das Wirtschaftsgebäude, eine bau- und kunsthistorische Rarität des Jugendstils aus der Zeit der Jahrhundertwende, rettete der Rat der Stadt vor dem Verfall, ließ es restaurieren und seit 1988 der Öffentlichkeit zugängig machen. – Kreisrunder Aussichtsturm im Parkgelände, 16 m hoch (70 Stufen), am Fundament 569 m ü. NN. Ausblick auf Hof, bei günstigem Wetter bis zum sächs. Vogtland. – Botanischer Garten, begonnen 1927/29 durch den Stadtgärtner Rudolf Hutschenreiter. Hat sich zwischen Plauener Straße und dem Gumpertsreuther Weg zu einem Schau- und Lehrgarten mit interessanter Flora entwickelt (geöffnet vom Frühjahr-Spätherbst). Weisheitstempel, kleiner Kuppelbau. 1907 von den Gebrüdern Weisheit den Bürgern der Stadt gestiftet. – Kleinzoo am Rande des Stadtparks, gerne als »Zoo zum Anfassen – Streichelzoo« bezeichnet. Aquarien- und Terrarientiere, Vögel, Säugetiere u. a. (geöffnet im Sommer von 8 bis 18 Uhr, im Winter von 9 bis 16 Uhr). – Im Südwesten der Stadt, auf dem Rosenbühl, in 579 m Höhenlage, der 1914/21 aus Bruchsteinen gefügte wuchtige Bismarckturm inmitten einer kleinen Parkanlage. Aussichtspunkt mit schönem Blick auf Hof, bei günstigem Wetter Sicht zum Fichtelgebirge, nach Sachsen und Thüringen. – 4 km südlich der Stadt großes Naherholungsgebiet »Untreusee«. Von 1976–1981 mit erheblichem Kostenaufwand zur naturnahen Erholungslandschaft ausgebaut. Stausee mit 62 ha Wasserfläche. Inhalt des Bekkens 5,85 Mill. kbm. Größte Tiefe 15 m. Länge der Staumauer 316 m. Paradies für Wassersportler: Segler, Surfer, Kanuten, Ruderer (Motorboote nicht zugelassen). Bademöglichkeiten, Liegewiesen. Bootshafen mit 60 Liegeplätzen, Bootshallen. Rundwanderung 6 km lang, über Insel und Holzbrücke 4,3 km. – Städtische Kunsteisbahn am Eisteich. – Neues, modernes Freizeit- und Erlebnisbad am Oberen Anger. – Museum *»Bayerisches Vogtland«* am Unteren Tor. – Die Stadt verfügt über ein Theater (Oper, Operette, Schauspiel, Ballett, Studiobühne), Schützenstraße 9, und über ein Symphonieorchester. – Volkssternwarte in der Münsterschule, Egerländerweg 25, gilt als bestausgerüstete Nordbayerns. – Freiheitshalle, Einrichtung für Großveranstaltungen und Tagungen. Besitzt internationales Niveau. Von hier häufig Rundfunk- und Fernsehübertragungen. – Hof unterhält Städtepartnerschaft seit 1954 zu Ogten (Utah), USA; Jensuu, Finnland, seit 1969; Villeneuve-la-Garonne, Frankreich, seit 1980 und zu Plauen seit 1987. – Jährlich am Montag nach Trinitatis traditioneller »Schlappentag«, Anfang Juli Steinhauer- und Maurerjahresfest, im Juli Schützenfest und Untreuseefest. Ende Juli, Anfang August Volksfest. »Hofer Sommerkultur«, »Hofer Herbst« mit Straßentheater, Konzerten, Gauklern, Dichterlesungen, Kunstausstellungen, Jazzkonzerten. »Hofer Filmfestspiele« gelten als originellstes deutsches Filmfestival, jährlich im Oktober. – In der Woche zweimal Wochenmarkt. – Informationen durch Lokalrundfunk Frequenz 94 m. – Hof verfügt über 200 gastronomische Einrichtungen und gute Übernachtungsmöglichkeiten.

Museum »Bayrisches Vogtland«, Tel. 0 92 81/81 56 12
Stadt- und Regionalgeschichte des bayrischen Vogtlandes (u. a. allgemeine Geschichtsentwicklung, Einblick in die Geschichte von Landbau, Handwerk, Gewerbe, Industrie, Kaufmannswesen; Wohn- und Lebensverhältnisse, Vereinsgeschichte). Naturkundliche Sammlungen. Gegründet 1900. In den Räumen des ehemaligen Hospitalgebäudes seit 1983.

BB-Brauerei-Museum, Tel. 0 92 81/73 66 29

Hotels, Gasthöfe, Pensionen u. a.:
Quality Hotel, Hof, Tel. 0 92 81/7 03–0,
Fax 0 92 81/7 03–1 13
Gasthof *Rotes Roß*, Tel. 0 92 81/8 42 59,
Fax 0 92 81/8 66 80
Landgasthof *Grüne Linde*, Tel. 0 92 81/6 74 66,
Fax 0 92 81/6 74 66
Jugendherberge Hof, Tel. 0 92 81/9 32 77,
Fax 0 92 81/9 20 16

Information: Tourist-Info, Tel. 0 92 81/81 56 66,
Fax 0 92 81/8 19 48 20

Irfersgrün Gemeinde mit landwirtschaftlichem Charakter, ostwärts von Reichenbach. Erstmals 1265 erwähnt als »Ernphornzgrun«. 1333 wird ein »Eberlein von Yrnfriedesgrun« genannt. 1413 heißt die Ansiedlung »Erinfridesgrune«, was sich deuten läßt als »Rodesiedlung eines Ernfried«. – Im Ort befindet sich das Schloß des ehemaligen Rittergutes der Familie Arnim auf Sophienreut in Oberfranken. – Die Gehöfte liegen auf beiden Seiten der Dorfstraße und des Baches. – Die kleine Kirche wurde um 1300 vom Ritterorden zu Ehren der Jungfrau Maria erbaut. Die von ihm gestiftete Pfarre übernahm die Betreuung der Gläubigen in Pechtelsgrün, Hirschfeld und Stangengrün. Einschiffiger, geschlossener, schlichter Bau mit Holzdecke. Erneuert 1826 und 1896. Eine der wenigen Kirchen mit einem kulturhistorisch wertvollen Bornkinnel, einer Holzplastik des Schneeberger Bildschnitzers Johann Petzold d. Ä. aus der Zeit zwischen 1640 und 1650. – Zur Abwendung der Pest wurden im Jahre 1625 um die Kirche fünf Pestlinden gepflanzt, von der eine heute noch hinter dem Gebäude steht. – Im Ort erinnert ein Denkmal an den Pädagogen *Friedrich Dittes.* Am renovierten Geburtshaus (jetzt »Am Dittesdenkmal« Nr. 6) Gedenktafel.
Ferienunterkünfte u. a.:
Ferienhaus Campingplatz v. Tailleur, Tel. 03 76 06/27 87, Fax 03 76 06/27 88
Information: Stadtverwaltung 08485 Lengenfeld,
Tel. 03 76 06/30 50, Fax 03 76 06/84 30

Jean Paul Eigentlich Johann Paul Friedrich Richter. Bedeutender Schriftsteller zwischen Klassik und Romantik. Eine der interessantesten Erscheinungen in der deutschen Literaturgeschichte. Meistgelesenster Schriftsteller des 19. Jh. – Geboren am 21. März 1763 als Sohn eines Lehrers und späteren Pfarrers in Wunsiedel. Wächst in dürftigen Verhältnissen auf. Einen großen Teil seiner Kindheitsjahre zwischen 1765 und 1776 verbringt er in Joditz, danach in Schwarzenbach (Saale), bevor er 1779 das Gymnasium in Hof besucht. Ab 1881 studiert er in Leipzig Theologie, muß das Studium 1784 aus Geldmangel abbrechen. Flüchtet, um seinen Schuldnern zu entgehen, nach Hof, wird 1787 Hauslehrer in Töpen, kehrt 1789 nach Hof zurück und lehrt 1790 als Winkelschullehrer in Schwarzenbach. Lebt seit 1794 wieder in Hof, besucht 1796 Weimar und ist im nächsten Jahrzehnt fortwährend auf der Suche nach einer Stellung, die ihm sein Autorendasein erleichtert. 1797 übersiedelt er nach Leipzig, 1798 nach Weimar, 1800 nach Berlin. 1801 verheiratet er sich mit Karoline Mayer. Nun erfolgt die Übersiedlung nach Meiningen, 1803 nach Coburg, endlich dann 1804 nach Bayreuth. Hier lebt er mehr als zwanzig Jahre und stirbt am 14. November 1825. – Sein umfangreiches Prosawerk, das sich teilweise dem heutigen Leser nur schwer erschließt, ist gleichermaßen von Gedankenreichtum und Empfindsamkeit erfüllt. Jean Pauls Werk, wesentlich geprägt auch durch seine Kindheitserfahrungen im Vogtland, sein Leben in Kleinstädten, vereint Elemente der Aufklärung mit solchen der Klassik und Romantik. Hermann Hesse nennt ihn »einen der größten deutschen Geister«, sein Werk humorvoll und von sprachlichem Erfindungsreichtum geprägt, wenn auch oft in Komposition und Form auswuchernd, wird immer wieder neu entdeckt. Wichtigste Werke: »Leben des vergnügten Schulmeisterlein Wuz« (1793), »Hesperus« (1795), »Siebenkäs« (1796/97), »Flegeljahre« (1804/05).

Jean Paul

Jocketa mit Ortsteilen Trieb, Barthmühle und Neudörfel. Gemeinde mit ca. 1200 Einwohnern im Zentrum der Vogtländischen Schweiz. Bedeutung heute als Ferienort im Erholungsgebiet der Talsperre Pöhl. Liegt in ca. 370 m Höhe auf einer Hochfläche zwischen Weißer Elster und Trieb. Bedeutendste Erhebung: Eisenberg (435 m). Altjocketa erstmals erwähnt 1419 als Gockta (slaw. Kokot-Hahn), ursprünglich Rodesiedlung und Waldhufendorf, liegt an den Hängen des Dobrisbaches. Zu Beginn des 20. Jh. entstand als Villensiedlung Neujocketa auf einer Hochfläche zwischen Weißer Elster und Trieb. Seit 1963 ist Neudörfel eingemeindet, die ehemalige selbständige Gemeinde (1412 als Nuwendorff genannt) liegt nördlich der Talsperre. Im Garten eines Gehöfts finden sich hier Überreste einer mittelalterlichen Wasserburg. Barthmühle, seit 1974 zu Jocketa gehörig, verdankt seine Entstehung dem Eisenbahnbau Gera-Weischlitz, kleine Siedlung im Elstertal, Bahnhof Ausgangspunkt für Ausflüge nach Pöhl.
Nahe Barthmühle die von 1846–1851 erbaute *Elstertal-*

brücke, 68 m hoch, 279 m lang, eine der größten Ziegelsteinbrücken der Welt.
Hotels, Gasthöfe, Pensionen u. a.:
Landhotel und Gasthof *»Alt-Jocketa«*, Tel. 03 74 39/62 54
Restaurant und Pension *»Gockescher Hahn«*,
Tel. u. Fax 03 74 39/63 86
Pension *»Triebtal«*, Tel. u. Fax 03 74 39/66 66
Information: Zweckverband Talsperre Pöhl,
08543 Möschwitz-Pöhl, Tel. 03 74 39/45 00,
Fax 03 74 39/4 50 13

Jößnitz *Staatlich anerkannter Erholungsort,* mit den Ortsteilen Oberjößnitz und Röttis. 5 km nördlich von Plauen. Aus einem Bauernhof hervorgegangene Wohnsiedlung mit 1872 Einwohnern. Eingebettet in die vogtländische Kuppenlandschaft, von Wald umgeben. – Der Ort wurde erstmals urkundlich aufgeführt 1263 mit der Bezeichnung »Jezenicz«. 1529 heißt er »Gesenitz«, seit 1720 »Jößnitz«. Der Ortsname wird von einer altsorbischen Bezeichnung abgeleitet und als »Erlenbach«, »Eschenbach« gedeutet. 360–450 m ü. NN, beiderseits des Kaltenbaches. Von Plauen durch ein Waldgebiet getrennt. – Wahrzeichen des Ortes, sog. Jägerhaus auf einer bewaldeten Diabaskuppe. Reste des früheren Schlosses, dem sich ein Rittergut anschloß. – Dorfkirche. Saalbau mit Korbbogenfenstern, im wesentlichen aus dem Jahre 1755. Restauriert 1906, 1936. Flachgedeckter Rechteckbau, Ostturm mit welscher Haube. Beherbergt wichtige Kunstschätze, darunter ein großes Ölgemälde aus der Werkstatt von Lukas Cranach d. Ä. aus der Zeit um 1510 sowie die hölzerne Taufe mit biblischen Darstellungen des Plauener Malers Benedikt Richter aus dem Jahre 1598. An den Wänden auf Sockeln holzgeschnitzte gotische Heiligenfiguren. – *Umgebindehaus*, vermutlich aus dem 17. Jh., (Möckelsches Haus), Grüne Gasse 4. Mit Stackhölzern und Lehmbewurf ausgefülltes Gefach, verbretterte Fachwerkwände, Krüppelwalmdach. Denkmalgeschützt. – Ortsteil Oberjößnitz 2 km südwestlich, Röttis 2 km ostwärts der Ortslage.
Hotels, Pensionen, Ferienwohnungen u. a.:
Landhotel *»Zur Warth«*, Tel. 0 37 41/5 71 10,
Fax 0 37 41/5 71 15
Pension *Heinert*, Tel. 0 37 41/52 11 56
Ferienhaus *Roth*, Tel. 0 92 45/7 76, Fax 0 92 45/7 76
Information: Gemeindeverwaltung 08547 Jößnitz,
Tel. 0 37 41/52 11 88, Fax 0 37 41/52 11 88

Kapellenberg 759 m ü. NN, vorwiegend aus Zweiglimmergranit. Südlichster Zipfel Sachsens, 160 m höher als das am Südhang gelegene Dorf Schönberg. Steigt vom Süden her unmittelbar aus dem Egertal empor. Dadurch in dieser Höhenlage klimatisch günstige Bedingungen für wärmeliebende Pflanzen (Wege-Malve, Garten-Wolfsmilch, Klebriges Geiskraut. Weide-Wegerich u. a.). – Von den Waldrändern aus schöne Blicke, besonders in das Tertiärbecken von Eger (c. Cheb) und über das Elstergebirge. Deshalb mußte sich schon 1261 Heinrich der Ältere von Weida gegen Herzog Ludwig von Bayern verpflichten, auf dem Kapellenberg niemals eine Burg zu errichten. – Während des Ersten Weltkrieges auf der Höhe Ausgrabungen durch ein Grenzsicherungskommando. Dabei Reste einer vorgeschichtlichen Wallanlage freigelegt, ein in diese hineingebautes Steinkastell mit erkennbaren Resten der Mauerführung. Am Weg nach Schönberg Zeugen einer alten Kapelle. Gotischer Bau, 7 m im Quadrat, mit 85 cm dicken Mauern. Als Feldkirche errichtet um 1300, vermutlich von Kreuzfahrern aus Eger. Durch die Reformation um 1529 aufgelassen worden und allmählich verfallen. Von dieser Kapelle erzählt die Sage: Drei Schwestern edlen Geschlechts, Maria, Anna und Katharina, hatten sich in denselben Mann verliebt, der mit ihnen sein Spiel trieb. Entdeckt, entsagten die Genarrten der Welt, gingen ins Kloster und gründeten je eine Kirche: Maria die von Mariakulm, Anna die von St. Annen bei Eger und Katharina die Kapelle St. Katharina am Kapellenberg. – Unmittelbar neben der Kapelle der sagenumwobene »Goldbrunnen«. – *Goethe* weilte zu geologischen Studien 1822 am Kapellenberg. Dort, von Gewittern überrascht, vermerkte er: »Wie freu ich mich, den Donner über dem vogtländischen Granit zu hören!« – Der Berg ist mit einem Aussichtsturm versehen.

Kauschwitz Mit den Ortsteilen Tannenhof, Schöpsdrehe, Holzmühle und seit 1974 Zwoschwitz. Wohngemeinde mit ursprünglich bäuerlichem Charakter, 2 km nordwestlich von Plauen. Gassengruppendorf. Angelegt in einer Niederung des Syrabaches, in ca. 420 m. ü. NN. – Der Ort wird erstmals 1263 urkundlich genannt, da heißt er »Cuswictz«, 1428 »Kauschwicz« und seit 1506 »Kauschwitz«. Der Name bezieht sich wahrscheinlich auf den altsorbischen Personennamen Kus(a). – Aus einem altdeutschen Rittersitz entwickelte sich ein Rittergut. – Neben dem ehemaligen Herrenhaus mit dem Mansardendach entstand auf der Grundlage einer mittelalterlichen Wasserburg ein Wachtturm, der zur Kapelle wurde. Wall- und Grabengelände der alten Wehranlage sind noch erkennbar, wenn auch durch den Teich verändert. 1763/64 ließ der damalige Gutsbesitzer im starken Rundturm die Kapelle ausbauen. Der Turm hat ein hohes Kegeldach mit Gaupen, eine offene Laterne. Von einer

Zwiebel gekrönt. Treppenanbau mit verputztem *Fachwerk*. Am Kanzelaltar Gemälde der Himmelfahrt Christi von Christian Friedrich Zimmermann (1701–1776) aus dem Jahre 1764. Von der 1770 durch Johann Gottlob *Trampeli*, Adorf, gebauten Orgel, ist der Rokokoprospekt erhalten. – Zweiter Bühl südwestlich des Ortes im Küchteich. Wehranlage vollständig eingeebnet. Stammt aus der ersten Phase der feudalen deutschen Ostexpansion. – *Umgebindehaus*, Heugasse Nr. 4. – Ortsteil Tannenhof nordwärts in Richtung Jößnitz. Ging aus einer Schäferei hervor. Im 18. Jh. unter »Schäfferey Tannhoff« bekannt. – Ostwärts der B 92 ein seit 1958 unter Naturschutz stehender Diabassteinbruch, gibt Diabasvarianten auf engstem Raum frei. – Südlich von Kauschwitz Ortsteil Holzmühle. Ein Mühlenbetrieb bereits 1419 belegt. 1506 »Holtzmuhl«, Holtzmule genannt. Gedeutet wird der Name mit »Am Holz (Wald) gelegene bzw. aus Holz gebaute Mühle«. Teile durch Bombenangriff Ende des Zweiten Weltkrieges zerstört. – Ortsteil Zwoschwitz ging aus den Gehöften eines alten Platzdorfes hervor. Angelegt auf einer Niederterrasse des Zwoschwitzbaches, der beide Dorfteiche speist. – Altes Siedlungsland. Westlich des Ortes Siedlungsgruben der jüngeren Bronzezeit entdeckt.
Hotels, Pensionen, Ferienwohnungen u. a.: siehe Plauen
Information: Tourist-Information 08523 Plauen,
Tel. 0 37 41/2 91 10 27, Fax 0 37 41/29 11 10

Kemnitz Die kleine Dorfgemeinde liegt südwestlich der Kreisstadt, eingebettet in die mittelvogtländische Kuppenlandschaft. Zum Teil gehört sie zum *Landschaftsschutzgebiet »Burgsteinlandschaft«*. Die Beschäftigung der Einwohner ist die Landwirtschaft. Erstmals wird der Ort in den Urkunden genannt 1298 im Zusammenhang mit (»berzoldus) de Kemnitz«. 1506 heißt er »Kempnitz«. Seit 1718 wird er zunehmend »Kemnitz« genannt. Abgeleitet wird die Ortsbezeichnung vom altsorbischen »Kamenica«, was soviel heißt wie »Steinbach«. – Das kleine abgelegene Dorf hat eine verkehrsruhige Lage. – Die barocke Dorfkirche von 1734 wurde 1816 restauriert. Der Rechteckbau hat einen Ostturm mit Zwiebelhaube. – Reich geschnitzt ist der Kanzelaltar aus dem 1. Viertel des 18. Jh. mit symbolischen Figuren. Vermutlich wurde er geschaffen von Johann Nikolaus Knoll aus Hof. – Das aufgestellte Kruzifix ist eine bäuerliche barocke Schnitzarbeit.
Hotels, Pensionen, Ferienwohnungen u. a.:
siehe Plauen
Information: Tourist-Information 08523 Plauen,
Tel. 0 37 41/2 91 10 27, Fax 0 37 41/29 11 10

Kirmes Neben Weihnachten ist im Vogtland die Kirmes das wichtigste Fest im Jahresverlauf. Kirmes ist das Fest der Verwandten und Bekannten, die sich dadurch im Jahr wenigsten einmal zusammenfinden. Abgeleitet wird Kirmes, im Vogtland »Kirwe« geheißen, nicht nur von Kirchweih, auch von »Kürweih«, »Kürweihe« einem altgermanischen Liebesfest. In vielen Dörfern beging man eine »Frühjahrs-« und eine »Herbstkirmes«. *Julius Mosen:* »Zu jener Zeit wurden in Marinei noch zwei Kirmessen gefeiert, die eine im Frühjahr an dem alten Wallfahrtstage, die andere im Herbst zum Andenken an die Einführung der Reformation ...« Erhalten blieb die des Herbstes, gefeiert im Zusammenhang mit dem Erntefest. Sie beschließt das Arbeitsjahr. Die Ernte ist eingebracht, die Keller und Fässer sind gefüllt. Nun hat man allen Grund zum Fröhlichsein. Die Frühjahrskirmes gibt es heute nur noch in *Arnoldsgrün*. Eine vogtländische Kirmes dauert drei Tage, vom Sonnabend bis zum Montag. Am darauffolgenden Sonntag gibt es dann noch die Kleinkirmes. Im Mittelpunkt des Festes steht auch heute noch das gute Essen. Die typisch warme Mahlzeit besteht aus Gänsebraten und Grügenifften. (Gänsebraten mit grünen Klößen). Früher standen Ludeln (Nudeln) hoch im Ansehen, auch Reis mit Rosinen, mit reichlich brauner Butter übergossen. Jedoch ist die Kaffeetafel, gedacht für den Kirmesbesuch, der Höhepunkt der Schmauserei, mit dampfendem Kaffee und zu Bergen getürmten Kirmeskuchen. Es wird kräftig zugelangt, denn nächsten Sonntag ist anderenorts Kirmes, da kann man sich schadlos halten. Es gehört zum guten Ton: Jedem Kirmesgast wird ein großes Paket Kuchen »für daheim« mitgegeben. Vor dem Gasthof geht eine Reitschule für die Kinder, sind Würstel- und Fischelbuden aufgebaut. Die jungen Leute sind zum Kirmestanz, der nachmittags beginnt und bis in die Nacht dauert. In manchen Orten gibt es das Kirmeskegeln. So kegelte man in Rodewisch ein rotes Tuch aus. Auch das in Oberfranken geübte Hammelkegeln war üblich. Der Glanz der alten Kirmes verblaßt immer mehr. Das Fest wird hauptsächlich noch auf dem Dorf begangen.

Kleingera, siehe Elsterberg

Klima Für Erholungssuchende bietet das Vogtland günstige klimatische Voraussetzungen, die in einer Mittelgebirgslandschaft gegeben sind. Niederschläge, Temperaturverlauf und Sonnenscheindauer sind wichtige Faktoren, die das Klima bestimmen. Für das Vogtland ist deutlich erkennbar, daß mit zunehmender Höhenlage auch die Niederschlagsmengen ansteigen. Hat Plauen,

407 m ü. NN, langjährig gemessen, ein Jahresmittel von 650 Liter pro Quadratmeter, so liegt Schnarrtanne, 708 m ü. NN, bei 900 und der Aschberg in 936 m Höhenlage bei etwa 1000 Liter. Durch das Ansteigen des Gebirges werden die Luftmassen zum Aufstieg gezwungen, kühlen sich dabei ab und werden zum Niederschlag gedrängt. Die ab Mitte Mai bis Anfang August vorwiegend westlichen Winde steigern die Niederschläge. Auch auf den Temperaturverlauf hat das aufsteigende Landschaftsprofil beeinflussende Wirkung. Liegt das Jahresmittel an Temperatur in 400 m Höhenlage bei 7,5 Grad, so sinkt es bis 900 m ü. NN auf 4,5 Grad ab. Im Vogtland werden die tiefsten Tagesdurchschnittswerte Mitte Januar gemessen, die höchsten Mitte Juli. Vergleicht man die astronomisch mögliche Sonnenscheindauer mit der tatsächlichen, ist sie in den Frühjahrs- und Herbsttagen relativ hoch. Die im Sommer vom späten Vormittag bis frühen Nachmittag häufig auftretende Bewölkung löst sich gegen Abend wieder auf und mildert sommerliche Hitzeperioden. Eine Föhnlage bildet sich heraus, wenn sich mit Luftdruckabfall ein Tiefdruckgebiet ankündigt. Kaltlufteinbrüche im Sommer sind nicht ungewöhnlich. Sie entschädigen aber immer durch eine entsprechend gute Fernsicht.

Klingenthal Keine andere vogtländische Stadt überwindet auf ihrem Territorium einen solchen Höhenunterschied wie Klingenthal. Von 900 Metern Höhe des Aschberggebietes bis hinab ins Tal des Brunndöbrabaches und der Zwota auf 555 Meter zieht sich die Hauptstraße über sieben Kilometer von den steilen Berghängen hinab in das tief eingeschnittene Tal. Wer die Anfahrt aus dem Erzgebirge wählt, dessen Berge die Stadt nach Osten und Norden abschirmen, hat von Mühlleiten kommend einen guten Blick auf die Struktur der alten Streusiedlung, aus der sich die Stadt herausbildete. Der Stadtkern, das heutige Zentrum liegt im sogenannten Grund, dem Engtal der Zwota bei der Einmündung des Brunndöbrabaches.

Der Name Klingenthal kommt nicht, wie oft vermutet wird, aus der Musikinstrumentenherstellung, den »klingenden Tälern«, wie dieser Landschaftsraum oft bezeichnet wird, sondern der Ursprung des Ortes resultiert aus einer Hammersiedlung in der Helle auf der Kottenheide, die 1591 erstmals erwähnt wird. 1604 wird das Hammerrevier als Klingenthal bezeichnet, auf den Namen eines Hammerbesitzers Nikol Klinger zurückgehend, obwohl andere Namenserklärungen auf die Verwandtschaft von Helle und Klinge verweisen, denn mit Klinge bezeichnet man ein tiefes Tal.

Auf einer Zeichnung von 1726 ist der Stadtkern gut auszumachen: Das große Gebäude des sogenannten Alten Schlosses, eines Herrensitzes, der anstelle des 1628 abgebrannten Hammerwerkes errichtet wurde, daneben die Holzkirche mit dem Dachreiterturm, dazu in enger Nachbarschaft eine Handvoll *Fachwerkhäuser*. Auch heute ist dieser Siedlungskern erkennbar: Im Schloßbereich gibt es Fachwerkhäuser mit Blockstube und *Umgebinde*. Anstelle der Holzkirche entstand 1737 die barokke Stadtkirche »Zum Friedefürst«, ein Kuppelbau mit achteckigem Grundriß, nach der Zerstörung der Dresdener Frauenkirche 1945 der größte barocke Zentralbau in Sachsen. Von besonderer Schönheit ist das hohe, dreifach gestufte Dach mit einer Laterne an der Spitze. Die Kirche steht unter Denkmalschutz.

Klingenthal existiert in seiner heutigen Gestalt erst seit 1950. Damals wurden die Gemeinden Brunndöbra (heute Klingenthal 2) und Sachsenberg-Georgenthal mit Steindöbra (heute Klingenthal 3 und 4) eingemeindet. Stadtrecht bekam Klingenthal in unserem Jahrhundert, 1919, verliehen. Die Lyra im Stadtwappen verweist auf den Haupterwerbszweig, der auch heute Handwerk und Industrie dominiert, die Herstellung von Musikinstrumenten. Auch hier waren es böhmische Exulanten, die am Ende des 17. Jahrhunderts das neue Gewerbe begründeten. Die Mundharmonikaproduktion, durch J. W R. Glier begründet, und seine eigene Erfindung der Handharmonika 1856, bestimmt seither die Entwicklung dieses spezifischen Zweiges der Musikinstrumentenherstellung. Klingenthal ist Austragungsort des jährlich stattfindenden »Internationalen Harmonikawettbewerbs« während der »Vogtländischen Musiktage«. Klingenthal ist auch ein beliebtes Wintersport- und Feriengebiet. Sommerrodelbahn in Mühlleiten, Tierpark, Kunsteisbahn. Auskunft: Tourist-Information,
Schloßstr. 3, Tel. 03 79 67/6 48 32, Fax 03 74 67/6 48 25.
Hotels u. a.:
»Zwota«, Klingenthaler Str. 56, 08267 Zwota,
Tel. 03 74 67/56 70
Ferienhotel *Müllerinnen*, Waldstr. 4,
Tel. 03 74 67/22 01.

Kloschwitz Gemeinde südwestlich der Kreisstadt mit ausgeprägter Landwirtschaft. Etwa 200 Einwohner. Im Winkel von Goldbach und Rosenbach, die sich ostwärts des Ortes vereinen. Südlich der Siedlung der 419 m hohe Wartberg. Der Ort wird erstmals erwähnt 1264 in einer Urkunde des Reinbot von Straßberg als »Closwicz«, 1428 als »Kloschwicz«. Seit 1791 ist die Bezeichnung »Kloschwitz« im Gebrauch. Die Grundform »Klosovica«

weist auf Getreideanbau hin. Als Herrensitz ist die Siedlung 1317 nachgewiesen. Das bäuerliche Gassendorf am nördlichen Talhang des Luftbaches gruppiert sich vor allem um die Kirche und südwärts entlang der Kröstauer Straße. – Wolteich, ostwärts des ehemaligen Rittergutes, mittelalterliche Wasserburg. Viereckiges, an den Seiten gemauertes Kernwerk. Das Gelände um die Anlage im Geschichtsverlauf verändert. – Kirche erhielt 1405 die Genehmigung des Landeskomturs des Deutschen Ordens, einen Pfarrer bestellen zu dürfen. Derzeitiger Bau von 1618, 1838 restauriert. Rechteckbau mit barockem Dach. Chor und Schiff mit schöner stuckierter Spiegeldecke. Barocker Kanzelaltar aus dem 18. Jh., beim Restaurieren vermutlich reduziert. – Großes Kruzifix aus dem Jahre 1689. – Klassizistische Taufe von 1817. – Schmiedeeiserne Grabkreuze. – Am Bauerngehöft Nr. 24 korbbogiges Portal. – Die 1466 erwähnte Kloschwitzer Mühle am Rosenbach schrotete bis in unsere Zeit. – Von 1818–1851 unterhielt im Ort der Pfarrer Carl Friedrich Grundmann eine Erziehungsanstalt für Knaben.
Hotels, Pensionen, Ferienwohnungen u. a.: siehe Plauen
Information: Tourist-Information 08523 Plauen,
Tel. 0 37 41/2 91 10 27, Fax 0 37 41/29 11 10

Knauf, Erich Geboren am 21. 2. 1895 in Meerane, hingerichtet am 2. 5. 1944 im Zuchthaus Brandenburg. Knauf wirkte von 1922 bis 1928 als Feuilletonredakteur an der »Volkszeitung für das Vogtland« in Plauen. Seit dieser Zeit freundschaftliche Beziehungen zu Erich Ohser, der als Zeichner unter dem Künstlernamen *e. o. plauen* bekannt wurde und zu dem später weltberühmten Lyriker und Kinderbuchautor Erich Kästner. Von 1928 bis 1933 war Knauf Leiter der Büchergilde Gutenberg. Neben einem Roman und kunstwissenschaftlichen Schriften wurde er bekannt als Texter von Filmmelodien, die Werner Bochmann vertonte, so u. a. »Mit Musik geht alles besser« und »Heimat, deine Sterne«. Knauf wurde wegen einiger politischer Äußerungen gemeinsam mit seinem Freund Erich Ohser in Berlin verhaftet und später hingerichtet (s. a. Biografie von W. Eckert »Heimat, deine Sterne«, 1998).

Köhler, Johann August Ernst Lehrer, Naturwissenschaftler, Volkskundler. Geboren am 5. Aug. 1829 in Bautzen. Sohn eines Hausdieners. Nach Besuch der Volksschule studierte er mit Hilfe eines Stipendiums am Lehrerseminar in Bautzen. Seine Vorliebe für Naturwissenschaften und Mathematik führt ihn 1853 als Lehrer für diese Fächer an die Bürgerschule in Bautzen. Bereits während seiner Studienzeit entwickelt sich sein historisches Interesse. Erste Veröffentlichungen dazu in »Erzähler an der Spree« und in der »Landwirtschaftlichen Dorfzeitung«. Seit 1853 mehrere Schriften zur Heimatkunde und Geschichte der Oberlausitz. Ab 1858 erhält er eine Stelle als Lehrer für Naturkunde und Mathematik an der Realschule in Reichenbach. Hier gründet er 1859 den »Vogtländischen Verein für allgemeine und spezielle Naturkunde zu Reichenbach«. Mit seiner in diesem Jahr eingereichten petrographischen Arbeit über das Vogtland erlangt er 1860 die Doktorwürde der Universität Leipzig. 1873 folgt er einer Berufung als Überlehrer für naturwissenschaftliche Fächer an das Lehrerseminar nach Schneeberg. Hier wirkt er auf vielfältige Weise für die heimatkundliche und touristische Erschließung des Erzgebirges. Gründete 1878 in Aue den Erzgebirgsverein. 1897 siedelte er von Schneeberg nach Aue über. Starb am 19. Dez. 1903 in Schneeberg. Von ihm gibt es zahlreiche heimatkundliche und volkskundliche Veröffentlichungen über das Vogtland und Erzgebirge in Zeitungen, Zeitschriften, Jahrbüchern und Kalendern. Viele Jahre ist er Hauptschriftleiter der Zeitschrift »Glückauf«. Zu seinen bedeutsamsten Veröffentlichungen zählen das »Sagenbuch des Erzgebirges« und »Volksbrauch, Aberglauben, Sagen und andere alte Überlieferungen im Vogtlande«, Leipzig 1867.

Krause, Carl Gottlob Baumwollwarenhändler. Geboren am 26. Aug. 1773 in Reichenbach. Mit der von ihm 1810 eingeführten Plattenstickerei begründete er die Plauener Stickerei- und Spitzenindustrie, die sich bald über das Vogtland und Westerzgebirge verbreitete. Die Technik brachte seine Frau aus der Schweiz mit. Diese neue Nadelarbeit setzte sich im Verlagswesen durch und wurde von Frauen und Männern ausgeführt. In Krisen- und Niedergangsjahren der Baumwollmanufaktur bot sie eine relativ gesicherte Existenz für viele Menschen. Krause starb am 4. Jan. 1844 in Plauen.

Krebes Kleine Landgemeinde mit dem Ortsteil Ruderitz in der mittelvogtländischen Kuppenlandschaft, südwestlich der Kreisstadt. Die Siedlung liegt im *Landschaftsschutzgebiet »Burgsteinlandschaft«*. In ca. 500 m Höhenlage ist sie eingebettet in Erhebungen, die den Ort umgeben. Krebes hat mit Ruderitz zusammen 220 Einwohner. – Urkundlich wird die Siedlung erstmals genannt 1390 mit »Kregwins, hodie Krebes«. 1529 wird der Ort »Krewese« genannt. Seit 1818 ist »Kröbes«, auch »Krebes« im Gebrauch. Die Bedeutung des Namens ist schwer erklärbar. Er könnte vom mittelhochdeutschen »Krebez« abgeleitet sein. Der Vorzug des Ortes ist seine verkehrsarme, ruhige Lage. – Krebes ist der Schaffens-

Kuhberg, Aussichtsturm

und Sterbeort des spätromantischen Malers und Illustrators *Hermann Vogel*. Hier befindet sich das Wohnhaus des Malers und auf dem Friedhof seine Grabstätte. – 60 m südwestlich der Kirche, an der Straßengabel Gutenfürst-Kemnitz, steht ein denkmalgeschütztes *Steinkreuz*. Es ist wahrscheinlich die Markierung einer alten Straße oder der Grenzstein eines Kirchensprengels. – Bis zum Burgstein, einem vielbesuchten Ausflugsziel, geht man etwa 20 Minuten. – Die Vordere und Hintere Platte ist ein altes Bergbaugebiet. Das Huthaus stammt aus dem Jahre 1759. – Gegenüber dem Rathaus ist ein kleines Museum eingerichtet, das Auskunft gibt über den Ort, Hermann Vogel und das Burgsteingebiet.
Hotels, Ferienwohnungen, Privatvermieter u. a.:
Hotel *»Zum Goldenen Löwen«*, OT Geilsdorf,
Tel. 03 74 36/22 11, Fax 03 74 36/22 11
Ferienwohnung *Grimm*, Großzöbern, Tel. 03 74 36/25 21
Privatvermieter *Anders*, Tel. 03 74 36/8 42 07
Information: Tourist-Information 08523 Plauen,
Tel. 0 37 41/2 91 10 27, Fax 0 37 41/29 11 10

Kuhberg 1 km südwestlich von Netzsckau. 511 m ü. NN. Wahrzeichen des Nordvogtlandes, schönster Aussichtspunkt. Von Netzschkau aus über eine Fahrstraße direkt zu erreichen. Er liegt etwa 100 m höher als die Umgebung und stellt die höchste Erhebung des gesamten nördlichen Vogtlandes dar. Markierungspunkt der europäischen Landvermessung. Härtling aus quarzitischem Tonschiefer der mittleren Steinkohlenformation, dem Kulm. Unweit des Berges, in Richtung Reimersgrün, geologische Grenze zwischen Kulm und Devon. – Auf der Kuppe steinerner Aussichtsturm, früher Bismarckturm. 1882 entstand ein hölzernes Aussichtsgerüst, 15 Jahre später durch Brandstiftung vernichtet. Um 1900 aus Kulmwacke der 21 m hohe Aussichtsturm. – Die Baude nebenan kam später hinzu. Während des Zweiten Weltkrieges wurde sie vernichtet, unter Mithilfe der Bevölkerung wieder aufgebaut, im Herbst 1954 eingeweiht. – Von der Plattform des Turmes umfassender Rundblick (nach Norden: Werdauer Wald, darüber hinaus in das nordsächsische Tiefland; südostwärts: Zwickau mit seinem Industriegebiet; ostwärts: Netzschkau, das tief eingeschnittene Tal der Göltzsch, Mylau, Reichenbach mit dem wuchtigen Wasserturm, in der Ferne die Erzgebirgsberge; südostwärts: Fichtel- und Auersberg, die höchsten Berge des sächsischen Erzgebirges, Kuhberg bei Stützengrün; südlich: Reimersgrün, Herlasgrün, in der Ferne Schöneck, der Schneckenstein, große Teile des Elstergebirges bis zum Horizont mit dem Kapellenberg; westlich: die Forste bei Greiz, Zeulenroda, Schleiz).

Kuhberg-Steinicht (Teilgebiet Kuhberg) Landschaftsschutzgebiet seit 1968, 1227 ha groß. Erholungslandschaft vor allem für die nordvogtländischen Städte Reichenbach, Mylau, Netzschkau, Elsterberg und Greiz. Höhenlage etwa 280–251 m ü. NN. Zwei Drittel Wald, überwiegend Fichtenbestände. Sonst landwirtschaftlich genutzt. Im Gebiet die Gemeinden mit ihren Fluren Reimersgrün, Losa, teilweise Scholas, Christgrün, Ruppertsgrün. Durchweg altes Siedlerland. – Mittelvogtländische Kuppenlandschaft mit Hochflächencharakter trotz einiger Diabaskuppen, ausgebildet als »Pöhle«. Täler von den Bächen wenig eingetieft, betonen noch das flachwellige bis hügelige Relief. Einzige auffällige Erhebung ist der *Kuhberg*. Aus harter kulmischer Grauwacke aus der Umgebung herausmodelliert. – Im südlichen Landschaftsteil überwiegen oberdevonische Diabastuffe und -brekzien, im nördlichen unterkarbonische Schiefer vor allem in Richtung Mehltheuer bilden sie Unterlagerungen. Entwässerung des Landschaftsschutzgebietes nach Westen zur Weißen Elster. Daran beteiligt vor allem der Ruppertsgrüner Bach mit verschiedenen Quellbächen. Am Ostrand des Gebietes mündet der Stoppelbach in die Göltzsch. Die Nordgrenze bildet der

Stauweiher von Netzschkau. – Vom Aussichtsturm auf dem Kuhberg Überblick über die gesamte Landschaft.

Kuhberg-Steinicht (Teilgebiet Steinicht) Landschaftsschutzgebiet seit 1968, 174 ha groß. Im wesentlichen Erholungslandschaft für die Bewohner der Industriestädte Plauen, Greiz, Elsterberg, für Urlauber von Jößnitz und Jocketa. In 280–370 m Höhenlage. Innerhalb des Gebietes keine Ansiedlungen, Industrieanlagen. – Durchquert wird das Landschaftsschutzgebiet von der seit 1875 betriebenen Bahnlinie Plauen-Elsterberg 2,5 km lang in Nord-Süd-Richtung entlang der Weißen Elster. Die Bahn durchschneidet einen Sporntunnel und muß den Wasserlauf viermal innerhalb des Schutzgebietes überqueren. Nächste Bahnhöfe: Am südlichen Rand »Rentzschmühle« oder der nördlich außerhalb liegende »Elsterberg-Kunstseidenwerk«. – Das Gebiet gehört zur Mittelvogtländischen Kuppenlandschaft. Unterscheidet sich von der übrigen Umgebung durch das bis 70 m tiefe Tal der nach Norden fließenden Weißen Elster. Auffällig auch die stark vertieften Täler des von Westen her einmündenden Rinnelbachs und Orbisgrabens. Oberhalb »Hundsstein«, unterhalb »Dornstaude«, »Teufelskanzel«, »Turm«, »Petersstein«. Von Osten her fließt der Rumpelsgrüner Bach und Öltzschbach. Das Elstertal ist stellenweise kaum breiter als 50 m. Die Hänge sind steil, stellenweise fast senkrecht mit nackten Felswänden und Felskanzeln. – Nahe der »Franzmühle« wechselt die Weiße Elster in die Mehltheuer Kulmmulde über. Waldreichtum durch Mischbestände gebildet. Verhältnismäßig artenreiche Vogelwelt. – Innerhalb des Gebietes Naturdenkmal »Nelkenstein«. – Einige Felsen an der linken Talseite werden zum Klettern benutzt (Kletterverbot am Nelkenstein).

Krebes

Kürbitz Gehört heute zu Werschlitz, liegt an der Weißen Elster. Gemeinde mit bäuerlichem Charakter. – Erste urkundliche Erwähnung 1225 als »de Curbitz«, 1924 »Kurwicz«. 1506 »Curbvtz«. Könnte abgeleitet sein von »Feuerherd«. – Entstanden als Gassengruppendorf unter dem Orden der Deutschritter. Er erbaute die erste Kirche, die Peter-Paul-Kirche. An ihre Stelle ließ Urban Caspar von Feilitzsch, Mitunterzeichner des Westfälischen Friedens von 1648, von 1624–1626 die noch heute stehende Kirche, einen Renaissancebau, nach den Plänen eines unbekannten niederländischen Baumeisters errichten. Dreischiffige gewölbte Hallenkirche. Gedrungener Westturm mit gedrückter Haube. An ihm, wie an den Chor gliedern sich zwei turmartige Treppenaufgänge an. Unter dem Turm schöne, mit den Wappen des Stifters und seiner Gemahlin verzierte Hauptpforte. Im Inneren der Kirche ein aus dem alten Bau stammender spätgotischer Flügelaltar. Als Schnitzaltar entstanden um 1500 in der Werkstatt eines Hofer Meisters. Im Schrein Maria zwischen Petrus und Paulus. Auf den Flügeln Reliefiguren der übrigen Apostel und Sankt Georg mit dem Lindwurm. Künstlerisch wertvolle Sandsteinkanzel aus dem Jahre 1626. Den reizvollen Orgelprospekt schuf Johann Nikolaus Knoll aus Hof. – Im Seitenschiff Begräbniskapelle der Familie von Feilitzsch mit vielen wertvollen Grabdenkmälern aus dem 16. und 17. Jh. (ältestes von 1511). Kircheninnenraum ausgestattet mit Ahnenporträts der von Feilitzsch. Schönes schmiedeeisernes Gitter könnte von dem Zwickauer Meister Vogel stammen. – Aus einem Betstübchen stammt die lateinische Inschrift: »Schöner als diese Kirche gibts keine in dir, o Vogtland! Das sagt Stadt und Land, jedermann spricht es aus.« – Zur dörflichen Denkmalgruppe gehört das 1602

Taubenhaus in Kürbitz

erbaute Pfarrhaus, die alte Elsterbrücke von 1298, das Herrenhaus. Entstanden im 13. bzw. 17. Jh. Bis 1945 unter dem Patronat der Familie von Feilitzsch. Danach vielseitig zweckentfremdet genutzt. Am 11. Nov. 1987 abgebrannt. Brandruine, steingefügtes Mauerwerk mit einer Etage Fachwerk, behelfsmäßig durch Flachdach abgedeckt. Der denkmalgeschützte Taubenschlag blieb erhalten. – 1,5 km südostwärts vom Wespenpöhl Reste einer Siedlung der Jungsteinzeit freigelegt. – *Griebenherd* an der Kirche. – *Steinkreuz* wenige Meter südostwärts der Kirche, in die Friedhofsmauer eingefügt.
Privatvermieter u. a.:
Hager, Tel. 03 74 36/8 47 33
Information: Tourist-Information, 08523 Plauen,
Tel. 0 37 41/2 91 10 27, Fax 0 37 41/29 11 10

Landwüst Gehört heute zu Markneukirchen; Lage in ca. 600 m Höhe. Die meisten der 400 Einwohner arbeiten in der Landwirtschaft. Bekannt wurde der Ort durch sein *Vogtländisches Bauernmuseum.* In den Urkunden wird Landwüst erstmals genannt im Jahre 1319 als »Lantwuste«. – 1467 heißt er »Villa Landbust« und seit 1791 »Landwüst«. Man deutet die Bezeichnung mit »Ort an der Landesgrenze von Sachsen, der in einer durch viele Wüstungen gekennzeichneten Gegend« liegt. Durch ihre geographische Lage hat die Siedlung eine bewegte Geschichte hinter sich, wie das Sachzeugen belegen. Gegründet wurde sie als Waldhufendorf zwischen dem 12. und 13. Jh. im Zuge der Besiedlung des oberen Vogtlandes. Sie stand unter der Herrschaft der Herren von Oberlosa bei Plauen. 1525 hatten die aufständischen Bauern in Landwüst ein Feldlager. – Aus der Zeit der Besiedlung mit ihren Auseinandersetzungen erinnert der frühdeutsche *Ringwall* am Ortsausgang, links nach dem Raunerhammer. – Südwestlich von Landwüst, am Fuße des Schieferknocks liegt der Ringwall, das »Alte Schloß in der Wintersreuth«. Er ist die größte Verteidigungsanlage des Vogtlandes, die bisher bekannt wurde. Das Dorf »Wintersreuth« fiel einem Hussitenüberfall zum Opfer. – Nördlich des Ortes auf der rechten Seite des Haarbachs an der Schönlinder Papiermühle befindet sich die »Alte Schanze«. Mit 250 m ist sie die längste Schanze des Vogtlandes. – Eine Schwedenschanze liegt 500 m hinter der Kirche, rechts an der Straße nach Rohrbach. Man nimmt an, daß sie um 1380 errichtet wurde während der Burggrafenfehde. 1564 diente sie als Grenz- und Straßensperre. Im Wald nebenan ist ein langer Wehrgraben erkennbar. – Die das Ortsbild bestimmende Dorfkirche St. Laurentius war ehemals eine Wallfahrts- und Wehrkirche. Sie liegt inmitten des ummauerten Friedhofes. Entstanden ist sie 1857. Der an der Westseite angefügte Turm stammt von der vorangegangenen Barockkirche von 1756. Wesentliche Teile der Innenausstattung kamen erst 1916 hinzu. Von einigem Wert ist die klangschöne Orgel auf der Westempore. Sie ist ein Werk des Orgelbaumeisters *Trampeli* aus dem Jahre 1822. – Mitten im Ort steht eine kursächsische *Postmeilensäule.* Bei ihr handelt es sich um eine Viertelmeilensäule mit der Jahreszahl 1725. – Neben dem zum Bauernmuseum gehörenden gibt es auf der Landwüster Flur mehrere *Griebenherde* so einen neben dem Postmeilenstein, am Hof Nr. 34 und 81. – Interessant ist das Bauernhaus Nr. 1 mit einem 17bogigen Hochlaubengang und das Bauernhaus des Museums aus dem Jahre 1782 mit einem Egerländer *Fachwerkgiebel.* Südwärts, oberhalb der Kirche, liegt der wegen seiner schönen Aussicht gern besuchte Höhepunkt, der Wirtsberg mit 664 m ü. NN. Von hier hat man einen Weitblick über das Vogtland und Teile des nahen Tschechien. – Die Ortsfluren von Landwüst reichen bis an die Staatsgrenze. Selbst ist der Ort von Landwirtschaftsflächen umgeben die ausgedehnte Waldungen einrahmen. Er ist ohne Industrie und liegt abseits verkehrsreicher Straßen.

Vogtländisches Bauernmuseum Landwüst/Eubabrunn, Am Bauernmuseum 2, Tel. 03 74 22/21 36

Volkskundliches Freilichtmuseum. Darstellung der Arbeits- und Lebensweise der vogtländischen Landbevölkerung von der 2. Hälfte des 19. Jahrhunters bis in die 30er Jahre des 20. Jahrhunderts unter Einbeziehung des dorftypischen Handwerks und des bäuerlichen Nebenerwerbs.

Pensionen, Ferienwohnungen u. a.:
Gehöft *Penzel*, Tel. 03 74 22/30 19
Ferienwohnung *Stöhr*, Tel. 03 74 22/4 61 74,
Fax 03 74 22/4 61 74
Information: Gemeindeverwaltung, 08258 Landwüst oder Vogtländisches Bauernmuseum, Tel. 03 74 22/21 36

Lauschgrün Die kleine Landgemeinde mit etwa 250 Einwohnern befindet sich südostwärts von Netzschkau. Lauschgrün wird am 16. Juli 1851 erstmals mit diesem Namen im »Reichenbacher Wochenblatt« erwähnt. Die Streusiedlung entstand auf der Netzschkauer Rittergutsflur. Anfänglich auch Obernetzschkau genannt. Mit der politischen Selbständigkeit der Gemeinde im Jahre 1870 wurde der heutige Name verbindlich. Das Dorf entstand beim Bau der Göltzsch- und Elstertalbrücke (1846–1851). Der hohe Bedarf an Bau- und Rüstholz veranlaßte den Besitzer des Netzschkauer Schlosses J. G. Opitz, das Lange Holz am Buchenwald schlagen und roden zu lassen. Das dadurch entstandene Siedlerland verkaufte er parzellenweise. Der Fuhrmann und Holzfäller Gottfried Carl Lausch aus Voigtshain bei Wurzen, Schachtmeister beim Brückenbau, erbaute sich als erster auf dem Rodeland 1847 eine Scheune, um sie zu bewohnen. Zwei Jahre später kam ein Wohnhaus dazu. Es ist heute noch vorhanden als Gasthof »Zum goldenen Pflug« Auch andere erwarben Parzellen und bauten Häuser darauf. Um der Ansiedlung einen Namen zu geben, fügte man dem Familiennamen »Lausch«, das im Vogtland übliche »grün« an. – Am Gasthof ist eine Tafel angebracht, die über die Ortsentwicklung Auskunft gibt.

Information: Fremdenverkehrsverein Nördliches Vogtland, 08499 Mylau, Tel. 01 72/2 71 61 52,
Fax 01 72/38 51 24

Lengenfeld Zur etwa 8900 Einwohner zählenden südlich von Reichenbach liegenden Stadtgemeinde gehören die Ortsteile Grün, Wolfspfütz, Irfersgrün, Pecmelsgrün, Plohn-Abhorn, Schönbrunn, Waldkirchen, Weißensand. Sie liegt in einer waldreichen Umgebung eingebettet in einem Seitental der Göltzsch. Hervorgegangen ist der Ort aus einem Waldhufendorf. Heute wird er wesentlich durch die Industrie geprägt. Zur traditionellen Textilindustrie (Gardinen, Weißwaren, Ausrüstungen) kamen nach 1945 neue Zweige (Metall-, Bau- und Grundstoffindustrie). Tradition hat im Ort die Herstellung technischer Filze. Deshalb wird Lengenfeld auch »Stadt des Filzes« genannt. In Plohn-Abhorn heute neuer Märchen- und Erlebnispark »Forellenhof Plohn« – Das wahrscheinlich schon vor 1200 von fränkischen Siedlern gegründete Waldhufendorf wird urkundlich erstmals 1438 als »Lengenfelt« genannt im Zusammenhang mit einer Zinszahlung an den Martinsaltar zu Zwickau für die Hoyers-, heute Klopfermühle. Seit 1818 ist die Ortsbezeichnung »Lengenfeld« im Gebrauch, die dann Mitte des 19. Jh. für verbindlich erklärt wird. Sie weist auf die dem Ort eigenen langen Flurstücke hin, dem »Langen Feld«. In den Straßen und Gassen der Stadt ist zum Teil noch der Verlauf der alten Flurgrenzen zu erkennen. 1562 gesellt sich zur Landwirtschaft die Tuchherstellung mit der Gründung einer Tuchmacherinnung. Sieben Goldwäschen an der Göltzsch zwischen Hoyersmühle und Mühlwand gibt es um 1730. Die letzten Goldwaschversuche datieren aus dem Jahre 1841. Durch den Stadtbrand von 1856 sind Zeugen aus der früheren Vergangenheit des Ortes vernichtet worden. – Das Wappen der Stadt zeigt St. Aegidius im Schild, es ist einer der 14 Nothelfer und der Schutzheilige der Wälder und des Holzes. – Ihm zu Ehren trägt die Stadtkirche von 1859/64 seinen Namen. Sie wurde im historisierenden Baustil nach Plänen des Semperschülers Christian Friedrich Arnold aus Dresden errichtet, ist dreischiffig und hat doppelte Emporen. Das Altarbild des Leipziger Malers Gustav Jäger zeigt die Kreuzabnahme Christi. – Das Heimatmuseum ist ein Färberhandwerkerhaus aus der Zeit um 1700. Es hat ein Kreuzgewölbe, eine Bohlenwand, Schwarze Küche und einen Laubengang. Ausgestellt sind im wesentlichen Exponate zur Stadtgeschichte und Tuchmacherei. – Im Stadtkern ist ein interessanter Springbrunnen zu sehen mit zehn Motiven zum Thema »Gewässer im Vogtland«. – Auf dem Friedhof befindet sich das Grabmal für *L. F. C. Tischendorf*. Er wurde 1970 vom Leipziger Johannisfriedhof nach hier umgebettet. – Vom 472 m hohen »Pilz« hat man gute Fernsicht. Auf der denkmalge-

schützten Rundfläche des Windmühlenberges stand die 868 abgebrannte Windmühle. – Der Ortsteil Grün ist seit 1935 eingemeindet. Er liegt langgestreckt ostwärts der Stadt. Urkundlich wurde die Siedlung erstmals erwähnt 1399 mit »Di Gruna«. 1768 heißt sie »Grüna«. Durch die Lage am Fuße des steilen Gleithanges waren nur einseitige Waldhufen möglich. Infolge der Großraumwirtschaft in der Bodenbestellung sind sie jedoch verwischt worden. Allmählich verlor der Ort durch Industriebetriebe seinen bäuerlichen Charakter. Im Gelände des früheren Hammer- oder Rittergutes befand sich ein heute völlig überbauter frühgeschichtlicher *Ringwall*. – In einem Seitental der Göltzsch liegt der Ortsteil Wolfspfütz. Das ehemalige selbständige kleine Bauerndorf kam 1952 zu Lengenfeld. Angelegt wurde es als Waldhufendorf. Seine erste urkundliche Erwähnung stammt aus dem Jahre 1412 und lautet »Wolffispfuczen«. In den Kirchenbüchern von Treuen, die seit 1569 geführt werden, wird bis zum Ende des 19. Jh. ausschließlich von »Wolpfütz«, »Wahlpütz« und »Waldpfütz(en)« geschrieben. Der Ort mit seiner Fluraufteilung konnte sich in seiner ursprünglichen Form bis in unser Jahrhundert erhalten. Heute sind die alten Strukturen nur noch undeutlich erkennbar.
Auskunft: Fremdenverkehrsamt Lengenfeld,
Hauptstr. 1, Tel. 03 76 06/3 05 12, Fax 03 76 06/3 05 46.

Leubnitz Ostwärts von Mühltroff, mit dem Ortsteil Siebenhitz. Am Westrand des Mehltheurer Forstes in einem Seitentälchen des Elmsbaches in 405–440 m ü. NN Höhe gelegen. – Leubnitz wird erstmals urkundlich 1300 als »Lubenwicz« erwähnt. 1495 heißt die Siedlung »Lewbnitz« und seit 1506 »Leubnitz«. Der Ortsname stammt wahrscheinlich aus dem Altsorbischen. – Ursprünglich erweitertes Platzdorf mit Häuserzeilen. Die abwechslungsreiche Ortsumgebung wird bestimmt durch verschiedene Quellbäche des Rosenbachs. Mehr als die Hälfte der Flur gehörte zum bis 1945 bestehenden Rittergut. – In der Ortslage Schloß. Zweigeschossiger klassizistischer Rechteckbau mit Mansardendach aus dem Jahre 1794. Mit Pilastergliederung. Weißer Saal mit Wandgliederung aus farbigem Stuckmarmor. Das Gebäude steht unter Denkmalschutz. – Am Schloß 12,6 ha großer Landschaftspark. – Dorfkirche spätgotisch, mit kräftigem Rechteckturm und achteckigem Aufsatz. Chor aus dem Jahre 1517. Gebäude restauriert 1764, 1881, 1947. Im Westen Stabwerkpforte. Kanzelaltar aus der 2. Hälfte des 17. Jh. Taufengel von 1731. Orgel aus den Jahren 1826/28, ein Werk der Gebrüder Heidenreich, Hof. – »Leubnitzer Konzerte« im Weißen Saal.

Ferienwohnung u. a.:
Ferienwohnung *Batschick*, Tel. 03 74 31/33 12,
Fax 03 74 31 /33 12
Information: Tourist-Information Plauen,
Tel. 0 37 41/2 91 10 27, Fax 0 37 41/29 11 10

Liebau, siehe Ruppertsgrün

Limbach mit dem Ortsteil Mühlwand. Die ländliche Gemeinde liegt nordwestlich von Treuen. – Sie ist ein Teil der sich bis Mylau hinziehenden Siedlungskette. – Urkundlich wird Limbach erstmals erwähnt 1349 als »Limpach«, 1370 ist die Rede von »(in)Linpach« und seit 1791 von »Limbach«. Wahrscheinlich ist der Name von »lind, lint«, Linde abgeleitet, und heißt soviel wie »Ansiedlung am Lindenbach«. – Interessant ist die Kirche aus der Zeit um 1635 mit der flachen Felddecke, die ornamental bemalt ist. Der Altar entstand um 1640 mit dem Rest eines spätgotischen Schnitzaltars, darstellend die heilige Margarete, Anna Selbdritt und die heilige Ottilie. Die reiche stark plastische Sandsteinkanzel zeigt die vier Evangelisten am Kanzelkorb. Hinter dem Altar befindet sich eine Grabplatte aus Sandstein mit der Jahreszahl 1599 und einer Relieffigur der B. von Bünau. – Der Ortsteil Mühlwand liegt nordostwärts in Richtung Reichenbach. Sie ist eine verhältnismäßig junge Siedlung. »Mühlwand« wird erstmals 1816 genannt. Einzelne Gebäude sind älter. Der Name ist abgeleitet von »Abhang bei der Mühle«. Wahrscheinlich ist die Bünaumühle gemeint. Sie ist der älteste Siedlungsteil, früher zur ehemaligen Gemeinde Buchwald gehörend. – Die Bünaumühle war ein alter Eisenhammer. Er gehörte zur Herrschaft des Rittergutes Thürnhof. Wahrscheinlich wurde er von der Familie von Bünau auf Elsterberg frühzeitig im unbesiedelten Freiraum an der taldurchquerenden Handelsstraße Eger / Hof nach Leipzig / Dresden angelegt. Deshalb wird die Brücke auch »Egerische Brücke« in Urkunden genannt. – Das Alaunwerk, im Volksmund »Hütt« genannt, bestand zwischen 1691 und 1826. Es erfolgte der Abbau von Alaunschiefer im Steinbruch und unter Tage. Der gebrochene Schiefer wurde auf Röstbühnen stark erhitzt und danach zerkleinert mit Wasser ausgelaugt. Aus der Lauge setzte sich das Alaun ab. Gebäude des ehemaligen Alaunwerkes gelten als Naturdenkmal. Sie sind ein Fundort für Graptolithen. Vorhanden sind noch Röstbühnenrückstände aus der Zeit der Alaungewinnung. Der Röstsand des Alaunschiefers wird heute als Bausand verwendet. – 1954 wurde im Bergstollen eine Tropfsteinhöhle entdeckt. – Auf der Göltzschsohle liegt der alte Bergwerksstollen »Segen

Gottes zum Goldenen Lamm« von geringer Tiefe. Er stammt aus dem 18. Jh., aus der Zeit als man im Göltzschtal nach Gold suchte.
Ferienhäuser, Ferienwohnungen u. a.:
Ferienhaus *Petzold*, Tel. 03 66 21/3 05 54
Ferienwohnung *Wilfert* 1, 2 u. 3, Tel. 0 37 65/3 64 85
Information: Fremdenverkehrsverein Nördliches Vogtland, 08499 Mylau, Tel. 01 72/2 71 61 52
Fax 01 72/38 51 24

Lostag Auch Bauerntag genannt. Damit wird ein Tag bezeichnet, dessen Wetter nach der Volksmeteorologie bestimmend für die darauffolgende Zeit sein soll, es entscheidet sich das »Los«. Im allgemeinen beruht dies auf langen Beobachtungen der Bauern und Waldleute, daß das Wetter zu gewissen Zeiten weniger veränderlich ist als im übrigen Jahresverlauf. Aus ihnen gingen die Wetter- oder Bauernregeln hervor, deshalb wird auch von »Bauerntag« gesprochen. Besondere Lostage sind z. B. der Medartustag (8. Juni), der Siebenschläfer (27. Juni) oder der Weihnachtstag (25. Dezember). So z. B. »Wie's wittert am Medartustag, so bleibt's sechs Wochen lang danach.« – »Regnet's zum Siebenschläfer, regnet's sieben Wochen lang danach!« – »Grüne Weihnachten, dann weiße Ostern!«

Lottengrün Kleine, von der Landwirtschaft geprägte Gemeinde. 7.5 km nordostwärts von Oelsnitz. Urkundlich erstmals erwähnt 1267 als »Lotthengrune« im Zusammenhang mit der Ausstattung der Theumaer Kirche. 1460 heißt der Ort »Villa Lottinggrune«, seit 1545 »Lottengrün«. Der Ortsname weist auf die »Rodesiedlung eines Loddo/Lotto« hin. – Das ehemalige Waldhufendorf liegt in der Quellmulde eines zur Weißen Elster hin entwässernden Baches. – Im Nordosten Hoher Reuth, 630 m ü. NN mit größerem Waldgebiet. – Auf halbem Wege nach Kottengrün geht links der Bergener Steig ab. Führt mitten durch den Wald nach Bergen.
Information: Fremdenverkehrsamt 08606 Oelsnitz, Tel. 03 74 21/2 07 85, Fax 03 74 21/2 07 97

Mammen, Franz August Plauener Industrieller. Geboren am 27. Okt. 1813 in Neuharlingersiel (Nordfriesland). Mammen kam 1834 als kaufmännischer Angestellter in das Geschäft von Schmidt-Brückner nach Plauen. Beim Hochwasser am 22. Juli 1834 im Syratal, bei dem 26 Menschen ertranken, rettete er drei Personen aus den Fluten. 1838 gründete er mit R. A. Albricht das später bedeutsame Unternehmen F. A. Mammen & Co. In ihm praktizierte er Stickerei auf feinem englischen Tüll ohne Unterlage von Stoff, entwickelt von einer Arbeitsgemeinschaft unter Theodor Bickel. Mammen begründete damit die Plauener Spitzenindustrie. Er war 1848 Deputierter im Frankfurter Parlament, 1867 Abgeordneter im Reichstag des Norddeutschen Bundes und langjähriger Präsident der Plauener Handels- und Gewerbekammer. Er starb am 23. Dez. 1888 in Plauen.

Marieney ist ein altes Waldhufendorf, dessen ursprüngliche Struktur mit Dreiseitenhöfen und Hakenhöfen trotz neu entstandener Häuser und Stallanlagen noch gut erkennbar ist. Wiesen und Weiden ziehen sich aus dem Tal des Dorfbaches auf die Hänge. Es gibt heute eine kleine Weberei und mehrere Musikinstrumentenmacher, aber die Mehrzahl der Bewohner arbeitet in den benachbarten Städten Oelsnitz und Adorf.

1279 wird M. erstmals urkundlich im Zusammenhang mit dem Namen eines Lutherus de Marchenia erwähnt, 1378 heißt der Ort dann Marcheny, erst später verwandelt sich dies mit einer Eindeutung von Maria in Marieney.

Für den aufmerksamen Besucher gibt es manches Zeugnis vergangener Zeiten: Am Ausgang des Dorfbachtales am Flüßchen Würschnitz in der Nähe der ehemaligen Haarmühle findet sich ein altes *Steinkreuz;* 1892 entstand die neogotische Backsteinkirche anstelle des barocken Dorfkirchenbaus (einiges Inventar der alten Kirche findet sich heute im Vogtlandmuseum in Plauen). Die alte Wetterfahne der Kirche ist in Marieney geblieben: Der Hahn mit einem Knaben auf dem Schwanz dreht sich nun auf dem Dach der ehemaligen Schule im Wind. Die Verknüpfung des Dorfes zur Herrschaft Vogtsberg zeigt sich im sechseckigen Massivbau des ehemaligen Herrenhauses, das heute Sitz der Gemeindeverwaltung ist. Auch auf Marieneyer Flur sind zwei alte *Griebenherde* zu finden, einer in der Nähe des Dorfeinganges von Schilbach.

Das kleine, so unscheinbare Dorf ist der Geburtsort zweier bedeutender Persönlichkeiten. Hier wurde am 15. 8. 1679 *Adam Friedrich Zürner* im alten, heute nicht mehr vorhandenen Pfarrhaus geboren (Gedenktafel am Gemeindeamt). Zürner, kursächsischer Land- und Grenzkommissar unter August dem Starken, ist der Vater der sächsischen Postmeilensäulen. Ebenfalls in Marieney stand die Wiege des Dichters *Julius Mosen,* der am 8. 7. 1803 hier geboren wurde. Berühmt wurde Mosen durch seine Balladen für Andreas Hofer »Zu Mantua in Banden ...« und »Der Trompeter an der Katzbach«. Im Herzen der Vogtländer lebt er aber vor allem durch seine poetischen Liebeserklärungen an seine Heimatlandschaft. Auf dem Friedhof steht ein Mosen-Denkmal, das anläßlich des 100. Geburtstages 1903 errichtet wurde, eine Gedenktafel erinnert am Haus neben der Kirche an den Dichter. – Auskünfte Schöneck (s. a.).

Markneukirchen Stadt mit ca. 8000 Einwohnern. Zentrum des dt. Orchesterinstrumentenbaus. Die Siedlung entstand wohl im frühen 13. Jahrhundert im Schwarzbachtal an der Kreuzung der alten Handelsstraßen von Eger nach Zwickau und von Hof über Adorf nach Böhmen. Die Chronik nennt einen Ritter Albertus Nothaft de Wildenstein, eines egerländischen Geschlechtes, nach dem die Ansiedlung 1378 aus Nothafft genannt wurde, die alte Wasserburg wurde schon zu Beginn des 15. Jh. aufgegeben, die *Ringwallinsel,* das Alte Schlössel bestand neben der Plauenschen Straße noch bis ins 19. Jahrhundert. Neben dem Rittersitz bestand ein 1274 erwähntes Waldhufendorf Nuenkirchen, das 1357 Marktrecht erhielt, der Markt Neukirchen wurde zu Markneukirchen. Im Dreißigjährigen Krieg vernichtete General Holk das Städtchen mehrmals, ein Stadtbrand von 1840 zerstörte fast gänzlich 171 Wohnhäuser und alle öffentlichen Gebäude. Beim Wiederaufbau wurde der alte Grundriß der Stadt bewahrt. Heute umstehen den weitläufigen Marktplatz Häuser mit klassizistischen Fassaden, dabei liegt die obere Häuserreihe auf einer erhöhten Rampe. Die Stadtkirche St. Nikolai ist ein neoromanischer Bau aus den vierziger Jahren des 19. Jahrhunderts, an der Ostseite des Marktplatzes steht das ebenfalls neoromanische Rathaus. Das 1883 gegründete Musikinstrumenten-Museum, welches seit 1942 im »Paulus-Schlössel« (1784 erbaut) untergebracht ist, beherbergt eine einzigartige Sammlung von 3000 Musikinstrumenten aus aller Welt. Im Stadtgebiet gibt es noch einige wenige Bauernhäuser mit den für das Obervogtland typischen Hochlauben (Trobitzschenstr. 14). Erinnerung an den Dichter *Julius Mosen* am Mosenhaus (Schönecker Straße) – Gedenktafel: Hier wohnte Mosen von 1828 bis 1830. Der entscheidende wirtschaftliche Aufschwung kam aus der Ansiedlung böhmischer Exilanten, unter denen sich Musikinstrumentenmacher befanden. Geigenbauer-Innung 1677. Bedeutende Geigenbauer waren Andreas Hoyer, Christian Gottfried Hamm und Gottlob Ficker. Später entwickelte sich eine Vielzahl von Musikinstrumentengewerben, so begann 1750 Isaak Eschenbach mit der Herstellung von Blasinstrumenten, den Bau von Holzblasinstrumenten erlernte der Markneukirchner Johann Georg Gütter in Hof, Gitarren und Zithern folgten. Heute wird in Markneukirchen fast die gesamte Palette der Konzertinstrumente in Betrieben und Handwerksbetrieben hergestellt. Seit 1995 neues Konzerthaus.

Von der Höhe des Aussichtsturms Bismarcksäule hat man einen guten Blick über das Schwarzbachtal und über große Teile des Oberen Vogtlandes. Auskunft: Fremdenverkehrsamt, Am Rothaus, 08258 Markneukirchen, Tel. 03 74 22/44 11 63, Fax 03 74 22/44 11 49

Mechelgrün Vogtlandkreis, Ortsteil der Gemeinde Neuensalz, ostwärts von Plauen, in einer Höhenlage von 400–548 m ü. NN. Ursprünglich Block- bzw. Gutsblockflur. Ort mit landwirtschaftlichem und durch Hausindustrie geprägtem Charakter. Mechelgrün wurde erstmals 1267 als »Mechtildegrune« urkundlich genannt, 1374 wird ein (Jan Rabe) zu »Mechtildgrun« erwähnt und 1545 ist erstmals von »Mechtelsgrün« die Rede. Bereits bei der frühesten Erwähnung war ein Rittergut vorhanden. Der Ortsname heißt soviel wie »Rodesiedlung einer Mechtilde« – 1298 tritt ein Johannes Rabe de Mechtildegrune als erster Zeuge eines Geschlechtes auf, das bis Mitte des 15. Jh. den Besitz innehatte. Von den späteren Besitzern ist einer der bekanntesten ein Apel von Tettau, der nach dem Übergang der Herrschaft Plauen in die Hände der Wettiner der erste wettinische Amtshauptmann Plauens ist. Er wurde 1466 mit Mechelgrün belehnt. 1573 erfolgte die Teilung des Besitzes in einen oberen und einen unteren Teil. Älteste Siedlung nahm ihren oberen Platz in einer breiten Aue des Rabenbaches und seiner Umgebung ein. – Die höchsten Erhebungen liegen nordostwärts vom Ort, Schöner Berg (515 m ü. NN) und Harzberg (541 m ü. NN). Der Rabenbach durchschneidet den Ort von Süden nach Norden und mündet bei Neuensalz in die Pöhler Talsperre. – Südlich der Straße liegt das stark verfallene Wasserschloß. Errichtet wurde es auf dem Grund einer frühdeutschen Wasserburg in der Zeit der Bildung der landesherrlichen Territorien während des Niedergangs der Reichsmacht im 13. Jh. Ursprünglich hatte das Schloß zwei Türme. Nach dem Brand von 1670 kam es zu wesentlichen Umbauten. Noch 1840 umgab der heute teilweise zugeschüttete Wolteich die Anlage. – Zwei seit 1979 als technisches Denkmal geschützte Spitzhalden in 491 m Höhenlage aufgesetzt, nordostwärts des Ortes, einzige Spitzkegelhalden Europas, bei denen eine Aufforstung gelang. – Auskunft über den Ortsteil erteilt die Gemeindeverwaltung Neuensalz Genossenschaftsweg 8, 08541 Neuensalz, Tel./Fax 0 37 41/41 31 07
Hotel u. a.:
»Zschokauer Hof«, Falkensteiner Str. 17,
08541 Mechelgrün, Tel. 03 74 63/85 70

Mehltheuer Seit 1974 mit den Ortsteilen Fasendorf, Ober- und Unterpirk, Drochaus. Nordwestlich von Plauen. Wohnsiedlung, Dorfbild durch die Landwirtschaft bestimmt. Mehltheuer bereits 1419 eine Wüstung. In den Urkunden heißt sie »Melterey«, 1466 »die Wustenunge vonde die Meletewer«, seit 1768 »Mehltheuer«. Das ist die Bezeichnung für eine Ausbausiedlung auf ungünstigem Boden, einem »wüsten Dorf«. Der verlassene Wohnplatz gehörte den Grundherrn in Leubnitz. Erst nachdem im Verlauf des 18. Jh. das Rittergut Leubnitz ein Vorwerk einrichtete, entwickelt sich die Ansiedlung. 1794 gibt es drei Bauern, 16 Häusler im Ort. – Die auf der Hochfläche liegenden wenigen Gehöfte sind verstreut. Den Kern des Ortes bilden kleine, ehemalige Häusleranwesen. – Ortsteil Fasendorf in südwestlicher Richtung. Die alten Gehöfte als Zeile fast durchweg auf der Westseite von Straße und Bach. Gegenüber steigt nach Osten zu der Steilhang empor. Erstmals 1301 als »Bozendorf« erwähnt, 1422 als »Vassmatendorff« und seit 1791 als »Fasendorf«. Der Ortsname geht wahrscheinlich aus dem altsorbischen Personennamen Bozeta hervor. – Ober- und Unterpirk liegen westlich und nordwestlich von Mehltheuer, Oberpirk, in 480–490 Höhenlage, vorwiegend ostwärts der mittelalterlichen Straße Plauen-Pausa. Erstmals erwähnt 1402 als »Zu obern Pirck«, 1438 »Obern Birck« und seit 1545 als »Oberpirk«. Das heißt soviel wie »Ort bei der Birke, beim Birkenholz«. – In einer flachen Senke unterhalb des Kulmberges (531 m ü. NN) liegen an der Landstraße zwischen Oberpirk und Pause die Höfe des Platzdorfes Unterpirk locker gruppiert beiderseits des Peintenbaches. Der Ort ist seit 1357 als »Birke« bekannt. Seit 1791 heißt er »Unter Pirck«. – Drochaus, 1298 als »in villa Trochans« erstmals in den Urkunden aufgeführt, heißt 1495 »Drags« und seit 1520 »Drochau«. Das Siedlungsbild des Waldhufendorfes hat sich über die Jahrhunderte wenig verändert Geschlossene Hofanlagen bilden den Dorfkern. Der Ort liegt am Hang des Elmsbachs. Vor den Höfen wird der Wasserlauf mehrmals gestaut. – Allrichberg, eine wenig hervortretende Anhöhe, 532 m ü. NN, ist die höchste Erhebung der staunassen Bernsgrüner Hochfläche. Vom Feldweg aus schöne Fernsicht nach Süden, vom Waldrand gegen Norden und Osten.
Pensionen, Ferienhäuser u. a.:
Ferienpension *Unterpirk*, Tel. 03 74 32/2 02 56,
Fax 03 74 32/2 02 56
Ferienhaus *Gunold*, Drochaus, Tel. 03 74 31/37 88
Information: Gemeindeverwaltung, 08539 Mehltheuer

Meßbach etwa 4 km südwestlich der Kreisstadt. Landwirtschaftlich geprägte Gemeinde, Wohnsiedlung für Einpendler nach Plauen. In der Quellmulde des Milmesbaches, in ca. 420 m ü. NN. Der Bach mündet 5 km abwärts in die Weiße Elster. Südlich des Ortes der 465 m hohe Galgenberg, eine unbewaldete Kuppe des Oberlosa-Meßbacher Kuppenlandes. – Urkundlich Meßbach erstmals erwähnt 1410 als »Espach«, 1458 »zum Espic«, 1466 »zum Espech«, seit 1506 »Meßpach«. Der Name wird gedeutet als »Ort am Espenholz«. – Entstanden als lockeres Platzdorf mit in Blöcke aufgeteilter Flur. Für die Entwicklung des Bauerndorfes wurde die durch den Ort führende alte Handelsstraße Hof-Plauen wesentlich. Kurfürst Ernst und Herzog Albrecht von Sachsen verliehen 1467 dem »guten Heinrich zum Espich« das hier bestehende Vorwerk und Freigut. Dazu gehörte der nach Thiergarten zu gelegene noch heute so genannte »Gutheinrichteich«. – Meßbach war langjährige Wirkungsstätte des vogtl. Mundartdichters *Louis Riedel* (1847–1919). Gedenktafel am ehemaligen Schulhaus. – Von der Höhe des Galgenberges schöne Aussicht nach Süden zur Talsperre Pirk, nach Westen zum Burgsteingebiet.
Information: Tourist-Information, 08523 Plauen,
Tel. 0 37 41/2 91 10 27, Fax 0 37 41/29 11 10

Mineralquellen, vogtländische Die Mineralquellen des Vogtlandes haben ihren geologischen Ursprung in den vulkanischen Aktivitäten von Oberdevon und Tertiär. Das Grundgestein der obervogtländischen Gegend besteht aus Phylitten, einem schieferähnlichen Gestein, in das Quarzkörner oder Quarzstreifen eingelagert sind. Diese Quarzgänge setzen sich auch in der Tiefe fort und schaffen vermutlich die Verbindung zum Granit, der unter dem Phylitt angenommen wird. In der Gegend um Bad Elster scheint der Granit erst in großer Tiefe, etwa bei 200 Meter, vorhanden zu sein. Hier reichern sich die Wässer mit Kohlensäure an und dringen dann durch viele Spaltengänge, in denen sich Mineralien lösen, an die Oberfläche. Tertiären Ursprung sind wohl die Salzquellen von Altensalz und Erlbach. Die ehemals genutzte Quelle von Altensalz ist heute vom Wasser der Talsperre Pöhl überstaut. Die Salzquelle zu *Erlbach*, bekannt seit 1464, ist seit der Mitte des vorigen Jahrhunderts verschüttet. Natrium-Sulfat-Chlorit-Hydrogencarbonat-Säuerlinge finden sich auch in *Sohl* und in *Schönberg*. Die Mineralwässer von Sohl werden für Tafelwässer und Limonadenherstellung genutzt. Der Schönberger Säuerling ist die südlichste vogtländische Mineralquelle, er liegt direkt an der Staatsgrenze zu Tschechien am Zusammenfluß von Scheidebach und Grenzbach. Die Quelle ist gefaßt und kann genutzt werden. Eisenquellen existieren heute noch in *Reiboldsgrün,* dagegen sind die vier Eisenquellen von *Pausa* verfallen. Auch die bei *Linda,* zwei Kilometer von Pausa entfernt liegende Mineralquelle wird nicht mehr genutzt. Von Bedeutung für Bade- und Trinkkuren sind im Vogtland vor allem die Eisensäuerlinge von *Bad Elster* und die radioaktiven Wasser von *Bad Brambach.*

Mißlareuth Die kleine Dorfgemeinde liegt südwestlich der Kreisstadt in einer landschaftlich abwechslungsreichen Gegend. Die Dorfkirche aus dem 17. Jh. ist ein flachgedeckter Bau, dem sich im Osten ein Turm anschließt mit barocker Haube. Die Innenausstattung ist schlicht. Bemerkenswert sind die Schnitzfiguren Moses und Johannes der Täufer und die Reste eines Kanzelaltars von Johann Nikolaus Knoll, Hof, aus dem Jahre 1704. Ein Sandsteingrabmal aus dem Jahre 1627 für den Herren von der Heide stellt den Verstorbenen kniend dar. Ein ähnliches stammt aus dem Jahre 1691. Ferner befindet sich hier das Grab des »gelehrten Bauern« *Nikolaus Schmidt,* genannt Künzel aus dem Jahre 1671. Ostwärts des Ortes erstreckt sich ein Waldgebiet. Die Höhen um den Ort sind ostwärts der 623 m hohe Galgenberg mit dem Großen Teich hinter der Bahnlinie, nordostwärts der 590 m hohe Hirtenpöhl und in westlicher Richtung die höchste Erhebung der Umgebung, der Windmühlenberg mit 633 m. Der Volksmund spricht vom »Galgenpöhl« und vom »Hirtenhübel«. Die nach Reuth führende Eichenallee steht unter Naturschutz.

Der Ort wurde bekannt durch seine Musikkultur. Heute Träger des Festivals Mitte Europa *»Mißlareuth 1990. Mitte Europa« e. V.*
Information: Tourist-Information, 08523 Plauen,
Tel. 0 37 41/2 91 10 27, Fax 0 37 41/29 11 10
Festivalbüro, 08523 Plauen, Tel. 0 37 41/21 43 02,
Fax 0 37 41/21 43 01

Morgenröthe-Rautenkranz Mit den Ortsteilen Muldenhammer und Sachsengrund ist es eine Doppelgemeinde (Zusammenschluß 1852) mit ca. 1300 Einwohnern. Die einzelnen Siedlungsteile liegen als Streudörfer in den weit ausgedehnten Fichtenwäldern einer Hochfläche zwischen 650 bis 750 Meter Höhe.

Man erreicht den Ort mit dem Pkw von Plauen aus über Falkenstein und die landschaftlich reizvolle Strekke weiter über Hammerbrücke. Keine Bahnverbindung. Die Ortsteile Rautenkranz und Muldenhammer liegen im Tal der Zwickauer Mulde, Morgenröthe und Sachsengrund im Tal der Großen Pyra.

Über die Ursprünge der Ansiedlungen gibt es keine exakten Kenntnisse, offensichtlich sind es aber Gründungen, die im Zusammenhang mit dem erzgebirgischen Bergbau des 17. Jahrhunderts entstanden. Seit 1618 schürfte man in Morgenröthe nach Zinn, das Zinnbergwerk gab dem Ort den Namen »Die Morgenröthe«. 1652 entstand ein Hammerwerk, die Morgenröther Hütte produzierte mit eigenem Hochofen bis 1874 Roheisen, später Grauguß. Seit 1920 werden hier auch Glocken gegossen, die beiden größten Kirchenglocken mit je 85 dt gingen nach Riga. 1960 erhielt Albert Schweitzer für Lambarene eine Glocke aus Morgenröthe.

Morgenröthe liegt im schmalen Tal der Großen Pyra, der Flußname ist entweder slawischen Ursprungs oder er kommt aus dem Althochdeutschen und bedeutet Birkenbach. Rautenkranz wird ebenfalls als Standort einer Eisenhütte 1679 erstmals urkundlich erwähnt. Der Name des Ortes wurde vom Gründer, einem Elias Steiniger, dem Rautenkranz im kursächsischen Wappen entlehnt. In Rautenkranz wurde 1857 der Schriftsteller Alwin Gerisch, ein enger Mitarbeiter von August Bebel geboren (Straße nach ihm benannt). Rautenkranz ist ebenfalls der Geburtsort des ersten deutschen Fliegerkosmonauten: 1937 wurde Sigmund Jähn hier geboren, der am 26. 8. 1978 mit dem sowjetischen Raumschiff Sojus 29 die Raumstation Salut 6 erreichte (Ausstellung im ehemaligen Bahnhofsgebäude). Der Ortsteil Muldenhammer ist eine typische Streusiedlung. Er entstand aus einem Messinghammer, der bis zum Beginn des 19. Jahrhunderts existierte. Sachsengrund, der höchst gelegene Teil der Gemeinde, hatte ursprünglich nur zwei Häuser und einen kleinen Hochofen, nicht weit entfernt befindet sich ein schöner Waldzeltplatz »Kohlanger«. Sehenswert die *»Deutsche Raumfahrtausstellung«* (s. o.), techn. Denkmal Hochofen d. ehem. Eisenglockengießerei. Fernwanderweg E 3 führt durch die Gemarkung. Naturschutzgebiet *»3 Bächle«* mit altem Fichtenbestand.
Auskünfte: Fremdenverkehrsamt, Bahnhofstr. 8,
08262 Morgenröthe-Rautenkranz, Tel. 03 74 65/25 38,
Fax 25 49.

Moosmann Eigenwillige, typisch vogtl. Weihnachtsfigur, vor allem in der Gegend zwischen Falkenstein und Schöneck. Vermutlich von der Sagengestalt des Moosmännleins abgeleitet. Kernstück der Figur »Bankert«, einfaches Holzgestell, Rumpf mit eingesteckten Beinen, angenagelten Armen. Füße, Arme, Kopf meist aus Holz geschnitzt, auch Puppenköpfe aus Porzellan. Anzug aus mit Steinmoos beklebtem Papier. Es gibt auch Moosmänner, die völlig aus Holz geschnitzt und mit Moos

Moosmann mit Drehturm

beklebt sind. Mit Stock versehen und mit Kerze, kleinem Drehturm oder Weihnachtsbaum. Gelegentlich auch Soldaten als Vorbild. – Erste Belege aus dem Jahre 1840 aus Falkenstein, 1867 Moosmänner auf dem Markt in Reichenbach. 1900 in Elsterberg belegt. Platz des Moosmanns auf der Fensterbank. Muß hinausschauen, »dann kommen keine bösen Geister ins Haus« (Originale von Moosmännern in den *Museen Falkenstein Rodewisch*, Plauen, Schneeberg und Museum für Volkskunst Dresden).

Mosen, Julius »Dort, wo die Hügel nach Osten zu aus dem Elstertale hinaus in Bergterrassen zum Erzgebirge sich erheben wollen, in dem Dorfe *Marieney*, welches zwischen den vier Städten Schöneck, Markneukirchen, Adorf und Ölsnitz mitten innen liegt, bin ich am achten Juli 1803 geboren«, schreibt der Dichter Julius Mosen über seine Geburtslandschaft. Der Vater war Dorfschulmeister und Kantor in der kleinen vogtländischen Gemeinde. Neben der Kirche heute ein weißgetünchtes Häuschen mit einer Tafel: Hier stand Mosens Geburtshaus. Eine frühe Kindheitserinnerung: 1813 wehte wie der Wind eine Handvoll russischer Kosaken ins Dorf, und während die Erwachsenen sich ängstlich in ihren Häusern versteckten, ging der Junge furchtlos auf sie zu, notierte sich Worte in Deutsch und Russisch, wurde zum Dolmetsch zwischen den Fremden und den Einheimischen. Mosen besuchte von 1817 bis 1821 das Gymnasium in Plauen und begann 1822 ein Jurastudium in Jena, das er aber schon nach einem Jahr aus finanziellen Gründen wieder abbrechen mußte. Eine Zukunft als Dichter? Für ein Festgedicht erhielt er einen Preis des berühmten Goethe in Höhe von 35 Talern, auch die Herausgabe der Dichtungen eines Herrn Kosegarten brachte ihm ein gutes Salär, so daß er mit seinem Studienfreund August Kluge, dem die Novelle »Georg Venelor« gewidmet ist, für zwei Jahre nach Italien gehen konnte. Hier entstand eines seiner schönsten Gedichte, das von vogtländischer Heimat und Landschaft erzählt: »Wo auf hohen Tannenspitzen, / Die so dunkel und so grün, / Drosseln gern verstohlen sitzen, / Weiß und rot die Moose blühn: / Zu der Heimat in der Ferne / Zög ich heute noch so gerne.« Schließlich setzte er sein Jurastudium von 1826 bis 1828 in Leipzig fort, arbeitete als Akzessist bei einem Advokat in Markneukirchen, wurde Aktuar am Patrimonialgericht zu Kohren und 1834 Advokat in Dresden. Doch seine Liebe galt der Literatur. So nahm er auch 1844 eine Stelle als Dramaturg am Hoftheater in Oldenburg an, durch eine Lähmung war er seit 1846 behindert und starb am 10. 10. 1867 in Oldenburg in Armut und Vergessenheit. Auch heute ist von seinem umfangreichen literarischen Werk nur wenig im Bewußtsein der Menschen geblieben. Er lebt vor allem als der Autor des Ro-

Julius Mosen

mans »Der Kongreß in Verona«, der dem Freiheitskampf des griechischen Volkes gewidmet war, und zweier Balladen, die sich bis in unser Jahrhundert in den Lesebüchern fanden: »Zu Mantua in Banden der treue Hofer war« und das den Kämpfern von 1813 zugedachte »Der Trompeter an der Katzbach«. Und er lebt als einer der poetischen Beschreiber des Vogtlandes: »Mit meinen Landsleuten habe ich die Anhänglichkeit an die heimatliche Erde des Vogtlandes gemein gehabt. Wie es Menschen gibt, von denen man, hat man sie einmal liebgewonnen, nie wieder lassen kann, so geht es uns auch mit Ortschaften oder Gegenden. Es sind gewöhnlich solche, in denen sich eine bestimmte Gemütsstimmung ausdrückt. Zu diesen gehört das vogtländische Hügelland an der Abdachung des sächsischen Erzgebirges mit seinen Waldeinsamkeiten, in welchem gar schmale Wiesentäler, oft nur wie grüne Streifen, mit hier und dort weit, gar weit auseinanderliegenden kleinen verirrten Häusern sich hineinverlieren und stundenweit den Blick nach sich ziehen, als müßte dort weit hinten in der Ferne unter den harztropfenden Tannen, dort, wo die Berge terrassenartig in dunkler Bläue emporsteigen, irgendein Geheimnis verborgen sein, das uns an sich lockt und sich uns gern enthüllen möchte ...«

Mühlental u. a. mit Marieney, Hermsgrün, Wohlbach, Saalig, Tirschendorf, Willikgrün, Zaulsdorf, Ober- und Unterwürschnik, Elstertal. Verwaltungsgemeinschaft mit Schöneck. Tour. Informationen s. d.

Mühlhausen Die kleine Landgemeinde liegt südlich von Adorf in einer waldreichen Umgebung im Tal des Raunerbaches, der sich unterhalb des Ortes mit der Weißen Elster vereinigt. Die den Ort umgebenden Höhen steigen im Westen bis zu 600 m an. Mühlhausen hat ca. 400 Einwohner. – Erstmals wird Mühlhausen in den Urkunden 1290 erwähnt als »Muldhusen«, 1443 als »Mulhawßen« und nach 1804 als »Mühlhausen«. Das bedeutet soviel wie »Ort mit oder bei einer Mühle«. Gegründet wurde er als Waldhufendorf. Auf beiden Seiten des Bachs stehen große Drei- und Vierseithöfe. Das Haus Brambacher Straße 22, ein Doppelhof mit Blockhäusern, ist ein besonders schönes Beispiel. Es stammt aus dem Jahre 1810. – Seit 1542 ist am Ort ein Rittergut. An der B 92 steht ein Gutshof, der 1711 aus einem Vorwerk in ein Rittergut umgewandelt wurde. Das aus früherer Zeit erhaltenen Herrenhaus ist ein schlichter Bau mit einer interessanten hölzernen Treppenspindel von 1824. – Im Talgrund des Raunerbachs, hinter dem ehemaligen Rittergut, befindet sich der Inselteich, eine frühdeutsche *Ringwall*anlage. Vermutlich sind dies Reste der kleinen Wasserburg Mulhusin.

Mulde Linker Nebenfluß der Elbe. Bildet sich aus den beiden Quellflüssen Freiberger Mulde (107 km lang) mit der Quelle bei Moldava (Tschechien) und Zwickauer Mulde (128 km lang), die in den Moorflächen bei Kottenheide entspringt. Beide Quellflüsse mit ihren Nebenbächen entwässern das mittlere und westliche Erzgebirge und den gesamten ostwärtigen Teil des Vogtlandes. – 965 erste urkundliche Erwähnung als »Milda«, »Moldawa«, 991 »Moldaha«, 1118 »Mulda«. Name ist alteuropäisch, wohl germanischen Ursprungs. In älterer Zeit Freiberger Mulde auch »Orientalis Milda« genannt, »östliche Mulde«. Die Zwickauer Mulde hieß immer »Milda«. – Moorflächen bei Schöneck gute Quellbildner, saugen sich wie ein Badeschwamm voll Wasser und geben es allmählich ab. Abfluß der Zwota nach Südosten, der Elster nach Westen, der Mulde nordostwärts. Bildet sich aus der vom Oberen Muldenteich von Kottenheide kommenden Weißen Elster und der ostwärts von Schöneck zufließenden Roten Elster. Nach Verlassen der Talsperre Muldenberg bilden sie die Zwickauer Mulde. – Die beiden Quellflüsse vereinigen sich bei Sermuth, oberhalb von Grimma, zur Vereinigten Mulde. Sie mündet nach weiteren 124 km Länge bei Dessau in die Elbe. Gesamtlänge der Zwickauer Mulde von der Quelle bis zur Einmündung in die Elbe 252 km.

Muldenberg mit Ortsteil Mulde. Wohnsiedlung und Höhenluftkurort nordostwärts von Schöneck. Am Oberlauf der Zwickauer Mulde, mitten im Fichtenwald in 720 m Höhe gelegen. 240 Einwohner. Der Ort liegt 8 km von Falkenstein entfernt auf halbem Wege nach Klingenthal in einer zum Gebirgskamm hin flach auslaufenden Mulde. – Spätsiedlung. Erste urkundliche Erwähnung 1791, da wird sie »Muldenberg« genannt. Im Jahre 1789 sind »unten an der Mulde« bzw. »auf den Mulda Berg« drei Häuser vorhanden. In einem Beleg von 1833 wird hinzugefügt »1792 begründetes Walddörfchen«. – Erste Siedler Holzfäller, Picher, Flößer. Seßhaft wurden sie wahrscheinlich im 16. Jh. beim Anlegen des Floßweges. Er diente dazu, um vom oberen Gebirge über das Muldental zur Göltzsch und danach zur Weißen Lister Holz zu flößen. Mit Eisenbahnbau im Jahre 1875 verlor der Floßweg seine Bedeutung. – Südlich des Ortes befindet sich die 1925 vornehmlich des Hochwasserschutzes und wegen des fehlenden Trinkwassers errichtete Talsperre Muldenberg mit einem Stauraum von 6 Millionen Kubikmeter Trinkwasser.

Talsperre Muldenberg

Von hier aus werden vor allem die Orte des Göltzschtales versorgt. Die Stauhöhe beträgt 20 m, die Wasserfläche ist 0,9 Quadratkilometer groß. – Durch Muldenberg führende Gräben (Oberer und Unterer Floßgraben bis nach Rißbrücke) sind technische Denkmale aus der Zeit der Holzflöße. – Im örtlichen Torfwerk wurde bis 1990 Badetorf für Bad Elster gewonnen und Torfmull als Bodenbesserer. – Auf der linken Seite der Klingenthaler Straße Grab deutscher Soldaten, Opfer eines Explosionsunglücks im Jahre 1945. – Der Ortsteil Mulde liegt unmittelbar an der Talsperre. Als Ansiedlung ist er erstmals erwähnt im Jahre 1634 als »Auf der Mulde«, 1758 »Muldenhäußer«, 1791 »Mulda«. – Um den Ort ideales Skiwandergebiet, Freibad am Ausgleichbecken der Talsperre.
Jährlich dreimal führt der *»Vogtländische Flößerverein Muldenberg«* ein Schauflößen auf dem Floßgraben durch.
Hotels, Pensionen, Ferienwohnungen u. a.:
»Flößerstube«, Hotel, Tel. 03 74 65/67 64,
Fax 03 74 65/60 40
»Haus Muldenberg«, Hotel, Tel. 03 74 65/62 07,
Fax 03 74 65/65 60
»Pension *»Bergschlößchen«*, Tel. 03 74 65/68 27
Ferienwohnung *»Zur Talsperre«*, Tel. 03 74 65/67 595
Haus des Gastes Muldenberg, Tel. u. Fax 03 74 65/67 61
Information: Gemeindeverwaltung, 08223 Grünbach,
Tel. 0 37 45/53 03, Fax 0 37 45/59 2

Musikinstrumentenbau, Vogtländischer Klingenthal, Markneukirchen und die umliegenden Gemeinden heißen im Volksmund nicht zufällig der »Musikwinkel«, denn hier ist das Zentrum des vogtländischen Instrumentenbaus. Sein historischer Ursprung liegt im Jahrhundert der Gegenreformation, als, vor allem in den Jahrzehnten zwischen 1650 und 1670, böhmische Protestanten ihre Heimat verließen, weil sie sich den Verfolgungen durch militante Katholiken nicht aussetzen wollten. Sie kamen als sogenannte »Exulanten« ins protestantische sächsische Gebiet. Unter ihnen waren auch Geigenmacher aus der böhmischen Grenzstadt Graslitz. Sie brachten damit ein neues Gewerbe ins Vogtland. Schon 1677 wurde die erste Geigenmacher-Innung in Markneukirchen gegründet, 1716 in Klingenthal. Ein Jahrhundert später, 1770, gab es in Markneukirchen bereits 120 Meister des Geigenbaus, 1777 erlangten die Saitenmacher das Innungsrecht, 1798 die Pfeifen- und Waldhornmacher.
Der Musikinstrumentenbau entwickelte sich bald zum dominierenden Gewerbe in dieser Gegend. Dabei blieb die Herstellung über Jahrhunderte ein ausgesprochenes Familiengewerbe. Frau und Kinder wurden in die Arbeit einbezogen, im 18. Jahrhundert setzte eine deutliche Spezialisierung ein. Zunächst wurden die Instrumente durch die Meister selbst auf Märkten und Messen vertrieben. Der Versand wurde bis zu Anfang des 20. Jahrhunderts durch das Fehlen einer Eisenbahnlinie erschwert. Erst 1911 wurde eine Anschlußstrecke an die Bahnlinie Adorf-Aue eröffnet. Während Markneukirchen zu einem Zentrum des Orchesterinstrumentenbaus wuchs, wobei sich neben die Handwerksbetriebe immer stärker auch die industrielle Fertigung stellte, entwickelte sich in Klingenthal zu Beginn des 19. Jahrhunderts vor allem die Produktion von Mund- und Handharmonikas. Der Geigenbau verlor schon um 1800 an Bedeutung. Hauptgrund war ein aufkommendes Gewerbe, die Herstellung von »Brummkasteln« oder »Quetschkommoden«, wie man im Vogtländischen die Handharmonikas nannte. Die Ursprünge sind nicht genau geklärt, aber es war wohl der Holzblashändler Johann Wilhelm Rudolph Glier, der 1829 aus Frankfurt eine Mundharmonika, Mundäoline oder »Maulhobel« genannt, mitbrachte. Im Betrieb der Gebrüder Glier wurden nun die ersten Mundharmonikas hergestellt. Seit 1856 gibt es auch die Ziehharmonika. Und schon vier Jahre später exportierte man in alle Her-

ren Länder 218400 Akkordeons. Handwerker wurden zu Zulieferern für die beiden Glierschen Betriebe, 1929 wurden in den Klingenthaler Werkstätten und Fabriken rund 30 Millionen Mundharmonikas und 600000 Akkordeons produziert. Auch heute gelten die Klingenthaler Instrumente als Weltspitzenleistungen. Dazu gekommen ist in den letzten Jahrzehnten die Produktion elektronischer Musikinstrumente. Die wirtschaftliche Bedeutung des Musikwinkels wird heute durch ein Miteinander von industrieller Produktion und handwerklichen Betrieben, die sich auf die Fertigung von Solisteninstrumenten spezialisiert haben, bestimmt.

Mückenberger, Hilmar Populärer Verfasser heiterer vogtländischer und erzgebirgischer Mundartlieder. Geboren am 26. Jan. 1855 in Eibenstück (Erzgeb.). Nach dem Besuch der Volksschule seiner Vaterstadt kam er in die Musikantenlehre nach Kirchberg. Hier entstand seine erste Komposition. Ab 1876 wird er Mitglied der Plauener Stadtkapelle. Nach dreijähriger Dienstzeit als Oboist in einer Karlsruher Grenadierkapelle kehrte er zum alten Orchester zurück. 1894 übernahm er als Gastwirt den »Bürgergarten« in der Plauener Annenstraße. In der Wirtsstube unterhielt er musikalisch-humorvoll seine Gäste. Er schrieb seine Lieder selbst, vervielfältigte sie auf Zettel und verteilte sie unter den Gästen. Später sind seine Titel auf 35 Liedpostkarten erschienen, darunter auch hochsprachliche Texte. Er veröffentlichte Hefte mit Gitarren-, Klavier- und Zitherbegleitung und Musikstücke für Orchester und gründete in Plauen eine Sing- und Spielschar. Für sie schrieb er 14 Charakter- und Singspiele, von denen die meisten mit viel Erfolg in den vogtländischen Städten aufgeführt wurden. Zuletzt lebte er als Musikalienhändler. Er starb am 14. Mai 1937 in Plauen. Zu seinen bekanntesten Titeln zählen: »Dr Zipfelsgörg«, »Mei Vogtland is doch wunnerschie« und der Marsch »Plau'n bleibt Plau'n«.

Mühlleithen Mit Ortsteil Winselburg. Stadtteil von Klingenthal. Wintersport- und Ferienort. Am Nordhang des hier in das Vogtland übergehenden Erzgebirges. 820–861 m ü. NN, dadurch schneesicher. – 1787 erste Bewohner Waldarbeiter. Der Ortsname 1817 erstmals gebraucht, stammt von einem Waldrevier her, Mühl-Leithe, das vom Kurfürsten August von Sachsen 1579 von Hans-Georg Edler von der Planitz erworben wurde. »Mühl-Leithe« heißt soviel wie »Mühlberg«, also Berg für die Holznutzung der Mühle im Tal. – Gegründet als Waldwiesendorf, Streusiedlung nahe dem Wald. – In den umliegenden Wäldern Spuren alten Bergbaus (teils mit Wasser gefüllte Bingen, verwachsene Halden). – Oberhalb des Ortes höchste Stelle der Fahrstraße nach Klingenthal. – Seit 1966 Austragungsort Internationaler Damenskirennen. – Westlich der Ortsteil Winselburg und das Naturdenkmal Schneckenstein. – Mehrere Hänge mit Skilifts – gespurte Loipen, Skischule.

Ortsteil Mühlleithen, bestehend aus 6 Häusern. Waldwiesendorf (Streusiedlung) an den nordwärts gerichteten Hängen des Kiels (945 m ü. NN). In 900 m Höhenlage höchstbewohnter Ort des Vogtlandes. Ortsgründung erfolgte im Zusammenhang mit dem hier betriebenen Zinnerzbergbau (im Wald teils mit Wasser gefüllte Bingen, verwachsene Halden). Name soll von »Wenzelburg« herrühren, einem vermutlich böhmischen Ansiedler »Wenzel«. Einzelne abgelegene Gehöfte, Häuser wurden häufig als Burg bezeichnet. – Sage von der Ortsgründung: Einstmals habe hier das Jagdhaus des Edlen von Trützschler auf Falkenstein gestanden. Als darin Feuer ausbrach, sei die dort gehaltene Hundemeute lebendig verbrannt. Weithin habe man das Winseln gehört. Als dem Jagdherrn die Kunde überbracht wurde, habe er ausgerufen: »Mein Heim für meine Jagd soll fortan Winselburg heißen!« Das Jagdhaus bestand tatsächlich und ist 1848 abgebrannt. 1791 wird »Winselburg« für ein Waldhaus auf der Waldwiese verwendet. Eine mehrfache Besiedlung ist nicht ausgeschlossen, im 17. Jh. durch den Exulanten Wenzel, Ende des 18. Jh. als Waldhaus. – Winselburg seit 1985 Flächendenkmal. Selten gewordene geschützte Pflanzen (u. a. größere Vorkommen von Arnica-montana). – Unterhalb Winselburg »Vogtlandschanze«. – Wintersportgebiet. – Auskünfte: s. Klingenthal.

Hotels, Ferienunterkünfte u. a.:
Hotel *Mühlleithen,* Tel. 03 74 65/22 01,
Fax 03 74 65/22 02, INTERN
Privatzimmer *Leonhardt,* Tel. 03 74 65/24 70
Ferienhaus *Schädlich,* Tel. 03 74 65/68 91
Information:
Tourist-Information 08248 Klingenthal,
Tel. 03 74 65/6 48 32, Fax 03 74 65/6 48 25

Mühltroff Die Stadt liegt an der B 282 (Europastraße E49) von Plauen über Syrau bis 10 km vor Schleiz. Durch das weite, hochgelegene Tal fließt die Wisenta. Ihr zu beiden Seiten breiten sich die Häuser der Stadt aus. – Gegründet in der zweiten Hälfte des 12. Jh. im Zuge der ostdeutschen Kolonisation von ostfränk. Siedlern. Urkundlich erstmals belegt im Jahre 1274 als »Muldorf« und 1349 »Muldorff«, später 1378 als »Moldorf opidum«. Das heißt soviel wie »Dorf bei oder mit einer

Mühle«. – Die gleichmäßige Tallandschaft wird unterbrochen durch das auf einem Felsen gegründete Schloß. Nach den ältesten Urkunden in den Händen der Plauener Vögte. Unterlag häufigem Besitzerwechsel. Unter den Schloßherren als letzter Graf von Hohenthal-Püchau. – 1817 brannte das Schloß mit anderen Gebäuden der Stadt nieder. Der damalige Schloßherr, Graf von Kospoth, vertraute so fest auf einen von ihm besessenen Flammensegen, daß er vor den um sich greifenden Flammen nicht floh und als Opfer seines Aberglaubens darin umkam. –
Information:
Stadtverwaltung 07919 Mühltroff

Mühlwand, siehe Limbach

Mylau Mylau liegt eingebettet in das Tal der Göltzsch und des von Osten herkommenden Raumbachs. Die Stadt erweiterte sich auf die sie umgebenden Hänge. In der Mitte erhebt sich der Burgberg mit der Burganlage darauf. Er wird von Häusern dichtgedrängt umschlossen. – Urkundlich wurde Mylau erstmals 1140 erwähnt mit »in ascensu ripe Mylen«. 1212 ist von »provinciam que Milin diciter« die Rede und 1236 wird ein »(Marquardi) de Mylen« genannt. Den Ortsnamen leitet man von »Bilinbach« ab, dem heutigen Raumbach. – Die Burg und das dazugehörende Gebiet wurden 1212 von Kaiser Friedrich II. dem König Ottokar von Böhmen als Reichslehen überwiesen. In den folgenden Jahrhunderten gab es einen häufigen Wechsel des Besitzers zwischen den Vögten von Weida und Plauen, dem König von Böhmen und dem Markgrafen von Meißen. So geriet z. B. Anfang des 13. Jh. das Reichsministerialgeschlecht in die Lehnsabhängigkeit der Vögte von Weida und Plauen. Um 1500 kamen die Landesherren aus der Familie von Metsch. Unter ihnen war Josef Lewin, ein »Schöngeist« und Förderer der lutherischen Kirchenreform. Gegen 1600 herrschten die Herren von Schönberg, um 1700 die von Bose. Seit etwa 1720 verlor die Burg ihre Eigenschaft als Herrschaftssitz. 1750 gehörten die Besitzungen zwar noch den Edlen von Planitz, das Schloß hatten sie aber dem reichen Greizer Kaufmann Chr. Friedrich Petzold verkauft. 1809 verpachtete man die leerstehenden Räume des Palas' für gewerbliche Zwecke. Hier entstand unter Chr. Gotthelf Brückner die älteste Spinnerei des nördlichen Vogtlandes. Die nunmehr stark verfallene Burg kam 1892, zusammen mit dem Rittergut Obermylau, in die Hände der Stadt Mylau. Der Rat ließ den Palas umbauen und richtete 1897 darin das Rathaus ein. Schon 1882 hatten sich 500 Bürger der Stadt zu einem Schloßverein zusammengeschlossen, die sich für den Erhalt der Burganlage einsetzten. – Vom Marktplatz aus hat man einen schönen Blick zur Burg. Sie gilt als die bekannteste und meistbesuchteste des Vogtlandes. Der Aufstieg erfolgt auf dem alten Weg, direkt von der Stadt aus durch das parkartig gestaltete Zwingergelände oder bequemer auf der später angelegten Fahrstraße über den Hain auf halber Höhe. Die Zugbrücke wurde durch eine feste Brücke ersetzt und überspannt den Graben. Er ist stellenweise aus dem Fels geschlagen und bis zu 10 m tief. Um die Burg herum führt der 1895 angelegte Umgang. (Dabei erhält man einen guten Einblick in das Baugefüge. Der Weg ermöglicht einen schönen Überblick über die Stadt und Umgebung). – Die Burg liegt 30 bis 35 m höher als der Marktplatz. Der Bergfried, wohl der älteste Bau, steht auf dem Felsen der höchsten Spitze des Berges. Er hat fast 4 m dicke Mauern und ist 27 m hoch. Ihm schließen sich Schildmauern an. Im Nordosten befindet sich der Palas und die Kemenate. Der ursprünglich schlichte einstöckige Palas wurde um 1500 aufgesteckt, erhielt einen Treppengiebel und das vorgebaute Treppenhaus. Der nordwestliche Komplex hat zwei quadratische Türme, der westliche von beiden bekam seine heutige Form im 17. Jh. Die Burg ist nie zerstört worden und war auch zu Verfallzeiten bewohnt. – Seit 1956 ist in den Räumen der Burg das Heimatmuseum untergebracht. – Am Marktplatz steht als Backsteinbau eine neugotische Kirche, erbaut 1897/90 mit einem 72 m hohen Turm. Sie verfügt über eine kostbare Silbermann-Orgel, eine der wenigen des Vogtlandes. Silbermann schuf sie von 1730/31. Eingeweiht wurde die Orgel am 2. Dezember 1731 in der damaligen Stadtkirche.
Museum Burg Mylau, Regionalmuseum, Tel. 0 37 65/3 42 47 Ständige Ausstellung: Geschichte der Stadt und Burg Mylau und der Göltzschtalbrücke; Geologie, Mineralogie, Tierwelt des nördlichen Vogtlandes; mittelalterliche und barocke Sakralkunst; Handweberei. Größte Naturkundesammlung des Vogtlandes. – Mittelalterliche Burganlage mit späteren Veränderungen. Rundgang um die Burg.
Hotels, Pensionen u. a.:
Hotel *Meisinger,* Tel. 0 37 65/3 42 62, Fax 0 37 65/3 10 18
Pension *Vater,* Tel. 0 37 65/3 63 22
Information:
Fremdenverkehrsverein Nördliches Vogtland,
08499 Mylau, Tel. 0 37 65/3 42 47

»Neideiteln« Legendäre Plauener Figur. Marktfrau, die Grünwaren und Stadtneuigkeiten mit Humor und Gewitztheit an den Mann bringt. In Wirklichkeit ein Phantasieprodukt des ab 1880 erscheinenden »Plauener Sonntags-Anzeigers«. Am 5. Jan. 1913 meldet sich die Neidelteln das erste Mal, um in vogtländischer Mundart die Klatschspalte zu füllen. Nachträglich, am 12. Jan. 1913 stellt sie die Redaktion der Leserschaft mit den Sätzen vor: »Unsere Mitarbeiterin, die hier abgebildete Neideiteln, bespricht allwöchentlich die Ereignisse des lokalen Lebens und die Begebenheiten vom Welttheater ...« Der Name ist erfunden, spielt darauf an »Neuigkeiten auszudeuteln«. Die Plaudereien waren in Plauen und Umgebung bald beliebt genug, so daß sich der Verlag entschloß, sie als jeweiligen Jahresband zu veröffentlichen. Das erfolgte von 1920 bis 1943 in 23 Bändchen. Die Figur wurde so populär, daß man sie zeichnete, schnitzte, auf die Bühne brachte.

Netzschkau Die Industriestadt liegt westlich von Reichenbach. Sie befindet sich auf einer nach Nordosten zu geneigten Hochfläche zwischen 290 und 420 m ü. NN. In der Stadt münden der Stoppbach und Limbach in die Göltzsch. Umgeben ist die Stadt von Fichtenwäldern, Weiden und landwirtschaftlichen Nutzflächen. Auf der Flur befindet sich ein Teil der *Göltzschtalbrücke.* Die höchste Erhebung in der Nähe der Stadt ist der 511 m hohe *Kuhberg* mit dem Aussichtsturm. – Urkundlich erstmals wird der Ort erwähnt 1140 als »Netschka«, 1351 werden genannt »Cunrat und Nyckel von Neczzschkawe« und 1357 heißt der Ort »Neczkowa«. Der Name wird zurückgeführt auf die altsorbische Bezeichnung »nekky«, was sich verdeutschen läßt mit »Mulde«, also »Ansiedlung in einer Mulde«. – Durch Sorben wurde das Gebiet besiedelt während der 2. Etappe der deutschen Ostexpansion, die in der 2. Hälfte des 12. Jh. erfolgte. Deutsche Siedler verschmolzen sich mit den bereits vorher unterworfenen sorbischen. Es ist wahrscheinlich, daß bereits um 1357 ein kleiner Rittersitz eines Konrad von Netzschkau bestand. Der Name ging dann auf die Siedlung über. Das Gebiet gehörte zunächst zum Machtbereich der Burg Mylau, wurde aber 1450 selbst Mittelpunkt einer großen Feudalherrschaft. Um 1490 ließ Caspar Metzsch, einer der höchsten Beamten des landesherrlichen Hofes, ein verhältnismäßig kleines, aber gediegen gestaltetes Schloß als unbefestigten Wohnsitz errichten. Seit 1687 begann sich in der Siedlung die Leinwand- und Baumwollweberei zu entwickeln. Das führte 1856 zur ersten Baumwollspinnerei des Vogtlandes. – Das Schloß liegt im Norden der Stadt. Es sind Reste einer ursprünglich größeren, hufeisenförmigen Anlage um den Schloßhof, aus der 2. Hälfte des 15. Jh. in den Formen der sächs. Spätgotik. Die Anlage ist ein frühes Zeugnis der baugeschichtlichen Übergangszeit, in der bedingt durch die Feuerwaffen, Burgen als Verteidigungsanlagen ihre Funktion verloren und durch unbefestigte Wohnschlösser abgelöst wurden. Erhaltene Bauteile weisen auf die Schule Arnold von Westfalens hin. Das Schloßinnere wurde 1672 erneuert. Erhalten von der Anlage ist der Westflügel mit dem Rundturm, auch schöne Vorhangbogenfenster mit wohlgegliederten Stabwerk-Portalen. – Mehrere sandsteinerne Türumrahmungen mit vielem feingearbeiteten Stabwerk sind zu sehen, dessen Stäbe zum Teil seilartig gedreht sind und sich überschneiden. Eine Tür geschmückt mit einem Wappen der Familie Metzsch, die das Schloß erbauen ließ, ist noch erhalten. – Die hölzernen Decken in den Räumen erhielten durch spätgotische Schnitzereien Schmuckelemente. Um 1627 ließ sie der Feudalherr Carol von Bose (1596–1657) in rechteckiger Aufteilung mit Stuck verkleiden. Die Dekors zeigen Medaillons mit religiösen und weltlichen Motiven zwischen Schmuckbändern. Sehenswert ist der 4,10 m hohe prächtige Kachelofen aus dem Jahre 1627. Er hat einen gußeisernen Feuerkasten. Die Eisenplatten sind mir kursächsischem Wappen und einer Darstellung des Kampfes von Simson mit dem Löwen versehen. Der Ofen steht auf 6 tönernen Füßen in der Form von Löwenpranken. – Südlich vom Schloß, außerhalb des ehemaligen Schloßgeländes, befindet sich die Schloßkirche. Sie ist ein Neubau aus den Jahren von 1839/40 mit schlichter Ausstattung der Entstehungszeit. 1855/56 wurde sie restauriert. Reste des Altarwerkes stammen von Joh. Böhme mit der Abendmahlsdarstellung aus der Zeit von 1659. In der Sakristei gibt es ein ganzfigürliches Bild des Carol von Bose. An der Stelle der Schloßkirche stand die im Jahre 1629, unter ihm, für sich, seine Familie und die anderen Schloß- und Rittergutsbewohner errichtete Schloßkapelle.
Ferienwohnung u. a.:
Ferienwohnung *Scheffel,* Tel. 0 37 65/3 47 70,
Fax 0 37 65/3 12 84
Information:
Stadtverwaltung, Tel. 0 37 65/41 85, Fax 0 37 65/41 88

Neuber, Caroline (Neuberin) Prinzipalin eines Wandertheaters, bedeutendste Schauspielerin ihrer Zeit, »Mutter des deutschen Schauspiels«. Geboren am 9. März 1697 in Reichenbach als Tochter des Advokaten Daniel Weißenborn. Bereits als Kind Zuneigung zur Deklamation und zum Theaterspiel. Mißhandlungen durch den Vater veranlaßten sie mehrmals dem Elternhaus zu entfliehen, das letzte Mal mit dem gleichaltrigen Jurastudenten Johann Neuber aus Reinsdorf. Sie gingen nach Wei-

Geburtshaus der Caroline Neuberin

ßenfels und schlossen sich der gerade anwesenden Spiegelbergschen Schauspieltruppe an. Anfang 1718 ließen sie sich in der Hof- und Domkirche zu Braunschweig trauen. Als 1727 die Hoffmannsche Schauspieltruppe, deren Mitglieder sie waren, sich auflöste, gründete die inzwischen hervorragende Schauspielerin Caroline Neuber eine eigene Truppe. Setzte sich dafür ein, den Tiefstand des deutschen Wandertheaters zu überwinden, dessen Repertoire im wesentlichen aus Stegreifspielen und Hanswurstiaden bestand. Durch ihr persönliches Engagement durften sich die Mitglieder ihrer Truppe sechs Jahre lang »Hof-Comödianten« nennen. Der Zufall führte sie mit dem Leipziger Professor Gottsched zusammen. Mit ihm verbündete sie sich im Kampf gegen das minderwertige Theater. Anfeindungen zum Trotz verbrannte sie öffentlich des Publikums liebste Gestalt, den »Hanswurst«. Sie spielte mit ihrer Truppe französische Stücke und entwickelte die gehobene Deklamation, bekannt geworden unter »Leipziger Schule«, forderte von den Schauspielern gründliches Rollenstudium. Im Repertoire gab es zunehmend Stücke von Lessing, Gellert, Chr. F. Weiße, J. E. Schlegel oder aus ihrer Feder. Gottsched: »Die Bande ist mit geschickten Personen versehen, daß sie in Deutschland kaum ihresgleichen haben wird. Vier Burschen von den berühmtesten Akademien waren so unvergleichlich charakterisiert, daß ich mein Leben lang nichts Schöneres gesehen habe. Und diese vier Leute sind von einem viermal verkleideten Frauenzimmer, eben unserer Caroline Neuber, so herrlich vorgestellt worden, daß ihnen nichts als eine männliche gröbere Stimme gefehlt.« Starb nach langen Wanderjahren völlig verarmt am 30. Nov. 1760 in Laubegast bei Dresden. (*Neuberinhaus* und *Gedenkstätte* in Reichenbach).

Neuensalz mit Ortsteilen Altensalz (seit 1972 eingemeindet) Siegleithe und Voigtsgrün (ebenfalls 1972 eingemeindet), gehört zum Bereich des Erholungsgebietes Pöhl.

Der Ort liegt im wesentlichen im Mittelvogtländischen Kuppenland mit seinen Diabasbergen. Neuensalz siedelt dabei am Rabenbach und der dazu gehörigen Vorsperre, Altensalz und Voigtsgrün liegen am linken Ufer der Hauptsperre.

Neuensalz wird 1418 erstmals urkundlich genannt, 1428 kam ein Teil des Rittergutes an die Familie derer von Tettau, 1466 wurde Apel von Tettau erster wettinischer Amtmann von Plauen.

1321 wird Altensalz urkundlich erwähnt. Die Brüder des Deutschen Ordens erhielten damals einen Hof von den Vögten von Plauen.

Sehenswert die Kapelle Neuensalz, ein Konzert- und Ausstellungszentrum, im romanischen Baustil errichtet, 1529 erstmals erwähnt. Restauriert. Altensalz und Neuensalz beziehen ihren Namen aus den Salzquellen am Triebufer. 1911 wurde zur Nutzung der Altensalzer Quelle ein Brunnenhaus errichtet, beim Bau der Talsperre Pöhl wurde die Quelle, die sich nun im Staubereich befindet, verschlossen. Der Ortsteil Voigtsberg ist der älteste Teil der Gemeinde, schon 1301 wird er in einer Urkunde genannt. Das Siedlungsgebiet ist vermutlich um vieles älter, Hügelgräber aus der Bronzezeit deuten darauf hin (Flurteil Liebschwitz). 1891 fand man auf einem Grundstück von Voigtsberg ein Tongefäß mit mehreren hundert Brakteaten, die teilweise aus der Zeit von 1230 stammten. Vorstauanlagen der Talsperre Pöhl – Autobahnbrücke der A 72 mit einer Länge von 373 m, ihre Pfeiler werden vom Stausee umflutet. – Dorfkirche von Altensalz aus der Zeit um 1321.
Gasthof *»Altensalz«*, Tel. 03 74 41/41 32 74
Information:
Fremdenverkehrsamt Vogtländische Schweiz,
08543 Möschwitz-Pöhl, Tel. 03 74 39/45 00,
Fax 03 74 39/4 50 13

Neumark Mit den Ortsteilen Oberneumark, Unterneumark und Erlmühle. Der Ort liegt in einer hügelreichen, waldarmen Landschaft. Erstmals wird der Ort urkundlich erwähnt 1225 mit »(Gerwicus decanus) de novoforo«, 1358 ist von einem (Luppolds) vom »Nuenmarkt« die Rede, seit 1791 von »Neu Marck«. Das heißt soviel wie »Ort am neuen Markt«. – Dies weist darauf hin, daß hier ein ehemaliger Marktflecken an der Gabelung der von Nürnberg kommenden Straße nach Altenburg-Leipzig und Zwickau-Dresden bestand. Die Burg wurde

1354 von den Truppen Karl V. gestürmt. – Die spätgotische Dorfkirche mit einem 1739 umbauten Langhaus hat einen Südturm. Im Innenraum fällt das Sternengewölbe ins Auge. An der Südwand des Chores befindet sich ein lebensgroßes Kruzifix aus der Zeit von 1498–1500 von Peter Breuer (es wurde Ende des 19. Jh. völlig übermalt). Die Nordseite des Chores ist versehen mit einer Wappentafel der Familie von Römer aus der 1. Hälfte des 17. Jh. – Das Schloß (heute ein Krankenhaus) ist in seinem Kern vermutlich spätgotisch. Es wurde jedoch durch Umbauten stark verändert, dadurch ist der ursprüngliche Charakter kaum noch zu erkennen. In seinem Ahnensaal sind noch Reste der geschnitzten Wandfüllung aus der 1. Hälfte des 17. Jh. zu sehen. – Der Ortsteil Oberneumark liegt an der nach Südosten zu verlaufenden Ebersbrunner Straße. Die früher selbständige Gemeinde kam 1950 zu Neumark. Urkundlich ist sie seit 1441 als »Obirneuenmarkt« bekannt. Ursprünglich wurde sie angelegt als ein Waldhufendorf mit weit geschwungenen Flurbogen, Radialhufen. Die Siedlung liegt im Tal am Fuße des 470 m hohen Brendels. Hier verläuft etwa die Trennlinie zwischen dem im Süden schroff gefalteten Landschaftsraum des Göltzschtals und der nördlich flach gewellten Ebene des Pleißentales. – Zwischen Neumark und Gospersgrün, im Tal des Neumarker Bachs, liegt der Ortsteil Unterneumark. Er gehört seit 1937 mit der Kleinsiedlung Erlmühle zur Hauptgemeinde. Erstmals wurde der Ort urkundlich als »Niderneuenmarkt« 1423 genannt. Er wurde jedoch bereits im 13. Jh. als ein Waldhufendorf angelegt. Vor allem westlich der Dorfstraße befinden sich Höfe mit gutgegliederten Waldhufen. Die ostwärts davon liegenden, durch die steilen Hänge des Junkenberges bedingt, sind versetzte Hufen. Die alten Strukturen wurden durch die Großraumwirtschaft unkenntlich. – Unterhalb des 368 m hohen Schafsberges liegt die Kleinsiedlung Erlmühle, am Zusammenfluß von Steinbach, Lohbach und Neumarker Bach, eingebettet in eine mit Teichen durchsetzte Landschaft. Schulmuseum.
Hotels, Pensionen, Privatvermieter u. a.:
siehe Reichenbach
Information:
Fremdenverkehrsverein »Nördliches Vogtland«,
08499 Mylau, Tel. 0 37 65/3 42 47

Neundorf Südwestlich, im unmittelbaren Anschluß an die Stadt Plauen, am Wartberg, 466 m ü. NN (mit Wasserturm), Taubenhübel 454 m ü. NN und Burgstättel 461 m ü. NN. Diabaskuppen, die den Ort überragen. Oberneundorf mit Geländeflur wird erstmals erwähnt 1298 als »a nova villa«, als ein neu angelegtes Dorf. 1328 heißt der Ort »Newendorf«. – Ursprünglich ein Straßendorf. Unterneundorf ging aus einem Gutsweiler hervor. Beide Ortsteile befinden sich in den Quellmulden des Unterneundorfer Baches mit dem großen Dorfteich am Loh- oder Seebach. Sie vereinigen sich, kurz bevor sie die Weiße Elster erreichen. Oberneundorf war ursprünglich ein Vorwerk, zum Amte Plauen gehörig. Im 15. und 16. Jh. im Besitz der Landesherrschaft. 1564 machte Burggraf Heinrich IV. seinem Landesrentmeister Hans von Reibold Dorf und Vorwerk zum Geschenk. Der vereinigte es mit seinem Unterneundorf zum Rittergut. Das große Schloß, das er erbauen ließ, wurde 1865 durch Blitzschlag zerstört. – Das heutige Siedlungsbild ist im wesentlichen nach 1880 entstanden. – In Oberneundorf, oberhalb des Teiches *Griebenherd.* Er wurde 1967 restauriert, vom früheren Standort am Pechhüttenteich hierher versetzt. – Vom Wartberg schöner Rundblick.
Hotels, Pensionen, Privatunterkünfte u. a.:
siehe Plauen
Information:
Tourist-Information 08523 Plauen,
Tel. 0 37 41/2 91 10 27, Fax 0 37 41/29 11 10

Neustadt Seit 1950 gehören zum Ort Poppengrün und Neudorf. Die Gemeinde liegt 2 km südwestlich von Falkenstein. Erstmals wird er urkundlich erwähnt 1421 als »Nuwenstadt«. 1633 heißt er »Neustädtel« und seit 1791 »Neustadt«. Der Ortsname weist auf eine »neue (von Falkenstein aus neu angelegte) Stätte bzw. Ortschaft« hin. – Neustadt liegt nördlich der Geigenbachtalsperre, von Feldern und Wald umgeben. Vom westlich des Ortes liegenden Bezelberg (638 m ü. NN) hat man eine schöne Aussicht nach Nordosten in Richtung Falkenstein, Auerbach. Ostwärts des Ortes entspringt die Treba. – Der Ortsteil Poppengrün grenzt direkt an die Geigenbachtalsperre. Erstmals wird die Siedlung in den Urkunden 1452 als »Pupengrün« erwähnt. Der Name deutet auf die »Rodesiedlung eines Poppo« hin. Dort, wo die Straße nach Grünbach abbiegt, ist ein schöner Aussichtspunkt.
Ferienhäuser, Ferienwohnungen u. a.:
Ferienhaus *Ide* 1 u. Ide 2, Tel. 0 37 45/69 81,
Fax 0 37 45/6 98 20
Ferienhaus *Werner,* Tel. 0 37 45/7 04 23,
Fax 0 37 45/7 04 23
Ferienwohnung *Wolf,* Tel. 0 37 45/7 14 53
Information:
Gemeindeverwaltung Neustadt, Tel. 0 37 45/50 20,
Fax 0 37 45/7 20 71

Oberkotzau Marktgemeinde mit den Ortsteilen Autengrün, Fattigau, Haideck, Wustuben. Aufstrebende Wohn- und Industriegemeinde 2 km südlich von Hof zwischen Frankenwald und Fichtelgebirge, ca. 6000 Einwohner. In den Tälern der Sächsischen Saale und Schwesnitz. Umgeben vom Haidberg, 562 m ü. NN, Kotzauer Berg, 573 m ü. NN und dem im Nordwesten liegenden Schaumberg, 558 m ü. NN, an den der Untreusee heranreicht. – Günstige Verkehrslage. Kurze Zufahrt von der Bundesautobahn. Markt Oberkotzau, eine der ältesten Ansiedlungen im nördlichen Oberfranken und an der oberen Saale, Gründung der Ortschaft 640–642 n. Chr. 968 erfolgt erste geschichtliche Erwähnung. Hans von Kotzau nimmt am Turnier zu Merseburg teil und kommt dabei zu Tode. Das Geschlecht der von Kotzau wirkt über die Jahrhunderte hinweg. 1234 Gründung der Marktgemeinde Marktrecht seit 1444. 1530 wird das Schloß erbaut. Nach dem Brand der Stadt und des Schlosses 1852 erfolgt Wiederaufbau. Das Schloß gilt als Erinnerung an die alte Herrschaft. Innerhalb des Gebäudes noch Anzeichen der alten Türme und Kapelle erkennbar. – Historisch bedeutsam die durch eine zehneckige Rotunde erweiterte alte Kirche St. Jakobus mit dem Kanzelaltar des Bildschnitzers Elias Räntz sowie bedeutenden Grabdenkmälern. Im Mittelalter Begräbnisstätte der Freiherren von Kotzau. Eine der interessantesten Kirchen im Hofer Land. – Schloß des Geschlechts von Kotzau im Zentrum der Marktgemeinde. – Die Pfeifferbrücke unter Denkmalschutz. – Autengrün, 1 km westlich, seit 1972 Ortsteil. Dem Namen nach eine deutsche Siedlung. War Teil des Kotzauer Reichslehens. Später eigenständig, kleinste Gemeinde Bayerns. – Ringteich, Standort des 1609 zerstörten, nach Aufbau durch Brand ruinierten und 1666 abgetragenen Wehrturms. – Fattigau, seit 1972 Ortsteil der Marktgemeinde, 1 km südlich in Richtung Schwarzenbach (Saale). Slawischen Ursprungs. – Heideck $1^1/_2$ km südostwärts. – Auf der Höhe oberhalb der Haidecker Leite Ausgrabungsspuren der alten Feste Haideck, die 1430 von den Hussiten zerstört wurde. – 3 km nordwestlich der Hauptgemeinde Wustuben, ehemals Gottwaldesreuth. Im Dreißigjährigen Krieg verwaist und wüst geworden, heißt seitdem Wustuben. Gehört seit 1973 zu Oberkotzau. – Stadtnähe zu Hof. – Beheiztes Terrassenfreibad.

Ferienwohnungen u. a.:
Ute König, Tel. 0 92 86/2 93, Fax 0 92 86/2 32
Hildegard Brunner, Tel. 0 92 86/13 47
Hans Lauterbach, Tel. 0 92 86/67 53
Informationen:
Marktgemeindeverwaltung 95139 Oberkotzau,
Tel. 0 92 86/94 10

Oberlauterbach Seit 1950 mit dem Ortsteil Unterlauterbach. Gehört heute zu Falkenstein, auf sanft abfallender Lehne, die in den Kessel des Bergener Gebietes übergeht. Gemeinde mit bäuerlichem Charakter. Der Ort wird urkundlich erstmals 1421 genannt als »Luterbach«, 1445 »Luterbach by Drewen«, ab 1804 unterscheidet man »Ober-Lauterbach« und »Unter-Lauterbach«, was soviel heißt wie »Siedlung am klaren, reinen Bach (an dessen Ober- oder Unterlauf)«. – Rittergut Oberlauterbach lange Zeit Sitz der Familie von Trützschler, bevor sie sich auf Rittergut Dorfstadt niederließ. – Auf halbem Wege von Falkenstein (kurz hinter dem Straßeneintritt in den Wald, westl. am Ende des Steiges) *Steinkreuz* aus Granit. – Unterlauterbach Sitz der Gebrüder Machwitz. Das 1537 vorhandene Vorwerk und Dorf mit acht Gütern ist später im Besitz des Eberhardt von Feilitzsch auf Treuen. – Nordwestlich des Dorfes liegt der 471 m hohe Butterberg. – Im Ortsbereich natürlich erhaltene Teichlandschaft. Als Flächendenkmal geschützt. – Herrenhaus Unterlauterbach heute schmuckloser Zweckbau. Stammt aus dem Jahre 1511 und wurde 1939 umgebaut. Daneben Park mit alten Bäumen.
Hotels u. a.:
siehe Falkenstein
Information:
Stadtverwaltung 08223 Falkenstein

Ortsnamen Die in einer Landschaft vorkommenden Flur- und Ortsnamen sind sichere Hinweise auf den Verlauf der Besiedlungsgeschichte. Typisch für das Vogtland die häufige Endung der Ortsnamen auf -grün, -reuth und -roda. – Das Grundwort -grün in Flur und Rodenamen bezeichnet bäuerliche Siedlungen im fränkischen Einzugsbereich. Es ist anzutreffen im Frankenwald, Fichtelgebirge, Egerland und in 61 Ortsnamen des sächs. Vogtlandes, am häufigsten im Landkreis Auerbach, hier bei 22 Ortschaften. Die starke Verbreitung im mittleren Vogtland und im egerländischen Gebiet weist auf Siedlungszusammenhänge mit Oberfranken hin. Sie zeigt durch ihre geschlossene Verbreitung die Richtung und Intensität des ostfränkischen Siedlungsverlaufes in der Zeit nach 1150. – Die Endung der Ortsnamen auf -reuth kommt besonders häufig vor in der Oberpfalz, im Frankenwald, Fichtelgebirge und im Süd- und Südwestteil des sächs. Vogtlandes. Daraus wird geschlossen, daß auf dem nordbayrischen Siedlungszug diese Ortsnamenendung von der nördlichen Oberpfalz über das Egerland in den südlichen Zipfel des Vogtlandes vordrang. Die an seinem Südwestrand vorkommende Bezeichnung auf -reuth belegt siedlungsgeschichtliche Zusammenhänge mit Oberfranken. – Die schwache Einwanderung aus dem thüringischen Raum läßt sich auf das verhältnismäßig schwache Auftreten der Endung -roda ableiten.

Ostern Die Ostertage werden im Vogtland als Fest des beginnenden Frühlings und der Fruchtbarkeit begangen. Man bringt Weidenkätzchen »Meinzele« ins Haus, sie sind heilbringend. Alles Grüne verkörpert erwachendes Leben. Gründonnerstag ißt man Grünzeug und Eier. Diese bringt den Kindern der Osterhase. Am Karfreitag soll man nur die nötigsten Arbeiten verrichten. Osterwasser holt man am Morgen des Ostersonntages. Es bringt Lebenskraft und macht schön. Das Schlagen mit einer Rute bringt Gesundheit. Wer die Asche des Osterfeuers mit Fett vermischt, hat eine heilbringende Salbe. Man glaubt mit Lärm, den man in der Osternacht schlägt, böse Geister vertreiben zu können. Es ist auch üblich, ein Osterzickel zu schlachten.

Pausa, mit den Ortsteilen Ebersgrün, Linda, Ranspach, Thierbach, Unterreichenau und Wallengrün, nordwestlich von Plauen, in einem Tal längs eines Höhenzuges, 460 m ü. NN. Vermutlich im 6./7. Jahrhundert von den Sorben/Wenden gegründet. Erste urkundliche Erwähnung 1263, schon 1393 als Stadt bezeichnet. Pausa, eine deutsche Gründung, rührt aus einer slawischen Siedlung her, der Ortsname ist ein slawischer Personenname. Die Lage an der alten Handelsstraße Weida–Hof führte zur raschen Entwicklung des Ortes. Von 1834 bis 1907 war Pausa Badestadt durch eisenhaltige Quellen. Mitten durch den Ort verläuft der 12. Längenkreis ostwärts von Greenwich. Deshalb nennt sich Pausa auch »Stadt am Mittelpunkt der Erde«. Seit 1934 befindet sich auf dem Dach des Rathauses ein großer gläserner Globus. Seit dem 17. Jahrhundert Weberei, später einer Verbindung zur Strumpfwirkerei in Zeulenroda und der Spitzenherstellung von Plauen. – Eckardtsberg mit Tiergehege und Naturschutzgebiet »Pausaer Weide«, Freizeitanlage »Freibad Pausa«.
Hotel *»Stadt Pausa«,* Tel. 03 74 32/60 60,
Fax 03 74 32/6 06 33
Pausa-Information, Braugasse 5, 07952 Pausa,
Tel. 03 74 32/2 00 23, Fax 03 74 32/2 00 23

Pechhorn Von vogtländischen Waldarbeitern, Harzern und *Pichern* gebaute und gebrauchte alphornartige Signalinstrumente. Es sind aus langen dünnen Schleißen des Fichtenholzes hergestellte trichterförmige Rohre mit quadratischem Querschnitt. Sie sind 100 bis 150 cm lang, oben etwa 2 cm, unten 8 bis 10 cm weit. Die Schleißen werden mit Hanfstrick umwickelt und halten das Instrument zusammen. Anschließend wird es mit Pech bestrichen. Dadurch glänzt es wie lackiert. Oben ist ein aus Holz gedrechseltes Mundstück eingesetzt. Wird das Instrument mit kräftiger Luft geblasen, kommt ein voller, weittragender Ton zustande. Damit verständigen sich die Waldleute auf ihren entfernten Arbeitsplätzen untereinander (heute nur noch vereinzelt bei Folkloregruppen und als Museumsgut).

Pechtelsgrün Das Dorf ist seinem Charakter nach bäuerlich geprägt. Es liegt ca. 2 km nordostwärts von Lengenfeld in etwa 400 m Höhenlage am Westhang des 494 m hohen Höllberges.

Pechtelsgrün wird urkundlich erstmals erwähnt 1140 als »Bertolsgrune«. 1533 heißt der Ort »Pechesgrun«. Die seit 1791 gebräuchliche Bezeichnung »Pechtelsgrün« wird 1870 durch die Behörde für verbindlich erklärt. Hergeleitet wird die Ortsbezeichnung von »Rodesiedlung eines Ber(h)told«. – Im Ursprung wurde das Dorf als eine Radialwaldhufensiedlung angelegt. Bei der Ortsgründung ordneten sich die Gehöfte hufeisenförmig um eine feuchte Quellmulde. Das dazugehörige Land ging strahlenförmig nach außen von den Gehöften ab. Im Ort gibt es dadurch keinen Dorfanger. Die eigentliche Dorfstraße führt außen um die alten als Siedlerstellen errichteten Höfe herum. – Im Weichbild des Ortes befinden sich Zeugen des nach 1945 betriebenen Abbaus von Wolframit und Molybdän. – Ein eingemauerter *Griebenherd* befindet sich im Grundstück Pechtelsgrün Nr. 24. – Sehenswert ist die 300 Jahre alte Kandelaberlinde.
Hotels, Unterkünfte u. a.:
siehe Lengenfeld
Information:
Stadtverwaltung 08485 Lengenfeld, Tel. 03 76 06/30 50,
Fax 03 76 06/84 30

Picher auch Pecher, Harzer, Pechsieder. Harznutzung in den Wäldern gewerkschaftlich betrieben. Gewerkschaftsanteil war die Pechkuxe. Um Harz von Bäumen zu erhalten, riß der Picher mit scharfem Harzeisen eine senkrechte Furche in die Rinde der Fichten oder Kiefern. Aus der Wunde dringendes Harz erstarrte an der Luft, wurde ein Jahr später abgekratzt (Scharrharz) und zur Pechhütte gebracht. Hier in trichterförmigem steinernem Kessel gekocht, danach im Kupferkessel geläutert. Mit langem Löffel schöpfte der Picher das gesottene Pech in die Grube und ließ es erkalten. Dadurch ergaben sich Blöcke bis zu einem Doppelzentner. Seit 1740 in Holzformen gleichgroße Blöcke, Pechtafeln. Pechsteiger

109
244 1-4
134
218 1-3
238 1
140

beaufsichtigten die Arbeit, bekämpften mit den Forstbeamten Pechdiebe. Diese kamen in Banden bis zu 30 Mann aus Böhmen, um das Harz von den Bäumen zu stehlen. Auerbach wichtiger Umschlagplatz von Harz und Pech der vogtl. Wälder. – Pech war wichtig für Brauereien, Apotheken, Böttcher, Schuhmacher. – Pechweiden sind seit 1845 staatlich, bis 1890 auch staatliche Pechhütten. Aus unreinem Harz machten Rußbrenner Ruß.

Pirk, Talsperre Landschaftsschutzgebiet seit 1956, 1432 ha groß. Erholungslandschaft, besonders für die Bevölkerung von Plauen und Oelsnitz. In 370–516 m ü. NN. Im wesentlichen wird das Gebiet begrenzt von den Siedlungen Kulm und Pirk. Von da zieht sich die Begrenzung in Richtung Meßbach bis an den Wüsten Teich, entlang der Ortsverbindungsstraße über Taltitz bis westlich vor Oelsnitz, von hier der Straße bis Schönbrunn folgend, dann entlang der Straße bis Planschwitz. Von hier, den Hohen Kulm einschließend, nach Pirk und Türbel folgend. Völlig oder teilweise in das Landschaftsschutzgebiet eingeschlossen sind die Ortsteile Taltitz mit Dobeneck, Schönbrunn, Planschwitz, Magwitz, Gößwein, Kulm, Türbel und Pirk. Durchschnitten wird das Gebiet von der Autobahn Hof–Dresden und von der o. a. Eisenbahnlinie. – Das Gebiet der mittelvogtländischen Kuppenlandschaft schließt den Stausee ein. Er bedeckt die ehemalige Talaue der Weißen Elster. Das ihn umgebende Gelände ist hügelig, flachwellig. Lediglich im Süden und Südwesten ist es kräftig ausgeprägt, dem Triebelbach folgend. Devonisches Gestein herrscht vor. Die um den Stausee liegenden Flächen sind vorwiegend landwirtschaftlich genutzt. Das die Landschaft beherrschende Gewässer des Stausees wird vor allem gespeist vom rechtsseitig zufließenden Bocksbach, Dobenecker Bach, Eiditzlohbach. Von links fließt der Triebelbach heran. – Besiedelt war das Gebiet bereits während der Bronzezeit von bäuerlich lebender Bevölkerung, nach ihren keramischen Erzeugnissen der Lausitzer Kultur zugehörig. – Erbaut wurde die Talsperre von 1936–1939. Hochwasserschutz und Brauchwasserbereitstellung. Wasserfläche nimmt auf 4 km Länge und 500 m Breite 152 ha ein. Gestaut werden 10 Millionen Kubikmeter Wasser. Die mit Diabas verblendete Sperrmauer ist 257 m lang und 24,5 m hoch. Die dazugehörige Vorsperre wird durch eine 9 m hohe Betonmauer vom Hauptbekken abgetrennt. Die Wasserfläche ist Rastplatz durchziehender Vögel. Heimisch sind Wildenten, Zwergtaucher, Bleßhühner, Lachmöwen. Im Stausee Fischzucht. Unterhalb der Sperrmauer artenreiche Fauna. – Auf dem Weg von Magwitz nach Planschwitz viereckiger Bühl einer ehemaligen Wehranlage. – Im Süden des Landschaftsschutzgebietes Spuren historischen Bergbaus. Stausee genutzt für Wassersport: Segeln, Rudern, Baden. Wasserrettungsdienst. Anlegeplätze für Segel- und Ruderboote. Zelt- und Campingplatz. Zeltplatzvermittlung.

Planschwitz Seit 1973 verbunden mit dem Ortsteil Magwitz. Westlich von Oelsnitz gelegen. *Landschaftschutzgebiet »Talsperre Pirk«* seit 1939. Die beiden früher selbständigen Gemeinden am linken, steil ansteigenden Hang der Weißen Elster 415–460 m ü. NN. Keinen Eisenbahnanschluß. Nächster Bahnhof Pirk an der Strecke Plauen-Bad Brambach. Busverbindung ab Oelsnitz. – Der Ort wurde urkundlich erstmals 1297 erwähnt im Zusammenhang mit einem »(Ulricus Saccus) de Plonswicz«. 1397 wird er mit »Plonswiz« bezeichnet, ab 1545 mit »Planschwitz«. Der Name wird abgeleitet vermutlich vom altsorbischen »plonc«, »wilder Apfelbaum«. – Ort im Bereich des mittelvogtländischen Kuppenlandes. Umgebung von bewaldeten Bergkuppen durchsetzt. Markanteste Schöner Pöhl 522 m ü. NN, südöstlich des Ortes. Platzdorf hervorgegangen aus ehemaliger Gutsblock-, Block- und Streifenflur. – Auf der Höhe ostwärts des ehemaligen Rittergutes die Feste Planschwitz. Nicht überirdisch sichtbar, völlig verschlissen und verändert. 1327 ging die Lehnshoheit Plauens an Böhmen über (Siegel des Henricius de Machwitz). Geriet mit anderen Burgen der Vögte von Plauen unter böhm. Lehnshoheit. – Reste der Ruine Stein auf einer Halbinsel unmittelbar am Südufer des Stausees. Stammt von einer Burg aus dem 13. Jh. der Plauener Vögte. 1327 wird sie als »munitio lapis« (Feste auf einem Felsen) genannt. Zugehörig ein Wirtschaftshof und eine 1459 erwähnte Mühle. Bei Normalstau liegen Teile der Gemäuer unter der Wasseroberfläche. Vor dem Einstauen erhob sich die Feste 10–15 m hoch auf dem steilen Sporn über den Talgrund empor. Felsplateau mit Mauerwerk der Kernburg mit einem bis 6 m breiten eingemeißelten Graben vom Hinterland abgetrennt. Dahinter Reste des Turmes. – Unterhalb der Ruine Stollenmundloch der Jakobszeche, einem Bergwerk auf Eisenstein aus dem Jahre 1751 (unter der Wasseroberfläche). – Auf Feldern zwischen Kirchpöhl und südöstlichem Ortsausgang von Magwitz Fundstelle von Fossilien. Nach 1853, durch Neubearbeitung der geologischen Karten, erhielten sie die Bezeichnung »Planschwitzer Schichten«. – Dorfkirche im Kern mittelalterlich. Erneuert 1610 durch den damaligen Rittergutsbesitzer von Planschwitz, Herrn von Neidberg. 1748 durch Vorhaus ergänzt. 1850 nochmals erneuert. Barokker Altar mit reich geschnitzten Wangen aus der Zeit Anfang 16. Jh. Drei geschnitzte Relieffiguren aus der Zeit um 1500, Arbeiten einer Hofer Werkstatt. Kirche unter Denkmalschutz. – Ortsteil Magwitz in nordwestlicher Richtung. Seit 1236 durch einen »(Cunrado) de Machwitz« bekannt. 1446 wird die Ansiedlung »Machwicz« genannt, seit 1671 »Magwitz«. Angelegt als lockeres Platzdorf. Noch heute Gehöfte um den kleinen Dorfteich angeordnet. – Aus frühdeutscher Zeit erhaltene Reste eines viereckigen Turmhügels in einem Garten am Ortsausgang von Planschwitz. – Ehemaliges Rittergut auf einer Geländestufe oberhalb der Talsohle. – Barockes Wohnhaus mit Walmdach. – Wochenendsiedlung nicht unmittelbar an der Talsperre, in 800 m Entfernung auf einer Höhe von Planschwitz. – Wassersport auf der Talsperre: Segeln, Rudern, Schwimmen. – Auskunft: Gemeindeverwaltung.

Plauen kreisfreie Stadt. Historisches, wirtschaftliches und kulturelles Zentrum des sächsischen Vogtlandes. Seit Jahrhunderten ist Plauen durch seine günstige Lage ein Knotenpunkt verkehrsmäßiger und wirtschaftlicher Verbindungen zwischen Sachsen und Bayern wie zwischen Sachsen und Thüringen. Durch die Teilung Deutschlands geriet Plauen in eine Grenzregion, die nach vier Jahrzehnten, 1989, beseitigt wurde. Die Plauener Bürger waren in der friedlichen Revolution des Herbstes 1989 besonders engagiert. Heute festigen sich traditionelle Beziehungen in vielen Lebensbereichen (Wirtschaft, Tourismus, Kultur), besonders auch mit der Partnerstadt Hof (seit 1987) und dem gesamten bayrischen und sächsischen Vogtland.

Plauen liegt mit seinem Stadtkern oberhalb des Tales der Weißen Elster, mit weiteren Stadtteilen in den benachbarten Seitentälern und Hängen des Mittelvogtländischen Kuppenlandes. Daraus ergeben sich beträchtliche Höhenunterschiede im Stadtgebiet (Crieschwitz 320 m, Oberlosa 450 m). Höchste Erhebungen auf heutiger Flur: Kulmberg 525 m, Kemmler 507 m, Börenstein 432 m. Die Elsterlandschaft um Plauen gilt als sehr altes Siedlungsgebiet. Hügelgräber von Crieschwitz aus der jüngeren Bronzezeit (ca. 1200 v. u. Z.). Im 10./11. Jh. u. Z. beginnt die deutsche Ostkolonisation im vogtländischen Raum. In das von Slawen um 800 u. Z. besiedelte Gebiet dringen deutsche Siedler vor. Plauen liegt im Zentrum des alten slawischen Kleingaues Dobna (slaw. dob – dobry – gut, gutes Land). Unter den Grafen von Everstein, die aus dem Weserland kamen, wird der Gau Dobna für die deutsche Herrschaft erschlossen. In der ältesten erhaltenen Urkunde für dieses Gebiet, der Weiheurkunde

Plauener Spitze

des Bischofs Dietrich von Naumburg-Zeitz für die St. Johanniskirche, wird das Verfügungsrecht der Ebersteiner über den Dobna-Gau erwähnt. Die Burg der Eversteiner wurde vermutlich Ende des 11. Jh. errichtet. Es wird angenommen, daß die Reste der ehemaligen Burganlage, die auf einem Prallhang der Elster oberhalb des heutigen Mühlgrabens gelegen haben soll, in das 1727/30 errichtete Malzhaus eingingen.

Die Gründung des Ortes als zunächst offene deutsche Marktsiedlung liegt zu Anfang des 12. Jh. Hier, im Elstertal, kreuzten sich wichtige Verbindungswege zwischen Nord und Süd, Ost und West. Man geht davon aus, daß Plauen als Stadt 1224 schon existierte, die erste urkundliche Erwähnung der Stadt ist 1244. Mittlerweile war die Herrschaft auf die Herren (Vögte) von Weida übergegangen. Burgneubau der Vögte von Plauen, der nach Bränden von Herzog Moritz von Sachsen-Zeitz als Schloßneubau wieder errichtet wurde (1670/75). Die Stadt erhielt unter den Vögten ein gitterförmiges Straßennetz. 1244 wird eine Steinbrücke über die Elster erstmals erwähnt, Anlage der Neustadt am Fuße der Burg zwischen 1244 und 1263. 1306 erhielt Plauen Münzrecht. Eine

Komturei des Deutschen Ordens ist seit 1224 nachgewiesen, wahrscheinlich aber schon früher vorhanden (hinter der St. Johanniskirche, 1945 altes Komtureigebäude zerstört). In den folgenden Jahren mehrfache Zerstörung der Stadt durch Hussiteneinfall 1430, durch Brände 1548 und 1635. 1602 wird Plauen Hauptstadt des »Vogtländischen Creyses«.

Plauens wirtschaftliche Bedeutung resultiert aus der Tuchmacherei; danach entwickelte sich die Baumwollweberei. 1818 Einführung der Plattstickerei, erste Stickmaschinen wurden 1857 aufgestellt. Die industrielle Entwicklung wurde im 19. Jh. durch den Anschluß der Stadt an verschiedene Eisenbahnlinien entscheidend befördert (1851 Leipzig-Plauen-Nürnberg). In diesem Zusammenhang Besiedlung der Elsteraue, sprunghaftes Wachstum der Bevölkerung: 1850 13 000, 1912 128 000 Einwohner. Vergrößerung des Stadtgebietes durch Eingemeindungen: 1899 Crieschwitz, Haselbrunn, 1903 Kleinfriesen, Reusa, Sorga, Tauschwitz. Weitere Eingemeindungen: Meßbach, Großfriesen, Straßberg, Neundorf, Jöpnik und ab 1. 1. 99 Kauschwitz. Seit Sept. 1944 14 Bombenangriffe, schwerster am 10. 4. 1945, dabei wurden fast 75 % aller Gebäude zerstört. Seit den sechziger Jahren entstanden vor allem an den Stadträndern neue Wohnviertel. Gleichzeitig rapider Verfall der Altbausubstanz. Plauen ist heute Standort wichtiger Industrie: Spitzen- und Gardinenherstellung, Druckmaschinen und Druckerzeugnisse, Werkzeugmaschinen, Konfektion, Getränke.

Baudenkmale, Sehenswürdigkeiten: An der Nordseite des Altmarktes das Alte Rathaus, 1506/08 von einem Baumeister aus der Umgebung Arnolds von Westfalen im spätgotischen Stil errichtet, wohl aus Restteilen des Baus aus dem 14. Jh. Vorhangbogenfenster und Portalgewände aus jener Zeit, Sächsische Wappen im Giebel nach 1548. Nach dem Brand von 1548 Errichtung des südlichen, marktseitigen Renaissance-Pilastergiebels mit Kunst- und Sonnenuhr, Neugestaltung 1922. Im Inneren bemalte Balkendecken, so in der ehemaligen Steuer- oder Gerichtsstube von 1508, in der Ratsstube von 1548. 1912 bis 1922 entstand als Anschlußbau das Neue Rathaus, dessen Nordseite wurde 1969/72 als Glas-Stahl-Konstruktion errichtet. Unterhalb des Altmarktes liegt der 1844 entstandene Klostermarkt, am Kirchplatz die Stadtkirche St. Johannis. Ursprünglicher Bau als romanische Pfeilerbasilika mit Querschiff, rechteckigem Chor und zwei Westtürmen. An den Chor angebaut zwei Seitenkapellen, heutige Sakristei wahrscheinlich ehemals Marienkapelle (Mitte des 13. Jh. entstanden) und die nordöstliche Seitenkapelle (um 1322 errichtet) als Gruft der Vögte genutzt. Zwischen 1548 und 1556 entsteht dann die dreischiffige, spätgotische Hallenkirche. 1815 Erneuerung, dabei Vernichtung der Innenausstattung. 1945 bei Bombenangriff stark beschädigt, in den fünfziger Jahren Abschluß des Wiederaufbaus. Im Inneren heute barocke Holzkanzel aus der Görlitzer Nikolaikirche, Taufstein (ca. 1520) aus Miltitz und gotisches Kruzifix. Östlich der Kirche befinden sich Mauerteile des einstigen Komturhofes des Deutschritterordens.

Vom ehemaligen Schloß der Vögte jenseits des Syratals, das bis 1466 Sitz der Vögte von Plauen war, später dann als herzögliche Residenz umgebaut wurde und im 19. Jh. als Landgericht diente, wurde 1954 der sogenannte sechzehneckige Rote Turm mit barocker Haube wiederhergestellt. Am Unteren Graben befindet sich der Nonnenturm, Teil der ehemaligen Stadtbefestigung. Hier auch die Gottesackerkirche (seit 1883 Lutherkirche), ein barocker Zentralbau über dreipaßartigem Grundriß mit Doppelemporen. Im Inneren spätgotischer Schnitzaltar von 1490/95 entstanden. Aus der Leipziger Thomaskirche, 1722 in Plauen aufgestellt, eines der bedeutendsten Werke der Spätgotik in Mitteldeutschland« (Dehio), Arbeit eines Erfurter Meisters (um 1500). Vierflügeliges Werk, im Zentralteil mit Beweinungsrelief, in den Seitenflügeln Passionsdarstellungen. Bedeutsam auch die Bürgerhäuser in der heutigen Nebelstraße 9–13, ehemals klassizistische Kaufmannshäuser. Nr. 9 und 11 durch den Baumwollhändler Baumgärtel, den »Fürsten von Plauen«, zwischen 1787/89 erbaut. In Haus Nr. 13, zwischen 1797/99 erbaut, übernachtete im Mai 1812 Napoleon. Seit 1923 hier *Vogtlandmuseum Plauen.*

Herkunft aus dem 1873 gegründeten vogtländischen Altertumsverein und der 1894 entstandenen Museums-Gesellschaft. Erste Ausstellung 1903 in zwei Räumen als »Vogtländer-Museum«. Im heutigen Museumskomplex bedeutsam der Louis-Seize-Festsaal von 1787/89 und klassizistische Stuckornamentik in Stilräumen mit Biedermeier-Mobiliar. Umfangreiche Sammlungen und Ausstellungstätigkeit zur Geschichte, Kulturgeschichte des Vogtlandes, zur Stadtentwicklung von Plauen. Plastik, Grafik und Malerei, sowie Kunsthandwerk vom 15. bis zum 20. Jh. Geschichte der industriellen Entwicklung (Baumwollweberei, Kattundruck und Spitzenstickerei). Das Museum ist auch Forschungszentrum zur Geschichte und Kultur der Region. In der Bleichstraße das sogenannte »Weisbachsche Haus«, ein dreigeschossiger Manufakturbau von 1777/78, in der Straßberger Straße das Wimmersche Haus mit Rokoko-Stuckdecken.

Weitere Sehenswürdigkeiten:
Museum »Plauener Spitze« Altmorkel,
Tel. 0 37 41/22 23 51.
Schaubergwerk »Ewiges Leben« – altes Vitriol- und Alaunwerk. (Voranmeldungen 0 37 41/13 24 19.

Außer der Alten Elsterbrücke (dort auch Nachbildung der Postdistanzsäule, 1984 aufgestellt) ist die Brükke über das Syratal, 1903/05 erbaut, als damals größte durchgängige Bruchsteingewölbebogenbrücke von Bedeutung. Wiederherstellung der Brücke bis 1949, seit 1949 Friedensbrücke.
Auskünfte: Tourist-Information, Rathaus,
Unterer Graben 1, Tel. 0 37 41/2 91 10 27,
Fax 0 37 41/2 91 18 09.
Hier auch Hotelverzeichnis erhältlich.

Plauen, E. O. (d. i. Erich Ohser) »Dieser Mann war einer der liebenswertesten und begabtesten deutschen Zeichner der letzten Jahrzehnte ... Sein Strich war anspruchsvoll – und nicht von jener läppischen Unverbindlichkeit anderer Publikumslieblinge seiner Zeit.« So charakterisiert Prof. Werner Klemke den Zeichner Erich Ohser, der sich nach seiner Heimatstadt e. o. plauen nannte. Geboren wurde er am 18. 3. 1903 in Untergettengrün, aber schon als Vierjähriger kam er mit der Familie nach Plauen. Man wohnte in der Pestalozzistraße 20, der Vater war Zollinspektor. Und auch der Junge sollte einen ordentlichen Beruf erlernen, so wurde Erich Ohser Schlosser. Doch die Lust am Zeichnen blieb, Mappen füllten sich, bis der Plauener Theater- und Literaturkritiker Walther Appelt, der das Talent des jungen Mannes entdeckte, die Eltern Erich Ohsers davon überzeugte, ihrem Sohn ein künstlerisches Studium zu ermöglichen. Auch sein späterer Freund *Erich Knauf,* Redakteur bei der »Plauener Volkszeitung«, unterstützte diesen Vorschlag. So begann Erich Ohser 1920 ein Studium an der Akademie für graphische Künste und Buchgewerbe in Leipzig, das er 1927 absolvierte. Hier in Leipzig lernte er einen weiteren »Erich« kennen, den jungen Dichter Erich Kästner, die beiden wurden Freunde. Kästner schreibt über Ohser: »Er war noch ein paar Jahre jünger als ich, groß, dunkelhaarig, tapsig und voller Übermut ...«, Ohser und Kästner wurden nun ständige Mitarbeiter bei Erich Knauf an der »Plauener Volkszeitung«.

Als Knauf am 16. 3. 1927, dem 100. Todestag Beethovens, in seiner Zeitung Erich Kästners leicht frivoles »Abendlied des Kammervirtuosen« mit einer Zeichnung Ohsers druckte, gab es einen Presseskandal. Die beiden freien Mitarbeiter durften fortan nicht mehr für das vogtländische Blatt schreiben. Doch was als Sturz in die Vergessenheit gedacht war, es wurde der Sprung zu literarischem und künstlerischem Ruhm. Knauf, Kästner und Ohser gingen nach Berlin, sie machten Karriere. Hier begann Ohser auch, nunmehr unter dem Künstlernamen e. o. plauen, für die »Berliner Illustrierte« seine wöchentlichen Bildergeschichten von »Vater und Sohn« zu publizieren, die ihn mit einem Schlage in ganz Deutschland berühmt werden ließen. Kinder und Erwachsene liebten gleichermaßen diese Vorläufer der heutigen Comics, den Vater mit blitzblanker Kopfkugel, Propellerkrawatte und Seehundbart, den Sohn mit zerzaustem Haarschopf.

Ohser, seit 1930 verheiratet, 1931 wurde der Sohn Christian geboren, zeichnete hier auf ganz originelle Weise die Abenteuer und Heiterkeiten aus einer solchen Vater-Sohn-Beziehung. Selbsterlebtes und Phantasie kamen da wohl zusammen. Hinter den heiteren Eskapaden dieser beiden Bildergeschichtenfiguren verbirgt sich das tragische Schicksal ihres Schöpfers im Dritten Reich.

Ohser, der Anfang der dreißiger Jahre Redakteur einer sozialdemokratischen Zeitung gewesen war, verlor wohl seinen Posten, aber er bekam kein Berufsverbot. Die Machthaber nutzten die Popularität des Zeichners nicht nur für die »Winterhilfe«, sondern Ohser bekam auch Aufträge für das Nobel-Blatt des Reichsministers Goebbels »Das Reich«. Mit zeichnerischen Durchhalteparolen und Hetzblättern wurde er zum Mitläufer der Nazis. Doch die Anpassung bewahrte ihn nicht vor der Denunziation: Gemeinsam mit Erich Knauf wurde er wegen defätistischer Äußerungen verhaftet, am Morgen der Hauptversammlung vor Freißlers Volksgerichtshof am 6. 4. 1944 nahm er sich im Gefängnis das Leben. Aber e. o. plauen ist nicht vergessen, seine Bildergeschichten sind lebendig geblieben und auch seine Lebensgeschichte in schwieriger Zeit.
Heute in Plauen Galerie »e. o. plauen« und Kunstpreis der Stadt.

Plohn Seit 1979 mit dem Ortsteil Abhorn. Kleine von der Landwirtschaft geprägte Gemeinde ostwärts von Lengenfeld in ca. 400 m Höhenlage. Der Ort ging aus dem alten Herrensitz aus der Zeit der Besiedlung hervor. Die erste urkundliche Erwähnung des Ortes erfolgte 1140 als »Plona« im Kirchspiel von Röthenbach und Abhorn durch den Bischof Udo von Naumburg. 1297 erfolgte dann die erste Erwähnung als Herrensitz. Im Jahre 1314 wird ein »(Meinhelmus) de Plona« erwähnt. Seit 1791 heißt der Ort »Plohn«. Der Name rührt vom altsorbischen »plon« her, »Fläche«, »Ebene« oder vom Adjektiv »plony«, was ebenfalls »eben, flach, unfruchtbar« be-

deutet. – Früher war der Ort befestigt. Das Schloß, die Kirche und ein großer Teil des Dorfes wurden 1633 von General Holks Truppen niedergebrannt. – Die Dorfkirche von 1861 entstand anstelle eines älteren Baus. Sie besitzt einen bemerkenswerten Schnitzaltar, vermutlich eines Zwickauer Meisters, aus der Zeit um 1520. Im Mittelschrein ist Maria mit dem Kinde zu sehen, in den Flügeln Katharina und Barbara. Die gemalte Predella aus dem 17. Jh. stellt das Abendmahl dar. Die Kanzel ist mit qualitätsvoller Schnitzerei versehen. Der Gnadenstuhl stammt aus dem 16. Jh. und das Kreuzigungsrelief aus dem 17. Jh.
Freizeit- und Märchenpark Plohn, mit der Gaststätte *»Forellenhof«* vor dem Parkeingang,
Tel. 03 76 06/3 41 63
Information:
Stadtverwaltung 08485 Lengenfeld, Tel. 03 76 06/30 50,
Fax 03 76 06/84 30

Pöhl, Talsperre Landschaftsschutzgebiet seit 1962. Die Erholungslandschaft, besonders für die Bevölkerung der industriereichen westsächsischen und thüringischen Orte, befindet sich in 304–460 m Höhenlage. Das Gebiet liegt südostwärts von Plauen und ähnelt in seiner Form einem Rechteck. Im Norden wird es von den Siedlungen und Fluren der Gemeinden Jocketa und Neudörfel begrenzt, von Helmsgrün, Gansgrün ostwärts, nach einer Ausbuchtung in Richtung Gospersgrün zieht sich die Grenzlinie über Zobes zum äußersten südlichen Bereich mit der Gemeinde Neuensalz. Zentrum des gesamten Gebietes ist die Talsperre Pöhl, deren Wasserfläche 373 m ü. NN liegt. Das Land um die Talsperre wird zur Hälfte landwirtschaftlich, zur anderen forstwirtschaftlich genutzt. Die Fichtenwaldbestände herrschen vor. Das Landschaftsschutzgebiet ist 2300 ha groß, davon sind 450 ha Wasserfläche. In ihm liegen ganz oder teilweise die Gemeinden Jocketa, Neudörfel, Helmsgrün, Gansgrün, Thoßfell, Zobes, Neuensalz, Altensalz, Voigtsgrün und Möschwitz. – Das Landschaftsschutzgebiet liegt in der mittelvogtländischen Kuppenlandschaft. Hier befindet sich der Gebirgsrumpf im fortgeschrittenen Stadium der Verflachung. Dadurch ist das Landschaftsrelief flachwellig und wird lediglich von einzelnen hervortretenden Kuppen (Pöhle) unterbrochen. Geologisch wird das Gebiet der vogtländischen Mulde mit ihrer komplizierten Tektonik und starken Sattelbildung zugeordnet. In Mulden fließt die Trieb mit ihren Zuflüssen, linksseitig von Zobes, Neuensalz und Voigtsgrün heran. Rechtsseitig führen der Gölischbach, Bellwitzbach, Aubach und Zuflüsse von Neudörfel Wasser der Talsperre zu: sie staut das ehemalige Tal der Trieb 45 m hoch. – Innerhalb des Landschaftsschutzgebietes liegt das Naturschutzgebiet »Triebtal«, ein 50 bis 60 m tiefes Engtal der Trieb unterhalb der Sperrmauer mit rund 109 ha Größe. Der Flußlauf hat viele Stromschnellen. Die steilen Hänge sind mit naturgemäßem Mischwald bewachsen. – An der Straße von Neudörfel nach Pöhl steht eine Kalkgrube offen, mit einer 3,5 m hohen Falte. – Im Steinbruch Möschwitz (unterhalb der Möschwitzer Turnhalle) ist ein senkrecht geschichteter Ockerkalk zu sehen. – Etwa 2 km südwärts vom Ort bietet die Diabaskuppe »Schöpferstein« einen schönen Überblick über den Stausee. – Auf dem Sporn des Eisenberges befindet sich ein teilweise verschluckter Doppelwall mit einer dahintergelegenen Siedlung der Bronzezeit. Erhalten sind bronzezeitliche Hügelgräber in den Feldfluren der Gemeinden Jocketa, Möschwitz, Voigtsgrün und Helmsgrün. – In Neudörfel und Helmsgrün gibt es Reste frühdeutscher Wasserburgen. – Unter Denkmalschutz stehen die Dorfkirchen von Altensalz, Neuensalz und die nach Pöhler Vorbild gebaute neue Kirche von Jocketa. – Am Talsperrenufer befinden sich Zeltplätze, Wochenendsiedlungen (nicht am unmittelbaren Ufer). Schiffsrundfahrten sind auf dem Stausee möglich, ebenso Wassersport. (Boote mit Motorantrieb sind nicht zugelassen.) Es gibt einen Bootsverleih, Badestellen, Liegewiesen. Ein Wasserrettungsdienst ist eingerichtet.

Talsperre Pöhl

Poeppig, Eduard Friedrich Botaniker, Geograph, Geologe. Bedeutendster Forschungsreisender seiner Zeit. Geboren am 16. Juli 1798 in Plauen. Sohn vermögender Eltern. Sein Vater war an der berühmten Kattunfabrik von Gössel beteiligt, wurde aber 1799 geisteskrank. Der Junge verlebte in Plauen eine unglückliche Kindheit. Nach Besuch der Thomasschule in Leipzig und der Fürstenschule in Grimma mit 17 Jahren Studium der Medizin an der Universität Leipzig. In dieser Zeit Beginn seines Wanderlebens. Machte ausgedehnte Fußreisen, durchstreifte ganz Europa. Ging 1822 als Plantagenarzt und Pflanzensammler nach Kuba. Hier entwickelte er seine wissenschaftlichen Interessen für Geographie und Naturgeschichte. – Wenig bemittelt durchquerte er 1824–1826 auf sich allein gestellt Nordamerika, schiffte sich dann in Baltimore ein und betrat nach stürmischer Überfahrt 1827 in Valparaiso zum ersten Mal südamerikanischen Boden, das eigentliche Ziel seiner Reisen. Er hat nach Übersteigen der Anden die Quellflüsse zum Marañon, dann den Amazonas selbst bis zur Mündung bei Pará in kühnster Fahrt auf Flößen aus korkleichtem Holz befahren. Damit hat er als erster Europäer den ganzen Kontinent Südamerikas überquert. Er lebte u. a. zwei Jahre lang in den Indianerdörfern der brasilianischen Provinz Mina Geraes. Es entstanden große botanische und zoologische Sammlungen. – Nach seiner Rückkehr wurde er 1833 Professor für Naturgeschichte in der Universität Leipzig. Ab 1835 auch Direktor des Zoologischen Museums, dessen Bestand er bis 1857 vervierfachte. Er gründete das Zoologische Institut und leitete nebenher das Herbarium. Autor interessanter Reisewerke: 1835 »Reise in Chile, Peru und auf dem Amazonasstrom« (2 Bde. mit Atlas), 1851 »Illustrierte Naturgeschichte des Tierreiches« (4 Bde.). Er starb am 4. Sept. 1868 in Wahren bei Leipzig.

Postmeilensäulen im Vogtland In einer ganzen Reihe sächsischer Städte begegnen wir noch heute den Kursächsischen Postmeilensäulen. Im Vogtland sind die Mehrzahl von ihnen seit dem vorigen Jahrhundert nicht mehr vorhanden. Einige wenige Exemplare verweisen aber auf diese Zeugnisse. Durch kurfürstliches Dekret August des Starken von 1721 wurde *Adam Friedrich Zürner* beauftragt, im Zuge den karthographischen Aufnahme des Landes, die bisherigen hölzernen Armsäulen durch steinerne Wegweiser zu ersetzen. Damit sollte eine bessere Kennzeichnung der Verkehrswege geschaffen werden, denn die hölzernen Wegweiser wurden oftmals abgerissen und umgeworfen, die Entfernungsangaben waren sehr ungenau.

Die Städte und Gemeinden wurden beauflagt, vier verschiedene Formen von Säulen auf ihren Territorien aufzustellen: Tor- oder Distanzsäulen, Meilenobeliske, Halbmeilensäulen, Viertelmeilensäulen. Die Distanzsäulen mit einer Höhe von ca. 4,5 Meter haben Obeliskform. Sie tragen das sächsisch-polnische Wappen mit der polnischen Krone, dem Posthorn und den Initialen AR (Augustus Rex). Sie weisen die Entfernungen zu den an den Poststraßen gelegenen Orten aus. Die Distanzangaben in Poststunden sind kein Zeitmaß, wie oft fälschlicherweise angenommen wird, sondern ein Längenmaß. Eine sächsische Post- oder Polizeimeile hatte 2000 Ruten, das sind 16 000 Ellen. Eine Meile war ein Längenmaß von 9062 km oder von zwei Stunden. Mit einer Postmeilenstunde bezeichnet man deshalb eine Entfernung von 4,5 km. Die kleineren Meilenobeliske (ca. 3 m Höhe) trugen ebenfalls die Initialen AR, das Posthorn und die Jahreszahl der Errichtung, hier waren nur die näheren Entfernungen angegeben. Dazu kamen die Halbmeilensäulen in Form einer schlanken Herme mit einem kleinen Kapitell und die einfachen Viertelmeilensäulen.

Das ehrgeizige Vorhaben, das gesamte Kurfürstentum auf diese Weise verkehrsmäßig besser zu erschließen, ist nie zu Ende geführt worden. Eine Reihe von Orten verzögerte aus Kostengründen die Aufstellung der Säulen immer wieder. Im Vogtland hat es aber in Adorf, Auerbach, Markneukirchen, Oelsnitz, Reichenbach und Schöneck Tor- und Distanzsäulen gegeben. Sie sind allesamt nicht mehr vorhanden. Halbmeilensäulen existieren noch in Bad Elster (an der Kirchgasse) und in Markneukirchen (Lutherplatz). Viertelmeilensäulen gibt es in Landwüst, Rohrbach und Unterneumark. Von Ganzmeilensäulen existieren Reststücke in Oberreichenbach und Rottmannsdorf. Eine Forschungsgruppe »Kursächsische Postmeilensäulen« widmet sich der Restaurierung und Erhaltung der Denkmale und veröffentlicht Forschungsberichte und Karten.

Posseck Mit den Ortsteilen Gassenreuth, Haselrain, Grünpöhl und Höllensteg. Erstmals wird das Dorf urkundlich erwähnt 1325 mit »(das gebude, dem hof) ze Possek«, 1405 dann mit »in Villa Possegk«. Der Begriff »Posseck« taucht erstmals 1456 auf. Abgeleitet wird die Ortsbezeichnung vom altsorbischen »pesek«, das heißt soviel wie »Holzeinschlag«. Daraus kann abgeleitet werden, daß die Dorfflur eine mit Wald bewachsene Fläche war. – Die Gemeinde wird vom »Kammweg« berührt. Im Osten flankiert sie das Waldgebiet Untertriebeler Forst. – Die barocke Dorfkirche stammt aus dem 18. Jh. Sie hat

einen im Westen liegenden schieferbeschlagenen Dachreiter mit barocker Haube. Bemerkenswert ist der schlichte Kanzelaltar, ein hölzerner Taufengel und die geschnitzte Apostelfigur einer Hofer Werkstatt. – An der westlichen Seite des Dorfplatzes befindet sich ein Steinkreuz aus Zweiglimmerschiefer. Es ist seit 1964 denkmalgeschützt. Hier soll während des Dreißigjährigen Krieges ein schwedischer Oberst den Tod gefunden haben. Die Jahreszahl 1779 ist später beigefügt worden. – Ein im Ort befindliches Gutshaus, im Kern aus dem 14. Jh., war ursprünglich von einem Wassergraben umgeben. Es hat im Mittelteil ein barockes Portal.
Hotels, Unterkünfte u. a.:
siehe Oelsnitz
Information:
Fremdenverkehrsamt 08606 Oelsnitz,
Tel. 03 74 21/2 07 85, Fax 03 74 21/2 07 97

Pöhl, Talsperre Bedeutendes Naherholungszentrum des Vogtlandes in der Nähe von Plauen. Die Talsperre wurde im Bereich des Pöhler Diabasgebietes in einem engen Sohlental zwischen 1958 und 1964 erbaut. Sie staut das Wasser der Trieb, der als Geigenbach auf den Schönecker Hochflächen entspringt und bei Altmannsgrün als Trieb über den Talsperrenbereich in die Weiße Elster mündet. Die Talsperre dient der Bereitstellung von Brauchwasser im Weiße-Elster-Bereich bei Niedrigwasser, außerdem als Hochwasserschutz, eine 750-kw-Turbine an der Staumauer erzeugt Elektroenergie. Die Talsperre hat eine Länge von 7,5 km, die größte Breite beträgt 2 km, der Stauraum 62,4 Millionen m^3. Durch den Bau wurde das Dorf Pöhl überflutet, das urkundlich erstmals 1288 Erwähnung findet. Ab 1961 wurden die Bewohner in benachbarte Gemeinden umgesiedelt. Auch die Toten des Friedhofs wurden umgebettet.

Schon im 19. Jahrhundert war das Gebiet um Jocketa, die sogenannte »Vogtländische Schweiz«, ein beliebtes Ausflugsziel. Heute besuchen das Erholungsgebiet Pöhl ca. 850 000 Touristen im Jahr. Es entstanden mehrere Wochenendsiedlungen, so bei Neudörfel, Rodlera und Voigtsgrün. Campingplätze liegen bei Gansgrün, Gunzenberg, Möschwitz, Neudörfel, Schloßhalbinsel und Voigtsgrün. Auf der Talsperre sind alle Boote ohne Motorantrieb zugelassen, auch Surfen ist möglich. Außerdem sind Rundfahrten mit Fahrgastschiffen möglich (Anlegestelle an Westufer 300 m oberhalb der Sperrmauer).

Wichtige Orte in der Nähe des Erholungsgebietes sind Jocketa, Jößnitz, Neuensalz, Thoßfell und Zobes. Unterhalb der Staumauer beginnt das 130 ha große Naturschutzgebiet »Triebtal«, das von einem Lehrpfad (Beginn Bahnhof Jocketa, Markierung: grüner Schrägstrich auf weißem Grund) durchzogen wird (Länge 4,5 km).

Raun mit den Ortsteilen Raunergrund, Raunerhammer, Gürth, Lohe, Kleedorf. Ferienort, zwischen Bad Elster (4 km) und Bad Brambach (5 km). Altes Waldhufendorf am Oberlauf des Raunerbachs, noch heute mit bäuerlicher Prägung, ohne Industrie. Vorwiegend Feldbau und Viehwirtschaft auf bis an die Waldränder reichenden Ackerfluren. Die Siedlung ist von bewaldeten Höhen umgeben: Plattenberg (683 m ü. NN), Schieferknock (670 m ü. NN), Kuhberg (606 m ü. NN). Auf hohem Damm durchschneidet die Eisenbahnlinie Plauen-Bad Brambach den Ort. Sie muß bis Oberbrambach 70 m Höhenunterschied überwinden. – Raun, 1378 erstmals als »Ruewen« oder »Run« erwähnt, heißt »geräumte, freie Fläche«, 1445 »Rawne«, 1542 »Rawen«. – Seltene Bauernhäuser, *Wohn-Stall-Häuser* mit *Umgebinde*. Fachwerk und Giebel im Egerländer Stil. Trempel sind die 1542 erstmals erwähnten 19 Grenzhöfe, die im Verlauf der Geschichte immer wieder geteilt wurden. Der Baumbestand schützte bei Feuer und Funkenflug und damit vor Ausbreitung der Brandgefahr. Das Dorfensemble gilt als einmalig und steht unter Denkmalschutz. – In der Dorfmitte Kapelle. Sie erhielt 1543 die heutige Gestalt. Der Kern soll wesentlich älter sein. Rechteckiger, langgestreckter Bau mit hohem Satteldach. Im Osten ein achteckiger Dachreiter. Sie ist einer der frühesten Kirchenbauten des Vogtlandes und Wallfahrtskirche. – *Griebenherd* am Rauner Kirchsteig und im Oberdorf am Weg zur Staatsgrenze in Gürth. (Weitere: vor der Eisenbahnbrücke am Feldberg; oberhalb des Bahndamms am Weg zum Gasthaus Schimmel; am Bahnwärterhaus Richtung Bad Brambach; am Feldweg links vom Brambacher Friedhof abbiegend. In Gürth: in der Mühllachen, Unterdorf, nahe der Hauptstraße). – In der nördlich des Ortes gelegenen Forstabteilung 49 bislang unerschlossene radioaktive Quellen. – Südlich des Ortes die Unteren und Oberen Lochhäuser. – Am Rauner Bach die Obere und Untere Rauner Mühle. Raunerhammer, anfangs des 19. Jh. eine der sieben vogtl. Hammerwerke, die kein Roheisen schmelzen und kein Stabeisen herstellen durften, lediglich Pflugschare, Schaufeln u. a. Gegenstände aus Eisen. Nach 1870 Sägewerk, später mit angeschlossener Mahlmühle. Heute Ferienheim. – Das in der Grenzausstülpung zu Tschechien liegende Gürth 1951 nach Raun eingemeindet. 1378 »Girt«, 1542 »Gerth«, was soviel heißt wie »Ort bei den Gerten« (Ruten) oder »bei einem Rutenstück« (Ackermaß). Häuser in Egerlän-

der Bauweise bis heute erhalten. Vor dem schönsten Fachwerkhaus von 1777 Wassertrog aus Granit.
Hotels, Ferienunterkünfte u. a.:
siehe Bad Brambach
Information:
Kurverwaltung 08648 Bad Brambach, Tel. 03 74 38/8 80, Fax 03 74 38/8 82 07

Rebesgrün mit dem Ortsteil Reumtengrün. Die Wohngemeinde, mit durch Kleinindustrie geprägtem Charakter, schließt sich übergangslos nordwestlich an Auerbach an. Die erste urkundliche Erwähnung des Ortes erfolgte 1411 als »Redewischgrune«, 1450 als »Reberißgrune« und 1460 dann »Rebesgrün«. – Nördlich des Ortes beschreibt die »Alte Königsstraße« einen Bogen, um nach Untergöltzsch einzumünden. – In der Nähe der oberen Häuser steht die »Heinrichshütte«, ein altes Eisenwerk. – Im Ort gibt es noch typische Häuser mit Sälen der hier seit über hundert Jahren betriebenen hausindustriellen Lohnstickerei. OT Reumtengrün, 4 km südwärts von Treuen, auf halbem Wege nach Falkenstein. Ländliche Gemeinde mit in Heimindustrie betriebenem Stickereiwesen (Plauener Spitzen). 500 m ü. NN. Der Ort wurde urkundlich erstmals erwähnt im Jahre 1362 als »Reymbotengrun«. 1437 heißt er »Reymatengrune« und seit dem 19. Jh. ist die Bezeichnung »Reumtengrün« im Gebrauch. Das bedeutet soviel wie »Rodesiedlung eines Reymbot«. – An der Ostflanke des 588 m hohen Fronberges liegen langgestreckt beiderseits der Straße die Häuser westlich des Trebabaches, auf der Ostseite der kleinere Teil des Ortes. Die ursprüngliche Anlage als Waldhufendorf ist nicht mehr zu erkennen. Sie wurde durch die Großraumwirtschaft vernichtet, damit ging ein wertvolles Denkmal der frühdeutschen Rodezeit von 1150–1230 verloren. – Am Feldweg neben der Schule vier *Griebenherde*. – In der Ortsmitte (direkt an der Schule) eine unter Naturschutz stehende Linde.
Ferienunterkünfte, Zimmervermietung u. a.:
Ferienhaus *Herold*, Reumtengrün, Tel. 0 37 44/8 01 04
Ferienwohnung *Fiedler*, Reumtengrün, Tel. 0 37 44/8 03 59
Zimmervermietung *Möckel*, Tel. 0 37 44/21 14 02
Information:
Gemeindeverwaltung 08209 Rebesgrün, Tel. 0 37 44/21 30 62, Fax 0 37 44/21 16 16

Regnitzlosau Kreis Hof. Seit 1972 mit den Ortsteilen Draisendorf, Nentschau, Prex, Schwesendorf, Voerschau. Ostwärts der Kreisstadt (12 km), südlich von Rehau (6 km). 2600 Einwohner auf einer Fläche von 40 qkm. Gemeinde mit landwirtschaftlichem Charakter. Textilindustrie, Handwerk, Gewerbe. Idyllisch gelegen im Übergangsgebiet zwischen Fichtelgebirge, Frankenwald und den westvogtländischen Höhenrücken. Die frühzeitige Besiedlung der Gegend durch vor- und frühgeschichtliche Bodenfunde belegt. Ältester urkundlicher Nachweis der Ansiedlung aus dem Jahre 1234, »Lasan« genannt. Seit 1551 heißt sie »Renitzlosau«. – Sehenswert die evang.-luth. Pfarrkirche mit wertvollem Schnitzwerk, spätbarockem Kanzelaltar und Kassettendecke. Einer der schönsten Sakralbauten im nordöstlichen Bayern. – Prex, ostwärts von Regnitzlosau, 1 km von der Staatsgrenze zu Tschechien. – Im nordostwärts liegenden Ortsteil Nentschau einziges erhaltenes *Umgebindehaus* Bayerns. – *Dreiländereck* 5 km südostwärts. Zusammentreffen der Grenzen der ehemaligen Königreiche Sachsen, Böhmen und Bayern. – In süd- und südostwärtiger Richtung großes Waldgebiet bis nach Rehau und zur Staatsgrenze.
Information:
95194 Regnitzlosau

Rehau Kreis Hof. Moderne Industrie- und Wohngemeinde »Industriestadt im Grünen«, seit 1978 mit den Ortsteilen Faßmannreuth, Fohrenreuth, Kühschwitz, Neuhausen/Schönlind, Pilgramsreuth, Wurlitz/Woja. In hügeliger Mittelgebirgslandschaft südostwärts von Hof. Ca. 11 000 Einwohner auf einer Gesamtfläche von 80,33 qkm in der Nordostecke Bayerns, fast am »Dreiländereck«. 3 km bis zur Staatsgrenze mit Tschechien. Nördliches Tor zum Fichtelgebirge. Im Nordwesten am Frankenwald gelegen. Ursprüngliche Waldrodung slawischer Siedler, die bis ins 11. Jh. die Gegend bewohnten. Rehau wird urkundlich erstmals erwähnt 1234 als »Resawe«. 1246 werden als Herren von Rehau die von Kotzau in einem Stiftungsbrief genannt. Die Herrschaft wird als Reichslehen bezeichnet. 1394 erwerben die Hohenzollern die Herrschaft. Sie sind zu dieser Zeit die Burggrafen von Nürnberg. Es bleibt hohenzollerisch bis 1806, als Napoleon das Land besetzt. Ab 30. Juni 1810 bayrisch. – 1427 vom Kurfürsten und Markgrafen von Brandenburg, Friedrich I., zum Markt mit Stadtrecht erhoben und mit dem noch heute geführten Stadtwappen belegen. Stadtbrand von 1817 zwingt zur Neukonzeption der Stadtanlage, die planmäßig klassizistisch erfolgt. Beginn der Industrialisierung Ende des 19. Jh.: Holzwollerzeugung, Steinverarbeitung, Porzellanherstellung, Gerbereien, Lederfabriken. Nach 1945 Entwicklung der Kunststoffindustrie. – Sehenswert die ev.-luth. Stadtkirche St. Jobst im Zentrum von Rehau. –

Ortsteil Pilgramsreuth 2 km südlich der Stadt, am Fuße des Kornbergs. Mit großer gotischer ev.-luth. Hallenkirche aus dem Jahre 1308. Turm quadratisch, gedrungen, mit Spitzhaube. Prächtige barocke Inneneinrichtung aus der Zeit von 1692–1721 mit dem Altar des Bayreuther Hofbildhauers Elias Räntz, das Erlösungswerk Christis darstellend. Über der Predella der Mittelteil der Altarwand mit der perspektivisch geschnitzten Abendmahldarstellung. Eingerahmt von gewundenen weinumrankten Doppelsäulen. Der Altar gilt als Hauptwerk des Meisters. – Kanzel ebenfalls von Elias Räntz mit der berühmten Moses-Statue als Kanzelträger aus dem Jahre 1694. – Taufstein mit Weltkugel vom Hofer Bildhauer Christian Kahleis. – Pfarrstuhl von 1692 mit aufgemalter Genesis. Seit 1974 jährlich an den ersten drei Sonntagen im Juli »Pilgramsreuther Kirchenkonzerte« der Hofer St.-Michaelis-Kantorei mit bekannten Solisten. – Die Kirche von Pilgramsreuth, eine der schönsten Dorfkirchen Deutschlands. – Im Wald beim Ortsteil Faßmannsreuth, 5 km nordostwärts der Stadt und dicht an der Staatsgrenze zu Tschechien, Gräber zweier französischer Soldaten aus den Befreiungskriegen. Sie waren von der Truppe schwerverwundet hier zurückgelassen worden. Gräber von der Bevölkerung bis heute liebevoll gepflegt. – Naturschutzgebiet Wojaleite westlich der Stadt nahe der Straße nach Oberkotzau. Felszug aus grünem Serpentin. Im Gebiet seltener Pflanzenwuchs (u. a. Pfingstnelke, Mauerpfeffer, Rosensteinbrech). – Naturschutzobjekt »Zinnbachsammler«, abwassertechnisches Bauwerk zur Erhaltung der Lebensbedingungen der im Aussterben begriffenen *Flußperlmuschel*. – Am westlichen Stadtrand von Rehau Naherholungsgebiet Steinleite. – Hoher Kornberg, 827 m ü. NN, »Hausberg« der Rehauer Bevölkerung. Ideales Wintersportgebiet – Freibad 32 000 qm groß, davon 1655 qm Wasserfläche (vier Schwimmbecken), Minigolfanlage. Hallenbad mit Sauna und Solarium. – 100 km Radwanderwege in der Umgebung mit 5 markierten Strecken. –

Museum Rehau, Tel. 0 92 83/20 27

mit Ascher Heimatstuben, Rehauer Heimatstuben, Roßbächer Weberstuben und Schlesischen Heimatstuben, Gerbereiabteilung, Dokumentation der Flußperlmuschel und der früheren Fischerei, historisch-naturkundliche Ausstellung über den Rehauer Wald, Museumsgalerie, Museumshof, Museumscafé. – Feuerwehrmuseum.

Hotel und Gasthöfe u. a.:
Hotel *Krone,* Tel. 0 92 83/10 01
Hotel *Fränkischer Hof,* Tel. 0 92 83/85 30,
Fax 0 92 83/85 31 00
Landgasthof *Ploss,* 95173 Schönwald, Tel. 0 92 87/51 61,
Fax 0 92 87/5 91 87
Pension *Viktoria,* Tel. 0 92 83/8 12 16
Information:
Stadtverwaltung 95111 Rehau, Tel. 0 92 83/2 00,
Fax 0 92 83/20 60

Reichenbach südwestlich von Zwickau, mit den Stadtteilen Cunsdorf und Oberreichenbach. Die Stadt zählt ca. 25 000 Einwohner. Sie liegt im unteren Teil des Vogtlandes in 330–430 m Höhenlage. Mit Mylau und Netzschkau bildet sie ein industrielles Zentrum. Textilindustrie, auch Metallverarbeitung. Urkundlich erwähnt wird der Ort erstmals 1140 als »Richenbach«. 1264 wird er »Richinbach« genannt und seit 1544 ist zunehmend »Reichenbach« im Gebrauch. Abgeleitet wird die Ortsbezeichnung von einem »Ort am (wasser)reichen Bach«. – Neben einer sorbischen Siedlung an der Stelle der heutigen Altstadt lag ein vor 1200 angelegtes Rodedorf. Aus ihm erfolgte um 1240 die Gründung der Stadt durch Heinrich V. von Greiz. Dabei war mitentscheidend die Kirche St. Petri und Pauli, die Urpfarrei der Herrschaft Mylau. Es bestand eine günstige Voraussetzung für die Stadtgründung, da sich hier die von Süden kommende Handelsstraße gabelte und nach Norden und Osten weiterführte. Im Mittelalter war die Stadtanlage ummauert, die Stadtmauer hatte vier Tore. Mauer und Tore, da sie für die Stadtentwicklung hinderlich waren, wurden im 1. Viertel des 19. Jh. abgerissen. Der Verlauf von Mauer und Graben ist heute nur noch undeutlich erkennbar. So gibt es geringe Reste südlich des Marktplatzes. Die Stadt selbst wurde als großes unregelmäßiges Geviert angelegt, mit einem großen rechteckigen Marktplatz oberhalb des Kirchplatzes. Das ursprünglich inmitten des Marktplatzes stehende Rathaus wurde im 19. Jh. nach dem großen Stadtbrand verlegt. Seit dem 15. Jh. ist die Tuchmacherei in der Stadt nachweisbar. Sie ist bis zur Gegenwart die wichtigste Beschäftigung der Einwohner. Durch häufige Stadtbrände sind historische Sachzeugen vernichtet. Seit 1846 hat Reichenbach Eisenbahnanschluß. Dadurch verstärkte Entwicklung der Textilindustrie nach 1850. Durch die Luftangriffe am 21. März und 17. April 1945 wurden zahlreiche Häuser zerstört, 200 Tote waren zu beklagen. Die barocke Pfarrkirche St. Petri und Pauli wurde um 1720 errichtet unter Verwendung älterer Reste. Die Orgel von 1723–1725 stammt von Orgelbaumeister Gottfried Silbermann. In der Kirche befindet sich ein Kruzifix aus der Zeit um 1680. – Die Trinitatiskirche aus dem 17./18. Jh. wurde 1898 umfassend erneuert. Sie beherbergt einen spätgotischen Flügelaltar aus der 2. Hälfte des 15. Jh. Im Schrein ist Maria zu sehen, von Engeln umgeben. – Das Gerichtshaus ist das Geburtshaus von *Caroline Neuber.* Die Grundmauern stammen aus dem 13. Jh., die heutige Gestalt aus dem 18. Jh. Der letzte Wiederaufbau erfolgte nach dem Stadtbrand von 1833. Im Mittelalter war hier der Komturhof des Deutschritterordens. 1659–1855 befand sich im Gebäude der Sitz des Patrimonialgerichtes der Feudalherren auf Schloß Friesen. Später war hier eine Schule, ein Wirtshaus, ein Heimatmuseum. Seit 1968 ist im Gebäude die *Neuberin-Gedenkstätte.* Der Wasserturm ist ein Wahrzeichen der Stadt. Er wurde unter Bauhaus-Einfluß 1927 erbaut, ist 28 m hoch bei 438 m ü. NN und ist ein guter Aussichtspunkt auf die Stadt und Umgebung. – Der Ortsteil Cunsdorf liegt nördlich der Stadt; seit 1924 ist er nach Reichenbach eingemeindet. Seine erste urkundliche Erwähnung erfolgte 1367 als »Cunratsdorf«. 1474 heißt der Ort »Cudorff« und seit 1791 »Cunsdorf«. Gedeutet wird die Ortsbezeichnung als »Dorf eines Kuonrat«. – Cunsdorf liegt im weiten Tal des Friesenbachs und dessen flachem Südhang in 400 m Höhe. Angelegt wurde es als Waldhufendorf mit großen Vierseithöfen entlang des Friesenweges. Durch die Entwicklung der Textilindustrie ging der bäuerliche Charakter verloren. Heute ist der Ort eine Wohnsiedlung. Die in die Ortsflur eingestreute Kleinsiedlung »Kleinpolen« oder das Huthaus sind Zeugen früherer Bergbautätigkeit. Geschürft wurde auf Eisenerz, Ockererde, Asbest und fettem Lehm. – Der seit 1908 eingemeindete Stadtteil Oberreichenbach liegt in nördlicher Richtung. Erstmals wird der Ort urkundlich 1317 genannt als »Obirrichnbach«. 1496 heißt er »obern Reichmbach« und seit 1544 »Ober Reichenbach«. Das Reihendorf stammt aus der Zeit der Besiedlung durch fränkische Bauern. Die ursprünglichen Waldhufen sind nur noch undeutlich auf der Ostseite von Bach und Straße zu erkennen. Die knapp 2 km lange Häuserreihe schloß das Stadtgut ab. Das alte Dorfbild ist völlig verschwunden. Heute ist der Ort vornehmlich eine Wohngemeinde. In der Stadt gibt es eine Ingenieurhochschule für Textilindustrie.

»Neuberinhaus«, große kulturelle Einrichtung mit Konzerten, Bällen, Theateraufführungen, Tagungen, Kunstausstellungen. Konzertsaal der Vogtland Philharmonie Greiz/Reichenbach.

Ständige Ausstellung im Geburtshaus der Neuberin Johannisplatz 3 (unterhalb des Marktes), Tel. 0 37 65/2 11 31 Ständige Ausstellung über Leben und Werk der Neuberin, sowie stadtgeschichtliche Abteilung.

Hotels, Pensionen, Privatvermieter u. a.:
Burgberg-Hotel, Tel. 0 37 65/78 00, Fax 0 37 65/78 01 11
Pension *Krug,* Tel. 0 37 65/6 50 35
Ferienwohnung *Schramm,* Tel. 1 20 75
Information:
Stadtverwaltung Reichenbach, Tel. 0 37 65/52 44 80, Fax 0 37 65/52 43 01 oder »Neuberinhaus«, Tel. 0 37 65/1 21 88, Fax 0 37 65/1 24 25

Reiheschank Reihschank, auch Reihenschank. Beruht auf dem Recht eines Ortes, Bier brauen zu dürfen (Braurecht). Kleine Bauern und Häusler erhielten vorübergehend das Privileg, Schankrecht ausüben zu dürfen. Reihenfolge durch Los bestimmt. Oft war mit dem Ausschank ein Schlachtfest verbunden. Der Schankwirt durfte auch Speisen zum Verkauf anbieten. Aus dem Erlös von Bier, Schnaps, Essen entstand bescheidener Nebenverdienst. Als Zeichen des Reiheschankes durfte über der Haustür eine Stange aufgesteckt werden mit einem Kranz aus Blech oder Holz, auf dem ein Bierglas aufgemalt war. Oft wanderten mit dem Privileg zum Reiheschank auch die der Dorfgemeinschaft gehörenden Gläser mit. Am letzten Tag des Reiheschankes wurde der »Zapfen« gegeben, d. h. die letzten Besucher erhielten Brot, Käse, Hering umsonst, scharf zubereitet, um nochmals Durst zu wecken. In den Städten hieß Reiheschank »Bürgerquas«, mit volkstümlicher Musik im Wirtshaus veranstaltet. In einer Verordnung, die Pfarrhäuser betreffend, vom 9. Nov. 1646: »Auf den Pfarrhäusern soll jedoch nicht geschenkt werden, noch Zeichen ausgesteckt und gesetzt werden.«

Reumtengrün, siehe Rebesgrün

Riedel, Louis Populärer und produktiver vogtländischer Mundartdichter. Geboren am 29. April 1847 in Gelenau (Erzgeb.). Sohn eines Fabrikwebers. Nach Volksschule Besuch des Lehrerseminars in Annaberg. Danach geringbesoldeter Lehrer in *Gottesberg,* ab 1867 in *Meßbach* bei Plauen. Hier fand er seine zweite Heimat und wurde zum Volksschriftsteller. Nach dreiundvierzigjähriger Tätigkeit trat er 1910 in den Ruhestand, den er in Plauen verlebte. Dort starb er kurz vor der Vollendung seines 72. Lebensjahres am 21. März 1910. – Er brachte 1883 den Gedichtband heraus »Derham is derham« und begründete damit die vogtländische Mundartliteratur. Im Verlauf seines Lebens veröffentlichte er annähernd 40 Schriften mit Gedichten, Erzählungen und Volksstücke (wie »Hutzenstum«, »Bornkinnel«, »Summerhaufen«, »Holzspitzbu«, »Vugelsteller«, »Olbere Mumm«). Seine Publikationen beinhalten nicht nur kurzweilige Schnurren, Anekdoten. Er war nicht nur Humorist und Spaßmacher. Große Erzählungen gehören zu seinen reifsten dichterischen Werken (wie »Bornkinnel«, »Fosnetnarr« oder »Aasiedel«). In »Meßbacher Äpfel«, illustriert von Prof. Woldemar Müller, hatte er vor, das Beste seiner Arbeiten zusammenzustellen. Davon erlebte er nur das Erscheinen des ersten Bandes. Seine Schriften sind Schilderungen des unverfälschten Volkslebens und damit für die wissenschaftliche Volkskunde eine Fundgrube. Riedel veröffentlichte darüber hinaus in Zeitungen, Zeitschriften, Kalendern, für seine Verdienste um die Volksdichtung des Vogtlandes wurde er durch die sächs. Regierung mit dem Titel »Hofrat« geehrt.

Ringwall Wehr- und Verteidigungsanlage aus der Ur- und Frühgeschichte. Meist in Resten erhalten und heute noch erkennbar, obwohl bewachsen, verfallen, durch künstliche Erderhebungen (Wälle, Dämme), Gräben, Mauern. Verlaufen im Flachland ringförmig oder rings um eine Bergkuppe, den natürlichen Gegebenheiten angepaßt. Ursprünglich aus Erde, Steinen, Holz errichtet. Ihre Anlage läßt sich durch Ausgrabungsfunde ermitteln. – Ringwälle der Bronze- und frühgeschichtlichen (slawisch-frühdeutschen) Zeit zugeordnet. Geschützte Bodendenkmale.

Rodewisch Die Häuser der Stadt breiten sich in den Tälern der Göltzsch und des Wernesbaches aus. Einige der umliegenden Höhen überschreiten die 700 Meter-Marke, so der Kuhberg mit 795 und der Laubberg mit 767 Metern. Die Stadtmitte selbst liegt gegen 450 Meter hoch.

Ausgangspunkt für die Besiedlung war der Rittersitz Göltzsch, um 1255 »Golizlave« genannt. Urkundlich als »Redewisch« wird Rodewisch 1411 erwähnt, Goltzsche, Göltzsch erst 1450, weil die Wasserburg Göltzsch den Herren der Burg Auerbach unterstand. 1602 teilten die Edlen von der Planitz den Besitz in die Rittergüter Obergöltzsch, Untergöltzsch und Niederauerbach. Niederauerbach wird schon 1450 erwähnt, das Hammerwerk 1473. Aus ihm wurde um 1600 ein Messingwerk. Bis zur Zusammenlegung zum Marktflecken Rodewisch im Jahre 1856 hatten die drei Güter eigene Gerichtsbarkeit. Rodewisch erhielt 1924, nach dem Zusammenschluß des Marktfleckens mit dem Waldhufendorf, das Stadtrecht. Mit Ackerbau, Viehzucht und Waldgewerbe ernährten sich die Bewohner. Später kam die Textilindustrie hinzu und wurde zu deren bestimmenden Beschäftigung.

Aus dem hohen Mittelalter stammt die beim Rittergut Obergöltzsch liegende kleine Wasserburg. Sie konnte bei Grabungen 1937 bis 1939 freigelegt werden. Die dabei gemachten Funde werden im Museum Göltzsch ausgestellt. Das daneben liegende Schlößchen, ein kleiner, von der Denkmalpflege wiederhergestellter Profanbau, stammt aus der Renaissance. – Die St.-Petri-Kirche aus dem 18. Jahrhundert und die Dorfkirche St. Johannis im Ortsteil Röthenbach aus dem 15. Jahrhundert verfügen über geschnitzte Altarfiguren von Peter Breuer, einem Schüler von Tilman Riemenschneider.

Museum Göltzsch auf der Schloßinsel Rodewisch,
Tel. 0 37 44/3 31 86

1951 eröffnet. Mittelalterliche Besiedlungsgeschichte des Vogtlandes mit Ausgrabungsfunden aus dem Wallgraben des Festen Hauses Göltzsch; Geschichte des Messingwerkes Niederauerbach; Ortsgeschichte; bäuerlicher Hausrat; Geologie und Mineralogie des Vogtlandes. Festsaal des um 1500 erbauten Renaissance-Schlößchens; Kassettendecke mit Flaserdekor und Schmuckzapfen.

Schulsternwarte und Zeiss-Planetarium,
Tel. 0 37 44/3 23 13, Fax 0 37 44/3 28 15

Die Sternwarte ist international bekannt als Satellitenbeobachtungsstation. Vorführungen im Planetarium. Es erstrahlen 6000 Gestirne, darunter die hellen Planeten, der Mond und Kometen.

Hotels, Gasthöfe, Ferienhäuser u. a.:
Hotel Garni *»Vogtland«,* Tel. 0 37 44/43 68 00,
Fax 0 37 44/4 36 82
Landgasthof *Rebesbrunn,* Tel. 0 37 44/3 38 81
Ferienhaus *Mothes,* Tel. 0 37 44/3 16 25
Information:
Tourist-Info 08228 Rodewisch, Tel. 0 37 44/3 31 86,
Fax 0 37 44/3 42 45

Rosenmüller, Johannes Tondichter, Instrumentalkomponist. Geboren 1619 in Oelsnitz (Vogtl.). Vermutlich der Sohn des »Hanßen Rosenmüller, Müllers uff der Johnsmühle«. Er verbrachte seine Kindheit in Oelsnitz und besuchte hier die Lateinschule. Bezog um 1640 die Universität Leipzig, um Theologie zu studieren. Wie und durch wen er seine musikalische Ausbildung erhielt, ist nicht bekannt. Zu seiner Zeit war es üblich, sich neben dem Studium der Musik einem Gelehrtenberuf zu widmen. Wahrscheinlich schon während seiner Studienzeit wurde er Kollaborator. Hilfslehrer an der Leipziger Thomasschule. Dazu mag ihm der kränkelnde Thomaskantor Tobias Michael verholfen haben, der ihn wegen seiner musikalischen Leistungen zu seinem Stellvertreter machte. Seit 1651 versah er als tüchtiger Orgelspieler das Organistenamt in der Nikolaikirche zu Leipzig. Er wurde auch Dirigent der Leichenbegängnisse. Hier hatten die Thomaner mehrstimmig zu singen. Nebenher betätigte er sich als Komponist und erregte durch seine Begräbnislieder wie »Welt ade, ich bin dein müd« oder durch den Tonsatz zu »Alle Menschen müssen sterben« allgemeine Beachtung. Seit 1645 beschäftigte er sich auch mit der Komposition von Allemanden, Couranten, Balletten, Sarabanden. Im Herbst 1654 wurde er als »Fürstlicher Musikdirektor« an den Altenburger Hof berufen. Sittliche Verfehlungen an seinen Schülern brachten ihn im Mai 1655 in den Kerker. Doch es gelang ihm die Flucht. Sein aus Hamburg an den Kurfürsten Johann Georg I. von Sachsen gerichtetes Gnadengesuch blieb unbeantwortet. Das veranlaßte ihn nach Italien zu gehen. Dort, im Exil, verbrachte er fast zwanzig Jahre. In der Zeit entstanden die meisten seiner »Geistlichen Concerte« und die Komposition der dramatischen »Dialogi«. Sein Ruhm drang bis nach Deutschland.

Herzog Anton Ulrich berief ihn 1674 an seinen Hof nach Wolfenbüttel als Kapellmeister. Damit übernahm er eine Kapelle, in der schon Prätorius (1571–1621) und Heinrich Schütz (1585–1672) wirkten. In Wolfenbüttel entwickelte sich Rosenmüller zu einem vor allem der Opernmusik zugetanen Tonschöpfer. Am 12. Sept. 1684 starb er in Wolfenbüttel. – Er zählt neben Dietrich Buxtehude (1635–1707) und Johann Pachelbe (1653–1706) zu den bedeutendsten Komponisten der zweiten Hälfte des 17. Jh. Beliebtheit erlangten seine Suitenliteratur und Kirchenmusiken.

Rothenkirchen ca. 6 km ostwärts von Rodewisch. Industriedorf und Wohnsiedlung in 550 bis 618 m Höhenlage. Nördlich der 797 m hohe Kuhberg, im Kontakthof des Kirchberger Granits. Landschaftlich gehört das nach Norden zu allmählich abfallende Gebiet noch zu dem des Görlitzschtales, allerdings mit erzgebirgischen Merkmalen. Metzner nennt 1898 Rothenkirchen »Ein freundlich gelegenes, gewerbereiches Dorf ...« Rothenkirchen ist eine mittelalterliche Spätgründung, angelegt als Quellmuldendorf mit radial ausstrahlenden Hufen. Erstmals urkundlich erwähnt 1441 als »Rotenkirchen«, 1460 »Viliale Rotenkirchen« und 1559 wird von »zur Rotthnkirchen« berichtet. Das verweist auf einen »Ort bei oder an einer roten Kirche«, wahrscheinlich auf die alte spätgotische Kapelle zurückzuführen, einen rötlichen Bau, der durch Blitzschlag zerstört wurde. Das Dorf gehörte zur Herrschaft des Geschlechts von der Planitz auf Auerbach. Sie unterhielt in Rothenkirchen ein Rittergut und übte die Fronherrschaft über das Dorf bis 1847 aus. Ab 1850 kam von Schönheide die Bürstenherstellung ins Dorf, von Auerbach und Rodewisch die Stickerei und brachte neuen Broterwerb, später gründete sich ein Betrieb für Haarkosmetik. – In den vom Kuhberg her abfallenden Hang drängen sich der Grünbach und der Dorfbach, die dort ihre Quellen haben. Bevor sie sich in der Nähe der Hofmühle zum Rödelbach vereinigen, durchfließen sie die zwei Teiche der Hofmühle. Beim ostwärtigen von beiden soll früher der Galgen gestanden haben und die Richtstatt gewesen sein. Die ursprüngliche Ortsanlage ist nur noch im Unterdorf zu erkennen. Das Oberdorf gleicht einer Streusiedlung. – Im Ort gibt es eingeschossige Hakenhöfe mit Krüppelwalmdächern und mit Schiefer oder Bretter verschlagene Giebel. Einige Hauseingänge haben barocke Türgewände. – Die Kirche ist ein einheitlicher klassizistischer Bau aus dem Jahre 1796, der 1896 restauriert wurde. Der zierliche Turm mit der barocken Haube kam erst 1830 hinzu. Saalartig ist der Innenraum mit doppelten Seitenemporen. Der große Kanzelaltar ist nahezu schmucklos. Die Kirche verfügt über eine wohlklingende Orgel aus dem Jahre 1679 von Christian Wilhelm *Trampeli,* Adorf. Sie wurde 1960 restauriert.

Hotels, Pensionen, Unterkünfte u. a.:
siehe Rodewisch
Information:
Tourist-Information 08228 Rodewisch,
Tel. 0 37 44/3 31 86, Fax 0 37 44/3 42 45

Röhrholz Landschaftsschutzgebiet seit 1968 mit einer Größe von 145 ha. Es hat die Form eines Rechtecks und liegt südostwärts von Oelsnitz. Auf der Westseite grenzt es an die Fluren von Lauterbach. Südostwärts wird es begrenzt durch den Talgrund der Weißen Elster mit der B 92. Es liegt im Übergangsbereich des zum nördlichen Thüringer Schiefergebietes gehörenden mittelvogtländischen Kuppenlandes zum oberen Vogtland. Von der etwa in 390 m Höhenlage befindlichen Elsteraue steigt der Steilhang empor und erreicht mit dem Hasenpöhl (497 m ü. NN) seinen höchsten Punkt. Er ist eine Diabaskuppe im schiefrigen Grundgestein. Weit über die Hälfte ist das Gebiet mit Wald bestockt, der Steilhang mit einer Art Bannwald. Fichtenbestand herrscht vor. Der Rest des Landschaftsschutzgebietes wird landwirtschaftlich genutzt. Auf Wanderungen kann man das Gebiet durchstreifen. Am Rande entlang führt der Gebietswanderweg Aschberg-Kapellenberg-Oelsnitz-Plauen-Greiz-Krossen. Markiert ist die Strecke mit einem roten Quadrat auf weißem Grund. Im Röhrholz befindet sich ein Denkmal für *Julius Mosen* (1803–1867), der im nahen Marieney geboren wurde. Am »Paul-Apitzsch-Blick« steht ein Gedenkstein für den 1948 verstorbenen vogtländischen Heimatforscher und Schriftsteller aus Oelsnitz. Nahe des Röhrholzes liegt das Freibad von Oelsnitz. Eine Rodelbahn ist im Röhrholz vorhanden.

Röthenbach Die kleine dörfliche Siedlung liegt ostwärts von Lengenfeld. Sie ist eine Wohngemeinde mit ländlichem Charakter. Hauptbeschäftigung der Einwohner ist die Landwirtschaft. – Erstmals urkundlich erwähnt wird der Ort 1140 als »Ratenbach«. 1402 heißt es »das dorff Rotinbach«. Seit 1791 ist der Ortsname »Röthenbach« im Gebrauch. Das heißt soviel wie »Ort am roten Bach«. – Die Dorfkirche, wahrscheinlich aus der Zeit vor 1500, hat einen wertvollen Schnitzaltar von Peter Breuer aus der Zeit von 1516/17. Im Schrein ist Maria mit dem Kinde zu sehen, von Heiligen flankiert, in den Flügeln Barbara und Katharina. Auf der Rückseite befindet sich die Darstellung der Verkündigung, in der Staffel die Geburt Christi. – Nahe der Kirche steht ein schönes *Fachwerkhaus,* im Ortsbild gibt es einzelne *Umgebindehäuser.*
Hotels, Pensionen, Ferienhäuser u. a.:
siehe Lengenfeld
Information:
Stadtverwaltung 08485 Lengenfeld, Tel. 03 76 06/30 50,
Fax 03 76 06/84 30

Rößnitz Mit Ortsteil Eichigt. Landwirtschaftlich geprägte Siedlung in 380–405 m Höhenlage in der mittelvogtländischen Kuppenlandschaft. Am rechten Hang des Rosenbaches und beiderseits einer dorthin entwässernden Kerbe. – Der Ort wurde erstmals erwähnt 1297 als »Rosnicz«, ein Jahr später als »rivilus Crosenicz« und »aqua Grosene«. Der Name ist wahrscheinlich von dem altsorbischen Personennamen »Grozen« abgeleitet. – Westlich des Ortes der 514 m hohe Eichigtberg. Er gehört zum Bereich des armen Kulmschiefers. Ostwärts des Ortes erhebt sich der Galgenberg (450 m ü. NN). Die Ortslage ist von Fichten- und Kiefernwald umgeben. Die Flur des Zeilendorfes geht auf Blöcke eines Rittergutes zurück, war ursprünglich in geländeangepaßte Streifen aufgeteilt. – Vom alten Schloß, unter Denkmalschutz stehend, Renaissance-Treppenturm. Quadratischer Unterbau geht in langen Rechteckkörper über. Interessant: hölzerne Wendeltreppe. Der Turm ist restauriert. Die Uhr aus dem 19. Jh. wurde erneuert. – Mühle am Mühlgraben auf dem unteren Weg nach Leubnitz seit 1419 urkundlich bekannt. Arbeitete bis 1950 als Sägewerk. Bauernhof, Taubenschlag und Mühlgrabenanlage unter Denkmalschutz. – Die 200 m lange Baumreihe aus etwa 200 Jahre alten Rotbuchen und Stieleichen entlang des Mühlgrabens steht unter Naturschutz. – Ortsteil Eichigt 700 m südwestlich von Rößnitz. Ausbau von drei Häusern aus dem Jahre 1875.
Hotels, Pensionen, Unterkünfte u. a.:
siehe Plauen
Information:
Tourist-Information 08523 Plauen,
Tel. 0 37 41/2 91 10 27, Fax 0 37 41/29 11 10

Rudert, Willy Der weithin bekannte vogtländische Mundartschriftsteller wurde am 17. April 1884 in Falkenstein geboren. Hier war sein Vater Weber. Des Jungen zeichnerisches Talent fand seine Ausbildung an der Kunstgewerbeschule in Plauen. Nach $4^1/_2$jährigem Studium ging er für kurze Zeit als Kunstgewerbezeichner nach Dresden, danach nach Plauen. Später übte er in Falkenstein den Beruf eines Musterentwerfers für Gardinen aus. Seit 1920 lebte er als freiberuflicher Schriftsteller. Am 17. Oktober 1949 starb er in seiner Geburtsstadt. Er war Gründer und langjähriger Leiter des *Falkensteiner Heimatmuseums* und einer Trachtengruppe. Von ihm erschienen 14 Bändchen mit vogtländischen Mundartdichtungen und 4 mundartliche Lustspiele. Unter ihnen: »Bunte Patterle« (1930), »Fichten und Fünkele« (1932), »Tannereisig« (1928) und »Wall mir Vuogtläner sei« (1937).

Runda Es ist die Bezeichnung für ein für das Vogtland typisches und in Mundart gesungenes Tanz-, Neck-, Liebes- oder Trinkliedchen. Im wesentlichen entspricht es dem erzgebirgischen Tschumperlied oder dem oberdeutschen Schnaderhüpfl. Rundas entstanden spontan, ganz aus der jeweiligen Situation heraus, so auf dem Wege zum Tanz, beim Tanzen, beim Sommerhaufen, in der Roggen- oder Hutzenstube oder beim Federschleißen. Es gibt zwei Arten, den vogtländischen Haupttänzen Walzer und Dreher entsprechend, im $^3/_4$- und $^2/_4$-Takt. Die Rundatexte sind immer vierzeilig, zwei- oder vierhebig. Dabei ist meist die zweite und vierte Zeile gereimt. Die Melodie ist einfach und leicht singbar.
Beispiele für den $^3/_4$-Takt:

Mei Fraa hot de Sau ausgetriebn,
senn se mitenanner außen gebliebn,
's ist mer net üm de Fraa, um de Fraa,
's is mer när üm de Sau.

Beispiel für den $^2/_4$-Takt:

Ich hatt emol enn Schatz gehatt,
dös Luder war vun Theime (Theuma),

un wenn ich ’n aamol gut sei wollt,
do fing er an ze greine.

Sangeskundige Burschen erwarben sich durch Bezahlung der Musik das Recht, auf dem Tanzboden Rundas zu singen. Das Zeichen gab die Kapelle dazu, durch das Pochen auf die Geige mit dem Geigenbogen. Bei diesem Rundasingen mußten alle übrigen Tänzer zuhören.

Ruppertsgrün mit den Ortsteilen Liebau, Renschmühle und Christgrün. Ursprünglich bäuerliche Siedlung. Heute Wohngemeinde. – Ruppertsgrün urkundlich erstmals erwähnt 1365, da wird ein »(her Erhart, pfaher) zu Rupersgrun« genannt. 1400 heißt der Ort »Ruprechczgrune« und von 1418 gibt es eine Nachricht von »den Huff zu Ruppertsgrun«. Der Ortsname verweist auf die Rodesiedlung eines Ruprecht. Sie ging aus einem Waldhufendorf hervor, gegründet auf dem linken Talhang des Forellenbaches. Von da aus erweitert, vor allem nördlich des Dorfkernes als lose Dorfzeile im Kleppergrund. Schon vor 1557 gab es die sog. »Bachhäuser«. Alte Chroniken berichten von einer überbauten mittelalterlichen Wehranlage mit Wall, Graben und Mauer, aber bis heute sind keine Reste nachweisbar. – 1412 wird ein Vorwerk genannt, später ein Rittergut. Während des Dreißigjährigen Krieges, 1640, fand in Ortsnähe ein Gefecht statt. Dabei brannten 16 Gehöfte, Pfarre und Kirche nieder und ein Teil des Rittergutes. Im 19. Jh. beschäftigten sich viele Häusler mit Heimweberei. Sie lieferten ihre Ware in die nahen Städte Greiz, Elsterberg, Reichenbach. – Dorfkirche, Rechteckbau mit neuem Turm, hervorgegangen aus der niedergebrannten von 1642–1651. Erneuert 1708/09, erhielt dabei barocken Altar. Altarbild aus der Zeit Ende des 19. Jh. Kanzel und Patronatsloge an der Nordwand und Taufengel werden dem Elsterberger Bildschnitzer Christian Preller zugeschrieben, das Epithel dem 1657 verstorbenen E. von Döhlau. Gemälde mit der Abendmahlsdarstellung aus der Zeit Ende des 17. Jh. in der Sakristei. Der spitze Westturm aus dem Jahre 1886, das Südportal von 1708. Die Dorfkirche steht unter Denkmalschutz. – Der Kirche gegenüber gibt es nur noch drei Höfe mit regelmäßigem *Fachwerk* im Obergeschoß, das auf massivem Unterbau ruht. – Ortsteil Liebau wird erstmals genannt 1327 als »castrum Lubawe, Lubow«, 1357 heißt die Ansiedlung »Loboew« und 1357 »Libau«. Den Siedlungsnamen leitet man vom Altsorbischen her, von »L'ub« oder »L'uba«, einem Personennamen. – Hier gab es eine landesherrliche Feste der Plauener Vögte. Das Castrum lag auf dem im Westen des Ortes befindlichen Felssporn oberhalb der Weißen Elster. Noch zu erkennen sind die drei Kernwerke, durch Gräben voneinander getrennt und von einem Halsgraben geschützt. Nördliches Kernwerk durch Schloß Liebau überbaut. Heute nur noch als Ruine erhalten, bis 1742 bewohnt. Etwa 500 m südlich am alten Gutspark auf dem Hang der Weißen Elster lag eine vorangegangene Verteidigungsanlage. Erkennbar ist ein Turmhügel mit zwei Halsgräben. Wall- und Grabengelände durch eine Begräbnisstätte beeinträchtigt. Die Lage des Rittergutes Liebau ist zwischen der Ruine und der Dorfstraße zu bestimmen. – Die Gegend von Liebau war in der jüngeren Bronzezeit und frühen Eisenzeit besiedelt. Auf dem Viehhübel hinter dem ehemaligen Rittergut fand man Scherben, die von einem Wohnplatz der Jungbronzezeit herrühren, auf dem Schafhübel Hügelgräber und auf dem Knorrpöhl ein Einzelgrab aus der frühen La-Tène-Zeit. Der darin gefundene Leichnam hatte Tongefäße und reichliche Grabbeigaben um sich. Das läßt darauf schließen, daß es sich dabei um eine sozial hochgestellte Persönlichkeit handelte. Wenige Meter vom Grab entfernt war eine Feuerstelle, bei der sich kleine Scherben fanden. Das Grab gehört zu einem wichtigen Beleg keltischer Kultur auf sächsischem Boden. Man nimmt an, daß es aus der Zeit Ende des 5. Jh. v. u. Z. stammt (Funde im Landesmuseum für Vorgeschichte Dresden und im Vogtlandmuseum Plauen). – Unterhalb der Ruine am Elsterberg mehrere steile Kalksteinklippen. Aufgrund der Einschlüsse handelt es sich um Tentakulitenkalk des Unterdevons. Einmalig im Vogtland, deshalb unter Naturschutz.
Übernachtungsmöglichkeiten:
Ferienwohnung *»Alte Renschmühle«,*
Tel. 03 74 39/63 69 oder 0 37 41/13 61 39
Ferienhaus *Sven Krauß,* Tel. 03 74 39/64 31
Information:
Fremdenverkehrsverband Vogtländische Schweiz,
Tel. 03 74 39/45 00, Fax 03 74 39/4 50 13

Sagengestalten Das Vogtland ist eine sagenreiche Landschaft. Natursagen stehen dabei an erster Stelle. Häufig ist der Wald Lebensraum von Geistern, auch Gewässer, Getreidefelder. Sagengeister meist tier- oder menschenähnlich. Außer wilden Männern, Jägern, sind sie gutartiger Natur, oft sogar hilfsbereit. Der wilde Jäger mit seinem Heer braust vor allem in der Weihnachtszeit durch die Gebirgswälder. – In Waldgegenden geistert der Hahmann, auch Huhmann. Seinem Ursprung nach aus der oberpfälzischen Vorstellungswelt. Er sieht grau und fahl aus. Niemand kann ihn richtig beschreiben. Bei Tage in Verborgenheit, zeigt er sich nur bei Dämmerlicht, bei Nebel. Mit »Heh! Heh! Heh!« schreckt er Fuhrleute, Waldarbeiter, Wanderer. Führt Verirrte auf den richtigen

Weg. Setzt sich Wanderern auf die Schulter und läßt sich ins nächste Dorf tragen. – Über das ganze Vogtland verbreitet Sagen vom *Moosmann* und Moosweiblein. Besonders häufig in der Sagenwelt des reußischen Vogtlandes. Im Pöllwitzer Wald zwischen Zeulenroda und Greiz sollen sehr viele gelebt haben. Es sind uralte, jedoch muntere Zwerge, nicht größer als drei- oder vierjährige Kinder. Wegen ihres hohen Alters graue, trockene, lederartige Haut. Kleider erdgrau oder moosgrün. Sie ernähren sich von Baumwurzeln, Kräutern, Moosen. Leben in hohlen Baumstämmen, Erdhöhlen, auch in Häusern von Menschen oder liegen auf grünem Moos. Sie sind vollkommen mit Moos bekleidet, deshalb kann sie niemand erkennen. Sie helfen oder geben gute Ratschläge, wie »Schneid's Brot nicht gleich, und du wirst reich!« oder »Erzähl keinen Traum und schäl keinen Baum, röst kein Brot, so hilft dir Gott!« Oft bitten sie Hausmütter, einen Laib Brot mehr zu backen. Erfüllen sie den Wunsch, finden sie ein mit Goldstücken gefülltes Brot im Schrank. Feinde aller Moosleute sind die wilden Jäger. Werden sie von ihnen gejagt, sagen die Leute: »Der wilde Jäger hat sich nächtens wieder zugejagt, daß es immer knisterte und knasterte.« Steigen die Nebel aus den Wäldern, heißt's: »Die Moosmännlein rauchen!« – Holzweiblein als Sagengestalt kommen vor allem in der Gegend von Oelsnitz, Schöneck, Markneukirchen, in den großen Waldgebieten im Süden und Südosten des Vogtlandes vor. Es sind gute Geister, sie helfen vor allem den armen Waldbewohnern. – Winselmutter, auch Klagemutter, im Erzgebirge, Vogtland, Fichtelgebirge bekannt. Nächtliches Winseln ist ein schlechtes Zeichen. Die Winselmutter geht vor das Haus; in dem ein Kranker liegt, um jämmerlich zu heulen. Wer sie hört, muß neun Tage lang darüber schweigen, dann kann sie ihm nichts anhaben. Oft sitzt sie an Kreuzwegen, Friedhofsmauern und Steinkreuzen. Im Vogtland hat sie auch eine Gestalt des Kalbes mit roten Augen. Läßt das Kalb den Kopf hängen, muß jemand sterben, trägt es ihn erhoben, gibt es Feuer. – Bilmesschnitter, auch Billenschnitter, Bilsenscnitter, Sagengestalt des Erzgebirges, Vogtlandes und Bayrischen Waldes. Geht nächtens durch die reifen Ährenfelder mit Sicheln an den Füßen, schreitend oder auf einem Bock reitend, schneidet fußbreite gerade Gänge von einer Ecke zur anderen in das Ährenfeld. Auf ihnen sind auf allen Halmen die Ähren wie mit der Schere abgeschnitten. Drischt der Bauer, hat er nur halben Ertrag. Bilmesschnitter werden nur von Quatember- oder Sonntagskindern gesehen. Ein alter Bauer, der ein Bilmesschnitter war, befahl seinem Sohn, ihn um den Acker seiner Nachbarn zu führen. Der aber führte ihn absichtlich um ein Fichtengehölz. Als sie nach Hause kamen, lag die Scheune voller Fichtennadeln. Ernte fremder Äcker herüberzulocken, untersagen schon die römischen Zwölftafeln. Gegen Bilmesschnitter hilft kreuzweises Schießen über die Felder am Walpurgisabend oder Ausstreuen von Liebstöckel. War der Bilmesschnitter bereits da, bricht der Bauer dadurch den Bann, daß er Büschel Fichtenreisig aufhängt, und er macht beim Dreschen mit dem Reisigbündel den Anfang.

Schilbach Die kleine Dorfgemeinde befindet sich westlich von Schöneck in etwa 550 m Höhenlage. Sie hat landwirtschaftlichen Charakter. Um das Dorf herum liegen bestellte Flächen, die von Wäldern umrahmt werden. – Erstmals wird der Ort urkundlich genannt 1421. 1428 ist ein »(Conrad Tosse) czu Schiltpach« erwähnt. Seit 1602 wird der Ort »Schildbach« geschrieben. Die Bezeichnung weist hin auf einen Ort am Schildbach gelegen. – Dem Ursprung nach ist Schilbach ein Waldhufendorf. Da jedoch von Anfang an ein Rittergut bestand, konnten sich keine größeren Bauernhöfe entwickeln. Die vielen kleinen Anwesen liegen westlich des Bachs. Unter ihnen ist der Zweiseitenhof Nr. 8 mit teilweise holzverschlagenem Blockbau der Scheune und einem *Wohnstallhaus* von 1789. Reich verziert ist der große *Fachwerkgiebel.* Er zeigt fränkische und egerländische Motive. Eng gedrängt stehen die Anwesen bei der alten Schule. Abseits davon liegen die Wohn- und Wirtschaftsgebäude des ehemaligen Rittergutes. – Ostwärts des Ortes, in 632 m Höhenlage, befindet sich der Gerbetstein. Der Grauwackenfelsen steht unter Naturschutz. Wandert man südlich, kommt man zum Großen und zum Alten Teich. – Der Ort liegt verkehrsarm und befindet sich in ruhiger Lage.
Hotels, Pensionen, Ferienunterkünfte u. a.:
siehe Schöneck
Information:
Fremdenverkehrsamt 08261 Schöneck,
Tel. 03 74 64/8 89 10, Fax 03 74 64/8 87 70

Schleiz *Kreisstadt* Saale-Orez-Kreis ca. 9500 Einwohner. Schleiz liegt im Schiefergebirge an der Wisenta.

Schleiz, eine kleine Industriestadt liegt auf sanftgewellter Hochebene an der Wisenta, einem rechten Nebenfluß der Saale, in einer mittleren Höhenlage von 434–500 m. Altsorbische dörfliche Siedlung des 10./11. Jh. mit späterem deutschen Rittersitz. Straßendorf wird erstmals als Slowics 1232 genannt, 1273 Slowiz, 1284 und 1291 Slewicz, 1292 Slouwicz. Seit 1516

Sleutz, später Schlei(t)z. Name kommt vermutlich aus dem Altsorbischen, bezeichnet die Siedlung bzw. Siedlung der Slawen. Neben der alten Siedlung entstand 1284 die Neustadt mit Burg, 1297 oppidum. Schleiz ist eine Burgsiedlung mit rechteckigem, langem Markt, durch Vereinigung mit der Altstadt 1482 und Heinrichstadt 1850 erweitert zur Gruppenstadt mit unregelmäßig geformter Fläche und spinnennetzartigem Straßennetz. Die alte Stadtmauer um die Burgsiedlung mit 3 Toren wurde Anfang des 19. Jh. abgebrochen, Reste vorhanden. Die Erteilung des Stadtrechtes ist unbekannt, wohl Ende des 13. Jh., erste Stadtstatuten 1492. Zwischen 1647 und 1848 Residenz der Fürsten von Reuß. Das Schloß entstand 1367, der heutige Bau nach Brand 1837. Das nach dem Brand von 1837 neugebaute Schloß der Fürsten Reuß wurde bei einem Bombenangriff am 8. April 1945 zusammen mit über 50 Häusern der Stadt zerstört. Die wirtschaftliche Entwicklung war geprägt durch die Marktsituation des Ortes, seit 1505 freie Jahrmärkte, 1703 Viehmärkte, bis zum Ersten Weltkrieg bedeutende Rindviehmärkte im thüringisch-vogtländischen Bereich. – Schleiz unterstand zunächst den Herren von Lobdeburg, die die Neustadt gründeten. 1318 wurden die Vögte von Gera Landesherren, nach deren Aussterben Burggrafen von Meißen aus dem Hause Plauen 1550, Herren und Grafen Reuß von Plauen 1590, Haus Gera der jüngeren Linie Reuß 1616, 1806 Fürstentum Reuß-Schleiz, 1848 Reuß jüngere Linie, seit 1920 Land Thüringen, bis 1990 Kreisstadt im Bezirk Gera. In der alten Münze (Münzrecht seit dem 13./14. Jh.) heute eine Erinnerungsstätte an Johann Friedrich Böttger, der in Schleiz am 4. 2. 1682 geboren wurde (Erfinder des Porzellans). In Schleiz war von 1869–1876 *Dr. Konrad Duden* Gymnasialdirektor, er vollendete hier sein Werk »Die deutsche Rechtschreibung«, Gedenktafel am alten Gymnasium »Rutheneum«. Auch der Komponist Heinrich August Reithardt (»Ich bin ein Preuße, kennt ihr meine Farben«) wurde am 10. 8. 1793 in Schleiz geboren. Bedeutende Bauwerke: Pfarrkirche St. Georg, eine dreischiffige spätgotische Hallenkirche (entstanden im 15./16. Jh., 1690/94 nach Brand wiederaufgebaut, 1945 schwer beschädigt, wiederaufgebaut), Gründung des Deutschen Ordens, der hier eine Komturei gründete. Im Inneren schöner Altaraufsatz, von J. S. Nahl aus Gera 1721 vollendet. Bergkirche (liegt außerhalb der Stadt), alte Wallfahrtskapelle, erstmals 1369 genannt, ein einschiffiger spätgotischer Bau mit Nutzung von Teilen eines romanischen Vorgängerbaus (Westportal), Chor mit dreiseitigem Schluß, an seiner Nordseite Turm, an der Südseite

Bergkirche in Schleiz

Annenkapelle. Bemerkenswertes Innere: Altaraufsatz von 1635, spätgotische Kanzel Ende des 15. Jh., 1670 barock erneuert. Orgelprospekt von 1671.

Bekannt wurde Schleiz durch eine Motorradrennstrecke, das »Schleizer Dreieck«, die seit 1923 existiert und für internationale Vergleiche genutzt wird.
Auskunft:
Stadtverwaltung Schleiz Bahnhofstr. 1,
07907 Schleiz, Tel. 0 36 63/4 80 40, Fax 0 36 63/42 32 20
Hotelprospekt dort erhältlich.

Schmerler, Max Bekannter Schriftsteller, der auch in vogtländischer Mundart schrieb. Er wurde am 30. Oktober 1873 in Zwota als Sohn eines Bäckermeisters geboren. Nach dem Besuch des Gymnasiums erhielt er seine berufliche Ausbildung auf dem Lehrerseminar. Danach war er in Morgenröthe und Plauen als Lehrer tätig. 1898 wechselte er nach Dresden über. Dort verbrachte er die meisten Jahre seiner beruflichen Tätigkeit und seinen Ruhestand. Im Alter von 87 Jahren starb er am 26. Juni 1960 in Dresden. Seine erste Gedichtsammlung erschien 1907. Er schrieb Texte für Bilderbücher, Kindergedichte.

Viele seiner Lieder vertonte er selbst. Als Mundartautor wurde er bekannt vor allem mit »Bergwasser« (1907), »Drubn beruns« (1923), »Aus dem Musikwinkel« (1938), »Vogtland, mei Haamit« (1938) und »Ich waß an schien Winkel« (1957).

Schmidt-Cüntzel, Nikolaus Auch der »Gelehrte Bauer von Rothenacker« genannt. Er wurde am 20. 1. 1606 in der vogtländischen Gemeinde Rothenacker bei Tanna geboren. Der Bauernjunge besuchte keine Schule, sondern erwarb seine Kenntnisse von einem Hütejungen, der die Winterschule besucht hatte. Mit Unterstützung eines Onkels lernte er auch das Schreiben. Auch wenn man den fabulierenden Erzählungen nur teilweise Glauben schenken kann, muß Schmidt-Cüntzel ein ungewöhnlich begabter junger Mann gewesen sein: Nach vier Jahren las er lateinische Autoren im Original, später hatte er Kenntnisse von mehr als 50 europäischen und außereuropäischen Sprachen. Eine vorhandene Schleizer »Polyglotte« weist 250 Sprach- und Schriftproben des gelehrten Bauern aus, er studierte Geographie, Astronomie, beschäftigte sich mit Heilkunst. 1635 gibt er in Hof einen eigenen Kalender heraus, 1645 ist er an der Nürnberger Universität immatrikuliert, 1645 hört er Vorlesungen in Dresden, aber er hält auch selbst Vorlesungen, hat Beziehungen zu mehreren Fürstenhöfen. Seine sechshundertbändige Bibliothek wird 1640, während des Dreißigjährigen Krieges, zerstört, aber am Ende seines Lebens verfügt er erneut über eine bedeutende Büchersammlung. Der gelehrte Bauer aus Rothenacker mußte sich mehrfach gegen die Beschuldigung wehren, ein Hexenmeister zu sein. Die ungewöhnliche Leistung dieses Autodidakten ist über die Jahrhunderte nicht vergessen worden. 1955 erschien eine biographische Erzählung über Leben und Werk. In Rothenacker wurde das Geburtshaus von Nikolaus Schmidt-Cüntzel, der am 26. 6. 1671 starb, rekonstruiert und als Gedenkstätte eingerichtet.

Schmidt, Otto Eduard Historiker, besonders der sächsischen Geschichte, Pädagoge, vielseitiger Schriftsteller. Geboren am 21. Aug. 1855 als 7. Kind des Lehrers und Kantors Eduard Schmidt in Reichenbach. Dort war der Vater Nachfolger von Kantor Hößler, der wegen der Beteiligung an der Mairevolte 1849 eingekerkert wurde (In Reichenbach ist eine Straße nach ihm benannt.) Vom Vater beim Erlernen der lateinischen und französischen Sprache unterstützt, machte er 1870 am Dresdener Kreuzgymnasium die Aufnahmeprüfung so vorzüglich, daß ihm das erste der fünf Schuljahre erlassen wurde. Studium der klassischen Philologie und Geschichte an der Universität Leipzig. Promovierte und trat 1878 als Gymnasiallehrer in den Schuldienst am Progymnasium in Meißen. 1879 war er Oberlehrer am Wettiner Gymnasium in Dresden. Von 1880–1891 lehrte er am Staatsgymnasium in Dresden-Neustadt, war von 1891–1905 Professor an der Fürstenschule St. Afra in Meißen, von 1909–1919 Rektor des Gymnasiums Albertinum in Freiberg. Nachdem er in den Ruhestand getreten war, lebte er in Dresden. Er kam beim Bombenangriff auf die Stadt, am 14. Febr. 1945, ums Leben. – Seine erste wissenschaftliche Arbeit erschien während seiner Studienzeit, 1877, eine chronologische Untersuchung in lateinischer Sprache über den Schriftwechsel des altrömischen Redners und Politikers Cicero. Weitere Arbeiten befaßten sich mit dem griech.-röm. Altertum. Später Veröffentlichungen zur deutschen Geschichte ab 1895, vor allem aber der sächsischen Geschichte, Kultur und Landschaft. Hierin fand Schmidt sein weiteres Betätigungsfeld. Sein bedeutsamstes und umfangreichstes Werk ist die siebenbändige Ausgabe der »Kursächsischen Streifzüge«, ein Wanderbuch durch das alte sächs. Land. Gilt auch heute noch als ein grundlegendes Landschaftsbuch. Unter zahlreichen Veröffentlichungen auch »Sachsenland«, 1925 erschienen. Von Schmidt existieren rund 180 Bücher, Sonderdrucke, Aufsätze und 5 ungedruckte Manuskripte. Im Jahre 1925 verlieh ihm die Stadt Reichenbach die Ehrenbürgerschaft.

Schnarrtanne Seit 1962 ist Schnarrtanne *staatlich anerkannter Erholungsort,* mit dem Ortsteilen Vogelsgrün, Bad Reiboldsgrün, Grünheide, Albertsberg und Carolagrün. Er liegt 2 km ostwärts von Auerbach in 650–720 m ü. NN. Der Ort hat 1500 Einwohner. Schnarrtanne wird 1551 erstmals urkundlich erwähnt als »die Schmarrtann«. 1588 heißt es »uf der Schnarthann« und 1768 erstmals »Schnarrtanne«. Der Name leitet sich ab von »schnarre«, es ist die Bezeichnung für »Misteldrossel«, was demnach ergibt, es handelt sich um einen »Ort bei der Tanne oder beim Tannenwald, in dem es viele Misteldrosseln gibt«. Die Ortsgründung geht zurück auf Balthasar Friedrich von der Planitz, den Besitzer der Herrschaft Göltzsch in Rodewisch, die er vor 1551 vornahm. Er hatte das Gebiet vom Markgrafen von Meißen als Lehen erhalten. 1568 verfügte die Streusiedlung über 9 Feuerstellen und 50 Bewohner. Die Erstbesiedler waren Bergleute. 1597 ging Schnarrtanne in den vollen Besitz der Auerbacher Familie von der Planitz über. Der am Laubberg (767 m ü. NN) und am Eulenberg (713 m ü. NN) betriebene Bergbau auf Silber und Zinn war wenig ertragreich und ging während des Dreißigjährigen Krieges ein. Danach arbeiteten die Bewohner im Wald als Holzfäller, *Picher* und Köhler. Nebenher betrieben sie Landwirtschaft. Bis 1836, der Ablösung der Feudallasten, gehörte der Ort zur Auerbacher Herrschaft. Im vorigen Jahrhundert kam die Hausweberei und Stickerei in den Ort. Um die Jahrhundertwende zogen die ersten Sommerfrischler ein. Der Ortsteil Vogelsgrün ist der ältere Teil, der 1950 unter »Schnarrtanne« zusammengeschlossenen Gemeinde. 1411 wird die Ansiedlung erstmals als »Voistelgrune« genannt. 1455 »Vogilßgrune«, und seit 1768 ist die Bezeichnung »Vogelsgrün« üblich. Es ist die Rodung eines »Feustels« oder »Vogels«. Die ersten Siedler waren Bergleute, die sich im Kuhbachtal niederließen, um mit der Unterstützung der Auerbacher Herrschaft zuerst am Eulenberg zu schürfen, später den Georgenschacht zu betreiben. Nach ihm ist der heutige Ortsteil »Georgengrün« benannt. – Reiboldsgrün kommt 1791 erstmals in den Urkunden vor. Benannt ist die kleine Ansiedlung inmitten des Waldes ostwärts von Vogelsgrün nach dem damaligen Oberforst- und Wildmeister Hans von Reibold auf Rößnitz, der sich Ende des 17. Jh. dort ein Waldgut errichten ließ. Zum Bad wurde es durch die Entdeckung einer Heilquelle durch den Forstschreiber Jeremias Schultze im Jahre 1725. 1873 kaufte die Gebäude Dr. Driver, um sie für Lungenkranke umbauen zu lassen. Nach 1892 ließ sie der Arzt Dr. Wolff zu einer Lungenheilstätte ausbauen. Heute ist es eine Landesklinik für Kinder und Jugendliche. – Albertsberg, südostwärts davon, wurde um die Jahrhundertwende als Heilstätte gegründet. Den Namen wählte man zu Ehren des damaligen sächsischen Königs Albert. – Ostwärts gelegen ist der Ortsteil Carolagrün, benannt zu Ehren der Ehefrau des ehemaligen sächsischen Königs Albert, Carola. – Der heutige Ortsteil Grünheide wird urkundlich 1791 als »Grünhayde« erwähnt, ab 1804 dann als »Grünheide«. Es ist der »Ort in der grünen Heide« und soll eine Gründung von Hans von Reibold auf Rößnitz sein. Hier befindet sich heute ein Ferien- und Touristikzentrum. – Südwestlich von Reiboldsgrün liegt die Goldene Höhe mit 750 m ü. NN. Oberhalb des Georgengrüner Kirchsteiges befindet sich der 22 m hohe besteigbare Carlsturm. Von ihm aus hat man einen herrlichen Rundblick. – Ostwärts von der Ortslage liegt das »Grünheider Moor«, 14 ha groß, eine vermoorte Quellmulde mit einer Naturwaldzelle. – Am Bachhaus des Sandigen Weges in einem Steinbruch ist ein interessanter geologischer Aufschluß des Porphyr-Granits zu sehen. – Die Christianen-Erhardinen-Quelle, in einem Brunnenhaus bei Bad Reiboldsgrün, spendet ein genießbares Mineralwasser des stark eisenhaltigen Säuerlings. Schautöpferei, kreatives Gestalten ist möglich.

Hotels, Pensionen, Ferienunterkünfte u. a.:
Waldhotel Zöbischhaus, Bad Reiboldsgrün,
Tel. 0 37 44/8 19 21
Pension *»Zum Windrad«,* Vogelsgrün,
Tel. 0 37 44/21 51 38
Ferienhaus *Antje Berger,* Schnarrtanne,
Tel. 0 37 44/20 15 80
Information:
Fremdenverkehrsamt 08209 Auerbach,
Tel. 0 37 44/8 14 50, Fax 0 37 44/8 14 37

Schneckengrün Zur Gemeinde gehören die Ortsteile Reiboldsruh und Galopp. Sie liegt westlich von Plauen, vom Lanzig (491 m ü. NN) und Kuhberg (493 m ü. NN) flankiert. Das Ortsbild ist durch die Landwirtschaft geprägt. Die Fluren sind nahezu vom Wald umschlossen. Im Halbkreis vom Westen zum Norden liegt das Mehltheurer Waldgebiet. – Erstmals wird Schneckengrün 1382 genannt als »Sneckengrune«. 1428 ist von einem »(Mertein Roder) czu Sneckengrune« die Rede. Seit 1720 ist allgemein »Schneckengrün« im Gebrauch, was etwa soviel heißt, wie »Rodesiedlung, bei der es viele Schnecken gibt«. – Das Gassengruppendorf einer ehemaligen Block- und Gutsblockflur liegt im Bereich des Übergangs vom Mittelvogtländischen Kuppenland zum Mehltheurer Flachrücken. Durch das Dorf zieht sich die Grenze zwischen Diabas und Kulmschiefer. – Das Ende des 15. Jh. erwähnte Rittergut gehörte der um Plauen begüterten Familie Rabe. 1886 ging es in den Besitz des »Vereins für Arbeiterkolonien in Sachsen« über und war eine Fürsorgeanstalt. – Der Ortsteil Reiboldsruh liegt in 500 m ü. NN etwa 1 km nordwestlich von Schneckengrün, unmittelbar am Mehltheurer Wald. – Nahe der Hohen Straße hat man Fernsicht nach dem Süden bis zum Frankenwald und Fichtelgebirge, nach dem Südosten zur Schönecker Hochfläche und zum Elstergebirge. –
Hotels, Pensionen, Unterkünfte u. a.:
siehe Plauen
Information:
Tourist-Information 08523 Plauen,
Tel. 0 37 41/3 91 10 27, Fax 0 37 41/29 11 10

Schneckenstein Naturdenkmal mitten im Wald zwischen Klingenthal (8 km entfernt), Schöneck und Muldenberg, nordwestlich vom Kiel (943 m ü. NN). Quarzitfelsen. Europas einziger Fundort von Topasen, weingelben Edelsteinen (Mineral, Aluminium-Fluor-Silikat, rhombisch, Härte 8, Dichte 3,5 g/cm^3). – Obwohl in der Gegend seit dem 17. Jh. Bergbau betrieben würde

Topasfelsen Schneckenstein

(Bingen und Halden im Wald), wurde der Topasfelsen erst 1727 von dem Auerbacher Tuchhändler Krauth entdeckt. Er hat die Edelsteine geschliffen als »Schneckensteine« verkauft. Aus Furcht vor Strafe meldete er seine Funde später dem sächs. Kurfürsten. Der kaufte das Gelände den Herren von Trützschler auf Falkenstein ab und ließ von 1737 an darauf Bergbau betreiben. Gefundene Topase bis 2,5 cm lang, 1 cm breit. Verarbeitet zu Ringen, Broschen, Schnallen. In einem Quartal 1738 von 7 Bergleuten 35 kg nach Dresden geliefert. Ende des 18. Jh. wurde der Bergbau als unrentabel eingestellt. 1823 heißt es: »Die Gegend ringsum ist öde, dichter Wald bedeckt die Umgebung, und nur wenige Menschen wohnen hier, nämlich Holzhauer, Hirten, Topassammler.« – Schmuck mit Topasen vom Schneckenstein ist im Grünen Gewölbe zu Dresden zu besichtigen. Die englische Königskrone ist mit 485 Schneckensteintopasen besetzt. – Der Felsen ist ein 24 m hoher Härtling, in zwei Teile durch tiefen Spalt gerissen. Aus tektonisch zertrümmertem Schiefergestein, das mit Quarz und Spuren von Topas zu einem widerstandsfähigen Felsen verschmolzen. Einmalig in seiner mineralogischen Zusammensetzung. Kommt nur noch einmal vor am Mount Bischoff in Tasmanien. – Im Gebiet um den Schneckenstein Spuren des erloschenen Uranerzbergbaus. Spitzhalden als Sporthang genutzt (Lift). Vom Gipfel der Halden Rundblick bis zum Fichtelgebirge, Frankenwald, Westerzgebirge.

Schneidenbach Bäuerliche Siedlung, etwa 4 km südlich von Reichenbach an der Landstraße Mylau-Lengenfeld gelegen. Urkundlich erstmals erwähnt 1140 als »Snetenbach«, 1292 als »Villa Sneytenbach« und 1496 »Sneytenbach«. Der Rodename kommt von seinem Bestimmungsort aus dem mittelhochdeutschen »sneite«, was soviel bedeutet, wie »ein durch den Wald gehender Weg«, jedoch auch »Schneide, Grenze«. Das könnte zusammenhängen mit der tatsächlichen Grenze, die nahe der Göltzsch bestand, zwischen den Landbesitzungen der Burgherren von Mylau und einem großen, von der Herrschaft Elsterberg erschlossenen Waldgebiet. – Auf dem alten Verbindungsweg nach Buchwald, im Göltzschtal auf leichter Geländeerhebung (politisch zur Stadt Mylau gehörend) befindet sich die Jugendherberge »Walderholung«. – Nebenan unter alten Bäumen zwei *Griebenherde* aus Granit. – In Göltzschnähe bewachsene niedrige Raithalden. Sie stammen aus der Zeit, in der man in dieser Gegend Gold seifte. – Die im Hochwasserschutzgebiet liegende Schotenmühle, seit dem 16. Jh. bekannt, diente bis vor wenigen Jahren als Kraftwerk.
Hotels, Pensionen, Unterkünfte u. a.:
siehe Reichenbach
Information:
Neuberinhaus 08468 Reichenbach, Tel. 0 37 65/1 21 88, Fax 0 37 65/1 24 25

Schönbach Mit dem Ortsteil Neuschönbach. Urkundlich wird der Ort erstmals aufgeführt 1367 als »Schonbach«. 1464 heißt er »Schonpach« und 1533 »Schonnbach«. Das bedeutet soviel wie »Ort am schönen Bach«. – Die Gemeinde zieht sich von Brunn bis Neumark hin und geht dort direkt in die Ortschaft über. – Liegt abseits der verkehrsreichen B 173 in verhältnismäßig ruhiger Lage.
Hotels, Pensionen, Unterkünfte u. a.:
siehe Reichenbach
Information:
Neuberinhaus 08468 Reichenbach, Tel. 0 37 65/1 21 88, Fax 0 37 65/1 24 25

Schönberg Gehört zu Mehltheuer. Südlichster Ort Sachsens, unmittelbar an der Staatsgrenze zu Tschechien. Am Südhang des *Kapellenberges* in klimatisch günstiger Lage mit schöner Aussicht in das Tertiärbecken von Eger

(C. Cheb). Bei günstigem Wetter bis zu 60 Ortschaften zu sehen. Rechts der Fahrstraße Kammerbühl (C. Komorní hurka), erloschener Vulkan. – 1261 erstmals Schönberg erwähnt als »Schoninberch«. 1474 heißt es in den Urkunden »Schonberd das Slos, Forwerg vnnd, Dorff«, 1637 »auf Schonberg«. Der Name läßt sich deuten als Ort »am schönen Berg« (Kapellenberg, nach der Kapelle St. Ursula am Osthang). Frühe Gründung im Zusammenhang mit dem Durchgangsverkehr und dem strategisch wichtigen Kapellenberg. Die Feudalherren von Neiberg errichteten hier ihre Herrschaft. Seit 1485 in den Händen derer von Reitzenstein. – Auf dem früheren Herrensitz Reste eines achteckigen Wartturmes. Im Kern vermutlich spätgotisch, mehrfach verändert. An der Südseite des eingebauten Turmes ein spätgotischer Erker. Im Inneren eine reiche Schmuckdecke aus dem Jahre 1685. – Schloßpark mit alten Bäumen. – Auf dem Territorium von Schönberg zwei Grabstätten der Herrschaften von Reitzenstein. Jede mit Sockel aus Granit, Grabplatte aus Kupfer. – Dorfkirche 1910/11 neu errichtet. Bemerkenswert der Altaraufsatz und die Kanzel von 1707. In und neben der Kirche Grabplatten mit Daten und Wappen aus den Jahren 1485–1669. – Am Pfarrhaus Erinnerungstafel an den Besuch von *Goethe* 1822. – Marktbrunnen 1600 erbaut, bis 1974 wichtige Wasserversorgung des Dorfes, heute Wasserleitung. – Mitten im Dorf Sonnenuhr nach Idee des Bildhauers Arno Hoyer. – An der Buswendestelle *Griebenherd,* vom Bergbauerngehöft hierher versetzt. – Forsthaus, zweigeschossiger Barockbau aus dem 18. Jh. – 3,5 km südwärts vom Ort, unmittelbar am Grenzbach, südlichste Mineralquelle des Vogtlandes, 1700 entdeckt. Natrium-Hydrogencarbonat-Sulfat-Säuerling. Steht mit seinen Werten an der Spitze der vogtl. Quellen. Bemühungen, ihn für den Badebetrieb zu nutzen, sind bislang gescheitert. 1932 als Trinkquelle gefaßt, seit 1955 Pavillon aus Fichtenstämmchen darüber. – Nördlich davon, unmittelbar an der Staatsgrenze Großer Teich, Ziegelteich, Sapperteich, Neuer Tiefteich.
Hotels, Pensionen, Unterkünfte u. a.:
siehe Bad Brambach
Information:
Kurverwaltung 08648 Bad Brambach, Tel. 03 74 38/8 80, Fax 03 74 38/8 82 07

Schönbrunn Gehört heute zu Lengenfeld. In der Quellmulde eines Baches, der zur Talsperre Pirk hin entwässert. Am Südhang des 473 m hohen Dockelsberg, der vom südostwärts liegenden Nußpöhl (502 m ü. NN) flankiert wird. – Erstmals wird der Ort in den Urkunden 1378 genannt als »Schanbrun«. Der Ort entwickelte sich 1588–1629 aus zwei Vorwerken der Stadt Oelsnitz, aus denen im 18. Jh. ein Rittergut entstand. – Neugotische Backsteinkapelle aus dem Jahre 1907 auf dem Friedhof. – Aus dieser Zeit Grabkapelle an der Friedhofsmauer. – In der näheren Umgebung des Ortes Spuren alten Bergbaus und Bergbaubetriebe der Gegenwart. Abbau von Fluß- und Schwerspat. Auskunft: Gemeindeverwaltung.

Schöneck Vogtlandkreis, mit den Ortsteilen Eschenbach, Kottenheide, Schilbach, Gunzen und Arnoldsgrün. Seit 1962 Staatlich anerkannter Erholungsort. 700 bis 800 m ü. NN, höchstgelegene Stadt des Vogtlandes. Die nach Westen zu abfallende Hochfläche geologisch die Westrandstufe des Erzgebirges (Schönecker Landstufe). Durch die Höhenlage relativ schneesicher. Gute Wintersportbedingungen.

In Urkunden des 13. Jh. wird der Burgherr de Schoenegge, die Burg als »castrum Schoenecke« genannt, mit Bergfried auf dem »Alten Söll«. Am Fuß der Burg entstand die Siedlung. Zur Herrschaft gehörten 5 Rodedörfer. Stadtrecht durch Kaiser Karl IV., König von Böhmen, im Jahre 1370. Dabei Privilegien für die Bewohner, Steuerfreiheit, eigene Gerichtsbarkeit, Befreiung vom Kriegsdienst, Marktrecht. Ausnahme: Der Rat hatte, sobald der Landesherr in die Stadt kam, ihm einen hölzernen Becher zu überreichen mit 5 Pfund schwäbischen Hellern. Die Siedlung war lange Zeit auf 141 Feuerstellen begrenzt.

Über die außergewöhnlichen Rechte verwunderte sich schon 1730 der Chronist Marbach: »Will man wissen, woher die ganze außergewöhnliche und vortreffliche Freyheit dieses Ortes ursprünglich herkomme, so kann man von niemand gründlich erfahren, was die Gelegenheit müsse gewesen seyn ...« Die Bewohner harzten Bäume und siedeten Pech. Griebenherde erinnern daran (am Stadtparkeingang; am Mittleren Weg nach Werda; vor dem Heimatmuseum). Im 19. Jh. lieferten die Schönecker Wälder 200 Tonnen Pech im Jahr. – Alter Söll: Felsriff aus massigem, dunkelgrauen Serizit-Chlorit-Quarzit des Ordoviziums, Naturdenkmal zwischen Rathaus und Kirche. Ehemaliger Standort der Burg Schöneck. Bei Bauarbeiten 1985 Funde, u. a. Gefäßscherben aus dem süddeutschen Raum »Pingsdorfer Art« des 12. und 13. Jh. Am Fuße des früheren Burggutes zwei Bierkeller aus dem 14. Jh. Von der Plattform des Felsens aus hat man bei klarem Wetter 2000 Quadratkilometer Sichtfeld. Im Süden über weite Teile des Vogtlandes bis zum Elstergebirge und Oberpfälzer Wald, im

Westen Fichtelgebirge und Frankenwald, im Nordosten das Thüringer Schiefergebirge und der Thüringer Wald. Westlich der Stadt die Naturdenkmale Königsstein und Gerbethstein. – Flächennaturdenkmal »Hoher Stein«, Orchideen und andere seltene und geschützte Pflanzen. – An der Bocksmühlensiedlung Flächennaturdenkmal mit Herpetofauna. – Unter Denkmalschutz Stadtkirche St. Georg, Stiftsurkunde aus dem Jahre 1491.

Neobarockes Rathaus (1923), Heimatmuseum mit Dokumentation der Zigarrenindustrie und alljährlicher Weihnachtsschau. – IFA-Ferienpark mit Erlebnisbad, Tennishalle, Bowling, Squash, ca. 1000 Betten. Hotel »Haus am Ahorn« Kottenheide, Pensionen »Rosenhof« und »Vogtlandhof« und zahlreiche Privatquartiere. 120 km ausgeschildertes Wanderwegenetz, ausgeschilderte Fahrrad- und Reitwege, Reiterhof. 3 Skilifte und 1 Babylift (1 Lift mit Flutlicht und Beschneiungsanlage), verschiedene Abfahrtshänge, 40 km maschinell gespurtes Loipennetz, Skischule, Skiverleih – im Sommer Fahrradverleih.
Auskunft: Dienstleistungs und Tourismus GmbH Schöneck, Sonnenwirbel 3, 08261 Schöneck,
Tel. 03 74 64/8 70 27, Fax 8 70 10

Schreiersgrün Dörfliche Siedlung, geprägt von der als Hausindustrie betriebenen Stickerei. Etwa 2 km südostwärts von Treuen, 420 m ü. NN. Urkundlich wurde der Ort erstmals erwähnt als »Schreyersgrune« im Jahre 1415. 1441 ist von »Schreyersgrün« die Rede und 1533 von »Schreiersgrün«. Der Ort ist also die Rodesiedlung eines Schreier. – Die Treba bildet zwischen Schreiersgrün und dem Ortsteil Veitenhäuser den nördlichen Abschluß des Kontakthofes des Bergen-Schreiersgrüner Granitmassivs. An der Trabe stand ehemals ein Hammerwerk. Die weite Wiesenaue, die sie durchfließt, ist der »Alte Teich«. In ihr liegt der Matzen-, der Mühlteich und das zu Treuen gehörende Freibad. Der sich von Südosten heranschiebende Mahnbrücker Sattel läßt nördlich einen schönen Blick nach Treuen zu. – Auf dem gegenüberliegenden Eicher Talsporn lagen die Güter des 1592 geteilten Herrensitzes von Treuen. – Von der Schreiersgrüner Ortsmitte aus führt der Fronweg über den 388 m hohen Fronberg. Ihn benutzten die Schreiersgrüner, wenn sie zum Frondienst nach Dorfstadt mußten. Heute ein beliebter Wanderweg mit schönen Rastplätzen. – Am Hang des Kuxberges die für Schreiersgrün charakteristischen Granitbrüche. – Auf der Höhe ein mit Wasser gefüllter Granitbruch, »Seidels-Loch« benannt, nach seinem ehemaligen Betreiber. Hier gibt es einen schönen Rastplatz, der unter Naturschutz steht.
Hotels, Pensionen, Ferienwohnungen u. a.: siehe Treuen
Information: Fremdenverkehrsamt 08209 Auerbach,
Tel. 03 744/8 14 50, Fax 0 37 44/8 14 37

Schubert, Johann Andreas Geboren am 19. 3. 1808 in Wernesgrün, gestorben am 6. 10. 1870 in Dresden. Schubert war eine der bedeutendsten Wirtschaftler- und Ingenieurpersönlichkeiten Sachsens im 19. Jahrhundert.

Geboren wurde er als Sohn eines Fuhrmanns in einer elfköpfigen Familie. Deshalb mußte Schubert schon früh als »Rußbuttengung« zum Unterhalt beitragen. Als Siebenjähriger verirrte er sich bei einer solchen Verkaufswanderung und wurde von der Familie des Oberhofrichters von Rackel, Polizeidirektor zu Leipzig, den Eltern zurückgebracht. Von Rackel erklärte sich bereit, Johann Andreas Schubert als Pflegesohn zu erziehen. Seit 1818 besuchte er die Thomasschule, nach dem Tod des Pflegevaters und dem Umzug der Witwe auf die Festung Königsstein wurde er Freimaurer-Zögling in Dresden-Friedrichstadt. Schon bald zeigte sich das besondere zeichnerische und wissenschaftliche Talent des Jungen. So besuchte er von 1824 bis 1827 die Bauschule der Kunstakademie in Dresden, und wurde schon als Zwanzigjähriger Lehrer an der eben gegründeten Königlichen Technischen Bildungsanstalt in Dresden.

Fast vier Jahrzehnte bis zu seiner Pensionierung blieb er dieser Hochschule verbunden, deren Entwicklung und Aufstieg er mitbestimmte. 1832 wurde er zum Professor berufen. 1834 unternahm er eine längere Reise nach England, um sich über den Stand des Maschinenbaus zu informieren. Er war 1833 Mitbegründer des Sächsischen Gewerbevereins. Später übernahm er in der Maschinenbauanstalt Übigau das Amt eines technischen Direktors. Schuberts Wirken als Hochschullehrer und Praktiker ist außerordentlich vielseitig und umfangreich. So war er an der Entwicklung der Dampfschiffahrt auf der Elbe maßgeblich beteiligt, mit der »Saxonia« schuf er 1839 die erste in Deutschland gebaute Lokomotive, die sich gegen die englische Konkurrenz bewährte. Bekannt wurde er auch als Leiter der Technischen Kommission zum Bau der Göltzschtal- und Elstertalbrücke im Vogtland (Gedenktafeln für Schubert an beiden Bauwerken). Bis zu seinem Tode 1870 wirkte er als Gutachter, Verfasser von Lehrbüchern und bei der Gründung von Vereinen zur Entwicklung der Industrie, vor allem des Maschinenbaus in Sachsen. In seinem Geburtsort Wernesgrün: Denkmal für Johann Andreas Schubert, seine Grabstätte befindet sich auf dem Matthäus-Friedhof in Dresden.

Schuster, Rudolf Schüler von Ludwig Richter war der spätere Zeichner und Maler. Am 1. September 1848 kam er als Sohn des Saitenmachers und Musikinstrumentenhändlers Heinrich Anton Schuster in Markneukirchen zur Welt. Nachdem er in seiner Geburtsstadt die Volksschule besucht hatte, ging er auf die Realschule nach Plauen und als Fünfzehnjähriger 1863 in die Unterklasse der Dresdener Kunstakademie. Nach einer kurzen Unterbrechung durch den Krieg 1866 gelangte er 1867 in das Landschaftsatelier von Ludwig Richter. Hier blieb er bis 1873. Er arbeitete an der Zeitschrift »Deutsche Jugend« mit. In München übte sich Schuster vor allem in der Freilichtmalerei. Die Berufung als Professor an die Kunstschule Stuttgart schlug er aus. Er bereiste aus Studiengründen Deutschland und Italien. Seine fortwährende Wanderschaft führte ihn nach Stuttgart, Düsseldorf, Berlin, Dresden, Weimar und Meran. 1894 ließ er sich in Weimar nieder. Zur Grundlage seiner Kunst erklärte er »jene unbedingte Hingabe an die Natur, aus der heraus der Künstler gar nicht anders kann, als schlicht und naiv zu schaffen«. Ein 1875 einsetzendes Augenleiden führte zu einseitiger Erblindung. Hinzu kam ein Gehirnleiden. 1900 in Scenna bei Meran erlitt er einen Schlaganfall mit Lähmung der rechten Körperseite. Er ließ sich nach Markneukirchen bringen, wo ihn seine betagte Mutter bis zu seinem Tod am 30. Juni 1902 pflegte. Schuster trat vor allem als Landschaftsmaler hervor. Viele seiner Bilder befinden sich in Privathand. Bedeutende Sammlungen haben Stücke von ihm so auch die Staatliche Kunstsammlung in Dresden.

Schwabe, Willmar Unternehmer. Geboren am 15. Juni 1839 in *Auerbach* (Vogtl.). Dr. phil., Anhänger der von dem deutschen *Arzt S. Hahnemann* eingeführten Behandlungsmethode, bei der dem Kranken kleinste Dosen solcher Mittel verabreicht werden, die gerade jene Symptome verursachen, die man bei ihm bekämpfen will (Homöopathie). – Gründete 1866 in Leipzig eine Firma, um homöopathische Mittel in größerer Menge herstellen zu können. Schloß seinem Unternehmen einen Verlag für wissenschaftliche homöopathische Literatur an. Gründete Zweigbetriebe seiner Firma in Deutschland, Holland, Brasilien und baute sie zur Weltgeltung aus. Schwabe starb am 8. Jan. 1917 in Leipzig.

Schwand Zur Gemeinde gehört der Ortsteil Steins. Die bäuerliche Dorfgemeinde liegt südwestlich von Plauen in ca. 500 m Höhenlage. Sie befindet sich am Südhang des Schutzberges. Schwand wird 1421 als »swantt« erstmals urkundlich erwähnt. 1529 heißt es »zum Schwandt«, und ab 1791 wird das Dorf »Schwand« genannt. Abgeleitet wird die Ortsbezeichnung vom mittelhochdeutschen »Swant, swende«, was soviel heißt wie »Rodungsstelle, Rodungsort«. Es wurde als Waldhufendorf im Zuge der deutschen Ostexpansion angelegt mit radial in die Flur greifenden Streifen von einem engen Anger aus. Ursprünglich gehörte es zu den größten Dörfern des Vogtlandes und hatte schon 1525 29 Höfe, zum Besitz der Burg Laneck gehörig. – Bei einem Großbrand 1869 wurden nahezu alle Häuser vernichtet. Die Dorfkirche ist romanischen Ursprungs. Sie war ehemals eine Wehrkirche und steht in einer ovalen Ringmauer mit Schießscharten. Das Schiff hatte bis zum Brand 1869 einen hölzernen Wehrgang mit Walmdach. – Im Innenraum der Kirche gibt es ein reich geschnitztes Gestühl aus dem Jahre 1911 mit der Darstellung der alten Wehrkirche. – Der Kirchenvorraum bewahrt die runde Kuppa eines romanischen Taufsteins auf. – 1,5 km nordostwärts des Dorfes an der Gabelung der Straße in Richtung Steins und Weischlitz steht ein denkmalgeschütztes *Steinkreuz* mit den Resten alter Wegweiseraufschriften. Es könnte der Markierungsstein einer kirchlichen Sprengelgrenze sein. Vom Steinkreuz geht die Sage, daß sich jeweils in der Silvesternacht ein Reiter sehen läßt, der seinen Kopf unter dem Arm trägt. – Nordwestlich des Ortes liegt der Schutzberg, 566 m ü. NN, überackert. Er ist ein Aussichtspunkt mit schönem Rundblick ost- und südostwärts zum Westerzgebirge und Elstergebirge; nord- und nordostwärts zum Mehltheurer Wald, den Plauener Randhöhen und dem Kuhberg; südlich und südostwärts zum Burgsteingebiet. – Der Ortsteil Steins ist seit 1850 eingemeindet. 1303 wurde er erstmals erwähnt als »in villa stens«. Der lockere Bauernweiler ist eingebettet in die Quellmulde eines Rinnsals zum Gößnitzbach. Er hatte ehemals eine Blockflur. Steins ist von teils bewaldeten Diabaskuppen umgeben, mit der wichtigsten Erhebung, dem Dechselberg, 535 m ü. NN. – 1978 wurde in den Wald Muffelwild eingesetzt. – Um den Ort befinden sich Stollenmundlöcher und kleine Halden; sie sind Zeugen des bis Mitte des 19. Jh. betriebenen Eisenerzbergbaus.
Hotels, Pensionen, Unterkünfte u. a.: siehe Plauen
Information: Tourist-Information, 08523 Plauen,
Tel. 0 37 41/3 91 10 27, Fax 0 37 41/29 11 10

Schwarzenbach an der Saale Kreis Hof. Seit der Gebietsreform mit den Orten Stobersreuth, Fletschenreuth, Hallerstein, Förmitz mit Speichersee, Völkenreuth, Gottfriedsreuth, Förbau, Martinlamitz, Seulbitz, Götzmannsgrun, Quellenreuth, Langenbach, Schwingen. 8200 Einwohner. Industriestadt im Tal der Sächs. Saale. Am

Nordrand des Fichtelgebirges. Fränkische Gründung des 11./12. Jh. Urkundlich erstmals genannt 1322 als »Swertzenbach«. Erste Lehnsherren die Markgrafen von Giengen-Vohburg. Einer ihrer Dienstmannen heißt »de Swarinbach«, von ihm könnte der Ortsname herkommen. Um 1400 gibt es drei Edelsitze der Landesherren am Ort. Ackerbürger und Handwerker siedeln sich an. Marktrecht ab 1610. Ein Reiseschriftsteller um 1716: »Ein lieblicher Marktflecken im oberen Saaletal eingebettet, mit schönen großen Häusern. Es ist angenehm, dort zu wohnen.« Der Dichter und Philosoph *Jean Paul* Friedrich Richter verbringt hier einen Teil seiner Kindheit und ist von 1790–1794 als Lehrer tätig. Am Ort sein Vater beerdigt. Schwarzenbach seit 1844 Stadtrechte, verliehen durch König Ludwig von Bayern. Wappen der Stadt: Schild mit einem weißen Querbalken, zwischen blauem und grünem Feld schwimmender Fisch. 1845 begründen die Fürsten von Schönburg-Waldenburg eine Krankenheilanstalts-Stiftung und lassen ein Hospital einrichten. 1862 kommt erste Industrie in die Stadt, eine Hefefabrik und Buntweberei, ihnen folgen Webereien, Granit- und Syenitwerke, Brauereien, Porzellanfabriken u. a. – Gewölbte steinerne Saalebrücke von 1826. – Schloß im Stadtkern, erbaut von der Schönburg-Waldenburgischen Herrschaft als Sommersitz, die bis 1836 in Schwarzenbach das Patrionatsrecht innehatte. Nach Umbau seit 1981 Rathaus. – Stadtkirche St. Gumbertus, ursprüngliche St.-Georgs-Kapelle, eine Stiftung des Landesherrn, wird zur Patronatskirche. Eine Filialkirche seit 1341 in Förbau. – Umland mit hohem Freizeitwert durch den Martinlamitzer Raum an der Nordkette des Fichtelgebirges. Steigender Fremdenverkehr. – Städtisches Waldbad, Hallenbad, Sauna; auf dem Förmitzsee: Segeln, Surfen, Angeln. – »Schwarzenbacher Wiesenfest« am 3. Wochenende im Juli, Kirchweih am 2. Sonntag im Oktober.
Hotels, Pensionen, Ferienwohnungen u. a.:
Jean-Paul-Hotel, Tel. 0 92 84/80 70, Fax 0 92 84/8 07 77
Landgasthof *»Quellenreuther Hof«*, Tel. 0 92 84/75 80
Pension *Rosengarten*, Tel. 0 92 84/7 55
Information: Stadtverwaltung, Fremdenverkehr,
95126 Schwarzenbach a. d. Saale, Tel. 0 93 84/9 33 25

Selbitz Kreis Hof, 8 km westlich der Kreisstadt. Mit den Ortsteilen Rodesgrün, Neuhaus, Kohlbühl, Wacholderbusch, Dörnthal, Sellanger, Stegenwaldhaus (seit 1977), Rothenbürg, Hüttung, Weidesgrün (seit 1978). Wirtschaftlich rege Stadt mit vielseitiger Industrie. Ostwärts des Frankenwaldes in 505–640 m Höhenlage an den Hängen des Selbitztales. Ca. 5000 Einwohner. – Ältester Nachweis über den Ort in einer Kirchenurkunde aus dem Jahre 1367. 1368 erfolgte dann erste Erwähnung im Lehnbuch des Burggrafen Johann III. Ein bestehendes Rittergut wird 1652 geteilt. Die beiden Teile werden 1778 und 1781 an Markgraf Alexander zu Brandenburg verkauft. Marktrecht erhält der Ort 1783. Seit 1954 hat der Ort Stadtrecht. Durch die Eingemeindung kleiner Ortschaften 1971 wächst das Territorium auf fast 28 qkm. Seit 1978 führt die Stadt den Bockpfeifer auf rotem Grund im Wappen. – Sehenswert die Selbitzer Kirche im Markgrafenstil mit eindrucksvollem Kruzifix und barockem Kanzelaltar des Hofer Meisters Knoll. – Mutterhaus der »Christusbruderschaft«. – Auf dem Wildenberg Alten- und Pflegeheim. Von hier aus Fernsicht nach dem Frankenwald. – Seit 1834 Selbitzer Heimat- und Wiesenfest jedes Jahr in 2. Julihälfte. – Hallenbad, Sauna, eine der größten Modelleisenbahnanlagen Europas in der Spur.
Hotels, Pensionen, Ferienwohnungen u. a.:
Hotel-Gasthof Leupold, Tel. 0 92 80/2 72,
Fax 0 92 80/81 64
Gasthof u. Pension *»Goldene Krone«*, Tel. 0 92 80/2 35,
Fax 0 92 80/56 60
Ferienhof *Kießling*, Tel. u. Fax 0 92 82/15 42
Informationen: Geschäftsstelle der Ferienregion
»Selbitztal im Frankenwald«, 95119 Naile,
Tel. 0 92 82/1 94 33, Fax 0 92 82/68 37

Slawen Ethnische Gemeinschaft, die in der frühgeschichtlichen Zeit (etwa 7. Jh. u. Z.) von Südosten kommend bis in weite Landschaften Mitteldeutschlands vordrang und aufgefundene Freiräume besiedelte. Bildete Wohnbezirke heraus, »Gaue«. Zum Schutz ihrer Siedlungen errichteten sie Verteidigungsanlagen, Burgwälle oder Sorbenschanzen. Seit Beginn des 10. Jh. häufen sich die Auseinandersetzungen mit aus westlichen Gebieten kommenden deutschen Kolonisatoren. In Orts- und Flurnamen gibt es wichtige Hinweise auf die Besiedlungsgeschichte, archäologische Funde weisen auf unbefestigte Siedlungsplätze hin. Gräberfelder liefern aufschlußreiches Material zur allseitigen Erforschung der slawischen Geschichte und Kultur.

Sohl mit den Ortsteilen Schwarzenbrunn, Zweckleberg, Obersohl, Christiansreuth. 3 km südlich von Bad Elster. – Liegt inmitten des *Landschaftsschutzgebietes »Oberes Vogtland«*, im Tal des Rauner Bachs, einem Nebental der oberen Weißen Elster und nach Westen zu am Hang des Brunnenberges (611 m ü. NN). In der bewaldeten Umgebung im Südwesten ist der Plattenberg (683 m

Greizer

Ratskeller

ü. NN) die höchste Erhebung. – Urkundlich wird der Ort erstmals erwähnt als »Sol« im Jahre 1412. Das könnte abgeleitet sein von »Salzwasser«, »Brühe« oder »Sumpflache, in dem sich das Wild wälzt«. – Aus wenigen Häusern einer Streusiedlung hervorgegangen. Dorfanlage, als der Rittergutsbesitzer von Jugelsburg um 1760 die ihm um den Zweckleberg gehörenden Waldungen abholzen ließ, um für eine Ansiedlung von Häuslern und Gutsfrönern Platz zu schaffen. An die bäuerlicher Vergangenheit erinnern nur noch wenige *Umgebindehäuser*. Seit 1848 Weißstickerei als Gewerbe. – Aus dem Jahre 1538 erste Nachricht über eine Quelle im Talgrund mit hohem Salzgehalt, die heutige »Sohler Urquelle«. In ihrer Nähe wurde 1909 die sehr ergiebige »Sachsenquelle« entdeckt, danach die »Hofquelle«. Alle drei Sohler Quellen sind Natrium-Sulfat-Chlorit-Hydrogenkarbonat-Säuerlinge mit einem Radongehalt von 14 Mach-Einheiten (direkte Heilwasserausgabe von Mai-Oktober). – Am Wanderweg nach Raun stark eisenhaltige »Waldquelle« (geeignet für Trinkkuren, verbunden mit Spaziergang). – Im Rauner Bach kommt noch die unter Naturschutz stehende *Flußperlmuschel* vor. – Auskunft: Gemeindeverwaltung.

Steinberg Seit 1994 Einheitsgemeinde mit Rothenkirchen (s. d.), Wernesgrün (s. d.) und Wildman.

Steinkreuz Vollplastische ausgehauene Denkmale verschiedener Formen eines Kreuzes (griechisches Kreuz: gleich lange Längs- und Querbalken; lateinisches Kreuz: mit längerem Kreuzstamm; Tatzenkreuz: Kreuzende verdickt oder verbreitert; Kleeblattform) oder Kreuzsteine (Steinplatten mit eingehauenem, eingeritztem oder erhaben herausgemeißeltem Kreuz, oft als Malteser- und Radkreuz). Kreuze tragen oft zusätzliche Zeichen: Räder, Hufeisen, Pflugscharen, Dolche, Schwerter, Beile, Armbrüste, Saufedern, auch menschliche Gestalten, Buchstaben, Jahreszahlen; Steinkreuze Zeugen mittelalterlichen Rechtswesens. Totschlag konnte durch Vertrag gesühnt werden: Täter mußte der Sippe des Getöteten Bußgeld zahlen, Abbitte leisten, Kirchenkerzen stiften, Pilgerfahrten unternehmen oder am Tatort Steinkreuz setzen. Ignatius von Loyola (1558): »Daß Räuber hier versteckt sind, haben wir leicht bemerkt, denn überall haben wir auf solchen waldigen Wegen, die einst Hergynischer Wald genannt wurden, niedrige steinerne Kreuze erblickt mit eingemeißelten Schwertern, Äxten, Beilen, Dolchen.« – Schlichte, oft grobe Form, da oft von Tätern selbst gefertigt. Durch Kriegszeiten die Erinnerung an den Mord verwischt, nun Missions-, Prozessions-, Grenz- oder Wetterkreuze. Standort oft sagenumwoben, mit Aberglauben verbunden. Veränderungen der Steine bedeuten Tod, Stücke davon sollten gegen Gebrechen helfen. Durch Witterungseinflüsse oft beschädigt. Steinkreuze und Kreuzsteine stehen unter Denkmalschutz.

Steinsdorf Erstmals erwähnt im Jahre 1418 als »Stawstorff«, 1438 heißt es »Stanstorff« und 1466 »Stenstorff«. Der Ortsname kommt aus dem Altsorbischen, von »Pan« hergeleitet, was soviel wie »Herr« heißt, später in »Stein« umgedeutet im Hinblick auf die Hanglage der Siedlung. Hervorgegangen ist sie aus einem Hufendorf mit einer Block- oder Streifenflur. Der südlich des Ortes in einer Quellmulde entspringende Tierbach mündet nach 2,5 km an der Barthmühle in die Weiße Elster. Das von ihm geschaffene Kerbtal ist so eng, daß es kaum noch Platz für die Straße bietet. – Berühmt ist die Steinsdorfer Dorfkirche aus dem 17. Jh. wegen ihres spätgotischen Flügelaltars. Rechteckbau mit einem wuchtigen quadratischen Westturm, das Schieferdach, geschwungen, hat Zwiebelform und Laterne. Innenraum stimmungsvoll, Einbauten hölzern, flache Balkendecke, in Felder eingeteilt. An der Ostseite der Empore ornamental gestaltete Brüstung. – Schnitzaltar, einer der sechs vogtl. Flügelaltäre, die ihren Platz auf dem Altartisch haben. Die früheste Arbeit des Zwickauer Bildschnitzers Peter Breuer mit der Jahreszahl 1497, einem Schüler von Tilmann Riemenschneider. Links des Muttergottesbildes steht der Kriegsmann Martin, der seinen Mantel mit einem Bettler teilte, rechts ein erhabener Bischof. (Schnitzereien von Breuer noch in den vogtländischen Kirchen von Röthenbach, Rodewisch, Dobia; sein Hauptwerk in der Marienkirche von Zwickau). Flügel des Altars bemalt. – Die Kanzel mit vier Evangelisten geschmückt, der Kanzelkorb reich beschnitzt. Von einem stehenden Engel getragene Taufe mit reich beschnitztem Deckel. – Die Chorschranken aus dem frühen 18. Jh. werden dem 1645 geborenen Elsterberger Bildschnitzer Christian Preller zugeschrieben. – Im Ort verschiedene geschlossene Hofanlagen mit *Fachwerkelementen* (vom Ortsausgang ist die Holländermühle von Syrau zu sehen). Steinsdorfer Bauern nahmen 1525 am Bauernlager an der Possig bei Plauen teil. – 1725 gingen sie gegen den Rittergutsbesitzer wegen des Mißbrauchs des Hutungsrechtes vor, indem sie »mit Spießen, Stangen, Mistgabeln und anderem tödlichen Gewehr ...« vor das Rittergut zogen.
Hotels, Pensionen, Übernachtungsmöglichkeiten u. a.: siehe Plauen

Information: Tourist-Information 08523 Plauen, Tel. 03741/2911027, Fax 03741/291110

Straßberg Heute Stadt Plauen. Erste urkundliche Erwähnung der Ansiedlung 1194, »Strazberc« genannt, 1279 heißt es »in Strazperch«, und 1438 wird sie »Strasburg«. Die Ortsbezeichnung weist auf einen »Herrensitz oder Ort am Berg oder an der Burg hin«. »Burg« heißt die Anhöhe heute noch, auf der sich die Kirche befindet. Straßberg geht auf slawischen Ursprung zurück. Beim Bahnbau 1873 wurde ein slawisches Reihengräberfeld angeschnitten. – Das Geschlecht derer von Straßberg gehört zu den ältesten Adelsfamilien des Vogtlandes. Ein Hericius advocatus de Strasberg ist urkundlich im Jahre 1209 nachweisbar. Das Stammschloß hinter der Kirche gilt schon 1280 als zerstört. Die jetzige Kirche hat mit den Herren von Straßberg nichts zu tun. Sie ist an die Stelle der von dem Deutschritter Joachim von Reibold auf Schloß Neudorf 1284 errichteten »Capell zv Strasborgk« getreten. – Auf dem das Dorf überragenden Felssporn entstand 1576 die Kirche, ein Renaissancebau mit spätgotischen Bestandteilen. Der dreischiffige Bau hat Kreuzgratgewölbe. Zwischen den nach innen gezogenen Strebepfeilern befinden sich die Emporen. Im Westen hat die Kirche einen wuchtigen viergeschossigen Querbau. Von der Vorhalle im westlichen Turmbau führen zwei Wendeltreppen nach den Emporen und in die herrschaftliche Betstube mit Wandgemälde von 1626. Die beiden folgenden Geschosse waren ursprünglich als Wohnung gedacht. Der oben zum Achteck übergehende Turm trägt eine welsche Haube und Laterne. – Aus dem Jahre 1500 der spätgotische Schnitzaltar mit zwei gemalten Flügeln, im Schrein Anna Selbdritt, das Kind fehlt jedoch. Aus dieser Zeit stammt auch die geschnitzte Gruppe, Christi Geißelung darstellend, Arbeiten einer Hofer Werkstatt. – Die Orgel über dem Kanzelaltar aus dem Jahre 1802 ist ein Werk von *Johann Gottlieb Trampeli,* Adorf. – In der Turmhalle lebensgroßes Kruzifix, wahrscheinlich aus dem 16. Jh. – Das ehemalige Rittergut direkt an der Elster, am Fuße des Burgberges. – Im Ort noch stattliche Gehöfte mit *Fachwerk* und *Umgebindeelementen* (Dorfstraße, Moorengasse). – In und um Straßberg alter Erzbergbau. So verlieh 1419 Burggraf Johann von Nürnberg ein Hammerwerk an Conrad Thossfeller. – Am bewaldeten 425 m hohen Zothnerberg bauten von 1859–1901 und von 1919–1924 Bergleute Brauneisenstein ab. Von der »St.-Anna-Fundgrube« sind noch eine kleine Binge übrig und verwachsene Haldenreste.
Hotels, Pensionen, Unterkünfte u. a.: siehe Plauen
Information: Tourist-Information, 08523 Plauen, Tel. 03741/2911027, Fax 03741/291110

»Streitpfarreien« Bei Eichigt, etwa 8 km nordostwärts vom sog. *»Dreiländereck«* liegt die viel ältere »Dreibistumsecke«. Es ist die Stelle, an der sich bis zur Reformation im Jahre 1529 die Diözesen Bamberg, Regensburg und Naumburg berührten. Die äußere Niederlassung des Bistums Bamberg war die St.-Lorenz-Kirche in Hof, Regensburgs nördlichste Vertretung befand sich in Waldsassen, und Naumburg besaß in der Mutterkirche St. Johannis in Plauen seinen südlichsten Posten. Durch den Tauschvertrag zu Gefell von 1524 zwischen dem Kürfürsten Friedrich dem Weisen von Sachsen und dem Markgrafen Casimir von Brandenburg-Kulmbach wurde der bis heute gültige Grenzverlauf zwischen Sachsen und Bayern festgelegt. Dabei kam ein 3 bis 8 km breiter Gebietsstreifen mit den darin liegenden Gemeinden des ehemaligen Bistums Bamberg territorial nach Sachsen, blieb aber kirchenrechtlich bei Hof. Die meisten Kirchen gingen aus Kapellen des 14. Jh. hervor und stiegen um 1500 zu selbständigen Pfarreien auf. Sie wurden Tochterkirchen oder Filialen der St.-Lorenz-Kirche in Hof. Dieser uneinheitliche Zustand sollte runde 300 Jahre andauern. In dieser Zeit kam es unablässig zu Konflikten zwischen den auf ihre Patronatsrechte beharrenden alten Landesherren und den Hoheitsrechten der neuen. Das trug den Pfarrgemeinden zwischen Gefell und Roßbach die Bezeichnung »Streitpfarreien« ein. Durch den Staatsvertrag vom 12. März 1845 lösten sich die kirchlichen Bindungen über die Grenzen hinweg. Töpen trennte sich von Gefell, Münchenreuth von Mißlareuth, Oberhartmannsreuth von Sachsgrün und kam zu Gattendorf. Zur Ephorie Oelsnitz kamen die Kirchengemeinden Triebel, Possek, Sachsgrün, Bobenneukirchen, Wiedersberg und Heinersgrün, zu der von Plauen die Kirchengemeinde Mißlareuth, Krebes, Kemnitz und Großzöbern. Gefell wechselte nach Thüringen über, Roßbach zu einem Kirchenverband innerhalb Tschechiens.

Stübner, Markus Eigentlich Mark Thomas. Revolutionär im Großen Deutschen Bauernkrieg. Geboren um 1495 in *Elsterberg*. Hier unterhielt sein Vater eine Badestube. Gab der Familie den Namen »Badstübner«, in Kurzform »Stübner«. Studierte seit 26. Mai 1518 an der Universität Wittenberg. Hier kam er in enge Verbindung zu Thomas Müntzer. Wurde dessen Gesinnungsgenosse, Freund und Mitstreiter. Von den Gegnern der revolutionären thüringisch-sächsischen Bauernbewegung von 1525 wird er der »schriftkundige Hauptschuldige« genannt. Kam vermutlich bei den Kämpfen des Bauernkrieges ums Leben. Ort und Zeit seines Todes sind nicht bekannt.

Syratal (Landschaftsschutzgebiet) Landschaftsschutzgebiet seit 1968. Stadtnahe Erholungslandschaft für die Bevölkerung von Plauen. 360–451 m ü. NN, 138 ha groß. Außer wenigen Nutzbauten keine Wohnsiedlungen oder Industrieanlagen. Durchschnitten von der Eisenbahnlinie Plauen-Bad Brambach. Gebiet westlich bis nordwestlich von Plauen gleicht einem gleichseitigen Dreieck mit der Spitze nach Norden zeigend. – Bequem von der Stadt aus zu erreichen, auch auf der B 92 von Schleiz nach Plauen. Das Landschaftsbild ist von Hängen mit geschlossenem Baumbestand und Fluß- und Talwiesen geprägt. Seit Anfang der zwanziger Jahre entwickelte sich in den günstigen Hanglagen mit seinem abwechslungsreichen Bewuchs, dem Parkteich mit seinen Quellbächen der Plauener Volkspark. Das Gebiet gehört zu den Ausläufern des Thüringer Schiefergebirges und zur mittelvogtländischen Kuppenlandschaft. In die kuppige Hochfläche ist das steilwandige Flußtal der Syra tief eingeschnitten. Geologisch herrschen oberdevonische, schwer verwitterbare Diabasbrekzien und -konglomerate vor. Auf der ebenen Talsohle der Syra Syraschotter. Der Bach durchfließt das Gebiet diagonal von Südost nach Nordwesten. Im Gebiet vorwiegend in Naturwald umgewandelter Fichtenwald. – Bärenstein mit 432 m ü. NN in der Nähe des oberen Bahnhofs von Plauen. Ausgezeichneter Aussichtspunkt. – Reste alter Burganlagen aus dem 13. und 14 Jh. auf dem 384 m hohen Dobenaufelsen. An gleicher Stelle St.-Wolfgangs-Kapelle, 1470 gebaut, jedoch seit 1537 aufgelassen. – Durch Ausgrabungen Reste der Schildmauer und der Mauerecken der ehemaligen Burg freigelegt. – Im Volkspark Denkmal für *Julius Mosen*. – In der Nähe zwei hier ausgestellte *Griebenherde*. – Am Wolfsberg das Plauener Naturtheater.

Syrau mit Ortsteil Frönersgrün. Gemeinde von ca. 1800 Einwohnern. Syrau liegt am Nordwestrand des mittelvogtländischen Kuppenlandes in einer Höhenlage von ca. 470 Meter ü. NN. Geologisch wechselt hier der Diabas des mittleren Vogtlandes in die Kulmschieferlandschaft des Mehltheurer Forstes. Der westlich des Ortes entspringende Syrabach wird in einer der ältesten Urkunden des Vogtlandes als »Siroune« bezeichnet (altsorbisch: Weide). Der Ortsname selbst ist 1282 als Syraw erstmals belegt. Die heutige B 282 war eine der alten Reichsstraßen, die aus Böhmen nach Thüringen führten. Man vermutet im Bereich des heutigen Schloßteiches

Syrau, Drachenhöhle »Schatzkammer«

eine mittelalterliche Wasserburganlage, darauf deuten Namen wie Altes Haus, Alter Hof für Flurstücke hin. Die Struktur des Ortes als Gassengruppendorf ist noch gut erkennbar. In der Kirche, die in den Jahren 1686 bis 1689 entstand, findet sich ein auf 1628 datierter Altar des Schleizer Malers Paul Keil (1573–1646), eines bedeutenden Künstlers aus dem vogtländischen Raum. Eine im Kirchenraum aufgestellte Anna Selbdritt wird dem Meister des Thossener Altars zugeschrieben.

Heute dominieren in der Gemeinde neben bäuerlicher Wirtschaft, wachsendem Fremdenverkehr ein Spitzen- und Tüllbetrieb.

Nordöstlich von Syrau befindet sich die wohl letzte Windmühle des vogtländischen Raumes. Sie entstand nach dem Brand einer hölzernen Bockwindmühle, die 1864 durch eine Holländerwindmühle ersetzt und nach einem weiteren Brand 1887 durch einen steinernen, heute noch vorhandenen Turm ersetzt wurde. Die Mühle war bis 1929 in Betrieb, seit 1936 gehört die Mühle der Gemeinde Syrau und ist ein denkmalgeschütztes Objekt, 1992/93 renoviert. Bevor die Windmühle entstand, war die Anhöhe Besitz der Syrauer Kirche, und hier gab es bis 1544 eine kleine Kapelle, deren Gründung sich mit einer bekannten Sage verknüpft. So erzählt man, daß hier ein mächtiger Lindwurm gehaust habe, der ständig

Menschenopfer gefordert habe. Aber ein tapferer Müllersbursche verweigerte dem Drachen die schöne Müllerstochter und erschlug das Untier. Da der kleine Hügel noch in unserem Jahrhundert »Lesekirche« hieß, leitete man dies aus »Lindkirche« ab, doch richtiger ist wohl die Herkunft aus »Liebfrauenkirche«. Auch ein Bild, das in der Jößnitzer Kirche aufgefunden wurde und den Kampf des heiligen Georgs mit dem Lindwurm zeigt, wird damit in Beziehung gebracht.

Heute hat die Drachen-Legende ihren Namen der wichtigsten Sehenswürdigkeit der Gegend gegeben, der 1928 entdeckten Syrauer Drachenhöhle, die auf Vorschlag des Plauener Lehrers und ersten Erforschers dieser Höhle, Alfred Uhlemann, so benannt wurde. Die Entdeckung der Höhle ist einem Zufall zu danken. Bei Steinbrucharbeiten fand man die Öffnung, erweiterte sie und hatte damit den Einstieg in ein weit verzweigtes Höhlengebiet gefunden. Die Höhle wurde am 30. 9. 1928 zur Besichtigung freigegeben. Die Bildung von Höhlenräumen war seit längerem vermutet worden, darauf deuteten Verkarstungen an der Oberfläche. In der Syrauer Höhle wurden Reste einer Tierwelt gefunden, Stoßzähne vom eiszeitlichen Mammut und Rentiergeweihe, die sich heute im Vogtlandmuseum in Plauen befinden. In der Höhle finden sich schöne Tropfsteinbildungen, so der Sintervorhang der »Gardine«, dazu Stalaktiten und Stalagmiten, mehrere kleine Seen. Der Höhlenbereich steht unter Naturschutz. Auskunft über Drachenhöhle Syrau, Höhlenberg 19, 08548 Syrau, Tel. 03 74 31/37 35, Fax 03 74 31/8 09 12.

Hotel u. a.

Haus Vogtland, Baumhofstr. 25, Tel. 03 74 31/33 42

Taltitz mit dem Ortsteil Dobeneck. Die von Landwirtschaft geprägte Siedlung mit 490 Einwohnern liegt nordwestlich von Oelsnitz, am Nordrand des *Landschaftsschutzgebietes »Talsperre Pirk«* in rd. 400 m Höhenlage. Die erste Erwähnung der Siedlung erfolgte im Zusammenhang mit einem »(Cunradius) de Dalnitz« und 1244 eines »(Hermannus) de Taltitz«. Seit 1506 ist die Ortsbezeichnung »Taltitz« üblich. Sie ist wahrscheinlich abgeleitet von dem altsorbischen Personennamen »Deleta«. – Der Ort entwickelte sich beiderseits des Eiditzlohbaches zu einem erweiterten Platzdorf mit Häuserreihen an der alten Verbindungsstraße zwischen Oelsnitz und Schleiz. Nordwestlich des Ortes liegt der Galgenberg mit 465 m ü. NN. – Das Gebiet ist altes Siedlungsland und bereits zur Bronzezeit bewohnt und ackerbaulich genutzt. Grundherrlich werden zwei Rittergüter genannt, hervorgegangen aus den im 15. Jh. bekannten Vorwerken Schlemen und Eulenstein. – Die gotische Dorfkirche, 1680–1683 von Michael Drescher und Michael Fröber, Plauen, erneuert, wurde 1830 restauriert. Der einschiffige Bau mit quadratischem Westturm hat einen achteckigen Aufsatz. Die hölzerne Empore stammt aus dem 17. Jh. Im Chor gibt es eine Grabplatte aus Sandstein des J. von Neipperg, gestorben 1516. – Das Pfarrhaus des Ortes stammt aus dem Jahre 1752. An der Mauer des früheren Rittergutes steht ein achtseitiger Eckturm mit geschweifter Haube. – Im Ortsteil Dobeneck, am Stausee gelegen, befindet sich das ehemalige Herrenhaus von 1729. – Nahe dem Ort, am Nordufer der Talsperre, gibt es das Naturdenkmal »Friedenseiche« von 1871 zu sehen. Darunter steht ein stark verwittertes *Steinkreuz*. – Taltitz ist das Zentrum des Sommererholungsgebietes an der Talsperre Pirk.

Tannenbergsthal mit den Ortsteilen Jägersgrün, Gottesberg, Schneckenstein. Der Industrie- und Ferienort mit ca. 2500 Einwohnern liegt am Zusammenfluß der Kleinen Pyra und Zwickauer Mulde, im Tal der Kleinen Pyra 660 m ü. NN. – Er ist von Fichtenwäldern umgeben, die nach Süden zu den Gebirgskamm erreichen, mit seiner höchsten Erhebung, dem Kiel (943 m ü. NN.), im Südwesten dem Runden Hübel (838 m ü. NN.) – 1537 heißt es »am Tanneberg auf der Trutzschler guter liegen viel gewonnener zwitter«. 1566 ist nachgewiesen, daß die Familie von Trützschler auf Falkenstein ein Zinnbergwerk betreiben ließ, zu dem sich eine Streusiedlung entwickelte. Später erfolgte der Abbau von Eisenerz. Dadurch entsteht eines der ersten Hammerwerke im Vogtland, nachgewiesen 1550. Es befand sich auf dem Gelände der heutigen Kunstlederfabrik. Der Hochofen wurde 1810 abgeblasen, nachdem die Ausbringung der Bergwerke erlosch. Nach 1945 entwickelte sich die Gegend um Tannenbergsthal zum Mittelpunkt des vogtländischen Uranerzbergbaus. Überall sind davon Zeugen in der Landschaft zu finden. Ein *Griebenherd* steht im Steingarten unterhalb der 1908 erbauten Kirche. Er stammt aus den Wäldern von Morgenröthe, oberhalb des Herrenberges. – Die Radiumquelle Thierberg ist ca. 3 km vom Ort entfernt am Weg nach Hammerbrücke (gekennzeichnet durch rotes Dreieck). Mit barocken Elementen versehenes Herrenhaus. Schaubergwerk »Grube Tannenberg«. – In Richtung Schneckenstein, in 723 m Höhenlage, liegt Boda, eine alte Bergarbeitersiedlung. Hier seifften Bergleute Zinnerz aus dem Bodabach. – Oberhalb des Ortsausganges ostwärts der Straße gelangt man nach Gottesberg. – Tannenbergsthal mit seinen Ortsteilen entwickelt sich durch die günstige waldnahe Lage zu einem Ferienort. Die Umgebung bietet ausgezeichnete Wintersportmöglichkeiten. Bis nach Mühlleithen, dem Schneckenstein und Aschberggebiet sind es wenige Kilometer. – Im Ortsteil Schneckenstein Aussichtshalde mit umfassendem Rundblick. – 1506 wird vom Zinnerzbergbau bei Gottesberg berichtet. »Gottesberg« ursprünglich Grubennamen der auf die Siedlung überging, Ausdruck reichen Erzsegens durch die Gnade Gottes. Um 1830 Waldgut und einige verstreute Häuser, die meisten von Bergleuten bewohnt. In der Gegend der Siedlung lagen Zinnerzgruben und eine Schmelzhütte für Zinnerz. Über Jahrhunderte war es das Zentrum des vogtländischen Zinnerzbergbaus. Seit 1839 gehört es zum neuen Kirchspiel Rautenkranz. Nachdem 1909 Tannenbergsthal eigener Pfarrort wurde, gehört Gottesberg dazu. August Schumann, der Vater des Komponisten Robert Schumann: »So findet man in Gottesberg ein Haus, welches nur Parterregeschoß hat, dennoch von sechs Familien (und diese pflegen im Waldrevier recht kinderreich zu sein) bewohnt wird.« – Ostwärts der Wohnhäuser eingestürzte Bergwerksanlage »Geierbinge« (12 m breit, um mehrfaches tief). An den Wänden einmündende Stollen erkennbar (Absturzgefahr!).

Pensionen, Ferienhäuser, Privatvermieter u. a.:
Pension *»Krug zum alten Forsthaus«*, Tel. 03 74 65/23 16
Ferienhaus *»Finnhütten«*, 03 74 65/4 53 18,
Fax 03 74 65/4 53 19
Ferienwohnung *Tröschel*, Gottesberg, Tel. 03 74 65/23 40
Information: Gemeindeverwaltung,
08262 Tannenbergsthal, Tel. 03 74 65/22 269, 22 15,
Fax 03 74 65/22 93

Theuma Kleine Gemeinde mit ca. 1100 Einwohnern. Der Ort liegt nur 8 km von Plauen in südöstlicher Richtung. Der Ortsname resultiert wahrscheinlich aus einer Koseform des Vornamens Thiutmar oder Thiutmund. Aus »Dimen«, wie es in frühen Zeugnissen genannt wird, bildet sich Theuma heraus. Theuma liegt geologisch gesehen im äußeren Kontakthof des Bergener Granits in einer Höhenlage von ca. 500 Meter.

Die erste urkundliche Erwähnung erfolgt 1267 in der Stiftungsurkunde der Kirche, die damit zum selbständigen Pfarrbezirk im Deutschen Haus zu Plauen wird. Die heutige Anlage des Ortes deutet darauf hin, daß sich durch deutsche Kolonisten die ursprüngliche slawische Blockform der Siedlung in ein deutsches Angerdorf verwandelt hat. Die Bauernhöfe stehen in zwei Reihen entlang der Hauptstraße in der Ortsmitte, am ehemaligen Anger befindet sich anstelle eines zugeschütteten Teiches eine kleine parkähnliche Anlage, daran schließen sich Gasthof, Gemeindeamt und Kirche an. Die ehemals gotische Kirche wurde 1911 erneuert und erweitert. Im Inneren ländlich-barocke Malerei, ein Altar, der dem Meister des Thossener Altars zugeschrieben wurde. Landwirtschaft und Lohnstickerei bilden traditionelle Erwerbszweige.

Von besonderer Bedeutung ist der Fruchtschiefersteinbruch bei Theuma, zwei Kilometer südöstlich des Dorfes. Das Gestein ist seit dem Mittelalter bekannt. Der Boden einer im 14. Jahrhundert errichteten Gruft in der St.-Johannis-Kirche zu Plauen (s. d.) hat einen Theumaer Plattenboden. Fruchtschiefer nannten die Bauern diesen blaugrauen Tonschiefer, bei dem eingelagerte Cordierite (Mineral in Quarzhärte) den Getreidekörnern ähneln. Der Theumaer Fruchtschiefer gehört damit zu den härtesten Schiefervorkommen Europas. Waren es zuerst die Bauern des Dorfes, die ihn für den Hausbau, für Mauern und Sockelverblendungen nutzten, so wurde 1897 eine Aktiengesellschaft durch Plauener Baumeister und die Vogtländische Bank zum Abbau des Schiefers gegründet. Für den industriellen Abbau wurden Flach- und Hochgatteranlagen geschaffen, nach dem Krieg entstand eine neue Halle, in der die Steine maschinell geschnitten und geschliffen werden. An vielen Bauten wurde seither Theumaer Schiefer verwendet, so an der Leipziger Oper und am Hotel »Merkur« in der Messestadt. Neue Aufschlüsse geben die Gewähr, daß noch mehrere Jahrzehnte der begehrte Fruchtschiefer gebrochen werden kann.
Auskunft: Gemeindeverwaltung.

Thossen mit dem Ortsteil Reuth. Die kleine Dorfgemeinde liegt südwestlich der Kreisstadt, in 500 m Höhenlage in flachwelliger, von Waldstücken durchsetzten Landschaft, am Fuße des 558 m hohen, südlich liegenden Wartberges. Thossen wird urkundlich erstmals erwähnt 1328 als »Tossen«. 1508 heißt der Ort »Tosßen« und nach 1791 »Toßen«. Wahrscheinlich ist er abgeleitet vom Personennamen Thoß. – Die Gründung erfolgte an der alten Straße von Eger über Oelsnitz nach Schleiz. Als Straßenangerdorf mit Geländeflur angelegt. Der den Ort durchfließende Burgbach berührt die ummauerte Kirche und mündet westlich von Rodersdorf in den Leinebach. – Im Mittelpunkt des Dorfes liegt eine kleine, ihrem Ursprung nach gotische Kirche. Der schlichte Rechteckbau hat einen Westturm aus dem 14. Jh. – Von der Kirche geht die Sage, man habe sie auf einem slawischen Opferplatz errichtet. – Sie hat einen schlichten Innenraum mit Gestühl von 1693. 1954 wurden Wandmalereien freigelegt aus dem 14. Jh., mit Marienkrönung und Jüngstem Gericht. Tiere und Fabelwesen sind wahrscheinlich aus

dem 13. Jh. Der geschnitzte Flügelaltar eines vogtländischen Meisters stammt aus der Zeit 1510–1520. Im Schrein ist Maria zwischen Martin und Stephanus zu sehen. In den Flügeln sind weibliche Heilige dargestellt. Die hölzerne Taufe schuf der Tischlermeister Michael Reinel aus Debes 1669. – Die Kirche und Schmiede am Anger stehen unter Denkmalschutz. Vom Deichselberg hat man einen schönen Weitblick. – An der Straße nach Debes liegt ein romantischer Waldteich.
Hotels, Pensionen, Unterkünfte u. a.: siehe Plauen
Information: Tourist-Information 08523 Plauen,
Tel. 0 37 41/2 91 10 27, Fax 0 37 41/29 11 10

Thoßfell mit dem Ortsteil Gansgrün (seit 1976), südwestlich von Treuen. Altes Bauerndorf, seit dem Talsperrenbau Pöhl im Grenzbereich der bewegten vogtl. Kuppenlandschaft und dem durch Schiefergestein geprägten, ruhiger verlaufenden Ostvogtland. – Thoßfell urkundlich erstmals erwähnt im Jahre 1294. Da wird ein »(Henricus) de Thossenvelle« genannt, 1327 ein »(Ditricus) de Tossenveld«, und 1531 erscheint erstmals die Bezeichnung »Thoßfell«. Dabei handelt es sich um einen »Ort bei dem Feld eines Thoß«. – Die Thoßfeller Bauern nahmen 1525 an den Aufständen des Großen Deutschen Bauernkrieges teil. Nach der Niederwerfung blieb das Rittergut bestehen. Im 18. Jh. sind sogar zwei belegt. Ursprünglich war die Siedlung ein Straßenangerdorf. Sie hat sich durch den Talsperrenbau wesentlich verändert. – Das ehemalige Herrenhaus mit dem Naturpark steht unter Denkmalschutz. – Zweistöckig ist das Gutshaus des ehemaligen Rittergutes. Es stammt aus dem 18. Jh. und wird von zwei gestreckten Wirtschaftsgebäuden flankiert. Durch spätere An- und Umbauten wurde es stark entstellt. – Am Ostrand der B 173 zwischen den Abzweigen der Straße nach Gospersgrün und Treuen (»Königsstraße«) steht ein *Steinkreuz* aus Granit. Es ist bis an die Arme in den Boden gesunken. Der Sage nach soll es »an einem schlechten Ort stehen, wo jemand erschlagen wurde«. Eine weitere Version will wissen, daß sich hie zwei Fleischergesellen gegenseitig umgebracht haben. Deshalb sei auf der einen Seite des Kreuzes eine Bartaxt eingeritzt. – Westlich der Ortslage nahe dem Geiersberg (423 m ü. NN), liegt der Ortsteil Gansgrün in den Ausläufern des mittelvogtländischen Kuppenlandes. Nördlich davon gibt es viele kleine Pöhle. – Die Siedlung wurde erstmals 1327 erwähnt als »Johansgrune«, 1428 taucht ein »Conraf Molstorffer czu Jansgrun« auf und 1460 heißt der Ort dann Gansgrün, was soviel heißt wie »Rodung eines Johannes«. Sie war ein Waldhufendorf, das 1327 mit seiner Burg von den Vögten von Plauen an die Könige von Böhmen als Oberlehnsherren der Herrschaft Plauen übertragen wurde. Sie könnte an der Stelle des Wohnhauses des ehemaligen Rittergutes gestanden haben. Nach 1400 war der Ort nur noch ein gutsherrlicher Besitz. – Am Ufer der Talsperre Pöhl zwei Zeltplätze (Parkplatz südwestlich davon).
Gasthäuser, Pensionen, Ferienunterkünfte:
Gaststätte und Pension *»Knüpfer's Restaurant*,
Tel. 0 37 41/41 16 10, Fax 0 37 41/41 61 19
Jugendbegegnungsstätte Vogtland Sport GmbH,
Tel. 0 37 41/41 32 65
Ferienwohnung *Bianka Leppin*, Tel. 0 37 41/41 32 21
Information: Fremdenverkehrsamt Vogtländische Schweiz, 08543 Möschwitz-Pöhl, Tel. 03 74 39/45 00,
Fax 03 74 39/4 50 13

Tirpersdorf mit Ortsteil Brotenfeld. Durch Landwirtschaft geprägte Gemeinde, nordostwärts von Oelsnitz. Tirpersdorf urkundlich erstmals genannt 1264 als »Tirpenstorf«, 1467 »Villa Tirpisdorf«, 1671 »Tirpersdorf«; der Ortsname wahrscheinlich abgeleitet vom altsorbischen Personennamen »Tirpen« o. ä. – Der Ort entstand mit sieben weiteren in der Oelsnitzer Gegend während der Frühphase der Rodung des gebirgigen Vogtlandes. – Nördlich des Kottengrüner Baches, am Straßenkreuz Werda-Oelsnitz, Theuma-Arnoldsgrün. Auf halbem Wege nach Lottengrün in der Nähe des Friedhofs höchster Punkt mit 545 m ü. NN. Vom nahen Kreuzweg schöne Fernsicht nach Süden und Westen. – Ortsnähe Halden, Rückstände des Bergbaus auf Uranerz in jüngerer Zeit. – Ortsteil Brotenfeld 1 km südostwärts. 1378 erstmals genennt als »Bratenfel«, 1467 »Prottenfell« und seit 1791 »Brotenfeld«. Abgeleitet ist der Ortsname vom altsorbischen »brat« – »Bruder«. – Die Siedlung wird vom Krählochbach durchkreuzt. – Südostwärts bewaldete Spitzleithe 552 m ü. NN. – Am Ortsausgang an der Straße Richtung Spitzmühle *Griebenherd.*
Hotels, Pensionen, Unterkünfte u. a.: siehe Oelsnitz
Information: Fremdenverkehrsamt, 08306 Oelsnitz,
Tel. 03 74 21/2 07 85, Fax 03 74 21/2 07 97

Tirschendorf mit den Ortsteilen Willitzgrün und Zaulsdorf. Ostwärts von Oelsnitz. In ca. 500 m Höhenlage. – Tirschendorf wird urkundlich erstmals genannt 1378 im Zusammenhang mit einem »(Pawer) von Tesendorffe«, 1542 ist von »Teschendorff« und 1671 von »Tirschendorff« die Rede. Der Mischname bezieht sich auf einen altsorbischen Personennamen. – Das Reihendorf zieht sich an beiden Seiten der Schönecker Straße hin. Durch

großräumig betriebene Landwirtschaft wurde die Waldhufenflur verwischt. – Ostwärts vom Ort der 554 m ü. NN hohe Steinpöhl. Kleiner Härtling aus Algit-Hornblenden-Gestein, mitten in ihn umgebenden Tonschiefer. Früher Abbau von Schotter und Grus. Vom Kuppenrand Fernsicht nach Nordwesten, Westen und Süden. – An der Straßenkreuzung Tirschendorf-Zaulsdorf, Raasdorf-Arnoldsgrün, am südlichen Rand des Waldes Steinkreuz. Die Legende erzählt, in seiner Nähe liege ein französischer General begraben. Auf der Karte »Ulanengrab« genannt. – Auf halbem Wege nach Zaulsdorf am Görnitzbach die alte Holzmühle. Hatte schon 1683 zwei Gänge. – Willitzgrün seit 1952 Ortsteil. Schließt sich übergangslos an Tirschendorf an. Vorwiegend an der Straße nach Ober- und Unterwürschnitz. – 1288 als »Willosgrune« erwähnt, 1420/40 als »Wüldesgrun« und 1671 als »Willitzgrühn«. Das heißt soviel wie die Rodesiedlung eines Willold. Drei- und Vierseithöfe des ehemaligen Waldhufendorfes liegen an beiden Rändern einer Quellwiese zum Seifenbach aneinandergefügt. – In einer Urkunde bestätigen die Plauener Vögte, daß Konrad vom Raschau seiner Nichte Elsbeth eine Rente von drei Höfen in Willitzgrün angewiesen habe, die nach beider Tod dem Deutschen Haus in Plauen zufallen sollen. – 2 km nördlich der Hauptgemeinde Zaulsdorf. Das ehemalige Waldhufendorf liegt am Kottengrüner Bach, dem rechtsseitigen Zufluß des Görnitzbaches. Seit 1974 Ortsteil von Tirschendorf. – 1328 heißt es urkundlich »Zcaulastorf«, 1467 »Villa Czaustorff« und 1640 »Zaulsdorff«. Das Bestimmungswort des Mischnamens bezieht sich wahrscheinlich auf einen altsorbischen Personennamen. Gehört zu den sieben Orten ostwärts von Oelsnitz, die in der Frühphase der Rodung des gebirgigen Vogtlandes entstanden. – Ehemaliges Wohnhaus im Hof Tirpersdorfer Straße 1, Bohlenstube und umgebindeartiges Stützgerüst für das aufgesetzte Fachwerkgeschoß.
Hotels, Pensionen, Unterkünfte u. a.: siehe Oelsnitz
Information: Fremdenverkehrsamt, 08306 Oelsnitz,
Tel. 03 74 21/2 07 85, Fax 03 74 21/2 07 97

Tischendorf, Lobegott Friedrich Constantin Forschungsreisender, wissenschaftlicher Schriftsteller. Geboren am 18. Jan. 1815 in *Lengenfeld* (Vogtl.). Sohn eines Arztes. Besuchte das Gymnasium in Plauen, studierte danach Theologie. Außergewöhnliche Sprachbegabung. Ab 1840 Forschungs- und Studienreisen nach England, Holland, Frankreich, Italien. Seit 1844 dreimal nach Ägypten, der Sinaihalbinsel, Syrien, Kleinasien und Griechenland. Entdeckte auf seiner dritten, 1859 im Auftrag der russischen Regierung unternommenen Reise den sog. Cotex Sinaiticus aus dem 4. Jh. mit der u. a. ältesten vollständigen Handschrift des Neuen Testaments. Durch ihre Entdeckung, Herausgabe und textliche Bearbeitung begründete er seinen Weltruf. Ab 1845 Universitätsprofessor in Leipzig. Veröffentlichte seine Reiseerlebnisse in über 70 Büchern und publizierte in wissenschaftlichen Zeitschriften und Jahrbüchern. Gestorben am 7. Dezember 1874 in Leipzig.

Töpen Kreis Hof. Mit dem Ortsteil Mödlareuth u. a. Landwirtschaftlich geprägte Gemeinde. Ostwärts des kleinen Waldgebietes Leuchtholz, das sich bis an die Saale erstreckt. – 700 Jahre alte Ansiedlung. – Pfarrkirche mit wuchtigem Mauerwerk, Kanzelaltar. – Vom Petersgrat, einem markanten Aussichtspunkt mit steil abfallender Felswand, Einblick in das reizvolle Saaletal. – Ortsteil Mödlareuth, ca. 2,5 km nordostwärts, auf direkter Verbindungsstraße zu erreichen. Innerdeutsche Grenze trennt 40 Jahre lang das Dorf in zwei Teile. Tannenbach bildete schon vor 200 Jahren die Grenze zwischen Bayern und dem Fürstentum Reuß. – Volksmusik und bodenständiges Brauchtum, »Ferien auf dem Bauernhof«.
Hotels, Gasthöfe, Pensionen u. a.: siehe Hof
Information: Tourist-Information Hof,
Tel. 0 92 81/81 56 66, Fax 0 92 81/8 19 48 20

Trampeli, Orgelbauerfamilie. In einigen vogtländischen Kirchen befinden sich Orgelwerke aus der Werkstatt Trampeli in Adorf. Ihr Begründer ist Johann Paulus Trampel. Er wurde am 16. Jan. 1708 in *Oberlauterbach* bei Falkenstein geboren. Gestorben ist er am 7. Sept. 1764 in Adorf. Von ihm stammen insgesamt 52 Instrumente. Das klangschönste schuf er für die Kirche in Selb. Seine beiden Söhne folgten beruflich dem Vater nach und wurden ebenfalls Orgelbauer. Johann Gottlob Trampeli wurde am 22. Nov. 1742 in *Adorf* geboren. Gestorben ist er am 21. März 1812 in seinem Geburtsort. Sein Bruder Christian Wilhelm Trampeli kam am 16. März 1748 in Adorf zur Welt und verstarb hier am 26. Febr. 1803. Vor allem Johann Gottlob konnte mit seinen Werken in die Nähe Silbermanns rücken, der ihm immer wieder Vorbild war.

Die Brüder schufen bis 1796 54 Orgelwerke. Zwischen 1788–1790 entstand das größte für die Nicolaikirche in Leipzig. Die umfangreichste Arbeit wurde von Johann Gottlob Trampeli 1805 geschaffen für die St.-Reinoli-Kirche in Dortmund. Eine Anzahl Orgelwerke fielen im Zeitverlauf Bränden zum Opfer. Erhalten sind im vogtländischen Raum die Orgeln in der Kirche zu Oberlosa bei Plauen (1788), Gansgrün (1784), Hohndorf bei Elsterberg (1788), Stangengrün, Rothenkirchen (1796) und Straßberg (1802).

Treuen, mit den Ortsteilen Wetzelsgrün, Gospersgrün, Perlas, Buch, Veitenhäuser, Altmannsgrün, Mahnbrück. Nordwestlich von Auerbach, 14 km nordostwärts von Plauen. Kleinstadt im Tal der Treba, am nördlichen Prallhang unterschiedlich ansteigend, bis zur fast ebenen Hochfläche der Oberstadt in Richtung Autobahn. Am Bahnhof in etwa 472 m ü. NN. Nach allen Seiten hin von fruchtbaren Fluren umgeben, die von der Treba und dem Lämmelbach durchflossen werden. Erstmalige Erwähnung des Gebietes in der Stiftungsurkunde der Johanniskirche zu Plauen aus dem Jahre 1122. Damals lag der Ort an der Grenze des sorbischen Dobnagaues. Siedlung und Kirche werden 1263 in einer Kaufurkunde zwischen dem Kloster Mildenfurt und der Deutschordenskomturei Plauen genannt als »de Drune«. 1328 heißt der Ort »Druehen«, 1367 »die Veste Drewen«, schließlich ab 1791 »Treuen«. Die Ortsbezeichnung wird vom altsorbischen »drevo« abgeleitet, was soviel heißt wie »Holz, Wald«. – Als das Gebiet 1329 durch den Kaiser Ludwig von Bayern an den Vogt Heinrich Reuß den Kleinen abgetreten wurde und wenige Jahrzehnte später, 1356, in den böhmischen Lehnbesitz überging, bestand eine Burg. Am 7. Feb. 1390 erhielt Treuen durch den Burggrafen »Heinrich von Plawen und Herren zu Greitz« das Stadtrecht verliehen. Stadtmauer und Türme sind nicht nachweisbar. 1510 kaufte das Adelsgeschlecht von Feilitzsch – bisher auf Kürbitz – Burg und Herrschaft Treuen und bewirtschaftete es rund 300 Jahre lang. Durch Erbteilung 1592 entstanden Rittergut oberen Teils (mit Burg) und Rittergut unteren Teils dort, wo zu dieser Zeit das stattliche *Fachwerkschloß* gebaut wurde. Treuen kam 1569 zum Kurfürstentum Sachsen, vertraglich allerdings erst 1779 im Friedensvertrag von Teschen hört es auf, böhmisches Lehen zu sein. – Fachwerkschloß als rechteckiges Renaissance-Herrenhaus des Rittergutes unteren Teils um 1600 erbaut, mit Wohn- und Wirtschaftsfunktion. Zwei asymmetrische Fachwerkgiebel mit asymmetrisch vorgelagertem Treppenturm und welscher Haube. Keller-Tonnengewölbe wahrscheinlich älter als das Gebäude. – Stadtkirche St. Bartholomäus, klassizistischer Bau, entstanden nach dem Stadtbrand von 1806 auf historischen Grundmauern. Turm, ältestes erhaltenes Bauwerk der Stadt. Unterteil romanisch mit byzantinischen Fenstern, könnte aus der 2. Hälfte des 12. Jh. stammen. Erweiterungsbau des Kirchenschiffs

Treuen, Herrenhaus

mit dreigeschossigen Emporen. Im Erdgeschoß Spitztonnengewölbe. – Rathaus mit Laubengang, Turm und Umgang aus neuer Zeit. – Perlaser Aussichtsturm auf der 495 m hoch gelegenen Wilhelmshöhe, knapp 2 km nordostwärts der Stadtmitte, am Streckenverlauf des heimatkundlichen Lehr- und Wanderpfades. Der 17 m hohe Turm 1907 auf Anregung des Treuener Vereins für Naturfreunde erbaut. Vogtlandrundblick (Orientierungsbeschreibung am Geländer). – Heimatkundlicher Lehr- und Wanderpfad, Freilichtbühne, Freibad.

Treuen, Ortsteil Altmannsgrün Dorf mit landwirtschaftlichem Charakter in etwa 400 m Höhenlage. Die Häuser des Ortes liegen eingebettet in das sanfte Tal der Trieb. Etwa in der Ortsmitte mündet von Osten her der Bärenbach ein. – 1328 wurde die Ansiedlung erstmals erwähnt mit »su Altmanssgruen«, 1460 heißt sie »Villa Altmannsgrun« und 1473 wird ein »(Nickel von Machewitz) zu Algmassgrune« genannt. Der Ortsname wird abgeleitet von »Rodesiedlung eines Altmanns«. Das Gebiet gehörte zur Zeit der Ortsgründung zum Besitztum des Reichsvogtes Heinrich des Langen zu Plauen. – Unmittelbar hinter der Unteren Mühle befindet sich ein ehemaliges Hochmoor, das durch frühere Torfnutzung und die damit verbundene Senkung des Wasserspiegels heute eher einem Flachmoor ähnelt. Hier wachsen typische Sumpfpflanzen wie Sumpfhaarstrang und Sumpfschlangenwurz mit im Frühherbst roten Beeren. – Südostwärts dem Ort vorgelagert ist der Butterberg mit einer Höhe von 471 m ü. NN. Er ist dadurch interessant, daß der gra-

nitene Sockel eine Kuppe aus Kontaktschiefer hat, die ihn vor Abtragung schützt.
Hotels, Pensionen, Ferienwohnungen u. a.:
Hotel Wettin, Tel. 03 74 68/26 90, Fax 03 74 68/47 52
Pension *Waldeck*, Wetzelsgrün, Tel. 03 74 68/22 62
Ferienwohnung *Heckel*, Altmannsgrün,
Tel. 03 74 68/33 26
Information: Stadtverwaltung, 08233 Treuen

Trieb mit dem Ortsteil Schönau. Gehört heute zu Falkenstein, in etwa 400 m Höhenlage, entlang am Bachlauf der Trieb. Dem Charakter nach ist es eine von Kleinindustrie geprägte Wohnsiedlung. Sie wurde erstmals erwähnt im Jahre 1414 »zcu der Triwe«, 1441 »zcu der Trib« und 1460 »Tribe«. Der Name geht wahrscheinlich zurück auf das slawische »trib«, was soviel heißt wie »Rodung«. Die Häuser liegen beidseitig der Straße, im wesentlichen ostwärts der Trieb und gehen ohne Unterbrechung in die nächste Gemeinde Bergen über. Die Siedlung wird vom Schönen Berg mit 515 m ü. NN und dem Harzberg mit 541 m ü. NN südwestlich flankiert. Von der Straße nach Mechelgrün, am Harzberg, hat man eine schöne Aussicht nach Nordosten. – Der Ortsteil Schönau liegt 1 km südwärts an der Trieb. Er ist eingefügt in das Bergener Granitbecken. – Erstmals wird er 1472 als »Schonaw« erwähnt, 1506 »Schonawe«, und seit 1768 wird der Ort »Schönau« genannt, was soviel heißt wie »Ort der schönen Aue«. – Im Garten des Hausgrundstükkes Nr. 25, nordwestlich des Gasthofes, befinden sich zwei seit 1968 geschützte *Steinkreuze* aus Granit im Abstand von etwa 4 m nebeneinander. Das eine ziemlich freistehend, vom anderen sind nur der Kopf und die oberen Teile der Arme sichtbar. Es sollen Sühnekreuze sein, angeblich für einen Schäfer, der mit seinem Hund hier erschlagen wurde. Allerdings könnten sie auch Bezeichnungen einer kirchlichen Sprengelgrenze sein.
Hotels, Pensionen, Ferienwohnungen u. a.: siehe Treuen oder Falkenstein
Information: Stadtverwaltung, 08233 Treuen

Triebel Die früher selbständigen Gemeinden Ober- und Untertriebel bilden seit 1950 Triebel. Das ehemalige Waldhufendorf liegt 4,5 km langgestreckt am Triebelbach in ca. 500 m Höhenlage südlich von Oelsnitz. Es ist umgeben von bewaldeten Höhen wie Bubenstock, Mittelberg und Platzerberg mit 632 m ü. NN. Der Ort ist 7 km von Oelsnitz entfernt. Die Staatsstraße Oelsnitz-Hof durchschneidet ihn. – Urkundlich wird der Ort erstmals erwähnt 1303 mit »In Trybl«. 1444 heißt er »zu beden Trebiln«. Seit 1791 ist von »Ober und Unter Triebel« die Rede. Erklären läßt sich die Ortsbezeichnung am ehesten mit der Herleitung vom altsorbischen »trebel«, was soviel wie »Rodung« heißt. – Einen schönen Blick auf das Dorf hat man vom Wacholderhübel mit seinem Erholungsheim, nahe der »Alten Straße«. Auf dem Kirchberg in der Dorfmitte steht die Ruine der ehemaligen Wehrkirche (Kastell) aus dem 14. Jahrhundert (mehrfach erneuert und restauriert.) Die starke Friedhofsmauer mit den Schießscharten ist gut erhalten, auch der Torbogen mit einem rundbogigen Portal. Untertriebels Dorfkirche aus dem Jahre 1535/36 wurde mehrfach erneuert. Sie steht inmitten des befestigten Kirchhofes. Den hölzernen Kanzelaltar schuf 1731 Nikolaus Knoll aus Hof. 1737 erneuerte ihn Johann Simon Zeidler aus Grün. Triebel hat unterhalb des Wacholderhübels ein idyllisch gelegenes Waldbad.
Hotels, Pensionen, Unterkünfte u. a.: siehe Oelsnitz
Information: Fremdenverkehrsamt, 08306 Oelsnitz,
Tel. 03 74 21/2 07 85, Fax 03 74 21/2 07 97

Triebes Stadt mit ca. 4800 Einwohnern im Tal des gleichnamigen Flusses. Der Ort ist von Zeulenroda aus über die Landstraße I. Ordnung zu erreichen. Er liegt an der 1883 eröffneten Bahnstrecke Mehltheuer-Weida.

Orts- und Flußname sind sorbischen Ursprungs, Erwähnung des Flusses »Stribuz« 1122 (Gott der Winde). 1209 wird Triebes erstmals urkundlich erwähnt. Im 13. und 14. Jahrhundert unter der Herrschaft der Vögte von Weida, Gera und Plauen. Seit dem 16. Jahrhundert Weberdorf, 1870 zählte man mehr als 300 selbständige Weber. 1919 erhält Triebes Stadtrechte. 1953 wird Triebes Teil des neugebildeten Kreises Zeulenroda. Heute bestimmen Möbelbau, Werkzeugmaschinenindustrie, textile Verpackungsmittel die wirtschaftliche Struktur.

Sehenswert die Burgruine Reichenfels, die man vom Bahnhof aus erreicht. Sie steht unter Denkmalschutz, das umliegende,Gebiet ist Landschaftsschutzgebiet. Burg Reichenfels wird erstmals 1355 in einer Urkunde das »feste Hus auf dem Reichenfels« genannt. Die Burggründung ist aber früher anzunehmen, sie gehörte den Vögten von Weida; im 17. Jahrhundert kam die Herrschaft Reichenfels in den Besitz der Köstritzer Linie des Fürstentums Schleiz. Am Rande des Burghofes befindet sich das Gebäude des Museums Hohenleuben-Reichenfels, das 1825 vom Vogtländischen Altertumsforschenden Verein gegründet wurde. Wiedergründung des Vereins im April 1990. Hier gibt es eine bedeutende Sammlung vorgeschichtlicher Bodenfunde und eine umfangreiche historische Bibliothek. Am ehemaligen Wallgraben befindet sich auf einer kleinen Anhöhe ein *Sandsteinkreuz*. Die

jetzt nicht mehr entzifferbare Inschrift im Sockel »Zum heiligen Kreuz« deutet auf die frühen Missionsstationen des Bistums Zeitz hin, die hier bis ins südliche Grenzland vorgeschoben waren.
Information: Stadtverwaltung, 07950 Triebes

Trommer, David Verfasser früher Zeugnisse vogtländischer Mundart. Um 1640 in Plauen geboren. Sohn eines Kantors. Studierte in Wittenberg Theologie und erwarb den Magistertitel. Später war er in Nickern bei Dresden bei einem Herrn von Osterhausen einige Jahre Hauslehrer. Von ihm überliefert die »Kurtze Christ-Comoedie Von sieben und mehr Personen«, in der er den Rupert teilweise vogtländisch sprechen läßt. Der Titel, in dem sich die Christ-Komödie findet, lautet: »M. David Trommers / Von Plauen aus dem Voigtlande / Kaiserl. gekr. Poetens / und der H. Schrifft Ergeb. Nickerischer Poesie / Oder Drey unterschiedene Teile allerhand Geistlicher / und Weltlicher Gedichte / Lieder/ und Sonette / in unserer reinen Hochdeutschen Muttersprache / auff dem Hoch-Adel. Osterhausische Hauße Nickern unfern von der Churfürstl. Sächs. Residentz-Stadt Dreßden / so wohl selbsten geschrieben als auch aus seiner woanders gethanen Arbeit darzu getragen / Und denen Gönnern der Edlen Poesie zur Liebe in den Druck gegeben. Zu Dreßden / In Verlegung Andre Löfflers im 1670. Jahre. Dreßden / Mit Seyfferts Schrifften.« – War ein »poeta laureatur«, vom Kaiser mit dem Lorbeerkranz gekrönter Dichter. Starb am 9. Febr. 1714 als Pfarrer in Beyern, einem Dorfe in der Provinz Sachsen.

Trützschler, Wilhelm Adolph von Revolutionärer Demokrat der Bewegung von 1848/49. Geboren am 20. Febr. 1818 in Gotha. Einziger Sohn des dortigen Ministers Franz von Trützschler, der einer alten vogtl. Adelsfamilie aus *Falkenstein* entstammte. Nach Besuch des Gymnasiums Universitätsstudium der Rechtswissenschaften in Leipzig und Göttingen. Er bekam eine Anstellung am Appellationsgericht Zwickau, danach in Dresden. Zog als Einunddreißigjähriger mit 600 anderen Abgeordneten am 8. Mai 1848 in die Paulskirche zu Frankfurt a.M. Er trat u.a. für die Bildung einer deutschen demokratischen Republik ein, für die Schaffung eines Volksheeres, Aufhebung der durch den Adel erhobenen Soziallasten und dessen Privilegien und für die Abschaffung der Zollschranken. Forderte ein allgemeinverständliches Gesetzbuch, Recht auf Bildung für alle und uneingeschränkte Glaubensfreiheit. Ohne Vorbehalte nahm er an der badisch-pfälzischen Reichsverfassungskampagne teil und wurde Zivilkommissar von Mannheim und Regierungsdirektor im Unterrheinkreis. Hier war nach der Flucht des Großherzogs die gesamte badische Armee zu den Freiheitskämpfern übergegangen. Wie in Sachsen ließ auch in Baden der geflohene Fürst durch herbeigerufene preußische Truppen die Aufständischen zusammenschießen. Trützschler blieb bis zuletzt auf seinem Posten und wurde gefangengenommen. Mit der Niederschlagung des badischen Aufstandes fand die revolutionäre Bewegung von 1848/49 ihr Ende. Trützschler wurde zum Tode verurteilt und am 14. Aug. 1849 in Mannheim standrechtlich erschossen. In den Augusttagen 1849 hängten die Falkensteiner Bürger schwarze Fahnen aus den Fenstern (Gedenktafel für Trützschler am *Wendelstein* bei Grünbach).

Türbel, siehe Großzöbern

Umgebindehaus auch Bohlenstuhl oder Umschrot geheißen. Es ist ein Haustyp, der vor allem in Mitteldeutschland vorkommt, und hier wieder bevorzugt in der Oberlausitz und im Vogtland. Ein oder zwei Holzstuben in Blockbauweise sind eingebunden in ein System von Holzständern, Riegeln zwischen und Rahmenholz über den Ständern, Streben oder Winkelbändern von den Ständern zum Rahmen- und Riegelholz. Oft haben die Riegel und Bänder eine Bogenform. Durch sie entstehen die »Umgebinde«, die dem Haustyp den Namen geben. Neben diesen Holzstuben steht ein massiver Bauteil. In ihm ist gewöhnlich der Stall untergebracht. Das Ober- und Dachgeschoß besteht aus Fachwerk, das nicht immer sichtbar ist. Als Wetterschutz kommt es auch mit Schiefer oder Holz beschlagen vor. Umgebindehäuser sind kulturgeschichtliche Zeugnisse und stehen gewöhnlich unter Denkmalschutz.

Unterheinsdorf Die kleine bäuerlich geprägte Siedlung und Wohngemeinde für Einpendler nach Reichenbach ist ein Straßendorf. – Erste urkundliche Erwähnung des Ortes erfolgte 1140 mit »Heynrichsdorff«. 1579 heißt es in den Zeugnissen »Untter Heinstorff, Oberheinstorff«. Seit 1793 wird der Ort »Heinsdorf« genannt. Das heißt soviel wie »Rodesiedlung eines Heinrich«. – Im Ort gibt es Bauerngehöfte mit schönem Fachwerk. – Von der südlich von Oberheinsdorf liegenden Autobahnhöhe hat man einen schönen Fernblick nach Norden in Richtung Neumark, Werdau, Zwickau.
Hotels, Pensionen, Unterkünfte u.a.: siehe Reichenbach
Information: Neuberinhaus, 08468 Reichenbach,
Tel. 03765/12188, Fax 03765/12425

Unterwürschnitz mit Ortsteil Oberwürschnitz. Urkundlich wird er erstmals genannt 1328 als »Wirsenitz«. 1467 heißt er »Villa Nyderwirßnitz«. Seit 1804 ist »Würschnitz« üblich. Die Ortsbezeichnung könnte vom altsorbischen »cirsa« abgeleitet sein, was »Fischreuse« bedeutet; auch von »Virsnica«, dem »Bach«. Der Würschnitzbach fließt südostwärts am Ort vorüber und mündet an der Alraunmühle in die Weiße Elster. An ihm liegen die Hasenmühle und die Haartmühle. – Die von Metzner 1898 vertretene Auffassung ist unbestätigt: »Dieses Dorf hat insofern historische Bedeutung erlangt, als hier zu Ende des 17. Jahrhunderts (n. a. 1707) die ersten Kartoffeln in Sachsen angepflanzt und erbaut wurden. (Der Zimmergeselle Hans Wolf Kummer-Löw aus Unterwürschnitz, der in England gearbeitet und dort die Kartoffeln kennen gelernt hatte, brachte sie zu Ende des 17. Jh. mit nach Hause und pflanzte sie in seines Vaters Garten an. Von hier aus hat sich die zuerst verkannte Frucht über Sachsen verbreitet; aber erst die Hungersnot von 1793 und 1817 vollendete die allgemeine Ausbreitung der Kultur.)« – Im ummauerten Friedhof steht die Dorfkirche. Unmittelbar unterhalb der Kirche an der Hauptstraße von Unterwürschnitz ist ein seit 1963 denkmalgeschütztes *Steinkreuz* zu sehen. Es hat vertiefte Umrisse eines Schwertes. Von ihm sagen die Leute, hier habe während des Dreißigjährigen Krieges ein schwedischer Offizier den Tod gefunden. Einer anderen Version nach sei hier General Holck beerdigt gewesen. – Im Kircheninneren befindet sich ein Altaraufbau mit reicher Arkanthus-Schnitzerei von Johann Simon Zeitler, Grün, aus dem Jahre 1744. Von ihm stammt auch der rechts vom Altar stehende Kirchenstuhl. Die Orgel schuf 1792 *Johann Georg Trampeli* aus Adorf. – Unterwürschnitz liegt in einer verkehrsarmen, ruhigen Gegend.

Hotels, Pensionen, Unterkünfte u. a.:
Landgasthof Rudert, Mühlental,
Ortsteil Hermsgrün/Wohlbach, Tel. 03 74 23/27 35
Ferienhaus *Hermsgrün,* Mühlental, Ortsteil Hermsgrün, Tel. 07 21/81 82 18
Ferienhaus *Wilfert,* Tel. 03 74 21/2 34 62,
Fax 03 74 21/2 34 62
Information:
Gemeindeverwaltung 08626 Mühlental

H. Vogel, »Winter«

Vogel, Hermann Genannt Vogel-Plauen. Spätromantischer Maler und Illustrator. Häufig »der Vogtlandmaler« genannt. Geboren am 16. Oktober 1854 in Plauen. Sohn eines künstlerisch veranlagten Maurermeisters. Wuchs in Plauen auf und besuchte hier das Gymnasium, das er mit vorzüglichen Leistungen abschloß. Dem Wunsch des Vater folgend, nahm er ein Studium der Rechtswissenschaften auf. Wechselte jedoch bald zur Kunstakademie Dresden über. Der Lehrbetrieb und das ständige Zeichnen nach Gipsmodellen befriedigte ihn nicht. Er brach das Studium ab, um sich autodidaktisch weiterzubilden. Im Studium der Natur fand er seine künstlerische Reife und Vervollkommnung. Seine Bilder und Illustrationen wurden zum Ausdruck seiner Natur- und Heimatverbundenheit. Durchdrungen sind sie von Schalk und Selbstironie. Als Mitarbeiter der »Fliegenden Blätter« wurde er landweit bekannt. Seinen Ruhm begründeten die Illustrationen zu den Märchen von Rudolphi und der Gebrüder Grimm. Bekannt sind seine Bilder zu Spamers »Weltgeschichte« und Scheffels »Ekkehard«. Seine romantische Darstellungsweise erinnert an Ludwig Richter und Moritz Schwindt. »Er war ein Mensch mit glücklichen Augen und sah mehr als andere«, schrieb ein Kritiker. Hermann Vogels Lebens- und Schaffensraum war das Dorf *Krebes* und das Burgsteingebiet. Er starb am 22. Februar 1921 in Krebes.

Vogtland, Geschichte Der Name der Landschaft hat seinen Ursprung in der Herrschaft der Vögte von Weida über das Elstergebiet. Schon in der Weiheurkunde der St. Johanniskirche zu Plauen von 1122, der ältesten erhaltenen Urkunde aus dem vogtländischen Raum, wird ein Erkenbert von Weide als Zeuge mitbenannt. Sein Sohn Heinrich von Weida wird 1199 als »advokatus imperiale« bezeichnet. Kaiser Barbarossa (Friedrich I.) übertrug ihm den Blutbann und den Landesherrenbann innerhalb des übernommenen Lehens. Er wurde der erste Reichsvogt in diesem Gebiet.

Die Vögte von Weida und die ihnen nachfolgenden Linien von Plauen und Gera beherrschten einen Hoheitsraum, der die Gebiete des heutigen thüringischen und sächsischen Vogtlandes umfaßte. Seit der Mitte des 13. Jahrhunderts gehörte zu ihrem Herrschaftsraum auch das Regnitzland um Hof (bis ca. 1373) und das sogenannte böhmische Vogtland um Asch. Auch Straßberg und Voigtsberg bei Oelsnitz fiel den Plauener Vögten zu. Dieser Vorgang des Ausbaus einer starken Territorialmacht hängt eng zusammen mit dem Verfall der kaiserlichen Zentralgewalt. In dieser Zeit entstanden eine Reihe von neuen Siedlungen, die als Städte für die Erschließung und Sicherung des eroberten Gebietes wichtig waren. Von Bedeutung für die vogtländische Entwicklung ist das Wirken des Deutschen Ordens, der in Plauen eine Komturei besaß. Auch in anderen vogtländischen Orten sind eigenständige Komtureien nachweisbar (1278 Reichenbach, 1328 Adorf). Es ist verständlich, daß sich aus dem Nebeneinander von kirchlicher und politischer Macht eine Reihe von Spannungen ergaben. Um 1357/58 kam es dabei zu Machtkämpfen in Plauen zwischen den Vögten und den Ordensbrüdern, die Heinrich IV., Vogt von Plauen, Abgaben verweigerten. Die Komturei wurde besetzt und die Ordensbrüder zeitweilig vertrieben.

Auch zwischen den Plauener Vögten und den Burggrafen von Nürnberg entwickelten sich Spannungen und Auseinandersetzungen um das »Regnitzland«, das 1373 dann für nur 8100 Freiberger Groschen von Heinrich von Weida an Burggraf Friedrich V. von Nürnberg verkauft wurde. 1384 wurde die »Landeshauptmannschaft Hof« errichtet, die Auseinandersetzungen zwischen den Vögten und Burggrafen konnten erst 1447 beigelegt werden. Mit Ausnahme einer kurzen Zeitspanne im 16. Jahrhundert, als Hof nochmals unter die Herrschaft der Burggrafen von Meißen kam, blieb hier der Einfluß der zollerschen Burggrafen von Nürnberg dominierend. 1791 kam das bayrische Vogtland zu Preußen, 1810 wurde es Teil des Königreiches Bayern.

Bei der Betrachtung der Geschichte der anderen Teile des Vogtlandes wird ersichtlich, daß sich nach der größten Ausdehnung der Vogtherrschaft in der ersten Hälfte des 14. Jahrhunderts mit dem Elstergebiet, dem Regnitzland, dem reußischen Oberland, die Macht der Vögte in der Mitte des 14. Jahrhunderts verringerte. Entscheidend dafür waren die Ausdehnungsbestrebungen der wettinischen Markgrafen zu Meißen, die auch Landgrafen von Thüringen und seit 1423 Kurfürsten von Sachsen waren, der Könige von Böhmen und der Burggrafen von Nürnberg. So kamen die Herrschaft Voigtsberg 1357, Mylau 1422, Reichenbach 1459 an die Wettiner. Plauen, unter Heinrich von Plauen, der 1426 zum Burggrafen von Meißen erhoben wurde, blieb bis 1466 selbständig. Heinrich II. von Plauen besiegelte mit dem Brüxer Vertrag von 1482 die Verzichtserklärung zugunsten der Wettiner. 1485 wurde dieses Gebiet der ernestinischen Linie zugeschlagen.

Länger noch behauptete sich die jüngere Plauener Linie des Vogtgeschlechts, die den Beinamen Reuß führte. So blieben die Herrschaft Greiz und unter den Herren von Gera auch das obere Land der Saale Besitz der Vögte. Sie bildeten dann über die Jahrhunderte hinweg reußisches Territorium, das sich durch Erbfolgen in viele kleine Teilstaaten spaltete. Seit den Schmalkaldischen Kriegen standen sie unter Lehnshoheit des Königs von Böhmen. 1919 entstand für kurze Zeit der Volksstaat Reuß. 1920 kamen die reußischen Gebiete zum Land Thüringen.

Schon 1569 wurden unter Kurfürst August von Sachsen die vogtländischen Ämter Teil des Kurfürstentums, 1602 bildete man den »Vogtländischen Kreiß«, mit der Kreisstadt Plauen, der 1835 in den Kreis Zwickau eingegliedert wurde.

Regnitzland, Reußenland und vogtländischer Kreis behielten aber auch über die territorialen Veränderungen des 19. und 20. Jahrhunderts die alte Regionalbezeichnung Vogtland bei. Die Gründe dafür liegen in ethnischen, kulturellen und wirtschaftlichen Verknüpfungen, die sich erhielten und in der Gegenwart eine neue Blüte erfahren.

Vogtland, Ur- und Frühgeschichte Aus verschiedenen Funden paläontologisch-geologischer Natur im Vogtland lassen sich eine Reihe von Rückschlüssen auf seine ur- und frühgeschichtliche Entwicklung ziehen. War das Vogtland noch im Erdzeitalter des Devon eine Meereslandschaft mit reicher vulkanischer Tätigkeit, so bildete sich das Festland erst in der Kulmzeit. Damals bedeckten dichte Wälder diese Landschaft. Im Diluvium schließlich erreichte das Eis die Grenzen des Vogtlandes. Man nimmt als Grenze des Gletschereises der sogenannten »Elsterzeit« die Linie Weida, Schleiz, Reichenbach an (auf dem Burghof in Weida befindet sich eine Tafel, die diese Grenze bezeichnet). Später verschob sich die Eisgrenze nach Norden. In den Zwischenperioden entstanden hier Wälder, in denen Mammuts, Wisente, Rentiere und wollhaarige Nashörner lebten. Es gibt drei wesentliche Fundstellen für eiszeitliche Tierknochen: Untermarxgrüner Kalkklippe bei Oelsnitz, Elsterwehr, Plauen und Syrau. Archäologische Funde, die auf eine ständige Anwesenheit des Eiszeitmenschen hindeuten, liegen nicht vor, trotzdem wird angenommen, daß Jäger auch dieses Gebiet durchstreiften.

Erst aus der älteren und mittleren Steinzeit, aber vor allem der jüngeren Steinzeit gibt es Funde, die auf Besiedlung und menschliche Tätigkeit verweisen, so die Kernstücke von Altensalz und Raun, die Flachhacke von Reichenbach usw. Bedeutendste Fundstelle der jüngeren Bronzezeit ist der Eisenberg bei Jocketa. Mit dem Liebauer Grab existiert der einzige Beleg für die keltische Kultur. Für die kommenden Jahrhunderte einer Besiedlung durch germanische Völker gibt es nur Vermutungen. Das Vogtland wird etwa um die Zeitenwende zum Siedlungsland der germanischen Hermunduren gerechnet. Die Flußnamen Milda (Mulde) und Alestra (Elster) stammen wohl noch aus der Zeit vorslawischer Besiedlung, sie sind germanischen Ursprungs. 531 wird das Königreich Thüringen der Hermunduren von den Franken unter Theuderik I. erobert. Damit verbunden ist auch ein Vordringen der Slawen nach Westen bis an Saale und Elbe. Das Vogtland gehörte nun zum deutsch-slawischen Grenzgebiet, in dem sich die slawischen Gaue »Dobna« (um Plauen), »Geraha« (Gera) und »Wisenta« (Schleiz) befanden. Unter Karl dem Großen wurde dieser Prozeß des Vordringens der Slawen beendet. Seit dem 10. Jahrhundert beginnt dann die Ostkolonisation, die mit zwei Siedlerströmen das von den Slawen besetzte Land zurückgewann. Einmal kamen die Siedler aus Franken, zum anderen in geringerem Maße aus der Oberpfalz. Mit diesem Prozeß beginnt auch die eigentliche Geschichte des Vogtlandes als Land der Vögte.

Vogtland, Besiedlung Die große deutsche bäuerliche Besiedlung setzte Ende des 11. Jh. ein. Nun drangen Bauern in die Waldgebiete und Gebirge vor. Höhepunkt im 12. Jh. – Auf vier Siedlungsbahnen kamen deutsche Bauern aus dem Westen in den obersächs.-nordböhm. Raum. Die mitteldeutsche Siedlungsbahn führte von Thüringen und dem deutschen Westen in die Ebene und das mittlere Gebirgsland. Fichtelgebirge, Frankenland, nördl. Böhmen und Vogtland wurden von der aus dem Maingebiet kommenden mainfränkischen Siedlungsbahn erfaßt, der Südwesten des Gebietes, von der aus Altbayern nach Norden verlaufenden nordbayrisch-oberpfälzischen Siedlungsbahn, die bis ins Egerland und Vogtland vordrang. – Auf einem Abzweig der mitteldeutschen Siedlungsbahn kamen von Nordwesten her thüringische Siedler in die Gegend von Mylau, Plauen. Maßgebend für die deutsche Besiedlung des vogtl. Raumes wurde jedoch der mainfränkische Siedlerzug, der sich vom oberen Maingebiet über das Fichtelgebirge, den Frankenwald zunächst in den Freiraum um Plauen, in den sorbischen Dobnagau und in das waldfreie Gebiet um Mylau ergoß. Von da aus drangen die mainfränkischen Besiedler bis in die unbesiedelten Waldgebiete vor. Hier entstanden im Zuge der Herrschaftsbildung feste Rittersitze (Schöneck, Falkenstein, Auerbach, Treuen). Das große fränkische Siedlungsland des mittl. Vogtlandes entwickelte sich unter den Plauener Vögten zu einem geschlossenen Verwaltungsgebiet. – Lediglich das südliche Vogtland wurde von der nordbayrisch-oberpfälzischen Siedlungsbahn erschlossen, war politisch dem Egerland, kirchlich dem Bistum Regensburg unterstellt. Seit 1357 gehört das Gebiet südlich von Adorf, Markneukirchen, Erlbach zum Territorium der Markgrafen von Meißen. Oberpfälz.-egerländische Einflüsse sind noch heute erkennbar.

Vogtland, Oberes Landschaftsschutzgebiet seit 1968 (im Kreis Oelsnitz 9680 ha). Im wesentlichen Erholungslandschaft für die Bevölkerung der ostvogtländischen Industrieorte und für die Kurgäste von Bad Brambach und Bad Elster, in 424–805 m Höhenlage. Durch die Landschaft führt der Gebietswanderweg Klingenthal-Kapellenberg-Plauen-Greiz-Krossen, markiert mit einem roten Quadrat auf weißem Grund. Es gibt gut markierte Ortswanderwege. Das Gebiet hat die Form eines großen Dreiecks mit Schönberg im Süden. Die westliche Begrenzung bildet bis in die Gegend von Arnsgrün die Staatsgrenze zu Tschechien. Von da läuft die Begrenzungslinie durch Freiberg bis Leubetha und führt dann ostwärts über Hermsgrün, Wohlbach, Oberzwota bis an die Staatsgrenze, die dann bis nach Schönberg die ost- bzw. südostwärtige Begrenzung bildet. Im Landschaftsschutzgebiet liegen die größeren Orte Bad Brambach, Bad Elster, Markneukirchen und Adorf sowie weitere 16 kleinere Gemeinden oder Ortsteile. Das Gebiet umfaßt damit den Südteil des Vogtlandes und einen wesentlichen Teil des Elstergebirges. Die von Süden nach Norden abfallende Hochfläche ist durchsetzt von Kuppen und gestreckten Höhenzügen. Die Gewässer wirkten wenig talbildend. Der wesentlichste Wasserlauf ist die Weiße Elster mit den Zuflüssen wie Raunerbach, Röthenbach, Fleißenbach. Das Gebiet zwischen Oberzwota und Hüttenbach wird über die Zwota in die Eger entwässert. Nördlich der Quermulde von Bad Brambach ist der Landschaftscharakter erzgebirgisch, das Gebiet um den Kapellenberg fichtelgebirgisch. Südlich vom Kapellenberg bricht die Landschaft ab in den Egergraben. Im Gebiet kommen Phyllite, Schiefer vor, südlich des Röthenbachtales Fichtelgebirgsgranit. Die zahlreichen Quellen sind meist mineralisch und mit CO_2 angereichert. Sie entstanden durch die Spaltenbildung bei der alttertiären Tektonik. Zu medizinischen Zwecken werden davon genutzt: 9 Quellen in Bad Elster, Eisensäuerlinge verschiedene Mineralisierung; 7 Quellen in Bad Brambach mit der stärksten Radonquelle der Welt. In Sohl werden 3 Quellen von Säuerlingen verwendet, in Schönberg steht eine Quelle der Benutzung zur Verfügung. Das Landschaftsschutzgebiet ist über die Hälfte mit einem Fichten-Kiefern-Wald bestockt. Am warmen Südhang des Kapellenberges wachsen für diese Höhenlage ungewöhnliche, wärmebedürftige Pflanzen. Hasen, Auer- und Birkwild bereichern den üblichen Tierbestand der Wälder. Ein Restbestand der vom Aussterben bedrohten Flußperlmuschel im Raunerbach steht unter Naturschutz. Innerhalb des Landschaftsschutzgebietes gibt es die Naturschutzgebiete: Waldschutzgebiet in der Landesgemeinde mit einer guten Naturverjüngung eines Buchenbestandes und das Waldschutzgebiet am Hüttenbach mit einem Vorkommen an herzynischem Bergwald.

Vogtländisch Die Landschaft Vogtland wird sprachlich dadurch gekennzeichnet, daß die Bewohner neben der Hochsprache noch heute eine Mundart gebrauchen. Es handelt sich dabei um eine Siedlermundart aus dem 10.–13. Jh. Ausgedehnt hat sie sich vom Oberlauf der Saale und Weißen Elster her. Ihre Abgrenzung ist schwierig auszumachen. Leichter erkennbar sind die Übergangsgebiete im Osten und Norden. Hier wechselt das Vogtländisch ins Erzgebirgische und Obersächsische über. Bestimmte Eigenheiten lassen sich im gesamten vogtländischen Sprachraum nachweisen. Jedoch gliedert er sich in drei Teilräume, in zwei kleinere im Süden und einen größeren, der das gesamte übrige Gebiet einschließt. Im Südzipfel des sächsischen Vogtlandes bis nördlich der Linie Adorf-Markneukirchen spricht man eine oberpfälzische, also nordbayrische Mundart, das Südvogtländisch. Kennzeichnend für diese oberdeutsche Mundart auf mitteldeutschem Boden sind die vielen Doppellaute. So stehen den einfachen Lauten in den Wörtern Bruder, Kleid, Spiegel die charakteristischen Doppellaute gegenüber: Brauda, Kload, Spöigel. Das gerollte Zungen-R ist für den Obervogtländer typisch. Im Klingenthaler Grund, um den Aschberg und im Tal der Kleinen Pyra spricht man eine zweite Mundart, die Klingenthaler Mundart, das Südostvogtländisch. Sie ist eine westerzgebirgisch-nordbayrisch-vogtländische Mischmundart. Ihrem Grundzug nach ist sie Westerzgebirgisch. Hier sagt man Bruder, Klaad, Spiegel. Nach Norden zu schließt sich an die Bereiche des Oberpfälzischen und Westerzgebirgischen auf vogtländischem Boden die größere Sprachlandschaft des Vogtländischen an. Sie wird durch die Städtereihe Oelsnitz - Schöneck - Falkenstein - Auerbach - Kirchberg-Reichenbach-Pausa-Mühltroff umgrenzt und reicht in das Bayrische hinein. Im Mittelpunkt liegt die Stadt Plauen. Dabei ist das Gebiet des Kirchberger Beckens, geschichtlich vogtländischer Boden, mundartlich bereits stark westerzgebirgisch verändert worden. Das Gebiet des Vogtländischen gliedert sich in drei Teilräume mit Plauen-Oelsnitz in der Mitte, Falkenstein-Lengenfeld im Osten und Netzschkau-Mylau im Norden. Ungeachtet vieler äußerer Einflüsse, die auf Mundart einwirken, hat sie sich über die Zeiten erhalten.

Volkstracht Wie in anderen deutschen Landschaften gab es auch im Vogtland eine allgemein bevorzugte Bekleidung, die Tracht. Mit der industriellen Entwicklung, Mitte des 19. Jh., kamen billig erzeugte Kleidungsstücke auf den Markt und verdrängten die wertvollen, in Handarbeit gefertigen Trachten. – Kennzeichen für die vogtl. Frauentracht ist ein grobleinernes weißes Hemd mit Spenzer darüber, eine kurze, mit Watte gefütterte Jacke, ein weiter Faltenrock mit davorgebundener seidener Schürze. Als Kopfbedeckung dient die Buckelhaube. Der Deckel ist mit schwarzer Spitze eingefaßt, lange herabhängende Bänder umspielen das Gesicht der Trägerin. Der Stolz einer jeden Frau war der schön in Bunt- oder Goldstickerei gestaltete Haubenfleck, die »Schau«. Im südlichen Vogtland trägt man statt der Buckelhaube eine Haube, um die ein mit schwarzen Fransen verziertes Tuch gewunden wird. Auch im Gebiet Asch (č. As), Roßbach, Hof ist diese Kopfbedekkung anzutreffen. – Unverheiratete Mädchen tragen über das weiße Leinenleibchen ein schwarzseidenes Mieder, dazu ein buntseidenes Brusttuch. Auf dem faltenreichen gestreiften Seidenrock ist die dunkle Seidenschürze vorgebunden mit langen, zur Schleife gebundenen Bändern. Das Haar ist von einem mit bunten Ecken und Fransen verzierten Kopftuch umschlossen, das so zu einer Schleife zusammengebunden wird, daß die Fransen auf der Stirn liegen. In allen vogtl. Frauentrachten herrscht Schwarz neben blauen und violetten Farben vor. – Die Männertracht besteht aus einer kurzen oder Kniebundhose aus Leder, aus einer bunten Weste mit blanken goldfarbenen Knöpfen. Das bunte Halstuch wird unter dem breiten Hemdkragen gebunden. Kennzeichnend für die vogtl. Männertracht ist die »Dachmütz« und der lange Rock.

Waldkirchen Erstmals wurde der Ort erwähnt 1140 als »Waltkirkn«. 1357 ist von »Waltkirchen« die Rede und seit 1791 von »Waldkirchen«. Gedeutet wird die Bezeichnung mit »Ort, bei der im Wald gelegenen Kirche«. Daher rührt die Vermutung, daß sie die einzige weithin im Waldgebiet war. – Waldkirchen war Anfang Mai 1525 der Treffpunkt des dritten vogtländischen Bauernhaufens, zusammengesetzt aus den Untertanen der Herrschaft Mylau. Hier formulierten und erließen die beiden erzgeb. Revolutionäre Wolf Göftel und Georg Ziener die »Die Artikel der uftständischen Bauern im Vogtland«. Die Waldkirchner Bauerngemeinde ging am 15. Mai 1525 kampflos auseinander. – Auf einem kleinen Bergsporn liegt die in ihrem Kern spätromanische Dorfkirche. Der große rechteckige Saalbau hat ein Walmdach. Sein Südturm datiert aus dem Jahre 1651. 1722 wurde die Kirche umgebaut und 1835 erneuert. Das westliche derbe Hauptportal stammt aus dem 13. Jh. Es ist ein seltenes Zeugnis der Romanik im vogtl. Raum. Durch einen späteren Anbau ist es vor Verwitterung geschützt. Die gediegene Innenausstattung ist spätklassizistisch. – Das neben der Kirche stehende Pfarrhaus von 1704 hat ein reich gestaltetes *Fachwerk*. Während des Siebenjährigen Krieges war die Pfarre längere Zeit das Standquartier des Prinzen Heinrich von Preußen. – Dorfabwärts gibt es Gruppen von schön erhaltenen Bauerngehöften. – Kurz bevor die Dorfstraße ins Göltzschtal einmündet, steht auf der rechten Seite das Gehöft »Kölberhaus«. Es ist das Vorwerk des früheren Rittergutes Friesen. – Etwa in der Mitte des Dorfes befindet sich ein *Steinkreuz*. Wegen seiner eigenartigen Form wird es im Volksmund »Pfaarkopf« genannt. Es ist denkmalgeschützt seit 1963. Die Leute erzählen, im Dreißigjährigen Krieg sei ein durch das Dorf sprengender schwedischer Reiter mitten im Ort in einen bodenlosen Morast geraten und darin mit seinem Pferd umgekommen. Zur Erinnerung daran habe man das Kreuz gesetzt.
Hotels. Pensionen, Ferienhäuser u. a.:
siehe Lengenfeld

Information:
Stadtverwaltung 08485 Lengenfeld, Tel. 03 76 06/30 50,
Fax 03 76 06/84 30

Wanderwege Die Wanderwege auf dem Gebiet der neuen Bundesländer sind in Kategorien eingeteilt und entsprechend markiert. Es werden unterschieden: Haupt-, Gebiets- und örtliche Wanderwege. Das Gerüst aller Wanderwege bilden die Hauptwanderwege. Sie führen durch mehrere Landschaftsgebiete und verbinden sie miteinander, ungeachtet der territorialen Zugehörigkeit. Alle Hauptwanderwege sind einheitlich markiert mit einem blauen Zeichen auf weißem Grund. – Gebietswanderwege erschließen ebenfalls ohne Rücksicht auf Territorialgrenzen einzelne Landschaftsgebiete. Gekennzeichnet sind sie mit einem roten Zeichen auf weißem Grund. – Gebietswanderwege stehen mit den Hauptwanderwegen in Verbindung. – Die örtlichen Wanderwege führen von Städten und Dörfern zu nahen Wanderzielen. Sie werden in allen Farben – außer rot und blau – markiert. Diese Kennzeichnung wird durch entsprechende Übersichtstafeln in den Orten und durch Wegweiser und Hinweisschilder unterstützt. Von ihnen läßt sich außer dem Ziel auch die Wegestrecke und Entfernung ablesen. Es gibt spezielle Karten und Wanderhefte, aus denen sich die verwendeten Zeichen ablesen lassen. – Das Vogtland wird wegen seiner landschaftlichen Schönheit und kulturhistorischen Bedeutung von zwei Hauptwanderwegen berührt oder durchzogen. Einmal ist es der 313 km lange Hauptwanderweg von Görlitz über Pirna-Schwarzenberg nach Greiz. Diese Strecke ist markiert mit einem blauen Kreis auf weißem Grund. – Der Wanderweg Zittau-Wernigerode berührt, von Wildenthal kommend, das Schneckensteingebiet, um über Plauen-Syrau-Kauschwitz-Mühltroff in das Thüringische überzuwechseln. Dieser Weg ist gekennzeichnet mit einem liegenden blauen Kreuz auf weißem Grund.

Weida Stadt mit ca. 11 000 Einwohnern. Die schönste Annäherung an eine der ältesten Siedlungen im Vogtland, die zudem dem ganzen Landschaftsraum den Namen Vogtland gegeben hat, führt über die Bundesstraße 92 von Greiz kommend in Richtung Gera. Eine neue Umgehungsstraße schwingt sich über den Bergrücken in das Tal von Weida und Auma, die mächtige Osterburg dominiert das Stadtbild mit dem strahlenden Weiß der aufragenden Mauern, die Zinnen im Hellgrau.

Die Stadt entstand aus der Verlegung einer deutschen Ansiedlung von Wünschensdorf-Veitsberg in das Weidatal zwischen 1152 und 1155. Eines der ältesten Dokumente vogtländischer Geschichte, die Bestätigungsurkunde der Söhne des Vogtes Heinrichs des Reichen von Weida für das Kloster Mildenfurth (s. d.) verknüpft sich mit seiner Entstehung. Um 1180 wurde Heinrich von Weida, ein Ministeriale, dessen Vorfahren selbst noch Unfreie waren, mit der Vogtei über das Elsterland belehnt. Daraus resultierte später der Name Vogtland für das Elsterland. Die Vögte von Weida waren lange das mächtigste Rittergeschlecht des Elsterlandes. 1122 wurde Erkenbert aus dem Hause Reuß Vogt von Weida, seit 1535 ist Weida im Besitz des Hauses Wettin.

Weida hat seinen Namen nach dem Flüßchen gleichen Namens, das in den Bernsgrüner Hochflächen entspringt und ein Zufluß der Weißen Elster ist. Auch heute sind die beiden Stadtteile noch gut erkennbar, die Altstadt um die Ruine der Widenkirche, eines einschiffigen, spätromanischen Bauwerkes, das Mitte des 12. Jahrhunderts entstand und um 1340 durch einen gotischen Anbau vergrößert wurde. Von der Westfront ist nur der Nordturm in voller Höhe erhalten. An die Osterburg angelehnt entstand später die Neustadt mit dem Rathaus und der Peterskirche.

Auch die Peterskirche existiert nur noch als Ruine, ursprünglich ebenfalls romanisches Bauwerk. Gut erhalten ist der dreigeschossige Renaissancebau des Rathauses (1587/1589 entstanden, nach Brand 1687 wiederhergestellt) mit dem hohen Treppenturm mit geschweifter Haube.

Besichtigungswürdig ist die Stadtkirche (ehemalige Franziskaner-Klosterkirche), ein im Kern gotischer Bau, der nach einem Brand 1633 wiederhergestellt wurde, mit Kassettendecke, Emporen und zwei Fürstenstühlen.

Das bedeutendste Bauwerk ist das heutige Schloß Osterburg. Der älteste Teil der Anlage ist der Bergfried, dessen Kern noch aus der zweiten Hälfte des 12. Jahrhunderts stammt. Der untere Teil besteht aus einem mächtigen Rundturm mit Zinne und Umgang, darauf erhebt sich ein Aufbau von 22 Meter Höhe mit Zinnenkranz in einer Gesamthöhe von 70 Metern. Dieser Teil der Burganlage gilt als das schönste Bauwerk dieser Art im ganzen Vogtland. Die übrige Schloßanlage weist die Bautätigkeit über mehrere Jahrhunderte aus. Im Süden der Bergfried, im Norden ein offener Hof, an der Ostseite das ehemalige Rechnungsamt und das dreigeschossige Schloß aus dem 16./17. Jahrhundert. Im Schloßbereich befindet sich das Regionalmuseum Weida mit Expositionen zur Geschichte des Ortes. Sehenswert sind Bürgerzimmer aus dem 19. Jahrhundert und Bauernmöbel aus dem 17. bis 19. Jh. Auf die alten Gewerbe der Stadt wird verwiesen mit Ausstellungsstücken zur Gerberei und Weberei. Wichtige Ausflugsziele: Wünschensdorf-Veitsberg mit Mildenfurth und ins Talsperrengebiet von Weida und Auma.
Information:
Stadtverwaltung 07570 Weida

Weihnachten Im Vogtland ist es eines der großen Feste im Jahresverlauf. Es wird heute nach christlicher Familientradition gefeiert. Die Vorbereitungen beginnen lange vorher und dauern über Wochen. Früher stand dabei im Mittelpunkt das Ausbacken des Weihnachtsstollens beim Bäcker, der Besuch des Weihnachtsmarktes, das Aufstellen weihnachtlicher Figuren, die Besorgung des Christbaumes, das Bekleben des Moosmannes mit neuem Material. Zu den weihnachtlichen Gestalten gehört der »Rupperich« (Knecht Ruprecht). Im östlichen Vogtland heißt er seines furchterregenden Aussehens wegen »Kettenrupperich« oder »der Biese vun dr Winselburg«. – In seiner Begleitung befindet sich das freundliche »Bornkinnel«. Beide werfen Geschenke für die Kinder durch das Fenster. Erstmals geschieht das am Nikolaustag. Inzwischen stehen im Fenster *Moosmänner,* in den Stuben *Drehtürme,* mit einem Paradiesgärtlein dabei, Räuchermänner. Höhepunkt des Festes ist der Heiligabend. Am Vormittag putzt die Familie den Christbaum an, schmückt ihn mit *Zuckermänneln* und Lametta. Für den Tag, vor allem für die am Abend beginnenden 12 Internächte, herrschen viele Gebote und Verbote, die örtlich recht verschieden sind. Einheitlich ist: Schlag 18 Uhr brennen alle Kerzen und die Familie setzt sich zum gemeinsamen Essen an den Tisch. Es gibt »Neunerlei«, d. h. neun verschiedene Speisen. Sie sind in den Orten unterschiedlich: Bratwurst, Gänse-, Kaninchen-, Rinder- oder Schweinebraten. Dazu ißt man grüne Klöße. Als Zubrot gelten: Linsen, Hirsebrei, Semmelmilch, Sellerie. Jede Speise hat eine symbolische Bedeutung: Klöße bringen z. B. Taler, Sellerie Fruchtbarkeit, Sauerkraut langes Stroh. Nach dem Essen kommt Knecht Ruprecht. Er gibt seine Gaben erst frei, lösen sie die Kinder durch ein Verslein ein. Ist er gegangen, beschert sich die übrige Familie gegenseitig. In manchen Familien erfolgt das erst am anderen Morgen vor dem Mettengang. Den selbstgebakkenen Weihnachtsstollen schneidet man nach der Bescherung an. Am zeitigen Morgen des Weihnachtstages besucht die Familie die Metten. – Früher hängte man den Christbaum wie einen Leuchter an die Decke. Man streute Stroh in die Stube in Erinnerung an den Stall von Bethlehem. Neu zu überlieferten Bräuchen ist das Beleuchten der Fenster und der im Garten stehenden Nadelbäume hinzugekommen, das Aufstellen von Ortspyramiden vor Rathäusern, auf Marktplätzen und das Weihnachtssingen.

Weischlitz Etwa 400 m ü. NN. Am Nordausgang des Durchbruchs der Weißen Elster durch das mittelvogtländische Kuppenland. Die Siedlung liegt auf dem westlichen Elstertalhang, ein Gassendorf, das aus Gutsblöcken und Blöcken aus des Rittergutes unterem Teil hervorging. Oberweischlitz ist ein erweitertes Gassendorf. Der Ort wird von verschiedenen Bergen umgeben. Im Westen, zwischen Kröstauer und Thossener Straße, liegt der Deichselberg mit 535 m ü. NN, im Norden der Butterpöhl 430 m, im Nordosten der Pfarrberg 430 m, im Südosten der Galgenberg 462 m, und im Süden dominiert der Hirtenpöhl mit 432 m ü. NN. – Erstmals wurde der Ort urkundlich 1274 erwähnt als »Wisols«, 1328 als »Weyscholz«, 1422 wird ein »(Hansen von) Weischold« genannt, und ab 1579 ist die Bezeichnung »Weischlitz« im Gebrauch. Sie könnte abgeleitet sein vom Personennamen »Wiswald«, oder »Wisold« ö. ä., jedoch ohne Grundwort. – Im Ort gibt es Überreste zweier mittelalterlicher Wasserburgen. »Zwiezaun« (auch »Rundele« genannt, »Rundteil«) an der Stelle des Sportplatzes und »Froschteich« im Wiesengelände ostwärts der Weißen Elster. Beide Anlagen im Verlauf der Zeit eingeebnet. Sie werden in Verbindung gebracht mit dem Adelsgeschlecht von Weischlitz. Urkundlich erstmals erwähnt 1381. Aus diesen Wasserburgen gingen vermutlich zwei der acht Vorwerke hervor, die es im 15. Jh. in Weischlitz gab. – Das Herrenhaus des ehemaligen Rittergutes oberen Teils stammt aus dem 18. Jh. zweigeschossig mit Mansardendach. Ornamental gestaltetes Granitportal. Dazu gehören zwei reichgegliederte Fachwerkscheunen am Elsterufer. Anlage seit 1942 unter Denkmalschutz. – An der Straße Geilsdorf-Schwand, etwa 250 m südostwärts auf der Höhe einer bewaldeten Kuppe, eine aus der Zeit der örtlichen Feudalentwicklung stammende Wehranlage, »Schwedenschanze«. Name stellt historisch falschen Bezug her. Reste einer mittelalterlichen Burg. – Besitzt erhöhten inneren Turmhügel, den »Brühl«, Graben und Außengraben. An der nordostwärtigen Grabenseite ein in den Felsen gehauener rechtekkiger Brunnen, der noch heute Wasser führt. – In der Ortslage ein nach hierher umgesetzter *Griebenherd.* – Im Flurstück »Auf der Heide« im Grünstein eingefahrene Wagenspuren. Zeugen einer alten Handelsstraße von Hof nach Plauen. Vorwiegend befahren, wenn die Straße bei Pirk durch Frühjahrshochwasser unpassierbar war. – Zur südlich von Oberweischlitz liegenden Gutssiedlung Rosenberg gehörte bis Mitte des 19. Jh. eine Schäferei und Ziegelei, daher der nördlich der Straße liegende Ziegeleiteich. Die Siedlung wird 1642 erstmals urkundlich genannt. – Vom Eichberg aus gute Sicht nach Osten zur Pirker Talsperre, nach Süden in die Täler des Triebel-, Feile- und Kemnitzbaches. Von den anderen ortsnahen Bergen bei gutem Wetter Fernsicht auf den Ort und das umliegende Vogtland. – Die römisch-katholische Kapelle St. Ulrich an der Straße nach Schwand 1931 errichtet. Die Muttergottesstatue schuf Elly-Viola Nahmmacher, Greiz. – Im Ortsteil Unterweischlitz seit 1806 Industrieentwicklung. Der Gutsherr von Seckendorf nutzte die günstige Situation, die durch die Kontinentalsperre entstanden war, im ehemaligen Malzhaus der Gutsbrauerei eine durch Göpelwerk betriebene Spinnerei einzurichten. 1816/17 entstanden im Norden des Ortes Fabrikanlagen.
Ferienhäuser, Privatvermieter u. a.:
Ferienhaus *Heinz,* Tel. 03 74 36/23 55
Privatunterkunft *Popp,* Tel. 03 74 36/8 42 81
Information:
Gemeindeverwaltung 08538 Weischlitz,
Tel. 03 74 36/22 69, Fax 03 74 36/21 02

Weißensand mit Ortsteil Kleinweißensand. Siedlung mit bäuerlichem Charakter. An der Göltzsch gelegen. – Die Siedlung wird urkundlich erstmals erwähnt 1140 als »Weissensand«, 1271 heißt sie »Wissensande« und 1415 wird »(eyn Wasser gelegen) zcu Wissensande (an der Gulczsch)« genannt. Die Ortsbezeichnung bedeutet soviel wie »Ort auf oder bei einer weißen sandigen Fläche«. – Aus dem Jahre 1564 gibt es eine Nachricht von der Goldsuche in der Göltzsch. Um 1728 gibt es zwischen Lengenfeld und Mühlwand sieben Goldwäschen. Wegen zu geringer Funde wurden sie um 1832 eingestellt. – Unweit des Ortsrandes, an der alten Straße nach Wolfspfütz, gibt es Reste der bedeutendsten mittelalterlichen Wehranlagen des Kreises Reichenbach, im Volksmund »Heidenschanze« oder »Burg« geheißen. Der Wall liegt auf steilem, von Felspartien durchsetzten Abhang des Göltzschtales. – Nordwestlich des Ortes Brücke der Autobahn über das Göltzschtal, Ende 1938 fertiggestellt, 400 m lang, 35 m hoch. – Etwa 1,5 km talaufwärts läßt sich in einem Steinbruch der Durchbruch von Diabas durch die Schieferschicht gut erkennen. – Der Ortsteil Kleinweißensand liegt unmittelbar an der Göltzschfurt des alten Verbindungsweges zwischen Reichenbach-Schneidenbach-Treuen. Entstanden ist Kleinweißensand Ende des 12. Jh. aus acht Siedlerstellen deutscher Einwanderer. Die bis Mitte des 18. Jh. selbständige Gemeinde gehörte zum Kirchspiel Waldkirchen. Die

Göltzsch war die Sprengel- und Herrschaftsgrenze. Heute ist die Siedlung mit Weißensand verwachsen, im Volksmund »Lederhose« genannt. – Auskünfte: Gemeindeverwaltung.

Wendelstein Auerbach (Vogtl.). Der Aussichtspunkt in 732 m Höhenlage, liegt westlich von Grünbach im Dreieck der Straße Falkenstein-Muldenberg und Grünbach-Neustadt, innerhalb des *Landschaftsschutzgebietes Oberes Göltzschtal*. Er besteht aus einem langgestreckten Zug von zackigen, wild durcheinandergeworfenen, zerklüfteten Felsmassen aus grauwackenartigem Quarzit, der von Südwesten nach Nordosten verläuft. Die Felsmassen fallen nach Südosten zu steilen schroffen Wänden ab. Der schmale Felskamm zieht sich vom Friedrichstein auf der Hochfläche von Schöneck mit verschiedenen Unterbrechungen in nordöstlicher Richtung über Falkenstein hin und findet in der Auerbacher Gegend seinen Abschluß. Der Wendelstein steht unter Naturschutz. Urkundlich 1788 als »Wiener-« und 1792 als »Winnerstein« genannt, nach dem Ortsteil »Winn« von Neustadt. Dort besaßen die Falkensteiner Feudalherren von Trützschler ihre Schäferei. Dem Herkommen nach bedeutet »venne« mittelhochdeutsch »Sumpf«. Auch heute ist das Gelände noch sumpfig. Metzner irrt, wenn er den Namen von »Wänden, Felswänden« abgeleitet wissen will. – Vom höheren südlichen Felsen guter Rundblick. Nordostwärts von Falkenstein ist im Göltzschtal Ellefeld und Auerbach zu erkennen, dann Schnarrtanne, die Goldene Höh mit dem Reiboldsgrüner Karlsturm und im Vordergrund Beerheide. Nach Osten hin breitet sich die Gebirgslandschaft aus. Zu erkennen sind der Spiegelwald bei Grünhain, der Annaberger Pöhlberg, Auersberg, Großer Rammelsberg, Kiel und Schneckenstein erheben sich mit ihren Wäldern. Im Südosten liegt Grünbach, Werda, Poppengrün, weit entfernt der Ochsenkopf und Schneeberg im Fichtelgebirge, der Große Kornberg bei Kirchenlamitz. In der Richtung des Kirchturms von Werda weit entfernt der Döbraberg im Frankenwald, westwärts der Kemmler bei Plauen und nördliche Teile der Stadt. Rechts ist der Kuhberg bei Netzschkau und der Hirschstein bei Greiz zu sehen. Am niedrigen nördlichen Felsen ist eine Erinnerungstafel für *Wilhelm Adolf von Trützschler*, den Revolutionär von 1848/49 angebracht.

Werda mit Ortsteil Kottengrün, südwestlich von Falkenstein, Industriedorf mit etwa 1100 Einwohnern. An der Landstraße von Falkenstein nach Oelsnitz (Vogtl.), die hier, bei etwa 600 m Höhenlage, ihren Scheitelpunkt erreicht. Nächste Höhe, der Eimerberg, 676 m ü. NN. Erstmals wurde Werda 1421 schriftlich erwähnt als »Wyden«, 1420/40 heißt es »zu Werde« und 1460 wird der Ort dann »Werda« genannt. Man vermutet dabei die Ableitung des mittelhochdeutschen Wortes »werd, wert«, was soviel heißt wie »Ufer, Land, Halbinsel« und »Ort am umflossenen Weideland«. Die Siedlung entwikkelte sich aus einem Waldhufendorf mit ursprünglich 19 Hofstellen. Sie wurden durch Erbteilung immer kleiner, so konnten sie nicht mehr die Lebensgrundlagen sichern. Dadurch kam die Handweberei auf. Sie wurde Mitte des 19. Jh. durch die Maschinenstickerei abgelöst. Als es hier eine Flaute gab, gingen viele Bewohner zur Gardinenweberei über. – Nahe der Schmiede des Dorfes noch Reste einer kleinen *Ringwallanlage* aus dem 13. oder 14. Jh. erkennbar. – Ein im Jahre 1800 zugewanderter Bäcker stellte die ersten *Zuckermännle* her. Er begründete damit eine bis heute lebendige Tradition des Ortes. – Nordostwärts vom Dorf befindet sich die Geigenbachtalsperre Werda, auch Werdaer Talsperre genannt. Sie liefert für die Stadt Plauen einen großen Teil des Trinkwassers. Die Wasserfläche ist ca. 30 ha groß. Das gestaute Wasser fließt aus dem Schönecker Wald herzu. Der Stauinhalt beträgt etwa 4 Millionen Kubikmeter. Die Sperrmauer ist 275 m lang, 42 m hoch, unten 25 und auf der Krone 4 m dick. Gefügt wurde sie aus dem hier anstehenden gehärteten Kontaktschiefer. Der Untergrund ist das Bergener Granitmassiv. Sie ist eine der ältesten Talsperren Deutschlands, entstanden in den Jahren 1904–1906. Durchschnitten wird sie von der Landstraße Falkenstein-Oelsnitz. – Von Werda aus gute Fernsicht auf das Gebiet des mittleren Elstertales, die CSFR und das entferntere Fichtelgebirge. Wintersportgebiet (Skilift).

Gasthöfe, Ferienwohnungen u. a.:
Gasthof *»Zur Sonne«*, Tel. 03 74 63/8 83 25
Ferienwohnung *Hubert Seidel*, Tel. 03 74 63/8 98 04
Ferienhaus *Frieder Eckstein*, Kottengrün,
Tel. 03 74 63/8 98 11
Information: Gemeindeverwaltung, 08223 Werda,
Tel. und Fax 03 74 63/8 82 32

Wernesgrün Kleine ländliche, von Brauereien geprägte Gemeinde, gehört heute zur Großgemeinde Steinberg. »Vogtländisches Bierdorf«.

Wernesgrün wird urkundlich erstmals erwähnt 1411 als »Bernesgrune«, 1460 ist von »Villa Wernesgrün« die Rede und seit 1791 gilt die Bezeichnung »Wernesgrün«. Gedeutet wird der Ortsname mit »Rodesiedlung eines Wernher«. Das Dorf wurde um 1200 von fränkischen Bauern auf wilder Wurzel angelegt. Auf Grund des

Lehnsbriefes über Braurecht von 1436 üben die Bewohner das Bierbrauen aus. Besichtigung nach Voranmeldung (03 74 62/6 13 99) möglich. Brauerei Gutshof, Veranstaltungen und Fernsehaufzeichnungen. Wesentlich für das Brauereiwesen ist das zur Verfügung stehende weiche Wasser, das hier zwei Härtegrade hat im Gegensatz zum üblichen Stadtwasser von 30. Die Ortsflur bildet den geologischen Übergang vom Vogtland zum Erzgebirge. Wernesgrün liegt eingebettet zwischen Steinberg, 659 m ü. NN und dem Kuhberg, 795 m ü. NN. Er ist durch einen Steilaufstieg vom Ort zu erreichen. Hier befindet sich der Übergang von reinem Schiefer durch die Kontaktzone mit verschiedenen Übergangsstufen in den reinen Granit des Berggipfels. – Wernesgrün ist der Geburtsort von *Andreas Schubert*. Ein Denkmal steht in der Ortsmitte. Am Steinberg liegt ein Naturschutzgebiet mit erhaltenswerten naturnahen Waldbeständen.
Auskunft: Gemeinde Steinberg, Am Baumweg 3,
08237 Steinberg, Tel. 03 74 62/67 10.
Hotel u. a.:
»Zur Linde«, Brauereistr. 33, Tel. 03 74 62/2 98 00,
Fax 03 74 62/2 98 02

Wernitzgrün Die kleine Dorfgemeinde liegt südlich von Markneukirchen, mitten im Elstergebirge, in ca. 650 m Höhenlage. Gehört heute zu Erlbach. Der Ort liegt unmittelbar an der Staatsgrenze zu Tschechien. 1378 wird er erstmals in Urkunden als »Werhersgrüne deserta« genannt. Entstanden ist er im Zuge der Besiedlung des oberen Vogtlandes in der Mitte des 13. Jh. Kurz nach seiner Gründung wird er aufgelassen und gilt bis Mitte des 16. Jh. als »cerwüst«. Von da ab siedeln die Grundherren, die auf dem Untererlbacher Rittergut sitzen, Fröner und Handwerker an. So entsteht der Ort erneut. Seit 1971 heißt er »Wernitzgrün«. Damit wird auf eine »Rodesiedlung eines Wernher« verwiesen. – Der Ort hat sich in letzter Zeit zu einem beliebten Ferienort entwickelt. – Herz- und Kreislauferkrankte suchen hier Erholung. Durch die mit Wald völlig umschlossene Flur gibt es dafür günstige Voraussetzungen. Die Umgebung bietet ideale Möglichkeiten zum Wandern und für den Wintersport.
Ferienwohnungen u. a.:
Haus Rudolf Götz, Tel. 03 74 22/4 68 49,
Fax 0 92 74/9 40 62
Information: Gemeindeverwaltung, 08258 Wernitzgrün

Wetzstein, Johann Gottfried Orientologe, Forschungsreisender. Geboren am 19. Febr. 1815 in Oelsnitz (Vogtl.), Sohn eines Weißgerbermeisters. Besuch der Volksschule seiner Geburtsstadt, danach des Gymnasiums in Plauen. Studierte in Leipzig Theologie, wechselte in die Orientalistik über. Nach Aufenthalten in London und Oxford wurde er Dozent für arabische Sprachen an der Universität in Berlin. Die preußische Regierung berief ihn 1848 zum Konsul von Syrien. Das bot ihm Gelegenheit zu umfangreichen Forschungsreisen durch Syrien, Palästina, Nordarabien. 1858 durchforschte er das Haurangebirge. Als Ergebnis seiner Studien erschien 1860 in Berlin der »Reisebericht über Hauran und die Trachonen«. Wesentlich war er mit Tischendorf an der Entdeckung des »Codex Sinaiticus« aus dem 4. Jh. beteiligt. 1862 kehrte er nach Berlin zurück. Publizierte viele wissenschaftliche Arbeiten über Palästina und Arabien. 1890 wurde er Ehrenbürger der Stadt Oelsnitz (Vogtl.). Er war Mitglied der Akademie der Wissenschaften von München und Göttingen. Hochbetagt starb er am 18. Jan. 1905 in Berlin.

Wiedersberg mit Ortsteil Blosenberg. Eine der sog. *»Streitpfarreien«*. – Erstmals urkundlich erwähnt im Jahre 1267 als »Widersberch«, 1288 wird ein »Eberhard von Widersberg« genannt, 1367 heißt die Ansiedlung »Wedersberg«. Man leitet den Namen her von einer »Am (Schloß-) Berg gelegenen Siedlung eines Withers, Witar«. – Im Gemeindebuch des Markgrafentums Brandenburg-Ansbach-Bayreuth von 1440 wird die Pfarrei als zum Amt Regnitz-Hof gehörend aufgeführt und eine Filiale der Hofer Lorenzkirche genannt. Beim Austauschvertrag von Gefell von 1524 zwischen dem Kurfürsten Friedrich von Sachsen und dem brandenburgischen Markgrafen Kasimir von Ansbach-Bayreuth ging die Pfarre in sächs. Gebiet über. – Nördlich der Kirche auf einem gegen Westen vorgeschobenen steilen Felsausläufer des Haagberges liegen Reste einer Burg. Vermutlich als Schildmauerburg im 12. Jh. zur Sicherung der Handelsstraße Hof-Plauen durch die Vögte angelegt. Sie war bereits im 15. Jh. verfallen. An Resten bis heute erhalten der nach der Bergseite zu aus dem Felsen herausgehauene doppelte Halsgraben, dahinter noch erkennbar die Fundamente von zwei starken quadratischen Türmen. Reste des Palas' als sog. Jägerhaus befinden sich Inneren des Burghofes, ein langgestrecktes Gebäude auf altem Fundament mit tonnengewölbten Kellern. Der zwischen der Vor- und Hauptburg liegende Torturm wurde 1939/40 ergänzt und überdacht. (Ein Modell der gesamten Anlage kann im Rathaus Wiedersberg besichtigt werden). – 1322 wurde im Ort eine Kapelle gebaut. Die heutige Kirche entstand von 1729–1732 und gleicht aus der Vogelperspektive einem Kreuz, ein einschiffiger Rechteckbau mit einem Turm von 1910. Der Kanzelaltar aus

dem Jahre 1730 stammt von dem Hofer Bildhauer Johann Nikolaus Knoll (1667–1735) mit einer Kreuzigungsgruppe an der von großen Schnitzfiguren des Petrus und Paulus gerahmten Kanzel. Der ebenfalls von Knoll geschaffene Taufengel befindet sich im *Vogtlandmuseum Plauen,* die Orgel in der *Friedhofskapelle in Oelsnitz.* Der alte Dorfgasthof ist ein *Fachwerkbau* mit massivem Untergeschoß aus dem Jahre 1650. Die Holzdecke in der Gaststube soll aus dem Jahre 1727 stammen. (Das Haus diente *Hermann Vogel* als Motiv für seine Illustrationen zu Grimms Märchen). – Nordwestlich der Ortsteil Blosenberg. Erstmals genannt im Jahre 1296 als »Plozinberch«, 1459 wird von »Plasenberg« gesprochen und seit 1545 ist dann Blosenberg im Gebrauch. Man deutet den Ortsnamen mit »Ort am bloßen Berg«. Er wird vom Kammweg berührt, der von Possek über Wiedersberg kommt und am Schwarzenstein vorüber weiterführt nach Ramoldsreuth.
Hotels, Pensionen, Unterkünfte u. a. siehe Oelsnitz
Information: Fremdenverkehrsamt, 08606 Oelsnitz, Tel. 03 74 21/2 07 85, Fax 03 74 21/2 07 97

Wildenau Heute Teil von Steinberg. Die dörfliche Gemeinde liegt ca. 6 km nordostwärts von Auerbach in waldreicher Umgebung. Sie ist eingebettet in das Kirchberger Granitbecken, nördlich vom Jüdenstein mit 585 m ü. NN, Steinberg mit 659 m und Mauersberg mit 639 m Höhe. Im Ort werden Bürsten hergestellt – Erstmals wird die Siedlung urkundlich erwähnt 1413 mit »Tzu Wildnawen«, 1460 mit »Villa Widenaw«. Seit 1533 ist die Bezeichnung »Wildenau« im Gebrauch. Das heißt soviel wie »Ort in der wilden Aue«. – Vom Ort führt ein steiler Aufstieg zum 659 m hohen Aussichtspunkt Steinberg. Er liegt inmitten des Naturschutzgebietes mit erhaltenswerten naturnahen Waldbeständen. In diesem Gebiet gibt es Blocksteinmeere und bemooste Felsengruppen. Das Gebiet bildet den Südrand des Kirchberger Granitbeckens. Durch die Höhe und Lage gibt es von hier aus eine gute Fernsicht von dem 17 m hohen Aussichtsturm. Nach Norden zu zur aufgelockerten Landschaft des Kirchberger Granitbeckens, nach Süden und Südwesten zu sieht man die Waldgebiete des Vogtlandes und Erzgebirges. Der Blick nach Süd- und Nordwesten geht zum Gültzschtal, dem mittleren Vogtland und in die Gebiete jenseits der Weißen Elster. Auf dem Berg gibt es eine Gaststätte. – Auskunft: Gemeinde Steinberg, Am Bauhof 3, 08237 Steinberg, Tel. 03 74 62/67 10

Windisch, Karl August Verfasser vogtländischer Mundartdichtung. Geboren am 4. Jan. 1816 in Marieney. Ab 1832 besuchte er das Lehrerseminar in Plauen. Danach von 1835–1895 Lehrer in Hohenstein, Werdau und Frankenberg. Verlebte seinen Ruhestand in Frankenberg, starb dort am 10. Juli 1902. Dichtete in vogtl. Mundart. Schuf vor allem seiner Schwester für die Spinnstube und den »Sommerhaufen« Gesänge und viele Gelegenheitslieder.

Winselburg, siehe Mühlleithen

Wintersport Das Vogtland gilt durch seine abwechslungsreiche Landschaft, seine Höhenlage und relative Schneesicherheit als Wintersportgebiet. Neben dem Breitensport haben sich Zentren des Leistungssports herausgebildet. Zu den bekanntesten Gebieten zählt der Kornberg bei Rehau, Klingenthal mit dem Aschberg, Mühlleiten und Schöneck. – Für die Bewohner des bayrischen Vogtlandes hat sich der Hohe Kornberg zum Eldorado Wintersportbegeisterter entwickelt. Hier bestehen für alle Sportarten günstige Bedingungen. Vor allem für den Skilauf ist gesorgt. So gibt es zwei Pisten mit Flutlichtanlage, einen Schlepplift und Skiloipen. Das Gebiet ist bequem von Rehau aus zu erreichen. – Klingenthal und der Aschberg sind durch das Skispringen bekannt geworden. Die Große Aschbergschanze ist in jedem Winter Austragungsort nationaler und internationaler Sprungwettkämpfe. Aus Klingenthal und vom Aschberggebiet kommen bekannte Skispringer von internationalem Rang. Die Aschberghänge eignen sich für den Abfahrtslauf, zum Langlauf gibt es abwechslungsreiche Loipen. Den Skiwanderern bieten die weiten Waldungen, die bis zum Westerzgebirge reichen, vielseitige Möglichkeiten. – Mühlleiten gilt als Austragungsort von Langläufen. Jedes Jahr fanden hier die bekannten »Internationalen Damenskirennen« statt, an denen die Elite der Welt teilnahm. Auch für den Breitensport ist gesorgt. Beim Ortsteil Winselburg befindet sich die Vogtlandschanze. Die große Aschbergschanze ist bequem zu Fuß oder mit den Skiern zu erreichen. – Schöneck bietet vor allem dem Breitensport reiche Entfaltung. Die Stadt verfügt ortsnahe über ein großes Skigelände aller Schwierigkeitsgrade.

Wohlhausen, siehe Erlbach

Wohnstallhaus Zum Erscheinungsbild der vogtländischen Dörfer gehört das Wohnstallhaus. Das ist ein Haustyp, der mehreren Funktionen gerecht wird. Er dient als Wohnung, Stall und häufig auch als Scheune. Wohnstallhäuser haben ihre Haustüre an der Längsseite.

Durch sie gelangt man in den Flur, der gewöhnlich »Haus« heißt. Geradeaus liegt der immer aus Stein aufgeführte, meist älteste Teil des Hauses, die Küche. Hier befindet sich die einzige Feuerstelle. »Eigenen Rauch haben« heißt »eigenes Hauswesen« zu besitzen. Die Feuerstelle der Küche ist als »Hinterlader« ausgebildet und dient der Speisenzubereitung. Der dabei entstehende Rauch sammelt sich aus Abzugslöchern im Küchenraum und gelangt durch den auf der gewölbten Decke sitzenden Schlot ins Freie. Diese rußgeschwärzte Küche heißt deshalb »schwarze Küche« oder »Rußküche«. Der Raum ist fensterlos. Die einzige Helligkeit erzeugt das Herdfeuer und das durch den Rauchabzug einfallende Licht. Auf der einen Seite des Flurs befindet sich die Wohnstube. Sie ist aus Balkenwerk aufgeführt. Ihr gegenüber liegt der Stall. Er hat festes Mauerwerk. Der darüberliegende Dachraum dient häufig als Scheune. Durch ein Futterloch kann man das Heu direkt in den Stall werfen, über ein entsprechendes Loch den Mist ins Freie stoßen.

Wünschensdorf-Veitsberg Wünschensdorf ist mit seinen Ortsteilen Veitsberg und Mildenfurth für die historische und kunsthistorische Erkundung des vogtländischen Raums interessant. In dem alten Kirchdorf Veitsberg, wo die Weida, kurz zuvor mit der Auma vereinigt, nunmehr in die Elster abfließt, befindet sich eine nach dem heiligen Vitus benannte Kirche. Um 1250 berichtet ein Chronist, die Kirche sei im Jahre 974 von dem Grafen Attribo und seiner Gemahlin Willa gegründet worden. Sie wurde 1162 oder 1168 von Erkenbert von Weida und seinem Sohn Heinrich wiederhergestellt. Die Veitskirche ist im Kern frühromanisch, später mehrfach umgebaut und erweitert. Heute am Ostende des Seitenschiffes romanische Kapelle mit Kreuzrippengewölbe, Westturm mit spätgotischem Portal, im Inneren spätgotischer Flügelaltar von 1480. Auf Wünschensdorfer Gebiet befinden sich auch die Reste des ehemaligen Klosters Mildenfurth, dessen Gesamtlage von der Veitsberger Höhe gut erkennbar ist. Heinrich der Erste von Weida, der von Kaiser Friedrich Barbarossa zum »advocatus imperiale« ernannt wurde, mit Blutbann und Landesherrenbann innerhalb des übernommenen Lehens, wurde damit der erste Reichsvogt des Vogtlandes. Er stiftete 1193 das Prämonstratenserkloster Mildenfurth, das dann auch zur Begräbnisstätte der Vögte von Weida wurde. Die Klosterkirche wurde später mehrfach umgebaut, von der ehemaligen Basilika sind der Chorraum, südlicher Nebenchor, einige Reste des Langhauses, Teile des Westbaus mit Stufenportal noch vorhanden. Die seit dem 16. Jh. begonnenen Umbauten in Wohngebäude und Jagdschloß haben große Teile der ursprünglichen Anlage zerstört.
Information: Gemeindeverwaltung,
07570 Wünschendorf

Zeulenroda Zeulenroda liegt geologisch im Thüringer Schiefergebirge, auf einer Hochfläche zwischen den Flüssen Weida und Triebes in einer mittleren Höhenlage von 400 Meter ü. NN. Die Siedlung entstand als spätmittelalterliche Gründung der Vögte von Weida. Seit dem 13. Jahrhundert gibt es an den Knotenpunkten der alten Fernstraßen zwischen dem Orlagau und Elsterberg und zwischen Weida und Hof eine Rodung, deren Name mit dem vermutlichen Ortsgründer Ule-Eule in Zusammenhang gebracht wird: »Ze Ulenroda«. Seit 1483 hat die Ansiedlung Stadtrecht. In den kommenden Jahrhunderten mehrfacher Wechsel der Landeshoheit, um 1500 Enklave von Greiz, seit 1918 Land Thüringen.

Seit 1700 Strumpfwirkerei, Zeulenroda wächst zu einem Zentrum der Strumpfwirkerei, bis gegen Ende des 19. Jahrhunderts die Maschinenstühle die Handwirkerei verdrängen. Seit 1890 Möbelbau und kleinere Industriebetriebe.

Das Stadtbild, das durch Brände von 1790 und 1818 mehrfach verändert wurde, bietet keine bedeutenden Sehenswürdigkeiten. Interessant ist der klassizistische Bau des Rathauses von 1825/1827 wie die ebenfalls klassizistische Dreieinigkeitskirche. Das Städtische Kunstgewerbe- und Heimatmuseum (Aumaische Str. 30, Telefon 3006) zeigt in einer umfangreichen Exposition stadtgeschichtliche Entwicklungen und Beispiele der Wohnkultur des Biedermeier, der Gründerzeit, des Jugendstil u. a. Lohnende Ausflüge in die Umgebung an die Talsperre Zeulenroda, zwischen 1968 und 1976 entstanden: Das größte Brückenbauwerk Ostthüringens überspannt die Sperra mit 326 Meter Länge (Landstraße Zeulenroda-Auma-Triptis). Auch die Weidatalsperre, entstanden 1949 bis 1956, dient der Trinkwasserversorgung des ostthüringer Raumes. Auskünfte: Stadtverwaltung.

Zobes Der Ort liegt in einer Quellmulde nahe der Trieb an der Grenze des mittelvogtländischen Kuppenlandes zum östlichen Vogtland, 378–485 ü. NN. Aufstrebender Ferienort im Erholungsgebiet der Talsperre Pöhl, 1328 wird das Platzdorf erstmals Zcobozen genannt, über Jahrhunderte rein bäuerlicher Charakter. Nach dem 2. Weltkrieg Uranbergbau durch die sowjetisch-deutsche Aktiengesellschaft Wismut, Haldenreste in der unmittelbaren Umgebung sind Zeugnisse dieser Bergbautätigkeit

bis zum Ende der sechziger Jahre.
Unterkünfte u. a.:
Gasthaus Haack, Tel. 0 37 41/41 32 67
Information: Fremdenverkehrsamt Vogtländische Schweiz, 08543 Möschwitz-Pöhl, Tel. 03 74 39/4 50 13, Fax 03 74 39/4 50 13

Zuckermännle Backen von Zuckermännle, eine verbreitete Volkskunst des oberen Vogtlandes in der Weihnachtszeit, vor allem in den Dörfern Werda, Gunzen und Theuma. Heute nur noch in Werda. Das Gebäck geht auf den Bäcker Salomi Günnel zurück, der um 1800 die Dorfbäckerei in Werda übernahm und »Zuckermännle« im Angebot hatte. Andere Stadt- und Dorfbäcker folgten. Übernahme später in Familienbäckerei, die damit eine Kinderfreude bereiteten oder sich im Hausierhandel, auf Messen und Märkten, einen Nebenverdienst sicherten. – Zuckermännle sind ein kleines Bildgebäck. Der Teig besteht aus Mehl, Eiern, Wasser, Milch. Als Treibmittel dient Hirschhornsalz. Aus den Zutaten wird ein rollfähiger Teig bereitet, dünn ausgewalzt und daraus werden mit dem »Firmer« Figuren ausgestochen. Firmer sind vom Flaschner aus Weißblech hergestellte Formen, die z. B. der Bäcker von Gunzen an die Leute verlieh. Der Formenreichtum entstammt dem Arbeits- und Lebensbereich, oft sind überlieferte Sinnbilder darunter: Vögel, Hasen, Hähne, Reiter, Männel und Weibel, Schlüssel, Trompeten. Ausgebacken werden die Figuren in mehrstöckigen gußeisernen Ofen. Die Figuren müssen danach durchgebacken, jedoch noch von weißer Farbe sein. Bemalung erfolgt mit roten, grünen, seltener mit gelben Farben. Jede Familie hat dabei ihre Eigenart, mit Punkten, Strichen, Kringeln, Wellenlinien das Gebäck zu verzieren. Manches Stück mit Sprüchlein versehen. Zuckermännel werden, mit einem Faden versehen, als Behang des Weihnachtsbaumes gemeinsam mit Äpfeln und vergoldeten Nüssen genutzt.

Zürner, Adam Friedrich Geboren am 15. 8. 1679 als eines von zehn Kindern des Ortspfarrers von *Marieney*. Ein Freund der Familie, der damals noch nicht beamtete Geistliche Nikolaus Spranger, richtete das Interesse des Jungen auf Geographie und historische Wissenschaften. Besuch der Lateinschule in Plauen von ca. 1691 bis 1698. Danach Theologiestudium in Leipzig und Wittenberg, hier widmet er sich auch mathematischen, zeichnerischen und geographischen Studien. 1705 Pfarrerstelle in Skassa bei Großenhain.

Zürner beginnt mit seinen kartographischen Arbeiten. 1711 widmet er die »Special-Landt-Charte von Großenhain« Kurfürst August dem Starken, der sich für Zürners Arbeiten interessiert und nach einem Auftrag für eine Karte des Dresdner Gebietes 1713 Zürner mit der kartographischen Vermessung des gesamten Kurfürstentums beauftragt. Zürner erhielt nun als kurfürstlicher Geograph für jeden kartographierten Ort sechs Groschen, später wurde das Salär auf 11 Groschen erhöht. 1721 gab er seine Pfarrerstelle endgültig auf und wurde kursächsischer Land- und Grenzkommissar.

Für seine Vermessungen hatte er einen »Geometrischen Wagen« konstruiert, der es ermöglichte, die zurückgelegten Entfernungen zu registrieren. Zürner arbeitete zeitweilig mit sechs bis zehn Gehilfen, lebte in ständigen Schwierigkeiten, seine Aufwendungen durch die kurfürstlichen Kassen ersetzt zu bekommen. Sein Kartenwerk wurde nicht gedruckt. Nach seinem Tode am 18. 12. 1742 in Dresden verkaufte der sächsische Minister von Hennicke, der Zürners Witwe eine Pension bewilligt hatte, das Kartenwerk an Peter Schenk in Amsterdam, der das Werk schließlich unter seinem eigenen Namen herausgab.

Im Zusammenhang mit den Vermessungsarbeiten mußten auch neue Wegsteine gesetzt werden. Mit kurfürstlichem Dekret von 1721 wurde eine Neusetzung der Wegzeichen im Lande befohlen. Zürner übernahm die Oberleitung für die Aufstellung der verschiedenen, nunmehr steinernen Wegweiser. Er gilt als der Vater der sächsischen *Postmeilensäulen*. Gedenktafel für Zürner am heutigen Gemeindeamt in Marieney, Ausstellung über sein Wirken im *Museum* Schloß Voigtsberg (Oelsnitz).

Zwota Das durch die Musikinstrumentenherstellung geprägte und bekanntgewordene Dorf, mit den Ortsteilen Zechenbach und Oberzwota, liegt westlich von Klingenthal, heute Stadtteil von K. Die meisten der 2000 Einwohner sind im Musikinstrumentenbau beschäftigt. Das Gebiet wird erstmals in der Stiftungsurkunde der Plauener St. Johanniskirche von 1122 mit »Zwotawa« erwähnt. Der Ort selbst taucht urkundlich im Jahre 1576 auf, da wird ein »Hammer ahn der Zwodta« genannt. 1768 wird von »Zwodta nebst den Zwodtenhäusern« berichtet. Nachdem ein Eisenhammer errichtet war, folgte die Siedlung nach. 1631 sind es vor allem böhmische Exulanten, die sich im Gelände, aus Viehtrift und Urwald bestehend, zwischen Klingenthal und Oberzwota eine neue Heimat schaffen. Mit ihnen wird der Geigenbau eingeführt. Der Ortsteil Oberzwota erstreckt sich im Anschluß an die Hauptgemeinde weiter westwärts im engen Zwotatal. 1582 wird ein »neuer Hammer« er-

Zwota, Knochenhof

wähnt. 1876 ist »Oberzwota« im Gebrauch. Diese Ansiedlung entstand mit der um 1540 erbauten Zwotamühle und einem Eisenhammer. – Zwischen Zwota und Oberzwota erstreckt sich in einem Seitental des Zechenbachs der Ortsteil Zechenbach. – Das ins enge Tal der Zwota eingebettete Dorf ist von dicht bewaldeten Höhen umgeben. Dazu zählen der Hohe Brand mit 805 m, Rauner Berg mit 728 m und der Schieferberg mit 763 m ü. NN. Die Gegend bietet ideale Erholungsmöglichkeiten. Im Ort befindet sich das Institut für Musikinstrumentenbau.

Hotels, Pensionen, Ferienhäuser u. a.:
Landhotel *»Gasthof Zwota«*, Tel. 03 74 67/56 70,
Fax 03 74 67/5 67 67
Pension *»Zum Walfisch«*, Tel. 03 74 67/2 26 16,
Fax 03 74 67/2 52 32
Ferienhaus *Kleider*, Tel. 03 74 67/2 58 96
Information: Fremdenverkehrsbüro, 08267 Zwota,
Tel. 03 74 67/2 22 60/2 28 40, Fax 03 74 67/2 30 78

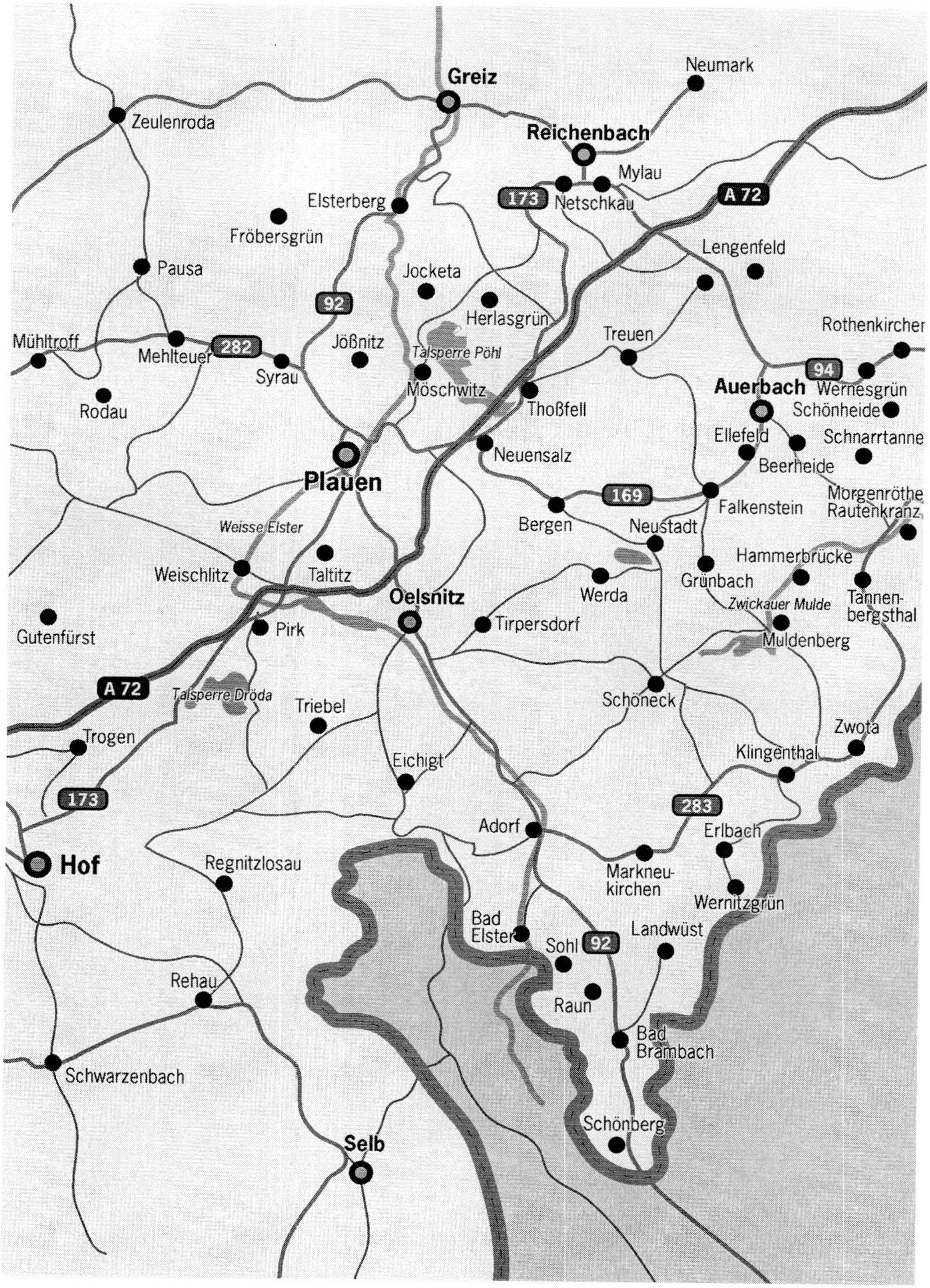
Greiz
Neumark
Zeulenroda
Reichenbach
Mylau
173
Netschkau
A 72
Elsterberg
Fröbersgrün
Lengenfeld
Pausa
Jocketa
92
Herlasgrün
Rothenkirchen
Mühltroff
Mehlteuer
282
Syrau
Jößnitz
Talsperre Pöhl
Treuen
Möschwitz
94
Auerbach
Wernesgrün
Rodau
Thoßfell
Schönheide
Ellefeld
Schnarrtanne
Plauen
Neuensalz
Beerheide
169
Morgenröthe
Rautenkranz
Weisse Elster
Bergen
Neustadt
Falkenstein
Hammerbrücke
Weischlitz
Taltitz
Grünbach
Oelsnitz
Werda
Zwickauer Mulde
Tannenbergsthal
Gutenfürst
Pirk
Tirpersdorf
Muldenberg
A 72
Talsperre Dröda
Triebel
Schöneck
Trogen
Zwota
Eichigt
Klingenthal
173
283
Adorf
Erlbach
Hof
Regnitzlosau
Markneukirchen
Wernitzgrün
Bad Elster
Sohl
92
Landwüst
Raun
Rehau
Bad Brambach
Schwarzenbach
Schönberg
Selb

Vogtlandliteratur

Eine Auswahl

Landschaftsbücher

Blechschmidt, M., Vogtland, Sachsens grünes Herzstück. Ein Landschaftsbuch. Husum, 1995
Blechschmidt, M. u. Walther, K., Vogtlandbilder. Rudolstadt, 1989
Blechschmidt, M. u. Walther, K., Vogtland-Lexikon. Chemnitz, 1992
Bracke, D., Stadtführer Hof Bindlach. 1989
Erzgebirge, Vogtland. Tourist-Reisehandbuch. Berlin, Leipzig, 1980
Hof. Der Landkreis. Bamberg, 1980
Knopf, O. u. Süßmann, H., Lexikon Frankenwald, Thüringer Schiefergebirge, Obermainisches Bruchschollenland. Hof, 1993
Metzner, O., Das obere Vogtland. Annaberg, 1898
Pilz, G., Sachsen. Reiselexikon Kunst. Leipzig, Jena, Berlin, 1994
Plauen und das mittlere Vogtland. Werte unserer Heimat, Bd. 44. Berlin, 1986
Reichenbach. Geburtsstadt der Neuberin. Horb, 1991
Sachsen. Deutsche Kunstdenkmäler. Ein Bildhandbuch. Leipzig, 1993
Schlesinger, W. (Hsg), Sachsen. Handbuch der historischen Stätten Deutschlands. 8. Bd. Stuttgart, 1990
Schmidt, E. O., Sachsenland. Ein Heimatbuch. Leipzig, 1925
Simon, A., Das Vogtland. Landschaftsbilder aus dem Königreich Sachsen. Meißen, 1905
Vogtland, Das obere. Werte unserer Heimat, Bd. 26. Berlin, 1976
Vogtland, Unser. Heimatkundliche Lesestücke. Leipzig, 1929
Wagner, H., Bad Elster, Bad Brambach. Wanderatlas. Berlin, Leipzig, 1987
Waltner, K., Pellmann, U., Vogtland. Würzburg, 1994
Waltner, K., Peschel, R., Vogtländische Vogelbeeren. Berlin, 1990
Weber, G. u. Bräuer, P., Muldenland. Leipzig, 1988
Weber, R., Talsperre Pöhl und Pirk. Berlin, Leipzig 1988
Wille, H. H., Von Plauen zum Kapellenberg. Leipzig, 1971
Wille, H. H. u. Blei, K.-H., Musikwinkel. Leipzig, 1986
Wille, H. H. u. Pritsche, W., Vogtland. Dresden, 1961
Wurlitzer, B., Vogtland und Ausflüge ins Becken von Cheb. Leipzig, 1979

Volkskunde

Barthel, F., Vogtländische Wörter und Wendungen. Teil I, Plauen, 1978, Teil II, Plauen, 1983
Bilder, Bunte, aus dem Sachsenlande. Bd. I–IV. Dresden, 1925/1927
Billig, G. u. Wißuwa, R., Altstraßen im sächsischen Vogtland. Plauen, 1987
Blechschmidt, M., Bei uns zu Hause. Eine kleine Heimatkunde. Chemnitz, 1998
Blechschmidt, M., Der Hundertjährige Kalender für das Erzgebirge und Vogtland. Chemnitz, 1995
Blei, K.-H. u. Baumann, C., Klingende Täler. Musikinstrumentenbau zwischen Klingenthal und Markneukirchen. Leipzig, 1987
Delling, I., Holundersuppe und saure Schwamme. Das kleine Kochbuch der Erzgebirger und Vogtländer. Chemnitz, 1999 (6. Aufl.)
Eichler, E. u. Hellfritzsch, V. u. Richter, J., Die Ortsnamen des sächsischen Vogtlandes. Teil II, Zur Namenskunde und Siedlungsgeschichte. Plauen, 1985
Fröhlich, H., Plauen in historischen Stadtansichten. Plauen, 1977
Jesch, A., Gasthöfe im Vogtland. Erfurt, 1993
Köhler, J. A. E., Volksbrauch, Aberglauben, Sagen und andere Ueberlieferungen im Voigtlande. Leipzig, 1867
Merkel, W., Vogtländische Musiker vor 1900. Plauen, 1957
Müller, I., Kartoffelnahrung im Vogtland. Plauen, 1976
Rudau, B., Die Flußperlmuschel im Vogtland. Plauen, 1961
Rudau, B., Vogtländische Mineralquellen. Plauen, 1964.
Schmidt, E., Zur Geschichte von Schloß Voigtsberg. Plauen, 1982

Sagen, Mundart

Barthel, F. (Hsg), Alleweil höhauf. Ein heiteres Vortragsbuch in vogtländischer Mundart. Leipzig, 1976
Barthel, F., Bunte Fischle. Geschichten in der Mundart des östlichen Vogtlandes. Leipzig, 1972
Barthel, F. (Hsg), Dort wue dorchs Land de Elster fließt. Eine Anthologie der Mundartdichtung im sächsischen Vogtland. Leipzig, 1980
Barthel, F., Erdepfelblumme, Geschichten, Lieder und Gedichte in der Mundart des östlichen Vogtlandes. Leipzig, 1966
Barthel, F. (Hsg), Wie iech miech af Weihnachten fraa. Ein vogtländisches Weihnachtsbuch. Leipzig, 1970
Blechschmidt, M., Sagen aus Sachsen. Neu erzählt und herausgegeben. Husum, 1996
Blechschmidt, M. u. Barthel, F., Stimmen der Heimat. Dichtungen in erzgebirgischer und vogtländischer Mundart von den Anfängen bis zur Gegenwart. Leipzig, 1965
Blechschmidt, M. (Hsg), Vogelbeerzeit. Ein Haus- und Lesebuch in vogtländischer Mundart. Chemnitz, 1994
Dunger, H., Rundas und Reimsprüche aus dem Voigtlande. Plauen, 1876
Köhler, J. A. E, Sagenbuch des Erzgebirges. Schneeberg, Schwarzenberg, 1886
Schmerler, M., Ich waß an' schien Winkel. Gedichte, Geschichten und Lieder in der Mundart des vogtländischen Musikwinkels. Leipzig, 1965

Anmerkungen/Fotonachweis

Der Text von Hansgeorg Stengel wurde mit freundlicher Erlaubnis des Autors leicht gekürzt dem Band »Greizer Sonate« (Leipzig 1983) entnommen. Die volkskundliche Arbeit von Roland Röhn entnahmen wir mit Zustimmung des Verlages dem Bändchen »Von der Wiege bis zur Bahre. Brauchtum im Vogtland« (Vogtland-Verlag Plauen 1991). Das Titelfoto schuf Christoph Georgie, die Fotos der Rückseite Christoph Georgie (1) und Frank Schenke (2). Die Schwarz-Weiß-Fotos des Lexikonteils stammen von Frank Schenke (18) und Christoph Georgie (3).
Farbfotonachweis:
Christoph Georgie S. 2, 4, 5, 6, 37, 38, 39, 42, 43, 44, 73, 74, 75, 106, 108, 133, 134, 135, 136,/137, 139, 165, 198, 200, 229, 230, 232/233
Udo Pellmann S. 71, 76, 104, 105, 107, 138, 171, 172, 203, 204, 235, 236.
Frank Schenke S. 1, 40, 41, 69, 70, 72, 102, 103, 140, 166, 167, 168/169, 170, 197, 199, 201, 202, 231, 234.